吕友仁 著

讀經識小錄

下

上海古籍出版社

# "鄭衛之音"辨

"鄭衛之音",在儒家經典中,一向被視爲異端,被以惡名。《禮記·樂記》云:"鄭衛之音,亂世之音也,比於慢矣。"①所謂"比於慢矣",意謂近乎慢音了。"慢音"又是一種什麼音呢?請看《樂記》自己的解釋:"宮爲君,商爲臣,角爲民,徵爲事,羽爲物。宮亂則荒,其君驕;商亂則陂,其官壞;角亂則憂,其民怨;徵亂則哀,其事勤;羽亂則危,其財匱。五者皆亂,迭相陵,謂之慢,如此,則國之滅亡無日矣。"②原來宮、商、角、徵、羽謂之五聲,五聲各自代表一種人事。如果五聲中的某一聲亂了,某一聲代表的人事就會出問題。如果五聲全部亂了套,那就叫"慢"。慢音出現,離亡國之日就不遠了。

在成書早於《禮記》的《論語》中,"鄭衛之音"被叫做"鄭聲"。《論語·衛靈公》:"子曰:'放鄭聲,遠佞人。鄭聲淫,佞人殆。'"劉寶楠《論語正義》:"放者,罷廢之也。《樂記》云:'鄭音好濫淫志,宋音燕女溺志,衛音趨數煩志,齊音敖辟喬志。此四者,皆淫於色而害於德,是以祭祀弗用也。'是鄭、宋、衛、齊四國皆有淫聲,此獨云'鄭聲'者,舉甚言之。"③也就

---

① 鄭玄注、孔穎達正義、吕友仁整理《禮記正義》,上海古籍出版社,2008年,1457頁。
② 鄭玄注、孔穎達正義、吕友仁整理《禮記正義》,1457頁。
③ 劉寶楠撰、高流水點校《論語正義》,中華書局,1990年,624頁。

是説因爲鄭國的淫聲最厲害。《論語・陽貨》又説："子曰：'惡紫之奪朱也，惡鄭聲之亂雅樂也，惡利口之覆邦家者。'"①至此，我們已經獲悉"鄭衛之音"所擔的主要罪名有兩項：一項是"淫於色而害於德"，一項是"亂雅樂"。孔子不是説過嗎："飲食男女，人之大欲存焉。"（《禮記・禮運》）孟子也説過："食色，性也。"趙岐注："人之甘食悦色者，人之性也。"（《孟子章句・告子上》）孔子還説過："吾未見好德如好色者也。"何晏注："疾時人薄於德而厚於色，故發此言。"②如此看來，"好色"是人的天性，不是一個什麼了不起的罪名。鄭聲的被詬病，在於"淫於色"，淫者，過分也，也就是過分的好色。過分的好色當然不好，但孔子説"吾未見好德如好色者也"，換言之就是上至國君，下至庶民，人人好色，鄭聲也不過是過分了點而已，似乎也不是什麼大罪名。再一項是"亂雅樂"。所謂"亂雅樂"，意思就是鄭聲搶走了雅樂的地盤。這層意思，皇侃的《論語義疏》説得很明白："云'惡鄭'云云者，鄭聲者，鄭國之音也，其音淫也。雅樂者，其聲正也。時人多淫聲以廢雅樂，故孔子惡之者也。"③看來，鄭聲是當時流行音樂的代表，儘管是下里巴人，但頗受民衆歡迎，廣有市場。而所謂的雅樂，儘管是陽春白雪，但能夠欣賞的人日少，已瀕臨退出歷史舞臺的邊緣了。雅樂的代表作，據《樂記》及鄭玄注，即《大章》，堯時之樂；《咸池》，黃帝之樂；《大韶》，舜時之樂；《大夏》，禹時之樂；《大濩》，湯時之樂；《大武》，周武王之樂。這就是所謂的六代樂舞。其中的《大韶》，最爲孔子欣賞，曾經予以"盡善盡美"的評價。《論語・述而》："子在齊，聞《韶》，三月不知肉味，曰：不圖爲樂之至於斯也。"④我們尊重孔子的意願和興趣，他個人愛好雅樂完全可以，他發表個人看法也可以。問題是，我們不要以孔子的是非爲是非就行了。

"鄭衛之音"還有個名稱叫"新樂""新聲"。《樂記》云："魏文侯問于

---

① 劉寶楠撰、高流水點校《論語正義》，697頁。
② 劉寶楠撰、高流水點校《論語正義》，349頁。
③ 皇侃《論語集解義疏・陽貨》，影印文淵閣《四庫全書》本，195冊，503頁。
④ 劉寶楠撰、高流水點校《論語正義》，364頁。

## "鄭衛之音"辨

子夏曰:'吾端冕而聽古樂,則唯恐臥;聽鄭衛之音,則不知倦。敢問古樂之如彼何也？新樂之如此何也？"①這裏所説的"古樂",鄭玄説是"先王之正樂也",也就是雅樂。魏文侯一聽雅樂就打瞌睡,一聽鄭衛之音就不知疲倦,鄭衛之音的感染力於此可見。實際上當時喜歡鄭衛之音的國君不止魏文侯一人。《國語·晋語八》説:"平公悦新聲。"②據韋昭注,這個"新聲"就是被稱爲"亡國之音"的桑間濮上之音。又據劉向《列女傳·齊桓衛姬》記載:"衛姬者,衛侯之女,齊桓公之夫人也。桓公好淫樂,衛姬爲之不聽鄭衛之音。"③可知就連五霸之首的齊桓公也是偏愛鄭衛之音。

《樂記》上有一段子夏回答魏文侯的話,比較形象地描述了雅樂是如何表演的,新樂是如何表演的:

> 子夏對曰:"今夫古樂,進旅退旅,和正以廣。弦匏笙簧,會守拊鼓,始奏以文,復亂以武,治亂以相,訊疾以雅。君子於是語,於是道古,修身及家,平均天下。此古樂之發也。今夫新樂,進俯退俯,奸聲以濫,溺而不止;及優侏儒,糅雜子女,不知父子。樂終,不可以語,不可以道古。此新樂之發也。"④

爲了便於理解,茲附譯文如下:

> 子夏回答道:"咱們先説古樂。舞蹈時同進同退,整齊劃一；唱歌時曲調平和中正而寬廣。各種管弦樂器都在靜候拊鼓的指揮,拊鼓一響,衆樂並作,開始表演時擊鼓,結束表演時擊鐃。用相來調節收場之歌曲,用雅來控制快速的節奏。表演完畢,君子還要發表一通議論,借古諷今,當然不外乎當時一些修身齊家治國平天下的大道理。這就是古樂的表演情形。再説新樂。舞蹈的動作參差不齊,唱歌的曲調邪惡放蕩,使人沉湎其中而不能自拔。再加上俳優侏儒的逗趣,男女混雜,父子不分。表演完畢,讓人無法予以評論,也談不上借古

---

① 鄭玄注、孔穎達正義、吕友仁整理《禮記正義》,1521頁。
② 上海師範大學古籍整理組校點《國語》,上海古籍出版社,1978年,460頁。
③ 劉向《列女傳》,影印文淵閣《四庫全書》本,448册,19頁。
④ 鄭玄注、孔穎達正義、吕友仁整理《禮記正義》,1521—1523頁。

諷令。這就是新樂的表演情形。"

儘管子夏是帶著偏見來評論的,但是古樂的刻板,新樂的活潑,已經躍然紙上。

儘管孔子及其弟子及其後學不遺餘力地鼓吹雅樂,貶抑鄭衛之音,而歷史的發展却並不以個人的意志爲轉移。南朝梁劉勰《文心雕龍·樂府》:"自雅聲浸微,溺音騰沸。"這就是歷史的結論。拿漢代來說,《漢書·禮樂志第二》:"是時河間獻王有雅材,亦以爲治道非禮樂不成,因獻所集雅樂。天子下大樂官,常存肄之,歲時以備數,然不常御(御者,用也)。常御及郊廟,皆非雅聲。今漢郊廟詩歌,未有祖宗之事,八音調均,又不協于鐘律,而内有掖庭材人,外有上林樂府,皆以鄭聲施於朝廷。"可知鄭衛之音在朝廷上已經佔據壓倒的優勢,而雅樂倒成了偶爾的點綴品。漢代的皇帝,武帝和宣帝,對鄭衛之音尤所偏愛。文化史上有名的樂府,就是漢武帝時設立的。漢武帝不僅在全國範圍内提倡,而且身體力行,親自寫新詩。據《漢書·外戚列傳》記載,漢武帝的寵妾李夫人死了,讓武帝惋惜戀念不止。方士作法,讓武帝能夠"遥望見好女如李夫人之貌",但又看不真切。於是"上愈益相思悲感,爲作詩曰:'是邪?非邪?立而望之,偏何姍姍其來遲。'令樂府諸音家弦歌之。"又據《漢書·王褒傳》,宣帝曰:"辭賦大者與古詩同義,小者辯麗可喜。譬如女工有綺縠,音樂有鄭衛,今世俗猶皆以此娛悦耳目。"上有好者,下必有甚焉者矣。到了元、成之時,"是時鄭聲尤甚,黄門名倡丙强、景武之屬,富顯於世,貴戚五侯、定陵、富平外戚之家,淫侈過度,至與人主爭女樂"。漢哀帝是個厭惡鄭衛之音的皇帝,他即位以後,很快就下詔:"鄭聲淫而亂樂,聖王所放,其罷樂府。"儘管作爲機構的樂府被撤銷,但新樂並沒有停止前進的脚步。劉勰在《文心雕龍·樂府》的讚語中説:"《韶》響難追,鄭聲易啓。"這就是説,《韶》作爲雅樂的代表作,已是明日黄花,風光不再,取而代之的正是鄭聲。

最後,說一下鄭聲並非《鄭詩》的問題。最早把鄭聲和《鄭詩》扯在一起的是許慎《五經異義》:"今《論語》説:鄭國之爲俗,有溱、洧之水,男女聚會,謳歌相感,故云'鄭聲淫'。《左傳》説:'煩手淫聲',謂之鄭聲者,言煩手躑躅之聲,使淫過矣。許君謹案:《鄭詩》二十一篇,説婦人者十九矣,故鄭聲淫也。"(孔穎達《禮記正義·樂記》引)而朱熹《詩集傳》出,鄭聲爲《鄭詩》則幾成定讞矣。朱熹《詩集傳》云:"鄭衛之樂,皆爲淫聲。然以《詩》考之,《衛詩》三十有九,而淫奔之詩才四之一;《鄭詩》二十有一,而淫奔之詩,已不翅七之五。衛猶爲男悦女之辭,而鄭皆爲女惑男之語;衛人猶多刺譏懲創之意,而鄭人幾於蕩然無復羞愧悔悟之萌。是則鄭聲之淫有甚于衛矣!故夫子論爲邦,獨以鄭聲爲戒,而不及衛,蓋舉重而言,固自有次第也。"後世不同意朱熹之説者非一,例如,明代楊慎《丹鉛總錄》卷十四"淫聲":"《論語》'鄭聲淫',淫者,聲之過也。水溢于平地曰淫水,雨過於節曰淫雨,聲濫于樂曰淫聲,一也。鄭聲淫者,鄭國作樂之聲過於淫,非謂鄭詩皆淫也。後世失之,解鄭風皆爲淫詩,謬矣。"又如,清人陳啓源《毛詩稽古編》卷五:"朱子辨説,謂孔子'鄭聲淫'一語可斷盡《鄭風》二十一篇,此誤矣。夫孔子言'鄭聲淫'耳,曷嘗言鄭詩淫乎?聲者,樂音也,非詩辭也。淫者,過也,非專指男女之欲也。古之言淫多矣,於星言淫,於雨言淫,于水言淫,于刑言淫,于游觀田獵言淫,皆言過其常度耳。樂之五音十二律,長短高下,皆有節焉,鄭聲靡曼幻眇,無中正和平之致,使聞之者,導欲增悲,沉溺而忘返,故曰淫也。朱子以鄭聲爲《鄭風》,以淫過之淫爲男女淫欲之淫,遂舉《鄭風》二十一篇,盡目爲淫奔者所作。"又如,孫希旦《禮記集解》:"今朱子《集傳》于《鄭詩》多以爲淫詩,與毛傳不同,豈非即由慎(按:謂許慎)説發其端歟?然《鄭詩》不可以爲鄭聲。"孫氏在《樂記·魏文侯篇》又説:"先儒皆以《鄭詩》爲鄭聲,然此言'溺音'有鄭、宋、齊、衛四者,而宋初未嘗有《詩》,則鄭、衛之聲固不係於其《詩》矣。"

  春秋時期的鄭國和衛國,都在今河南省境内。而筆者之家世居河南,因作此辨,期盼大雅君子有以教之。

(原載《河南師範大學學報》2011 年第 5 期)

# 阮刻《禮記注疏》並非最佳版本

我本來想寫一篇《阮刻〈十三經注疏〉並非最佳版本》的文章,但這個題目太大了,短時間内恐怕寫不好,於是就改成現在這樣的題目。衆所周知,《十三經注疏》是傳統文化中的核心典籍,而阮刻《十三經注疏》自從嘉慶二十一年問世以來,一直被學界視爲善本。平心而論,阮刻《十三經注疏》也確實稱得上善本,沾惠幾代學人,功非淺鮮。但俗話説,"不怕不識貨,就怕貨比貨"。天地之間,還有勝過阮刻的版本存在。這就是所謂"八行本"。關於這一點,自從《文史》第三輯發表了汪紹楹《阮氏重刻宋本〈十三經注疏〉考》以來,不是甚麽秘密,但是大家似乎都滿足於安於現狀,缺乏"求賢(謂最佳版本)若渴"的强烈願望,雖有個别好事者有此心,但無此力。筆者從互聯網上看到的,從近一兩年出版社出版物中看到的,還是阮刻《十三經注疏》。非獨此也,甚至還有一些爲人素所尊敬的大學者爲阮刻大講好話。看來,阮刻獨步天下的日子還長著呢,我們只能在阮刻的庇蔭下討生活。本文是逆潮流而動,唱唱反調。反調的唱法,仍然是本著實事求是的原則,擺事實,講道理。本文雖然是以《禮記注疏》爲題,但讀者諸君不妨因小見大,進而思考整個阮刻《十三經注疏》是否都或多或少存在類似的問題。拙文苟言有失當,敬希讀者惠予指正。

## 一　底本不佳　無可奈何

阮刻《禮記注疏》使用的底本是十行本,此十行本又叫"附釋音本"。此本乃宋末建安坊刻,並非《禮記》注疏合刻之善本。傳世《禮記》注疏合刻之本,以八行本(每半頁八行)爲最早最佳。八行本,又叫越本,這是因爲此本初刊於越州(今紹興市)。又叫黃唐本,這是因爲主持此本初刻的官員叫黃唐。八行本初刻于宋光宗紹熙四年(1193),是《禮記》注疏合刻之祖。阮元固心知八行本之善,他本莫及,無奈此八行本在當時爲海内孤本,阮元但聞其名而未嘗一見,蓋欲求之而不可得,不得已而求其次,乃以十行本爲底本。這是時代造成的遺憾,我們固然不可以此苛責前人。

八行本的佳處,概言之有三。第一,八行本爲《禮記》注疏合刻之祖,而阮元用作底本的十行本乃爲宋末建安坊刻,二者不唯有早晚之别,且有官本、坊本之殊。第二,八行本尚較多保持唐孔穎達《禮記正義》原貌。這表現在:(一)分卷相合。孔氏《禮記正義》,據其自序與唐宋官私書目著録,皆爲七十卷,而八行本亦爲七十卷,是分卷相合也。而十行本《禮記注疏》乃六十三卷,"遂使唐人《正義》之卷次不可知"。(二)每卷的分節相合,或曰分段相合。知者,今存世有北宋太宗淳化年間所刻的《禮記正義》單疏殘本凡九卷,可藉以窺知孔氏《正義》。筆者嘗持八行本與之比勘,不唯分卷相合,且分節亦基本吻合。而與阮本相比,則分節不合者比比皆是。第三,八行本校刻精良,訛誤衍奪的情況遠較阮本爲少。潘宗周《禮記正義校勘記》云:"《注疏》得阮校而後信爲可讀,及校此本(指八行本),乃敢言《禮記注疏》以此本爲最不貽誤讀者。"[①]誠哉斯言!潘氏據八行本校阮本,得阮本失校誤校者數千條。筆者近年亦嘗以八行本爲底本,以阮本爲參校本,兩相比較,深感潘氏之言不誣。

八行本的優點,阮校是如何吸收的呢?答曰:通過惠棟的校勘記而

---

① 潘宗周《禮記正義校勘記》,江蘇廣陵古籍刻印社,1986年,下册,72頁A面。

間接吸收。阮元《禮記注疏校勘記序》云："《禮記》七十卷之本（按即八行本）出於吴中吴泰來家，乾隆間惠棟用以校汲古閣本，識之云：'訛字四千七百有四，脱字一千一百四十有五，闕文二千二百一十有七，文字異者二千六百二十有五，羨文九百七十有一。點勘是正，四百年來闕誤之書犁然備具，爲之稱快。'今《記》中所云'惠棟校宋本'者是也。"①汲古閣毛本與阮元用作底本的十行本屬於一個版本系統，都出於宋末的建本，只不過十行本尚爲建本原本，而汲古閣本則爲明末毛晉翻刻之本，二者差別不大。所以惠棟所指出的汲古閣本的種種訛、脱、闕、羨，大體上也適用於十行本。由此可知，今日之阮本之所以得謂善本，最重要的一條就是因爲通過惠校吸收了八行本的種種優點。如果没有惠棟校宋本作爲支撑，阮本就很難成爲善本。但是間接利用惠棟校宋本的校勘記，和直接以八行本爲底本，究竟還是兩碼事。譬如説，惠棟失校之處，阮校便無技可施，而惠棟誤校之處，阮校則往往盲從。如直接以八行本爲底本，便無此弊病。

## 二　排斥撫本　拒用《考異》

校勘必備衆本，這是常識問題。衆本中之善本，更是不可或缺，這也是常識問題。所謂撫本，即宋淳熙四年（1177）撫州公使庫所刻的《禮記》鄭注本二十卷。撫本乃《禮記》經注本中之最佳者。陳鱣《經籍跋文》云："余家藏《禮記》經注，有明嘉靖時仿宋刻本，有近時仿宋岳氏刻本，參互考定，是本（按：指撫本）爲長，阮侍郎《十三經校勘記》亦詳言之。"②從陳氏的這番話中可知：第一，撫本是《禮記》注本中的最佳者；第二，阮元的《禮記注疏校勘記》是使用了撫本的。但令人奇怪的是，在今天我們看到的任何一種阮元《禮記注疏校勘記》中，竟然連一點撫本的影子都看不到。阮元在其《校勘記》的引據各本目錄中，經注本也只提到兩種，即岳本和嘉靖本，唯獨没有撫本。這和陳氏所説的情況不符。我們推測，這也可能是

---

① 《十三經注疏》，中華書局，1980年，1227頁。
② 陳鱣《經籍跋文》，《續修四庫全書》，上海古籍出版社，923册，665頁。

阮元起初使用了撫本，但後來又抽掉了，抽掉的原因，自然與段玉裁、顧千里之争有關。原來撫本初爲孤本，其所有者爲顧千里之從兄顧之逵，之逵嘉慶二年卒。嘉慶十一年，張敦仁借此撫本而影刻之，顧千里擔任復校，書成，親友多得饋贈。與此書成書的同時，張敦仁又作《撫本禮記鄭注考異》二卷，陳氏譽謂"尤爲精審"。此《考異》之前後二序，皆顧千里代作，見《思適齋集》卷七。《考異》本文的撰寫，顧氏恐怕也有所參與。《祭義》鄭注："四學，謂周四郊之虞庠也。"① 顧氏以爲"四"當作"西"。《考異》即取顧説，段氏則以爲"四"字不誤。兩家往復辯難，遂成水火，二氏交惡，蓋始于嘉慶十二年也。撫本與《撫本禮記鄭注考異》與顧氏淵源如此之深，段氏恨人及屋，遂排斥撫本，拒用《考異》，是但知爲個人争雄，不復措意於學術爲天下之公器也。

這樣做的結果，勢必嚴重降低阮刻《禮記注疏》的校勘質量。話拐回來說，顧千里等人也非善良之輩，他們以牙還牙，對阮刻《禮記注疏》也采取排斥態度。《考異序》之後有一張敦仁《附記》，其中有云："南雍本，世稱十行本，蓋源出宋季建附音本，李元陽本（按：即閩本）、萬曆監本、毛晉本，則以十行爲之祖，而又輾轉相承。今於此三者不更區別，謂之俗注流本而已。近日有重刻十行本者，款式無異，其中字句，特多改易，雖當否參半，但難可徵信，故置而弗論。"此《附記》未署年月，據所云"近日有重刻十行本者"，則可能是作于嘉慶二十一年阮本問世以後。其所謂"近日有重刻十行本者"，蓋即謂阮刻《禮記注疏》也。《考異》之對阮刻"置而弗論"，正如阮刻之對撫本置而弗論也。

## 三　當代成果　有失吸收

阮元在校勘《禮記注疏》時吸收了相當多的當代研究成果，如惠棟校宋本、盧文弨校本、孫志祖校本、段玉裁校本、《考文》宋板、浦鏜校本等等，

---

① 鄭玄注、孔穎達正義、吕友仁整理《禮記正義》，上海古籍出版社，2008年，1854頁。

因而大大地提高了校勘質量,從而使阮刻得以躋身善本行列。這是應予肯定的。遺憾的是阮元在這方面還有重大遺漏,使人不免產生遺珠棄璧之嘆。一般學者的校勘成果姑無論矣,最令人不解的是,王引之的《經義述聞》在阮元《禮記注疏校勘記》中僅被徵引一次,即《禮運》之"地不愛其寶"句,阮校云:"王引之云:不愛,謂不隱藏也。愛之爲隱,古人常訓。《廣韻》'寶'字注作'地不藏其寶'。説詳《經義述聞》。"①除此之外,再看不到第二處。可是我們知道,《經義述聞》三十二卷,其中涉及《禮記》者三卷,計202條,其中多數關乎校勘,所取不應如此之少。梁啟超《中國近三百年學術史》評價《述聞》云:"這部書最大的價值在校勘和訓詁方面,許多難讀或前人誤解的文句,讀了他便涣然冰釋。王氏父子理解直湊單微,下判斷極矜慎,所以能爲一代所宗。"②阮元爲《述聞》作序,也亟稱"凡古儒所誤解者,無不旁徵曲喻,而得其本義之所在,使古聖賢見之,必解頤曰:吾言固如是,數千年誤解之,今得明矣"③。八行本求之而不可得,那是條件所限,無可奈何,當事者還可以不任其咎。排斥撫本,拒用《考異》,蓋事出有因,也情有可原。至於《述聞》,近在眼前,而視若不見,等同土苴,當事者難辭其咎矣。

## 四 失校甚多

對於校勘家來説,失校本是家常便飯,不足爲奇,所以有校書如掃落葉,旋掃旋生之説。但這種失校主要是指細微之處,一般人皆易忽略者而言,苟非此類,校勘者則不得以爲口實也。王國維曾用兩個月的時間將阮刻《禮記注疏》重讀一遍,其卷四天頭有批語云:"案'有列放於朝'以下五行,爲下節疏中脱簡。阮氏《校勘記》於此種犖犖大者不能校出,殊可怪也。"這類犖犖大者的失校委實不少,但論證起來頗費篇幅,姑置之。這裏

---

① 《十三經注疏》,1430頁。
② 梁啟超《中國近三百年學術史》,東方出版社,2004年,227頁。
③ 王引之《經義述聞》,《續修四庫全書》,174冊,249頁。

僅以引文出處的失校爲例子，讀者可以從中窺其一斑。

（1）卷一孔疏："鄭康成注《大宗伯》，唯云唐虞有三禮，至周分爲五禮。（2頁）①

按：《大宗伯》當作《禮論》，見《周禮·春官·敘官》賈公彥疏引。

（2）卷一經文"則長者必異席"孔疏："《燕禮》及《大射》'公三重，大夫再重'，是皆異席也。"（34頁）

按：《燕禮》及《大射》，當作《鄉飲酒禮》，前二篇無此文也。

（3）《曲禮上》"大夫士出入君門"節孔疏："其《大射》注云'左則由闑西'者。"（48頁）

按：《大射》，當作《燕禮》。

（4）《曲禮下》"國君去其國"，孔疏："《左傳》説：'昔大王居邠，狄人攻之，乃逾梁山，邑於岐山'。"（163頁）

按：《左傳》，當作《孟子》，蓋引文出自《孟子·梁惠王下》也。

（5）《檀弓上》"孔子曰拜而後稽顙"節孔疏："《下曲禮》云：'大夫之臣不稽首'。"（231頁）

按：《下曲禮》當作《郊特牲》。

（6）《檀弓上》"孟獻子禫"節孔疏："又《間傳》云：三年之喪，二十五月而畢。"（256頁）

按：《間傳》，當作《三年問》。

（7）《檀弓上》"伯高死于衛"節孔疏："故《雜記》云：有殯，聞遠兄弟之喪，哭之側室。"（270頁）

按：《雜記》，當作《檀弓》，孔所引文正在本篇中也。

（8）《檀弓下》"敬之斯盡其道"，孔疏："故《士喪禮》'爲銘'之下，鄭注引此'敬之''愛之'二事，以解銘旌。"（365頁）

按：孫詒讓《十三經注疏校記》云："檢《士喪》注，不引'敬之'句，此似誤憶《小祝》杜注也。"

---

① 此以下20例括注頁碼，皆上海古籍出版社2008年校點本《禮記正義》頁碼。

（9）《王制》"比年一小聘"，孔疏云："案《聘禮記》云；小聘曰問，三介。"（488頁）

按："小聘曰問"云云乃《聘禮》文，非其《記》文也。

（10）《王制》"古者公田籍而不稅"節孔疏："又《司馬》云'井十爲通。通爲司馬，三十家，士一人，徒二人……'"（534頁）

按：《司馬》，當作《司馬法》，見《周禮·地官·小司徒》注引。

（11）《王制》"少而無父者謂之孤"節孔疏："案《孝經》云'男子六十無妻曰矜，婦人五十無夫曰寡'。"（579頁）

按：《孝經》，當作《孝經注》，蓋《孝經·孝治章》之鄭注也。

（12）《王制》"方一里者爲田九百畝"節孔疏："案《論語》云：'百步爲畝'。"（581頁）

按：《論語》，當作《論語注》，蓋《論語·學而》注引《司馬法》文也。

（13）《月令》"鄭目録"，孔疏："故《周髀》云：日猶火，月猶水，火則外光，水則含景。"（594頁）

按：《周髀》，當作《周髀注》，蓋《周髀算經》卷下之一趙爽注也。

（14）《月令》"孟春"節孔疏："案《韓詩外傳》云：佩玉，上有蔥衡，下有雙璜牙。"（614頁）

按；孫詒讓《校記》云："今《韓詩外傳》無此文，疑當爲《内傳》。"

（15）《月令》"是月也，玄鳥至"節孔疏："《鄭志》焦喬答王權云：'先契之時，必自有禖祓除之祀。'"（632頁）

按：孫詒讓《校記》云："《詩·生民》正義引此作《鄭記》，又云此是鄭沖弟子爲説以申鄭義，則作《鄭記》是也。《鄭志》與《鄭記》本是二書，後人多混爲一。"

（16）《月令》"命漁師"句，孔疏："引《周禮》'秋獻龜魚'，是《漁人》職文。"（679頁）

按：《漁人》，當作《鼈人》。

（17）《月令》"其祀中霤"句孔疏；"故《喪禮》云：'浴於中霤，飯於牖下'。"（687頁）

按：《喪禮》，當作《坊記》。

(18)《禮運》"合土"句孔疏："《釋器》云：瓴甋謂之甓。"(894 頁)

按：《釋器》，當作《釋宮》。

(19)《禮器》"禮有以多爲貴者"節孔疏："自天地以外，日月山川五祀，則《郊特牲》'鬼神之祭單席'是也。"(967 頁)

按："鬼神之祭單席"，即本篇(即《禮器》)下節之文，非《郊特牲》文。

(20)《郊特牲》"郊特牲而社稷大牢"節孔疏："故《召誥》云：后稷貶於天，有豕。"(1028 頁)

按：引文非《召誥》經文，乃孔傳文。

語云："例不十，不立法。"我在此舉出 20 例，應該可以説明問題了。據筆者粗略統計，阮校在引文出處的失校方面，不下 60 處。《月令》仲夏節阮元《校勘記》云："《方言》，盧文弨校云：'據《藝文類聚》，非《方言》，乃《鄭志》也。段玉裁校本亦云《方言》二字當作《鄭志》。'"①從此例來看，阮校也知道應校引文出處，可惜的是這樣的例子極少。大概這是由於有前人的校勘成果在，不好視而不見，而對於前人没有指出的，則一律不再核對其出處。這是一種不嚴肅的校勘態度。

## 五　應當他校　而不他校

我們説"應當他校而不他校"，是因爲我們看到了阮校中自有他校之例，所以才説"應當他校"；同時我們又看到了阮校並未將這一校勘方法普遍應用，而是用的少，不用的多，所以才説"而不他校"。

先看阮校使用他校之例。《王制》孔疏："諸侯及卿大夫之冕韋皮弁。"阮校云："閩、監毛本同。惠棟校宋本'韋'下有'弁'字，與《周禮·弁師》合。"有了與《周禮》的他校，讀者就可以作出判斷：惠棟校宋本是對的。但他校的比例太小了，大約不及十分之一。

---

① 《十三經注疏》，1375 頁。

再看應當他校而不他校之例。

（1）《月令》仲春節孔疏：「按《志》文（按：謂《漢書·律曆志》）云：'十合爲升，十升爲斗，十斗爲斛，五量加矣。'」阮校云：「閩本同，惠棟校宋本同。監、毛本'加'作'嘉'。」

今按：此當他校《律曆志》。《志》作"嘉"，顏師古注："嘉，善也。"作"加"者乃借字，"嘉"乃本字。

（2）《月令》季夏節孔疏：「引《周禮》'秋獻龜魚'，是《漁人》職文。」阮校云：「閩、監、毛本作'漁'，此本'漁'誤'獻'。」

今按：作"獻"誤，作"漁"亦誤，唯有作"龜"才是。此不他校之過也。

（3）《月令》季夏節孔疏：「按《萑氏》注云……若今取茭矣。」阮校云：「閩、監、毛本作'茭'，此本'茭'作'菱'。」

今按：此異同校殊無謂，何不一檢《周禮·秋官·萑氏》，則作"茭"作"菱"可立決。《萑氏》作"茭"，然則作"茭"是也。八行本亦作"茭"。

（4）《月令》季秋節孔疏：「按《元嘉曆》，旦柳十二度中。」阮校云：「毛本同。閩、監本'二'作'一'，衛氏《集說》同。」

今按：此異同校亦甚無謂，檢《宋書》所載《元嘉曆》，可知作"一"者是也。

（5）《月令》季秋節孔疏；「按《詩傳》云：'褐纏游以爲門。'」阮校云：「惠棟校宋本同。閩、監、毛本'褐'作'揭'。」

今按：此異同校亦甚無謂，檢《詩·小雅·車攻》，可知當作"褐"也。

（6）《禮運》"夫禮之初"節孔疏："'㡙，塯也'，《廣雅》文。"阮校云："閩、監、毛本同。惠棟校宋本'文'作'云'，非也。"

今按：阮校不錯，但由於未經他校，所以失校引文出處。引文出自《爾雅·釋言》，非《廣雅》也。

應當他校而未他校的例子很多，至少要以百計。這樣做的弊病是故布疑陣，本來可以有結論的，卻使讀者不知所從。有的校記本來可以省掉，如例（3）和例（4），但由於未他校而不得不予保留。

## 六　應當內校　而不內校

這裏所說的內校，主要是指一節之內經文、注文、疏文之間的互校。因爲疏的對象是經文、注文，所以才有內校的可能。但因爲經、注、疏本來是各自單行的，宋人在將三者合而爲一時，所用的經、注、疏的版本未必屬於同一系統，所以我們在內校時還應考慮到這個特殊因素，不應簡單從事，以保證內校結論的科學可靠。事實上，阮校也是知道可用內校法的。例如《檀弓上》"君即位"節鄭注；"虛之不合。"阮校云："閩、監本同，岳本、嘉靖本同。毛本'合'作'令'，衛氏《集說》同，《考文》引古本同。《正義》云。'虛之不令也，令，善也。一本爲虛之不合者，謂不以蓋合覆其上。'然則正義本當亦作'令'。今作'合'，注與疏不相謀，當出附合注疏時，所據注本不同，毛本改從'令'是也。"可惜的是這樣的內校太少了，大約不及應當內校的十分之一。下面是應當內校而不校之例：

（1）《禮器》"晏平仲"節孔疏："與無田者，謂與無田之士同。"阮校云："與無田者，閩、監、毛本同。惠棟校宋本'者'下有'同'字。"

今按：惠棟校宋本是也，蓋鄭注本作"與無田者同"。

（2）《喪服小記》"斬衰之葛"節孔疏："同自帶其故帶也者。"阮校云："閩、監、毛本同，惠棟校宋本'同'作'固'。"

今按：作"固"是也，若內校於鄭注則可立決。

（3）《大傳》"四世而緦"節孔疏："雖百世婚姻不通者。"阮校云："閩、監、毛本同。《考文》引宋板'世'下有'而'字。"

今按：有"而"字者是也，此視經文可立決。

（4）《哀公問》"孔子侍坐"節孔疏："不得其辭之請少進者。"阮校云："閩、監、毛本同。惠棟校宋本無'之'字。"

今按：經文本作"不得其辭，請少進"，則無"之"字者是也。

應當內校而不內校之例也很多，至少也要以百爲單位來計算，由以上數例可窺見一斑。如果説他校比較麻煩的話，內校則近在咫尺，舉手之勞,不知阮氏何以自吝其力乃爾。

## 七　被校之語多有破句

兹舉例如下：

(1)《檀弓上》被校語："重先奠從奠。"

今按：被校語不當有下"奠"字。此"奠"字屬下句。原文是"重先,奠從。奠設如初,巾之"。

(2)《月令》季夏節被校語："夷之以鉤鐮。"

今按："夷之"二字一句,"以鉤鐮"三字屬下爲句。原文作"夷之,以鉤鐮迫地芟之也"。

(3)《曾子問》被校語："是君忠恕也孝也。"

今按："孝也"二字當屬下爲句。原文作"恕也,解不可奪人之親,是君忠恕也。孝也,解亦不可奪親……"

(4)《郊特牲》被校語："是節級相降以二案《禮器》。"

今按：被校語中之"案《禮器》"三字屬下爲句,此理之易明者,而阮校竟蛇足如此。

(5)《明堂位》有兩條前後相連的被校語,一條是"女媧三皇",另一條是"承伏犧者",這也是破句。正確的讀法是"女媧,三皇承伏犧者"。因爲三皇是指伏犧、女媧、神農,女媧在三皇之中是緊接伏犧之後,故云。

(6)《樂記》被校語："分別仔細不可委知。"

今按："分別"二字屬上。原文爲："鄭《目錄》十一篇,略有分別,仔細不可委知。"

(7)《雜記上》被校語："于殯宫中庭北輈者。"

今按："北輈者"三字屬下句。原文作："于殯宫中庭。北輈者,謂大路輈轅北向也。"

(8)《喪大記》被校語："綠用雜金鐕。"

今按：此乃經文。"綠"字當上屬。原文爲："君裹棺用朱綠,用雜金鐕。"

(9)《射義》被校語:"《大射禮》文云乃後樂作。"

今按:"云乃後樂作"當屬下句。原文作"云正爵四行,獻賓、獻公、獻卿、獻大夫者,《大射禮》文。云乃後樂作而射也者,案《大射禮》獻大夫之後,工人樂作而後射"。

(10)《射義》被校語:"不復斥言其惡於此。"

今按:"於此"二字屬下句。原文作"主人以禮接之,不復斥言其惡,于此但簡其善"。閩、監、毛本"於此"作"故此",尤爲明證。

按照阮元的水準,必不至於破句如此。然而事實又無可回避,令人嘆惜。究其故,蓋掉以輕心所致也。筆者嘗讀錢大昕《廿二史考異》,便絕無此弊。

## 八　無謂之校甚多

先說第一種無謂之校。惠棟所使用的八行本與阮元用作底本的十行本,分屬於不同的版本系統,所以在體例上就有些差別。其中的一大差別是被疏語的表達方式不同。如《曲禮上》的"坐如尸,立如齊,禮從宜,使從俗"四句,在十行本中,作爲被疏語的表達方式是在被疏句後加一"者"字,即分別成爲"坐如尸者,……""立如齊者,……""禮從宜者,……""使從俗者,……"。而在八行本中,一般不用"者"字,而是用在被疏句後留一空格來表示。這是一個貫穿全書的帶有普遍性的問題。阮校沒有從兩個版本體例有別的角度去認識此一現象,而把它看做是八行本的脫字來進行校勘。如"使從俗者"句,阮校就說:"惠棟校宋本脫'者'字。"阮校中此類校記非常之多,至少不下數百條。這是沒有什麼意義的。反過來,站在八行本的立場上來講,豈不是又要說"阮本衍'者'字"了嗎!實際上這是兩個版本的表達方式不同,即十行本被疏句後的"者"就等於八行本被疏句後的空格,二者都對。有了這樣的認識,在初見此類情況時出校加以說明,豈不省去數以百計的校記。這可能和阮元未曾親眼看到八行本有關，如果他親眼看到了，當不至於出此下策。

再説第二種無謂之校。這種無謂之校也是由於十行本和八行本不是一個版本系統而引起的。十行本的分節（即分段）和八行本的分節不盡相同。可以這樣説，二者分節大多數相同，少數不相同。如果要問這少數不相同何本爲是，我則願意回答八行本近是。因爲我曾經在分節問題上拿八行本和十行本分别與北宋單疏本《禮記正義》（殘本）對校，發覺八行本與單疏本基本一致，而十行本與單疏本則多不一致。當然，除此以外，我還仔細研究了孔疏的概括章旨語和實際是否相符，然後才得出如上的結論。分段不一致，就直接影響到孔疏中表示所疏範圍的起迄語不一致，這是很自然的。阮元在這方面適當的出校是無可厚非的。但有些地方出校太盲目，就失去了意義。例如《明堂位》的"是以封周公於曲阜"節，在八行本這是一長節，在十行本則被破爲三十小節。這三十小節的孔疏指示起迄語，在十行本是處於較明顯的位置，在八行本則因爲疏語較長而處於不易察覺的位置。阮校粗心，遂誤以爲八行本全無此類標起迄之語，於是一連串出了二十多條校記，説惠棟校宋本没有此類標起迄的文字，而實際上惠棟校宋本全部都有，一條不缺，這樣的校記除了製造混亂外，實在没有任何積極意義。

## 九　校勘結論　互相矛盾

這分兩種情況。一是《禮記》一書之内的校勘結論互相矛盾，一是《禮記》一經與他經的校勘結論互相矛盾。

先看第一種情況：

（1）《月令》季秋與孟冬，孔疏皆有"冬閉無事"一語，阮校於季秋云："浦鏜云：'閉'當'閑'字誤。"而於孟冬則云："閩、監本作'閉'，《考文》引宋板同，衛氏《集説》同。此本'閉'誤'閑'。"是先云當作"閑"，後云當作"閉"，前後矛盾。今按：作"閉"是。"冬閉"乃陰陽五行家語，"冬閑"則俗語也。

(2)《少儀》有兩條校記,皆涉及"祭軌"一詞,阮校先云:"各本同。惠棟校宋本'軌'作'軓',非也。"後又云:"閩、監、毛本同。惠棟校來本'軌'作'軓'。按此作'軓'是,作'軌'非也。"

再看第二種情況:

(1)《月令》孟冬鄭注"爲畢壞",阮校引齊召南校云:"按'壞'字當作'壇'。《周禮·大馭》疏引此注作'爲畢壇'是也。"而《周禮·大馭》賈疏"爲畢壇",阮校又引浦鏜校云:"'壇'當作'壞'。"

(2)《明堂位》鄭注"以掛懸紘也",阮校云"紘,段玉裁校本云:《詩·有瞽》疏引作'紞',爲是,釋文作'紘',非也。"而《詩·有瞽》"紞"字阮校云:"紞字亦紘之誤,山井鼎云案《禮記》注作'紘'爲是是也。"孫詒讓《十三經注疏校記》以段玉裁校爲非。

這兩種情況都很少,加到一塊不足 10 例。爲了自勉和提醒後來者,故及之。

(原載《2002 年第二屆漢文化資料庫國際學術研討會論文集》,漢文化資訊聯盟,2002 年)

# 郭店簡、上博簡與今本《禮記》

20世紀末、21世紀初，由於《郭店楚墓竹簡》《上海博物館藏戰國楚竹書》的先後問世，給《禮記》研究提供了許多前所未見甚至前所未聞的資料。這些資料，堪稱國寶，使研究《禮記》的學者感到耳目一新，感到喜悦和興奮。這些資料打破了兩千年來《禮記》研究的一成不變的停滯格局，使《禮記》研究進入一個可以展望取得重大突破的新階段。

20世紀末，我完成了有關《禮記》的兩部書稿。一部是《禮記譯注》，一部是以覆刻八行本爲底本的《禮記正義》的校點。現在看來，這兩部書稿，無論是宏觀上的認識還是微觀上的校注，都有敗筆。敗筆的主要原因是當時郭店簡、上博簡還沒有進入我的視野。

以今本《禮記》作爲參照物來看，根據時賢的研究成果，郭店簡和上博簡爲我們提供的似曾相識的資料計有：

郭店簡和上博簡中都有《緇衣》，二者是同一文獻的不同傳本。上博簡中的《民之父母》，可以視作《孔子閒居》的一種戰國文本。過去，我們説《禮記》中的《記》是戰國時期的著作，是依靠論證，依靠從《漢志》往上推溯，這樣得出的結論，信者信，疑者疑。現在，我們説今本《禮記》中的《緇衣》《孔子閒居》是戰國時期的著作，靠的是實實在在的物證，夫復何疑？

在這裏，我想以簡本《緇衣》爲例，第一，説説簡本的佳處和今本的不足；第二，論證簡本《緇衣》不僅是生於今世的我們前所未見，而且是兩千年前的西漢諸儒也前所未見。先説第一點。在我之前，許多學者已經著文指出簡本《緇衣》與今本《緇衣》頗有不同。在這裏，我想引用最早指出這種不同的《郭店楚墓竹簡》整理者的表述："簡本無今本的第一及第十六兩章，第一章爲今本之第二章；簡本與今本的章序有很大不同；文字也有不少出入。簡本應較今本所據之本原始。從各章在意義上的聯繫看，簡本章序多較今本合理。"①這個表述我完全贊成。再説第二點，你説"簡本《緇衣》不僅是生於今世的我們前所未見，而且兩千年前的西漢諸儒也前所未見"，根據何在呢？在我作的西漢宣帝以前十種古書徵引《記》文考中，好不容易從賈誼《新書》中找到了唯一的一例徵引《緇衣》者：

《新書》卷一《等齊》："孔子曰：'長民者，衣服不二，從容有常，以齊其民，則民德一。《詩》云："彼都人士，狐裘黄裳。行歸於周，萬民之望。"'孔子曰：'爲上可望而知也，爲下可類而志也，則君不疑於其臣，而臣不惑於其君。'"②

按：《新書》的引文，實際上包括了今本《緇衣》的第九章全部和第十章的前半部："子曰：'長民者，衣服不貳，從容有常，以齊其民，則民德壹。《詩》云："彼都人士，狐裘黄黄，其容不改，出言有章。行歸於周，萬民所望。"'〔第九章止〕子曰：'爲上可望而知也，爲下可述而志也，則君不疑於其臣，而臣不惑於其君矣。'"③

而簡本第九章的文字是："子曰：'長民者，衣服不改，從容有常，則民德壹。《詩》云："其容不改，出言有訓，黎民所信。"'"④而"子曰：爲上可望而知也"云云，乃是簡本第三章的前半部。

對比可知，《新書》徵引之《緇衣》，與今本《緇衣》是同一個版本系統，

---

① 荆門市博物館編《郭店楚墓竹簡》，文物出版社，1998年，129頁。
② 賈誼撰，閻振益、鍾夏校注《新書校注》，中華書局，2000年，47—48頁。
③ 《十三經注疏·禮記注疏》，中華書局，1980年，1648頁。
④ 荆門市博物館編《郭店楚墓竹簡》，130頁。

與簡本《緇衣》則不是同一個版本系統。由此可見,簡本《緇衣》,西漢前期的賈誼未見。賈誼未見,而賈誼所引文字又與今本《緇衣》相同,則説明,今本《禮記》的編輯者戴聖亦未見,今本《禮記》的整理者向歆父子亦未見。根據劉歆《七略》:"外則有太常、太史、博士之藏,内則有延閣、廣内、祕室之府。"①愚以爲,賈誼持有的《緇衣》可能是私家藏本,戴聖編入《禮記》的《緇衣》當是出自博士之藏,而向歆父子整理的《緇衣》則是中秘藏本。换言之,西漢一朝,朝野上下,只有一種《緇衣》版本。這個版本,既可以推知它必然也是源出先秦,也可以推知它必然經過西漢學者的整理。整理者是誰?因爲這個版本最早出現於賈誼《新書》,所以我們無法把戴聖或者向歆父子認定爲整理者。

　　放大來説,簡本《緇衣》是未經秦火的先秦版本,今本《緇衣》是經過秦火的先秦版本。同樣是先秦版本,經過秦火與否,大不一樣。隋代牛弘上書説書有五厄,其第一厄就是秦火:"下焚書之令,行偶語之刑,先王墳籍,掃地皆盡。"②余嘉錫《古書通例》引述了七種古籍論述秦火給先秦典籍帶來的巨大破壞,得出結論:"以此數書之言觀之,則知先漢之校書,乃必不可緩之事也。"③《緇衣》簡本與今本的對比,再一次以個案的形式提醒我們,我們在研究先秦典籍時,一定要留心:孰是未經秦火的先秦版本,孰是經過秦火的先秦版本。這個話,説起來容易,做起來相當困難。顏之推的這番話是大家熟知的:"校定書籍,亦何容易,自揚雄、劉向,方稱此職耳。觀天下書未遍,不得妄下雌黄。"④今本《緇衣》是經過劉向校定的,不是仍然存在不少遺憾嗎?而筆者之所以能夠在這裏説三道四,並非比劉向學問大,只不過是沾了時代的光,有幸看到未經秦火的簡本《緇衣》罷了。

　　除了以單篇面目出現的《記》文之外,還有許多今本《禮記》中的若干

---

① 班固《漢書·藝文志》,中華書局,1962年,1702頁。
② 魏徵等《隋書·牛弘傳》,中華書局,1973年,1298頁。
③ 余嘉錫《余嘉錫説文獻學》,上海古籍出版社,2001年,242—243頁。
④ 王利器《顏氏家訓集解·勉學》(增補本),中華書局,1993年,235頁。

句、兩三句、一兩句見於簡本者,看似不成氣候,實則吉光片羽,亦彌足珍貴。例如:

今本《檀弓下》的"人喜則思陶"一節,見之於簡本《性自命出》(按:不排除文字小有異同。下同)。

今本《曲禮上》"禮不下庶人,刑不上大夫",與簡本《尊德義》的"垄不逮于君子,禮不逮於小人"如出一轍。

今本《緇衣》的"子曰:下之事上也,不從其所令,從其所行。上好是物,下必有甚者矣",見之於簡本《尊德義》。

今本《坊記》的"衽席之上,讓而坐下,民猶犯貴;朝廷之位,讓而就賤,民猶犯君",見於簡本《成之聞之》。

今本《坊記》的"禮,因人之情而爲之節文",見於簡本《語叢一》第三十一簡"禮,因人之情而爲之"。

將簡本《語叢一》第七十七、八十二、七十九簡和竹簡殘片的第八簡拼合,則得"仁,人也;義,……於義,親而不尊;厚于義,薄於仁,尊而不親"。這就是《禮記·表記》的"仁者人也,道者義也。厚于仁者薄於義,親而不尊;厚于義者薄於仁,尊而不親"①。

這種情況,詳見《郭店楚墓竹簡》《上海博物館藏戰國楚竹書》整理者之校記和說明,詳見《郭店楚簡研究》《郭店簡與儒學研究》中的相關文章。數量很多,簡直可以說是遽數之不能終其物了。

這種簡本中出現的與今本《禮記》中的一兩句相同的零星《記》文,也頗有能夠發人深思、修正前人誤說之處。這裏試舉一例。

《孟子·滕文公上》:"上有好者,下必有甚焉者矣。"②

按:《孟子》這兩句話的出處,明代陳士元《孟子雜記》、清代焦循《孟子正義》都以爲出自《禮記·緇衣》:"上好是物,則下必有甚者矣。"③如果沒有郭店楚簡,我會不假思索地對陳氏、焦氏的結論點頭稱是。有了郭店

---

① 《十三經注疏·禮記注疏》,1639頁。
② 《十三經注疏·孟子注疏》,2701頁。
③ 《十三經注疏·禮記注疏》,1648頁。

楚簡,就不同了。爲什麽呢?《孟子》"上有好者,下必有甚焉者矣"二句,不僅見於今本《禮記·緇衣》,而且兩見於郭店楚簡;既見於郭店楚簡《緇衣》篇,又見於郭店楚簡《尊德義》篇(上博簡本《緇衣》此兩句殘缺,僅有"上好"二字,姑置不論)。現在須要考慮的是,《孟子》這兩句話,究竟是出自《緇衣》,還是出自《尊德義》? 我認爲出自《尊德義》的可能性大。爲什麽?因爲《孟子·公孫丑上》還有這麽兩句:"孔子曰:'德之流行,速於置郵而傳命。'"①真是無巧不成書,《尊德義》也有這麽兩句:"德之流,速乎置郵而傳命。"②顯然,《孟子》的"德之流行"兩句,也是出自《尊德義》。因爲有此旁證,所以我認爲出自《尊德義》的可能性大。

回過頭來再説《孟子·公孫丑上》的"孔子曰:德之流行,速於置郵而傳命"二句的出處問題。漢代的趙岐已經不知道其出處,只是略釋文義而已:"德之流行,疾於置郵傳書命也。"朱熹《集注》也不知其出處,只説:"孟子引孔子之言如此。"③焦循《孟子正義》,沈文倬先生稱其書"有清一代治《孟子》的無人能超過"④,信哉斯言,而在此二句的出處上,也只是找到了《呂氏春秋·上德》:"三苗不服,禹請攻之。舜曰:'以德可也。'行德三年而三苗服。孔子聞之,曰:'通乎德之情,則孟門、太行不爲險矣。故曰德之速,疾乎以郵傳命。'"⑤這裏不是説趙岐的學問不大,朱熹的學問不大,焦循的學問不大,他們的學問比筆者不知大多少倍,問題在於,任何一個學者,都要受到時代的制約,客觀條件的制約,他們的學問再大,奈《郭店楚墓竹簡》尚未問世何!?

如果我的上述論證不誤,我的内心可以説是喜憂參半。喜的是前人此條的結論得以改寫,憂的是此條結論的改寫是偶然的特例呢,還是此類多有,只是尚待證明罷了?

非獨此也,《尊德義》並没有説"德之流,速乎置郵而傳命"是孔子的

---

① 《十三經注疏·孟子注疏》,2684頁。
② 荆門市博物館編《郭店楚墓竹簡》,174頁。
③ 朱熹《四書章句集注》,中華書局,1983年,229頁。
④ 焦循撰、沈文倬點校《孟子正義》"點校説明",中華書局,1987年,1頁。
⑤ 王利器《吕氏春秋注疏》,巴蜀書社,2002年,2322—2325頁。

話,倒是證以《孟子》,我們才知道這是孔子的話。順著這個思路追問下去:《尊德義》中只有這一句話是孔子說的嗎?顯然不是,其"上好是物也,下必有甚焉者"一句,證以《緇衣》,也是孔子的話。還有"民可使道之,而不可使知之",顯然與《論語·泰伯》"子曰:民可使由之,不可使知之"如出一轍。至此,《尊德義》一篇之中,已是三次暗引孔子的話,這意味著什麼呢?廖名春說:"以已知推未知,《尊德義》當出於孔子,是孔子之作。"①陳來也說:"合理的推測就是,《尊德義》與孔子有密切的關係,甚至可能就是孔子本人的論述,而由弟子傳述下來。"②廖、陳的推論顯然是有道理的。

如果沒有簡本《尊德義》的出土,我就是面壁十年也不可能產生上述三點認識。

此外,郭店簡和上博簡還給我們提供了許多前所未見、前所未聞的資料。拿《郭店楚墓竹簡》來說,內有道家著作兩篇,儒家著作十四篇。十四篇中,除了《緇衣》以外,其餘十三篇[《魯穆公問子思》《窮達以時》《五行》《唐虞之道》《忠信之道》《成之聞之》《尊德義》《性自命出》《六德》《語叢》(一、二、三、四)]均屬前所未見、未聞之列。怎樣看待這十三篇儒家著作呢?學者的認識尚不一致。陳來說:"以現存文獻與荊門竹簡十四篇相比照,最接近者爲《禮記》,這在內容、思想、文字上都是如此。這也是大家所公認的。在這個意義上,若徑直稱這部分竹簡爲荊門禮記,雖不中,亦不可謂全無理由。"③彭林說得更加乾脆:"鄙意,十四篇儒家作品的性質,應該就是'古文《記》二百四篇之屬'。"④李學勤持論不同:"儒家著作如依《漢書·藝文志》的分類,當歸于《諸子略》的儒家。

---

① 廖名春《荊門郭店楚簡與先秦儒學》,姜廣輝主編《中國哲學》第二十輯《郭店楚簡研究》,遼寧教育出版社,1999年,58頁。
② 陳來《郭店竹簡儒家記說續探》,姜廣輝主編《中國哲學》第二十一輯《郭店簡與儒學研究》,遼寧教育出版社,2000年,84頁。
③ 陳來《荊門竹簡之〈性自命出〉篇初探》,姜廣輝主編《中國哲學》第二十輯《郭店楚簡研究》,293頁。
④ 彭林《郭店楚簡與〈禮記〉的年代》,姜廣輝主編《中國哲學》第二十一輯《郭店簡與儒學研究》,58頁。

至於《禮記》中具體討論禮制的那種,郭店簡裏完全没有,所以這些竹簡儒書不能稱作《禮記》。"① 我的看法與陳、彭之説相近。至於理由,實在是卑之無甚高論。第一,我注意到,郭店簡和上博簡的編輯方式與今本《大戴禮記》和《小戴禮記》的母體驚人相似。衆所周知,二戴《禮記》都是來源於單篇别行的《記》,而上博簡和郭店簡中,恰恰也是既有大戴之《記》,又有小戴之《記》。《戰國楚竹書》〔四〕的《内豊》篇,基本上是《大戴禮記·曾子立孝》《曾子事父母》的内容;《戰國楚竹書》〔一〕有《小戴禮記·緇衣》,《戰國楚竹書》〔二〕的《民之父母》含有《小戴禮記·孔子閒居》的内容)。第二,就《小戴禮記》來説,四十九篇之中,編輯原始,不避重複,往往是同一内容,既見於甲篇,又見於乙篇。例如,《王制》"凡養老,有虞氏以燕禮"至"玄衣而養老"若干章,又見於《内則》;《祭義》中有大段《樂記》的内容;"天子適諸侯,諸侯膳以犢。諸侯相朝,灌用鬱鬯",既見於《禮器》,又見於《郊特牲》;等等。而這種不避重複的特點在郭店簡中也有體現,例如"下之事上也,不從其所令,從其所行。上好是物,下必有甚者矣"五句,不僅見於簡本《緇衣》,而且見於簡本《尊德義》。有此兩點編輯上的相似,所以我才有上述看法。郭店簡、上博簡中的這些儒家作品,按照劉向《别録》的分類,屬於通論性質。至於這十三篇《記》是包括在劉向古文《記》二百四篇之内,還是出乎古文《記》二百四篇之外,我的看法是:如果是説《記》的篇目,因爲没有證據,很難回答;如果是説《記》的版本,出乎古文《記》二百四篇之外的肯定有,簡本《緇衣》是其例。

(原載《歷史文獻研究》第 27 輯,華東師範大學出版社,2008 年)

---

① 李學勤《先秦儒家著作的重大發現》,姜廣輝主編《中國哲學》第二十輯《郭店楚簡研究》,15 頁。

# 校點本《禮記正義》諸多失誤的自我批評

## 一　緣　起

　　這裏所說的校點本《禮記正義》，是指 2008 年 9 月上海古籍出版社出版的由筆者校點的《禮記正義》（簡稱"校點本"）。校點這部書，使我學到了不少東西，得以進入禮學之門，這是我要對上海古籍出版社衷心說一聲"謝謝"的。這部書的書稿是 1992 年動手，四歷寒暑，1996 年 5 月交稿。現在重讀此書，發現失誤很多。究其原因，首先是學力不够。彼時的我，在禮學方面還十分幼稚，似懂非懂之處甚多。儘管下了很大功夫，奈基礎不厚何！其次，資料不足。例如《郭店楚墓竹簡》（簡稱《郭店簡》）、《上海博物館藏戰國楚竹書》（簡稱《上博簡》）這些校勘價值很高的書尚未出版，自然談不上使用。退一步說，即使已經出版的書，例如日本學者常盤井賢十《宋本禮記疏校記》《六朝寫本禮記子本疏義》，由於孤陋寡聞，聞所未聞，更談不上使用。其次，查書手段落後。彼時查對一句經文，只有一部葉聖陶《十三經注疏索引》可用，費時費力，這與今日之在電子版圖書上快速檢索，其效率不可同日而語。

　　承蒙北京大學《儒藏》編纂中心不棄，2011 年，約我重新校點《禮記正義》，給我一個難得的重讀此書的機會。温故知新，乃發現校點本《禮記正義》的失誤很多。今粗爲梳理，計有失校者491條，誤校者32條，破句者326處，引號失誤者103處，頓號失誤者42處，書名號失誤者44處，專名號失誤者3處，附錄中失誤者5處。因爲這次校勘使用的底本是中華再造善本中的八行本《禮記正義》，而校點本使用的是中國書店1985年重印的覆刻八行本《禮記正義》，兩家底本雖屬一個系統，但終有不同之處，所以又有僅僅適用於校點本《禮記正義》的失校13條。此外，還有出版社在編輯過程中造成的失誤75條，作爲附錄，綴於文後。

諸多失誤，使我深感愧疚，在此謹向讀者表示歉意。表示歉意是一句空話，不如付諸實際行動予以改正。我寫這篇文字，就是希圖補救的一個實際行動。首先，我希望拙文能夠得到發表。其次，我希望擁有校點本的讀者在看到拙文之後，如果認爲我説的對，就請按照拙文提供的頁碼和行數（每條都有），予以更正。拙文所標的行數，是這樣來計算的：經文是單行大字，一行算一行。鄭玄注文和陸德明《釋文》，都是跟著經文走的，用的是雙行小字。這雙行小字也按一行來計算。而孔穎達的疏文，用的是單行小字，則每一單行按一行計算。

我在草寫拙文時，使用了金良年先生惠寄的《整理本〈禮記正義〉標校疏誤舉例》——以〈曲禮上〉篇爲例》（載《書品》2012年第五輯），還使用了北京大學經籍研讀會網上發佈的有關資料。對以上兩家的糾謬補闕，表示衷心感謝。①

由於資質愚鈍，見聞不廣，拙文談到的失誤，只是目前已經發現的。限於水平，肯定還會有漏掉的，誠懇希望讀者批評指正。

---

① 本文草成後，才讀到瞿林江先生《上古點校本〈禮記正義〉指瑕》一文（載《文教資料》2012年12月號），受益良多，謹致謝忱。瞿文指出的問題，有的本文已經言及，有的則爲本文忽略。因此，籲請有上古本《禮記正義》的朋友，請注意瞿文。

## 二　校點本《禮記正義》的失校

（一）失校的原因分析。

第一，囿於成見，對《禮記注疏》的殿本、庫本（文淵閣《四庫全書》本）置之高閣，不屑一顧。這兩個本子一向爲學者詬病，很少有人使用。這個不好的風氣，阮元很可能是始作俑者。例如，阮元《禮記注疏校勘記》有這樣一條：

外朝主尊別　阮校云："閩、監、毛本同，衛氏《集説》同。許宗彦'別'改'卑'。"①

吕按：實際上，殿本、庫本正作"卑"。據考，殿本問世時，許宗彦（1768—1818）尚未出生；庫本問世時，許宗彦尚不及弱冠。而阮元寧肯徵引許宗彦的説法也不屑使用殿本和庫本，二本在阮元心目中的地位由此可見。《禮記·曲禮上》有云："愛而知其惡，憎而知其善。"殿本、庫本固有可憎之處，但也自有佳處，作爲參校本還是够格的。例如，校點本20頁1行："此一節明禮爲諸事之本，言人能有禮然，可異於禽獸也。"各本皆如此，雖然讀起來有點彆扭，也没辦法。這次查對了殿本、庫本，二本在"然"後均有一"後"字，至此方悟校點本不僅失校，而且破句。再舉一個包括殿本在内的各本皆誤，唯有庫本獨是的例子。校點本823頁校勘記〔三四〕：

下殤無遣　疑"遣"下脱"車"字。

吕按：明知脱字，但没有版本根據，只好存疑。現在好了，庫本正有那個踏破鐵鞋無覓處的"車"字。

第二，一些很有校勘價值的書當時尚未出版，《郭店楚墓竹簡》《上海博物館藏戰國楚竹書》，是其例。

第三，一些有校勘價值的書雖已出版，由於孤陋寡聞，未能使用。常盤井賢十《宋本禮記疏校記》是其例。

---

① 《十三經注疏》，中華書局，1980年，1413頁。

第四，前賢已有的校勘成果，用之未盡。衛湜《禮記集説》、浦鏜《十三經注疏正字》是其例。

第五，這次校點，有機會深入思考，反復咀嚼，因而也偶有一得之愚。例如，74 頁 9—10 行"稷西黍，黍南稷，稷東黍，黍東稷"四句話，各本皆同，看不出有什麼問題，也就輕輕放過。這次較真了，我要檢驗一下這個排列究竟對不對。一較真，還真是發現問題了，於是出了這樣一條校勘記："稷西黍，黍南稷，稷東黍，黍東稷"，據敖繼公《儀禮集説》和吳廷華《儀禮章句》，疑當作"稷南黍，黍東稷，稷南黍，黍西稷"。另可參看今人楊天宇《儀禮譯注》432 頁之"設饌圖"。

（二）目前已經發現的失校有 491 條。詳下。

（1）4 頁 8 行："趙鞅及魯君謂儀爲禮"，"魯"，常盤《禮記注疏校記》（下稱《校記》）云："魯，當作'晋'。《左氏》昭五年傳云：'晋侯謂女叔齊曰："魯侯不亦善於禮乎？"對曰："魯侯焉知禮？"公曰："何爲？自郊勞至于贈賄，禮無違者，何故不知？"對曰："是儀也，不可謂禮。"'是其證。"

（2）20 頁 1 行："然可異於禽獸也"，武英殿本《禮記注疏》（下稱"殿本"）及文淵閣《四庫全書》本《禮記注疏》（下稱"庫本"）"然"下有"後"字，是，可據補。

（3）21 頁倒 3 行："鳥不可曰獸"，"不可"，據上下文，疑當作"亦可"。

（4）30 頁倒 3 行："夫爲人子者三賜不及車馬"，萬斯大《禮記偶箋》卷一："此必其平日有孝、慈、仁、弟、信五者之實，然後有是稱。若止是'三賜不及車馬'，未可即爲純孝，人亦未必遂稱之。故愚謂五句之首當有闕文。蓋此篇集他書要語成篇，朱子謂'大意相似而文多不屬'是也。"虞萬里《上海圖書館藏稿本〈禮記訂訛〉初探》（下稱《初探》）云："朱子、萬斯大讀書心細如髮，其意見很可致思。"

（5）46 頁 6 行："凡爲君子者"，"爲"，阮本作"言"，義勝。

（6）74 頁 9—10 行："稷西黍黍南稷稷東黍黍東稷"，據敖繼公《禮記集説》和吳廷華《儀禮章句》，疑當作"稷南黍，黍東稷，稷南黍，黍西稷"。另可參看今人楊天宇《儀禮譯注》432 頁之"設饌圖"。鄭珍《儀禮私箋》

卷三以爲孔疏不誤。未知孰是,俟賢者裁焉。

（7）87頁2行:"憂不在私好",余本此句下有"惰,不正之言"五字。阮校和張敦仁《考異》皆以爲孔疏闌入之文,是衍文。王大隆跋余本則以爲此五字意在申釋"憂不在私好,可知本有此五字"。

（8）96頁倒3行:"故既醉注云","注",常盤《校記》云:"注,當作'傳'。"

（9）104頁行:"不尚赫弈","弈",阮本及衛氏《集説》作"奕",義勝。

（10）116頁5行:"但禰共廟",古鈔殘本"禰"上有"祖"字,可據補。

（11）118頁5行:"外事剛義","事",古鈔殘本作"是",疑是。

（12）130頁末行:"猶以革路行",據《周禮·戎右》注,"行"上宜有"從"字。

（13）132頁倒2行:"則被責罰也","被",古鈔殘本作"有",閩、監、毛本同,阮本同。

（14）139頁4行:"其臣之子避之也","其",古鈔殘本、足利本、阮本作"某",可據改。按:此"某"字,當屬上爲句。

（15）143頁10行:"此猶是無列無詔",古鈔殘本、阮本"此猶是"三字下有"論"字。

（16）158頁倒5行:"然聘禮云",常盤《校記》云"'聘禮'下當有'注'字",是也。

（17）170頁1行:"未稱君也",庫本《考證》(指《禮記注疏》考證。下同)及浦鏜校均曰:"'王'誤'君'。"是。

（18）179頁倒6行:"有醴清醫酏糟",浦鏜校云:"'醴清'當作'清醴'。"按浦校與《周禮·天官·漿人》合,可據乙正。

（19）188頁4行:"五服一朝",常盤《校記》:"按《尚書》僞孔傳無'一朝'二字。"

（20）189頁7行:"周禮天子有射朝燕",殿本《考證》云:"按此不可句。當是'燕'下有'朝'字而刊本脱之。前引《射人》,則《周禮》射朝之明文;引《太僕》,則《周禮》燕朝之明文也。"

（21）196頁8行："穀梁傳云"，"穀梁"，常盤《校記》云："似當作'公羊'。僖二十五年《公羊傳》曰：'其稱婦？有姑之辭也。'而《穀梁傳》曰：'其曰婦何也？緣姑言之之辭也。'"

（22）205頁5行："王制云在其地則祭之亡其地則不祭是也"，"王制"，當作"祭法"。"在其地則祭之，亡其地則不祭"，《祭法》文。

（23）211頁1行："冀脱得死重生也"，"脱得"，衛氏《集說》、吳澄《禮記纂言》及陳澔《禮記集說》皆作"得脱"，是，可據乙正。

（24）211頁末行："生時所稱也"，衛氏《集說》此五字上有"父母妻"三字，疑是。蓋闕出文（即被校勘語）也。

（25）211頁末行："以生號無別稱也"，"生號"，浦鏜據衛氏《集說》校，謂當作"生時"。

（26）243頁倒6行："姬置諸宮六日"，常盤《校記》："按《左氏傳》，'日'下有'公至'二字。"

（27）254頁1—2行："何休云夷言孁聲相近也"，浦鏜校曰："案何注無文，惟陸氏《公羊音義》云：'邾人語聲後曰孁，故曰邾孁也。'"

（28）258頁3行："此者"，浦鏜校曰："上當脱'言'字。"

（29）259頁倒4—3行："行道之人皆弗忍也"，沈大本《禮記訂訛》卷一："按《家語》，'行道之人'上無'先王制禮'四字；'皆弗忍也'下有'先王制禮，過之者俯而就之，不至者企而望之'十八字。"虞萬里《初探》徵諸《毛詩·素冠》毛傳，認爲此十八字"並非《家語》之增竄"。

（30）262頁2行："書說舜曰陟方乃死"，浦鏜校曰："衛氏《集說》無'曰'字。"按："曰"字疑衍。

（31）266頁倒8行："乃引得禮之人"，浦鏜校曰："此句下脱'以證之'三字。從《集說》校。"

（32）266頁倒7行："於時子思婦與子思之嫂"，浦鏜據衛氏《集說》校曰："此十字下脱'爲娣姒'三字。"

（33）285頁倒6行："斝以木爲筐"，"筐"，殿本《考證》云："字當作'匡'。"阮校引孫志祖云："《周禮·縫人》疏引此注正作'匡'。"

（34）292頁倒5行："小斂則改襲"，常盤《校記》云："阮本'襲'下有'裘'字。"

（35）303頁3行："故喪事騷騷耳"，"耳"，阮本作"爾"，與經文合。

（36）315頁4行："以下是憲所説"，阮本"憲"上有"原"字，閩、監、毛本同。

（37）332頁倒3行："其時可爲君所使金革之事也"，毛本、殿本、庫本、阮本"金"上有"服"字，據鄭注，"服"字應有，可據補。

（38）351頁7行："五十無車者不越疆而弔人"，徐師曾《禮記集注》卷四引張氏曰："此下脱'婦人不越疆而弔人'一簡。"虞萬里《初探》是之。今按：蓋謂下文之"婦人不越疆而弔人"八字當在此處也。

（39）357頁倒4行："今擯者居右也"，"今"，常盤《校記》："按：疑'令'字之譌。"

（40）368頁10行："以葛以弁經連文"，下"以"，衛氏《集説》作"與"。浦鏜校及殿本《考證》皆云當作"與"。

（41）368頁11行："喪服注天子諸侯既虞大夫士卒哭乃受服"，按《喪服》注實作"天子諸侯卿大夫既虞、士卒哭而受服"，與本節下文孔疏"大夫以上既虞、士卒哭受服"合。

（42）371頁3行："士虞禮云明日祔于祖父"，"祔于祖父"，浦鏜據《士虞禮·記》校，以爲當作"以其班祔"。

（43）375頁4行："君往臨所"，"所"，阮本作"弔"，浦鏜校與常盤《校記》皆以爲當作"弔"。

（44）384頁1行："知禮矣"，沈大本《禮記訂譌》卷一："此句下，《家語》有'愛而無私，上下有章'八字。"虞萬里《初探》徵諸《國語·魯語下》亦有此八字，認爲"很可能是缺失一簡"。

（45）385頁5行："人喜則斯陶陶斯咏"，《郭店楚墓竹簡·性自命出》作"喜斯慆，慆斯奮，奮斯咏"。

（46）385頁6行："舞斯愠"，《郭店楚墓竹簡·性自命出》作"舞，喜之終也"。

（47）385頁7—8行："慍斯戚戚斯歎歎斯辟"，《郭店楚墓竹簡·性自命出》作"慍斯憂，憂斯戚，戚斯戁，戁斯辟"。文字之確定，參考彭林《〈郭店竹簡·性自命出〉補釋》。

（48）385頁8行："辟斯踊矣"，《郭店楚墓竹簡·性自命出》作"踊，慍之終也。"按：今本經文"人喜則斯陶"以下九句，《郭店楚墓竹簡·性自命出》作十二句，其相同者不論，其不同者，皆以簡本爲長。詳參彭林《〈郭店竹簡·性自命出〉補釋》。

（49）419頁7—8行："而乾鑿度説云，乙是殷六世王也"，"云"，據上下文，疑爲"帝"字之誤。

（50）423頁2行："故左傳有莘氏之墟"，"有莘氏"上疑脱一"有"字。楊伯峻《春秋左傳注》僖公二十八年引《禮記·檀弓下》正義"有"字重。

（51）423頁6行："民因誓因盟而始離畔"，"離"阮本作"疑"，與經文合，疑是。

（52）450頁12行："子者奉恩宣德"，"奉"，《公羊傳》隱公元年徐彦疏引《春秋説》《緯書集成·春秋元命包》皆作"挚"，是。此處是聲訓。

（53）452頁倒6行："故孝經云德不倍者不異其爵功不倍者不異其土"，朱彝尊《經義考》卷二六七著録《孝經雜緯》云："今《孝經》無此文，當亦緯書中語也。"

（54）462頁2行："爲有致仕者，副之爲六也"，孔疏讀作"爲有致仕者副之，爲六也"，且釋"副之"爲"致仕副邑"，殊失鄭旨。按："副""倍"音近相通。《吕氏春秋·過理》："帶益三副矣。"高誘注："副，或作倍。"此"副之"，即"倍之"也。下同。

（55）465頁末行："此云要服之内地方七千里也"，浦鏜校曰："也，當'者'字誤。"按：浦校是，此句是發問句，不是判斷句，可據改。

（56）466頁8行："其天子七廟"至"亦兼載焉"，浦鏜校曰："二十一字疑衍文。"按：此二十一字毫無來由，浦校是。

（57）469頁末行："九州之内地"，浦鏜校曰："'也'誤'地'，從《續通解》校。"按：浦校是也。下文注云"九州之外也"，與此相互。

（58）478頁6行："食舊德"，陳壽祺《五經異義疏證》作"曰食舊德"，且校云："案：'曰'上當脱'訟六三'三字。"

（59）480頁2行："故尚書皋陶云"，殿本《考證》云："'云'字上脱'謨'字。"

（60）483頁1行："故前後各十一旒"，"一"，毛本、殿本、庫本、阮本及《周禮·弁師》注皆作"二"，可據改。

（61）489頁倒2行："東方以秋南方以冬西方以春北方以夏"，殿本《考證》云："按：此刊本轉寫之誤也。當云'東方以春，南方以夏，西方以秋，北方以冬'，斯與鄭注《明堂位》之意相合。"

（62）493頁4行："尺有二寸云"，浦鏜校："云"字衍。按：《覲禮》鄭注亦無"云"字。

（63）501頁倒3行："晋文侯雖受弓矢"，殿本《考證》云："按：晋文侯，當作'晋文公'。下文引崔氏言'不得專殺，故執衛侯歸之於京師'，文公事也。"

（64）514頁12行："公羊説"，按：據孔疏體例，"公羊説"之上當脱"案異義"三字。下文"破《異義》《左氏》説'夫人喪，士弔'云云"可證。

（65）516頁10行："故知盧解"，"知"，殿本、庫本作"如"，疑是。按上文"或云在喪中祭尚從死者爵，至吉祭乃用生者禄耳"二句，與前引"盧植解云"一致，故云"故如盧解"也。言此"或云"如"盧解"也。

（66）528頁3行："以此相推況可知"，浦鏜校曰："'準'誤'推'。"按：浦校是。孔疏《毛詩·商頌·玄鳥》引此句即作"準況"。

（67）534頁倒4行："皆不同而言之十一"，殿本、庫本"皆"字在"十一"上，"不同"二字屬上句。義勝。

（68）538頁10行："亦有柔而燥者"，"燥"，浦鏜據衛氏《集説》校，謂當作"速"，疑是。

（69）540頁5行："漢書地理志文"，浦鏜校云："文"當作"云"，是。

（70）560頁倒2行："王遂令江充檢之"，"王"，殿本《考證》以爲是"帝"字之譌，疑是。

（71）570頁9行："以國語及左傳故"，"故"，衛氏《集説》與吳澄《禮記纂言》皆作"觀之"，屬上句，疑是。

（72）578頁6行："服則玄冕素裳"，據楊復《儀禮經傳通解續》卷二十八上及浦鏜校，"服"上當補"朝"字。

（73）592頁8行："楊雄"，衛湜《集説》作"揚雄"，與《漢書・揚雄傳》合。

（74）599頁倒5—4行："則皥皥廣大之意"，疑下"皥"字或衍或誤。

（75）607頁倒9行："廟堂"，疑當作"廟室"。

（76）607頁倒3行："以割制脾之與腎爲俎實"，"脾之"，殿本、庫本作"之脾"，義勝。

（77）608頁4行："已於西祭黍"，殿本、庫本"黍"下有"稷"字，據上下文、注文，疑是。

（78）613頁倒3行："五角之室"，殿本《考證》云："當作'四角'。"按：《考證》是也。據《三禮圖》，四角之室，謂明堂東北、東南、西南、西北四角之室。故下文"季夏之月中央土"節孔疏云："土室在中央，大於四角之室。"

（79）623頁倒5行："廣二尺深二尺"，據《考工記・匠人》，疑此句下脱"謂之遂"三字。

（80）638頁2行："季冬云大飲蒸"，據《月令》孟夏之月鄭注，"季冬"，當作"孟冬"。

（81）646頁5行："二九爲十八分寸之一者"，殿本、庫本"寸"上有"三分"二字，疑是。又，"分"後當逗。

（82）656頁8行："畢者"，阮本"畢者"上有"日"字，而殿本、庫本有"日在"二字。按：此是出文，當補"日在"二字。

（83）658頁1行："西面"，阮本作"西向"，阮校云："閩、監、毛本同，衛氏《集説》同。"

（84）658頁6行："此物記時"，殿本、庫本作"此記時物"，義勝。

（85）661頁8行："出之時齊同如一"，殿本、庫本"出"下有"税"字，義勝。

（86）661頁倒5行："其夫亦有祭服以助祭也"，浦鏜校云："'也'，當作'者'。"按：此是出文，浦校是也。

（87）662頁2行："爲皆計繭爲稅"，"爲"，殿本、庫本作"惟"，疑是。

（88）664頁8行："則螾蛸"，"則"，浦鏜校曰："'一名'二字誤'則'。"案：浦校與《爾雅·釋蟲》邢疏合。

（89）667頁9行："無主不止"，"止"，殿本、阮本作"正"，阮校云："閩、監、毛本同，衛氏《集說》同。"

（90）669頁12行："益其食挺重囚連文"，殿本、庫本"食"下有"與"字，可據補。

（91）671頁3行："或調正德所行"，浦鏜校曰："下脫'作樂五日'四字。"據下文"作樂五日者"云云，疑是。

（92）679頁倒9行："自命婦官至等級之度"，"級"，閩本、毛本、殿本、阮本作"給"，與經文合，可據改。

（93）688頁3—4行："云祀之先祭心者"至"至此心爲尊也"，此數句僅僅重複鄭注而無疏通之語，疑有脫文。

（94）705頁末行："天子乃教田獵及祭禽于四方"，據孔疏文例，"及"當作"至"。

（95）715頁1行："師都建旗"，"師"，彭林《周禮注疏校勘記》引王念孫云，"師"乃"帥"字之譌。詳《經義述聞》。

（96）715頁6行："鄉遂載物"，"鄉遂"，孫詒讓《周禮正義》引段玉裁、嚴可均說，以爲當作"鄉家"。

（97）715頁倒6行："擊則不得入"，"擊"，浦鏜校曰："《詩傳》作'毄'。"按：浦校是也。

（98）727頁倒2行："天宗三謂日月星"，陳壽祺《五經異義疏證》"星"作"星辰"，且加按語云："《祭法》正義作'北辰'，當從之。"按：陳說是也。本節下文有"北辰爲星宗"之文，亦可證。

（99）728頁5—6行："故云互也"，殿本、庫本"互"下有"文"字，是，可據補。

（100）730頁10行："若施於人六情"，殿本、庫本"人"下有"之"字。

（101）734頁倒6行："陽氣氣動"，殿本、庫本"氣"字不重，是。

（102）741頁12行："須犧牲"，殿本、庫本"須"上尚另有"祭祀"二字，疑是。蓋此上下數句使用頂針修辭法也。

（103）742頁4行："又小宰列次畿內之地大小"，殿本、庫本"又"下有"命"字，疑是。

（104）742頁8行："有邦國諸侯"，浦鏜校曰："'諸侯'上脱'謂'字。"按：浦校是也。殿本、庫本正有"謂"字。

（105）752頁倒3行："贊王幣爵之事"，"王"，孫詒讓《周禮正義·小宰》改作"玉"。孫詒讓引段玉裁云："此'玉、幣、爵'即《大宰》之'祀五帝贊玉、幣、爵'，疏云'贊此三者'。《唐石經》及越注疏、建大字本作'王幣爵'非也。"

（106）754頁末行："故亦"，殿本、庫本及衛氏《集説》"故亦"下有"哭"字，是，可據補。又，"哭"字後應加句號。

（107）755頁倒3行："此一節因前論問君未葬而世子生"，按：殿本、庫本及衛氏《集説》無"問"字，疑是。

（108）760頁8行："反于父殯宮而設奠也"，阮本"而"下有"後"字，義勝。

（109）762頁末行："謂諸侯幼弱未冠"，《儀禮經傳通解》卷一"諸侯"下有"大夫"二字。據上下文，宜有。

（110）763頁6行："則加冠已冠之後"，殿本、庫本上"冠"前有"喪"字。據上文，疑是。

（111）769頁末行："某之喪者，謂若彼家死者之身"，"若"，《考文》引古本、殿本、庫本作"名"，疑是。

（112）772頁6行："喪服期云"，下引文出自《儀禮·喪服》"斬衰三年章"，"期"字疑衍。

（113）790頁12行："案雜記云臣妾死於宮中三月而後祭之"，案：

《雜記》無此文。《儀禮·喪服》"緦麻三月"章:"庶子爲父後者爲其母。"傳曰:"有死於宫中者,則爲之三月不舉祭。"疑引文出於此。

（114）799頁5行:"此所謂未大斂",殿本、庫本無"所"字,義勝。

（115）806頁倒7行:"一是宗子無罪","一",殿本、庫本及衛氏《集説》《儀禮經傳通解》皆作"二",是,可據改。

（116）811頁6行:"謂宗子親昆弟所生之子是適","子是適",浦鏜校曰,當作"適子也"。案:浦鏜蓋據《儀禮經傳通解》校。殿本、庫本此三字則作"適子",無"也"字。

（117）811頁9—10行:"一昆弟之子","一"下疑脱"是"字。孔疏慣用"一是""二是"之表述。

（118）812頁3行:"當宗子曾祖之廟",衛氏《集説》"當"下有"於"字,義勝。

（119）827頁2行:"食若要進","要",足利本、阮本作"再",是,可據改。

（120）827頁3行:"云退反其寢若","若",足利本、景潘本、殿本、阮本皆作"者",屬上句,是,當據改。

（121）833頁倒2行:"三是合語之禮"下,據足利本、殿本、阮本、庫本,應補"皆小樂正詔之於東序,謂祭與養老乞言及合語之禮"凡二十一字。

（122）836頁倒3行:"其釋奠則四時各有其學","有",殿本、庫本作"於",義勝。下文亦有"四時常奠,各於其學"之語。

（123）838頁倒4行:"是唐虞有夔伯夷","是",殿本、庫本作"若",與注合,是,可據改。

（124）839頁4行:"又月令季春","又",衛氏《集説》作"而",浦鏜校、殿本《考證》皆以爲當從。

（125）841頁4行:"告先聖先師以器成有時將用也",衛氏《集説》無"有時"二字,浦鏜校以爲衍。按《正義》亦無此二字。

（126）841頁倒7行:"亦謂天子命諸侯始立教學",衛氏《集説》無

"教"字,浦鏜校及庫本《考證》均以爲衍。

（127）847頁倒6行:"是知禮曉其意而答之",殿本、庫本"禮"下有"者"字,是,可據補。

（128）861頁4行:"謂其法律平斷其罪",上"其",殿本、庫本及惠棟《九經古義》作"以",是,可據改。

（129）864頁4行:"君上存親而與族人燕","上",殿本、庫本作"尚",義勝。

（130）877頁5行:"雉門災及兩觀",據《春秋》定二年,疑"災"字當在"觀"字下。

（131）883頁4行:"曉達喪禮","喪",閩本、監本、毛本、《考文》引古本、殿本、庫本皆作"於",是,可據改。按:阮校以"喪"是"於"非,誤也。殊不知"曉達於禮",是總釋"達於喪、祭、射、御、冠、昏、朝、聘"一句,而每字之分釋詳下。

（132）898頁9行:"獻謂饋食時后之獻也",殿本、庫本及秦蕙田《五禮通考》卷八十八此句上有"饋"字,疑是。

（133）899頁4行:"亦以薦腥饋孰二",殿本、庫本"二"下有"節"字,義勝。

（134）900頁1行:"則此君薦之用炙也",殿本、庫本及衛氏《集說》無"也"字,是,可據刪。

（135）907頁倒5行:"使寡婦不夜哭",衛氏《集說》無"使"字,疑是。"寡婦不夜哭",《坊記》文。

（136）907頁倒4行:"以接賓以禮曰儐",殿本、庫本及衛氏《集說》無上"以"字,是,可據刪。

（137）907頁倒4行:"以郊天祀地及一切神明",殿本、庫本"以"下有"禮"字,是,可據補。

（138）910頁1行:"人君法山川以興作其物也","其物",當作"器物"。蓋音近致譌。下節孔疏即有"興作器物"之文。

（139）927頁倒2行:"謂月令食麥與羊",衛氏《集說》無"謂"字,殿本、庫本同。疑衍。

（140）933頁倒5行："故鳥不獮"，錢大昕《潛研堂集·答問五》："陸氏《釋文》：'獮，本作喬。'《周禮·大司樂》注引此文亦作'喬'，俗本從犬者誤也。"

（141）947頁7行："故孔子答孟武伯問"，汪文臺《識語》云："案'武伯'當作'懿子'。然此乃疏本偶誤。"按：汪説是也。事見《論語·爲政》"孟懿子問孝"章。

（142）948頁2行："此易上繫文也"，常盤《校記》云："上"當作"下"，是，可據改。

（143）948頁7行："春獻鼈蜃，秋獻龜魚"，此八字上當脱"鼈人"二字。蓋此八字是《周禮·天官·鼈人》文，非《漁人》文。

（144）967頁4行："大饗食"，據《司几筵》，"食"，疑當作"射"。

（145）967頁倒7行："紛純"，據《司几筵》，"紛純"上應有"莞筵"二字，否則，酢席構不成"二重"。

（146）967頁末行："聘賓爲苟敬"，"苟敬"，阮校云："監本、毛本作'敬徹'。"按：殿本、庫本同監、毛本。依監、毛本，則"徹"字屬下爲句。

（147）971頁3—4行："聘禮曰聘君以圭聘夫人以璋是聘也"，衛氏《集説》無最後一個"聘"字，是。

（148）973頁6行："身鋭下平"，《新定三禮圖·瓦甒》"平"下有"底"字，是。

（149）986頁2行："許君謹案"，"許君"，揆之全書體例，當作"許慎"。

（150）988頁倒6行："而有直而行也者"，足利本、阮本、庫本及《儀禮經傳通解續》無"而"字，可據删。

（151）989頁末行："故或素或青"，《儀禮經傳通解續》"故"下有"云"字，義勝。

（152）1004頁11行："萬物之所交代之處也"，"所"，陳立《白虎通疏證》校改作"始"。

（153）1009頁1行："而初王業至"，阮本作"而初王業全"，殿本、庫本作"而後王業全"，疑殿本、庫本是。

（154）1032頁末行："而食嘗無樂"，衛氏《集說》引方慤曰："重言'而食嘗無樂'五字蓋衍文。"虞萬里云："五字與前面重複，確係多餘。"

（155）1034頁6—7行："故於祭統春禘秋嘗不復更破"，按："春禘秋嘗"，《祭義》文。"祭統"，當作"祭義"。

（156）1036頁倒5行："乃至主人獻賓"，"乃"，殿本、庫本作"及"，疑是。

（157）1044頁末行："故其坫在兩楹間"，"坫"，殿本、阮本作"坫"，是，可據改。

（158）1057頁9行："名同而實異也"，"實"，原作"無"，據殿本、庫本改。

（159）1059頁4行："於祭酺"，"於"，殿本、庫本、阮本作"族"，是，可據改。

（160）1061頁末行："今正月建寅郊祭，通而迎此"，"通"，殿本、庫本作"天"，是，可據改。"天"字當上屬。

（161）1064頁倒4行："説其長日至於上"，"説"，殿本、庫本作"迎"，是，可據改。

（162）1065頁2行："而玄説圜丘祭天祀大者"，浦鏜校曰："此下疑有脱字。"

（163）1065頁末行："融又爲圜丘是祭皇天"，"爲"，殿本、庫本作"謂"，疑是。

（164）1067頁倒2行："故未服大裘，而衣"，"衣"，殿本、阮本及《周禮·春官·司服》作"冕"，是，可據改。"而冕"，當屬上爲句。

（165）1074頁倒4行："謂白素衣積素裳"，"積素裳"，疑當作"素積裳"。《郊特牲》："三王共皮弁素積。"孫希旦《集解》："素積，以素繒爲裳而襞積之也。素言其色，積言其制。"《釋名·釋衣服》："素積，素裳也，辟積其要中使踧，因以名之也。"《朱子語類》卷八十五："素積，白布爲裙。"

400

（166）1084頁2行："其菁菹非水物"，衛氏《集說》無"其"字，疑是。

（167）1094頁倒3行："此乃貴尚古之禮自然也"，"之禮"，衛氏《集說》作"禮之"，義勝。

（168）1095頁5行："取脯醢降出"，浦鏜校曰："醢，衍字。"按：浦校是也。《儀禮·士昏禮》無"醢"字。

（169）1106頁8行："尸人舉奠焉也"，"焉"，浦鏜校曰："當作'爵'。"按：楊復《儀禮經傳通解續》卷二十九亦作"爵"，疑是。

（170）1107頁倒8行："以司尊彝說時祭二齊三酒與鬱"，殿本、庫本在"時祭"下有"惟用"二字，疑是。按：《禮運》孔疏引崔氏云："四時之祭，唯二齊三酒。"

（171）1136頁11行："即今之藏桃也藏梅也"，衛氏《集說》、《儀禮經傳通解》均無上"也"字。

（172）1161頁倒5—4行："又是人君見妾子於外寢"，"又"，衛氏《集說》作"則"，疑是。

（173）1161頁倒4行："不在側室者"，"者"，衛氏《集說》作"也"，疑是。

（174）1161頁倒4行："但人君世子之弟見於外寢也"，"但"，衛氏《集說》作"蓋"，疑是。

（175）1163頁2—3行："適子庶子見於外寢"，朱熹《儀禮經傳通解》曰："今按下文方說庶子。此'庶子'字宜爲衍字。或是適子之次者名爲適子庶子也。"

（176）1191頁8行："舒偄者"，"偄"，段玉裁《說文解字注》"偄"下云："各本作'懦'，从心需聲，人朱切，乃淺人所改，今正。'偄'與人部'偄'，音義皆同'弱也'，本乃亂切，音轉爲乃過切。《廣韻·獮韻》'偄，而兗切'，《換韻》'偄，奴亂切'，《過韻》'偄，乃臥切'。《玉篇·心部》'偄，乃亂、乃過二切'，皆訓'弱也'。此自古相傳不誤之字也。因形近或譌爲'懦'，再譌爲'儒'，其始尚分'偄''懦'爲二字二音。故《玉藻》注云：'舒偄者，所畏在前也。'《釋文》云：'偄，乃亂反，又奴臥反，怯偄也。又作懦，人于反,弱也,皇云學士。'是其分別井然,而轉寫'懊'譌爲'懦'。"①今按:如其言,則《釋文》、孔疏中的"懦",皆當作"懊"。

(177) 1222 頁倒 6 行:"以大帶用組約","組",殿本、庫本及衛氏《集說》作"紐",是,可據改。"紐約",略似今日之皮帶扣。

(178) 1223 頁倒 3 行:"君命屈狄",孫希旦《集解》云:"'君命',當作'五命',字之誤也。婦人從其夫之爵位,故夫尊于朝,則妻榮于室,無別受爵命之法。注疏謂'君命'爲受王后之命,非也。"

(179) 1257 頁 7 行:"七里之内",《玉藻》疏引《異義》此下有"而祀之"三字。

(180) 1257 頁 8 行:"五精之神","神",《玉藻》疏引《異義》作"帝"。此四字上又有"上帝"二字。

(181) 1261 頁 1 行:"爾雅釋地文云","文",當作"又",形近之譌。又者,又上文《職方》云也。

(182) 1261 頁倒 5 行:"解周公所以朝侯在此",殿本、庫本、阮本"朝"下有"諸"字,是,可據補。

(183) 1262 頁倒 7 行:"制其禮樂",衛氏《集說》無"其"字,疑是。

(184) 1271 頁倒 4 行:"清廟周頌文王詩也",句意不通,蓋"文王"上脱"祀"字。《清廟》小序:"《清廟》,祀文王也。"孔疏當本諸此。

(185) 1273 頁 6 行:"之名異",衛氏《集說》無"之"字,疑是。

(186) 1291 頁倒 6 行:"今考校以爲正有二壟","正",蓋"止"字之誤。

(187) 1291 頁倒 4 行:"或疑免壟亦有其旨",《禮記子本疏義》殘卷(簡稱《子本疏義》)"亦"下有"別"字。觀下文"非別有義也",此"別"字宜有。

(188) 1293 頁 4 行:"其服則如喪服","喪服",蓋"葬服"之誤。《士虞禮》:"主人及兄弟如葬服。"鄭注:"葬服者,《既夕》曰'丈夫壟,散帶

---

① 許慎撰、段玉裁注《說文解字注》,上海古籍出版社,1988 年,508 頁。

垂'也。"

（189）1294 頁 5 行："必用桐者"，《子本疏義》"者"下有"桐者同也"四字，觀上下文，此四字宜有。

（190）1298 頁 4 行："而立四廟"，劉敞《公是七經小傳》云："此一句上有脫簡爾，文當曰'諸侯及其太祖而立四廟'。"孫希旦《集說》是之。

（191）1304 頁 4 行："結上庶子不祭祖"，"祖"，《子本疏義》作"殤"，華喆《〈禮記子本疏義〉校錄》："按：作'殤'是。"

（192）1304 頁倒 3 行："臣不服君黨親也"，《子本疏義》及衛氏《集說》"服"上有"復"字，是，可據補。又，"黨"，《子本疏義》作"之"。

（193）1304 頁倒 3 行："爲女君黨"，《子本疏義》作"不服女君黨，及君亡，猶服君妻"。

（194）1305 頁 6 行："禘謂祭天"，"祭"，《子本疏義》作"郊"，是，可據改。

（195）1310 頁倒 2 行："劉知"，《子本疏義》作"劉智"，是，可據改。按：劉智，《晉書》有傳，略云："著《喪服釋疑論》，多所辨明。"

（196）1331 頁 4 行："亦敬生故也"，"生"，阮校云："監、毛本作'賓'。"按：殿本、庫本亦作"賓"。

（197）1334 頁 6 行："此養者遂以主先來無服之法"，浦鏜校云："疑。"蓋不得其解，疑有脫誤也。

（198）1337 頁 3 行："而遺死者謂之就者"，浦鏜校謂"而"字衍。今按："就"下疑脫"器"字。

（199）1397 頁倒 3 行："並在室中"，四字原脫。此本批校云："'事神大禮'下別本有'並在室中'四字，此本接寫時脫去。"按：所謂"別本"，蓋謂殿本、庫本也。批校是，據補。

（200）1399 頁 10 行："服車"，王引之云："'服車'二字，當在下文'乘馬'之下。鄭所見本蓋已誤。"詳《經義述聞》卷十五。

（201）1402 頁 12 行："右手當制之"，衛氏《集說》此句下有"曲禮獻民虜者操右袂是也"十一字，疑是。

（202）1407 頁倒 4 行："佐食三"，按《少牢饋食禮》，此句疑有脱誤。

（203）1415 頁 10 行："以燭乃授己執事之人"，"以燭乃"，殿本、庫本及衛氏《集説》作"乃以燭"，疑是。

（204）1427 頁 1 行："蛾子時術之"，方苞《禮記析疑》："'術'，宜即'銜'字之誤。"

（205）1427 頁倒 7 行："餘諸侯於國但立時王之學"，阮校云："惠棟校宋本無'餘'字，衛氏《集説》同。"

（206）1437 頁末行："言人人競問"，"言"，毛本、殿本、庫本皆作"若"，是，可據改。

（207）1444 頁 10 行："黄帝顓頊之道存乎意亦忽不可得見與"，按：《戰國楚竹書·武王踐阼》釋文作："不知黄帝、顓頊、堯、舜之道在乎？意微喪不可得而睹乎？""意"字屬下爲句。

（208）1444 頁 11—12 行："今檢大戴禮唯云帝顓頊之道無黄字"，按：《戰國楚竹書·武王踐阼》有"黄"字。

（209）1444 頁倒 5 行："師尚父亦端冕者案大戴禮無此文鄭所加也"，按：《戰國楚竹書·武王踐阼》亦無"師尚父亦端冕"之文，可能就是"鄭所加也"。

（210）1444 頁倒 4 行："南字亦鄭所加"，按：《戰國楚竹書·武王踐阼》作"曲折而南"，有"南"字。則"南"字非鄭所加。

（211）1444 頁倒 2 行："瑞書云"至"與瑞書同矣"凡二十八字，是孔疏語，與丹書之言無關。

（212）1444 頁末行："其量百世"，"量"，《戰國楚竹書·武王踐阼》釋文作"運"，疑是。

（213）1448 頁 10 行："古之學者比物醜類"，朱熹《儀禮經傳通解》云："今詳文意，此句合屬上章，仍有闕文。"

（214）1469 頁 9 行："知謂每一物來則心知之"，上"知"字，作爲出文，據經及注，疑當作"知知"。

（215）1480 頁 6 行："王者先王之功"，衛氏《集説》無"先王"二字，疑是。

（216）1480頁6行："故功成命而作樂"，衛氏《集説》無"命"字，疑是。

（217）1480頁倒6行："三王之代尚體"，"體"，閩本、毛本、殿本、庫本、阮本皆作"禮"，可據改。

（218）1488頁12行："故如天地之間物有動静也"，"如"，毛本、殿本、庫本及衛氏《集説》作"知"，疑是。

（219）1509頁9行："比謂比擬善類"，"比"下當脱"類"字。

（220）1513頁末行："樂其志者多違道理"，衛氏《集説》無"樂其志者"一句，浦鏜校曰衍。"多違道理"，衛氏《集説》作"世多違背道理"，義勝。

（221）1536頁5行："塡六孔"，殿本《考證》云："按'塡六孔'以下，鄭注《小師》文也。"浦鏜校同。

（222）1576頁7行："則大夫亦不毁牆"，據上下文，"大夫"下疑脱"士"字。

（223）1578頁倒2行："鄭國之赴"至"改赴書也"，殿本《考證》云："此約'癸未，葬宋穆公'之注及《釋例》中語也，爲魯君書'薨'、鄭國君書'卒'言之也。雖同是隱三年，而義各不相涉也。"浦鏜校同。要之，孔疏把注文引錯了。

（224）1595頁倒7行："共待之禮"，"共"，殿本、庫本及衛氏《集説》皆作"其"，是，可據改。

（225）1595頁倒5行："案僖九年二月"，"二月"，常盤《校記》云當作"三月"是也。

（226）1619頁6行："襲明日朝又明日小斂朝一踊，爲四也"，案《儀禮經傳通解續》卷十二"襲明日朝"四字下有"一踊"二字，是。否則，不足四踊。

（227）1621頁1行："又加大帶"，殿本、庫本此句上有"何以"二字。

（228）1621頁1—2行："云申者何以革帶"，殿本、庫本無"何以革帶"四字。

（229）1621頁2行："必見革帶與大帶者"，"者"，殿本、庫本作"皆有"，疑是。

（230）1621頁5行："散帶"，按：楊復《儀禮經傳通解續》卷十六上："案《士喪禮》主人拜賓之後，乃奠之前，云'襲絰'。所謂'絰'者，首絰與要絰、散帶之總稱，則知散帶在乃奠之前。今《雜記》'小斂環絰'，注家乃加'散帶'二字，注說非是。"按："散帶"二字蓋衍文。

（231）1656頁3行："注要記通之已祥"，"祥"，殿本、庫本作"詳"，是，可據改。

（232）1664頁倒5行："必父子俱有小功之末"，"有"，殿本《考證》及浦鏜校皆認爲當作"在"，是。

（233）1685頁10行："又卑於門也"，殿本《考證》云："'又卑於門也'之上脫'夾室'二字，此因上句而誤脫者也。"按：《考證》是也。

（234）1700頁5行："故謂上下"，浦鏜校云："疑'故自此升'之誤。"

（235）1722頁3行："在北牖下"，浦鏜校云："'牖'，當作'墉'，下並同。"按：浦校是也。

（236）1722頁倒4行："以水從西階而升（應逗）盡不上堂"，《儀禮經傳通解續》卷五"盡"下有"階"字，是。

（237）1722頁倒3行："用盆盛於浴水也"，浦鏜校云"於"字衍。按：《儀禮經傳通解續》卷五無"於"字。

（238）1724頁10行："何取此薪而用者"，浦鏜校云："'何'，衍字。"按：《儀禮經傳通解續》卷五無"何"字。

（239）1725頁倒3行："赤中"，《周禮·天官·凌人》鄭注引《漢禮器制度》"赤中"上有"漆"字，《釋文》同。

（240）1737頁5行："如朝服者謂布精麤朝服十五升"，《通典》卷八十五、《三禮圖集注》卷十七引此注在"麤"下皆有"如"字。按：孔疏亦云"精麤皆如朝服，俱十五升也"。然則，此"如"字蓋脫文。

（241）1760頁倒3行："出去也"，按上文出文無"出"字，而有"退"

字,"出"當"退"字之誤。"退"有"去"義。此處是以"去"釋"退"。

（242）1793 頁 7—8 行:"天子諸侯爲壇墠所禱","所",陳祥道《禮書》卷六八、《楊復再脩儀禮經傳通解續卷祭禮》卷七及《五禮通考》卷五十八引作"祈",疑是。

（243）1797 頁 4 行:"反顧以其疏遠","反顧",殿本、庫本無此二字。浦鏜校云:"反,當衍字。"

（244）1798 頁末行:"王自所祭","自所",庫本及衛氏《集説》作"所自",是,可據改。

（245）1801 頁 7—8 行:"受命謂年壽也"至"隨命謂隨其善惡而報之",此二十五字乃宋均注文,其上宜有"宋均注云"字樣。

（246）1815 頁 1 行:"與神明交而貴其誠敬",衛氏《集説》無"而"字,義勝。

（247）1833 頁 6 行:"是聖人設教興致之","興",閩本、毛本、殿本、庫本皆作"時",是,可據改。

（248）1834 頁 1 行:"其氣發揚于上（讀）爲昭明（句）焄蒿悽愴",孔疏句讀如此。朱熹則以"爲昭明"三字屬下句,云:"如鬼神之露光處是昭明,其氣蒸上處是焄蒿,使人精神竦動處是悽愴。"詳《朱子語類》卷六十八。

（249）1856 頁倒 2—1 行:"至八十九十者或閭里之旁",衛氏《集説》無"或"字,義勝。

（250）1867 頁 8 行:"體尊故云上也","體",浦鏜據衛氏《集説》校,以爲當作"鬼神"。疑是。

（251）1873 頁 1 行:"示奠於俎上","示",殿本、庫本、阮本及衛氏《集説》皆作"亦",是,可據改。

（252）1879 頁 7 行:"鋪筵設同几","同",段玉裁云當作"詷"。注文"同之言詷也",亦當作"詷之言同也"。段氏云:"按此經、注本如是。假令經本作'同几',又何煩以'詷'釋之哉!"詳《説文解字注》"詷"字下。

（253）1886 頁 5 行:"賤肩之簿","簿",閩本、毛本、殿本、庫本、阮本及衛氏《集説》皆作"薄",是,可據改。

(254) 1892 頁倒 2—1 行:"對揚以辟之(讀)勤大命",鄭注、孔疏如此讀。陸佃則以此八字當作一句讀,略云:"辟,君也。勤大命,言命大且勤。對揚以君之勤大命,猶言'對揚天子之休命'也。"朱熹是之。詳衛氏《集説》。

(255) 1895 頁倒 7 行:"被晉討之","討",阮本作"執"。案下文云"執衛侯",疑作"執"是。

(256) 1910 頁 8 行:"而倍死亡生者衆矣","亡",閩本、毛本、殿本、庫本、阮本皆作"忘",是,可據改。

(257) 1913 頁倒 7 行:"會由期也","由",閩本、毛本、殿本、庫本及衛氏《集説》作"猶"。猶,正字;由,通假字也。

(258) 1940 頁 5 行:"但上節問民之父母以致五至而行三無子夏覆問五至三無之事",浦鏜校云:"此二十六字,當爲衍文。"按:此二十六字,確實來得突兀。

(259) 1944 頁 8 行:"民但不違君之志氣","志氣",衛氏《集説》、吳澄《禮記纂言》均作"氣志",與注合。又,"志氣"下,同上二書尚有"而已"二字。

(260) 1939 頁倒 2 行:"孔子閒居子夏侍子夏曰"十字,《上博簡》中的《民之父母》篇(其整理者是濮茅左)作"子夏問於孔子"。

(261) 1939 頁倒 2 行:"敢問詩云",《上博簡》無"敢問"二字,"云"作"曰"。

(262) 1939 頁末行:"何如斯可謂民之父母矣",《上博簡》作"敢問何如而可謂民之父母"。

(263) 1939 頁末行—1940 頁 1 行:"孔子曰",《上博簡》作"孔子答曰"。

(264) 1940 頁 1 行:"必達於禮樂之原","原",《上博簡》作"苬(洍)",濮茅左云:"苬,可讀爲'洍'。或釋'簾''笢',讀作'原'。"按:濮氏二説,前説頗迂曲,學者頗是其後説。

（265）1940頁1行："而行三無"，"而"，《上博簡》作"以"。

（266）1940頁2行："此之謂民之父母矣"，"此"，《上博簡》作"其"。

（267）1940頁3行："民之父母既得而聞之矣"，《上博簡》無此十字。又"子夏曰"以下十三字，阮本屬之下節。

（268）1940頁5行："但上節問民之父母"至"覆問五至三無之事"，浦鏜校云："此二十六字，當爲衍文。"按：浦校是也。

（269）1940頁倒3行："孔子曰"，《上博簡》"曰"下有"五至乎"三字。

（270）1940頁倒3—2行："志之所至"至"哀亦至焉"三十二字，《上博簡》作"勿之所至者，志亦至焉；志之所至者，禮亦至焉；禮之所至者，樂亦至焉；樂之所至者，哀亦至焉"。濮茅左云："勿，疑'志'之誤寫。但'勿'讀作'物'，似亦通。'志'，讀爲'詩'。"李天虹則認爲："'勿'應該讀爲'物'，'志'則讀作本字。竹書講的是'物'與'志'的關係。"詳《上博館藏竹書（二）雜識》。

（271）1940頁末行："是故正"，《上博簡》作"君子以正"。

（272）1940頁末行—1941頁1行："明目而視之"至"志氣塞乎天地"，此五句二十八字，彭裕商認爲是"錯簡在此者，其本來位置當在子夏問'三無'一段的'此之謂三無'句上"。詳《上博簡〈民之父母〉對讀〈禮記·孔子閒居〉》。

（273）1941頁2行："五至既得而聞之矣"，"得而"二字，《上博簡》無。又，"子夏曰五至既得而聞之矣"，此十一字經文，阮本屬之下節。

（274）1942頁4行："無聲之樂"，《上博簡》此句上有"三無乎"三字。

（275）1942頁4—5行："此之謂三無"，《上博簡》此句上有"君子以此橫于天下。奚耳而聽之，不可得而聞也；明目而見之，不可得而見也，而得既塞於四海矣"六句三十八字，彭裕商認爲，首句"君子以此橫于天下"，是今本的脫文。其餘五句，即今本上文的"明目而視之"以下五句，只不過語序有不同，字詞有差異而已。詳《上博簡〈民之父母〉對讀〈禮記·孔子閒居〉》。"奚"，濮茅左讀爲"繫"。劉樂賢《讀上博簡〈民之父母〉等三篇札記》：" '奚'字，仍當以按傳世本讀'傾'爲佳。奚字古音是支部匣紐，傾字古音是耕部溪紐，二者讀音接近，存在通假的可能。"是劉説者頗有之。"既"，濮茅左讀作"氣"。陳劍認爲："'既'當如字讀，釋讀爲'氣'不可信。詳《上博簡〈民之父母〉"而得既塞於四海矣"句解釋》。

（276）1942頁5行："三無既得略而聞之矣"，《上博簡》作"無聲之樂，無體之禮，無服之喪"。

（277）1942頁5行："敢問何詩近之"，《上博簡》作"何詩是汇"。濮茅左云："汇，讀爲'迡'。《集韻》：'迡，近也。'"

（278）1942頁6行："孔子曰"，《上博簡》"曰"下有"善才！商也，將可孞詩矣。'城王不敢康'"凡十四字，今本無。濮茅左云："孞，與'教'義近。"劉樂賢《讀上博簡〈民之父母〉等三篇札記》："從文義看，似以讀'學'更爲妥當。"

（279）1942頁6行："無聲之樂也"，《上博簡》無"也"字。

（280）1942頁6行："威儀逮逮"，"逮逮"，《上博簡》作"遲遲"。濮茅左云："遲、逮，音可通。"

（281）1942頁6—7行："不可選也"至"無服之喪也"，此二十二字，《上博簡》殘缺，僅有最後的"之喪也"三字。

（282）1956頁10行："萬二千五百家爲一軍"，"家"，衛氏《集説》作"人"，是。案鄭注《小司徒》："軍萬二千五百人。"

（283）1957頁6行："牧誓云武王戎車三百兩"，浦鏜校云："'牧誓'下當脱'序'字。"

（284）1979頁倒7行："總坊男女奔淫之事"，"奔淫"，衛氏《集説》作"淫奔"，義勝。

（285）1979頁倒3行"以爲民紀者也"，按孔疏："謂使民無色欲之嫌疑，以爲民之綱紀也。"然則出文"以爲民紀者也"上脱"使民無嫌"四字。

（286）1989頁倒8行："恒懷恐懼之不睹不聞"，衛氏《集説》無此九字，且"不睹"爲上句事，此處不煩重提，疑衍。

（287）1989頁倒7行："況睹聞之處"，"睹"，衛氏《集説》作"人"，疑是。此節言聞不言睹。

（288）1996頁1行："素隱行怪"，朱熹《中庸章句》："素，按《漢書》，當作'索'，蓋字之誤也。"按：語見《漢書·藝文志》。

（289）2017頁倒4行："遠謂番國之諸侯"，殿本、庫本"遠"下有"人"字，是，可據補。

（290）2031頁5行："言山之初小"，"小"，殿本、庫本、阮本作"時"，是，可據改。按，上下文凡三言"初時"。

（291）2062頁8行："美武王之德"，浦鏜校云："'德'，當作'詩'。"按：浦校是也。《坊記》孔疏引《大雅·文王有聲》即作"詩"。

（292）2083頁8行："比夏家之質猶文"，此句下原衍"於夏"二字，據殿本、庫本刪。

（293）2084頁4行："明虞帝之德後世雖作不可及"，此十二字當在上文"比於虞帝，不可齊及之也"句下。

（294）2095頁2行："辭欲巧"，陳澔《禮記集說》："巧，當作'考'，即《曲禮》'則古昔，稱先王'之謂也。否則爲無稽之言矣。"虞萬里《初探》云："從經義角度著眼，當解爲'考'爲妥。"

（295）2101頁5行："子言之曰"至"則刑不煩矣"，《郭店楚墓竹簡》中的《緇衣》篇和《上博簡》中的《緇衣》篇，均無此章。

（296）2101頁7行："此篇凡二十四章"，按：今本《緇衣》篇實有二十五章。

（297）2101頁倒2行："子曰"，《郭店簡》作"夫子曰"。又，此今本第二章，《郭店簡》《上博簡》爲第一章。

（298）2101頁倒2行："好賢如緇衣"，《郭店簡》《上博簡》作"好媺如好緇衣"。虞萬里《上博館藏楚竹書緇衣綜合研究》（簡稱《研究》）："下'好'字之有無，與句意無涉。"

（299）2101頁倒2行："惡惡如巷伯"，《郭店簡》《上博簡》"如"下有"惡"字。虞萬里《研究》："'惡'字有無，似與文義無涉。"

（300）2101頁倒2—1行："則爵不瀆而民作愿刑不試而民咸服"，

《郭店簡》作"則民咸服而刑不屯",《上博簡》同,唯"屯"作"邨"。按:屯,通"春",通"蠢",動也。

(301) 2102 頁 2 行:"大雅曰",《郭店簡》《上博簡》作"詩曰"。

(302) 2102 頁 2 行:"萬國作孚","國",《郭店簡》《上博簡》作"邦",與今傳本《毛詩》合。

(303) 2103 頁 8 行:"子曰",此今本第二章,《郭店簡》《上博簡》爲第十二章。

(304) 2103 頁 8 行:"夫民教之以德","夫民",《郭店簡》《上博簡》作"長民者",義勝。

(305) 2103 頁 8 行:"民有格心","格",《郭店簡》釋文作"懽"。裘錫圭按:"懽,也有可能讀爲'勸'。勸,勉也。"《上博簡》釋文作"昱",其義待考。

(306) 2103 頁倒 5 行:"民有遯心","遯",《郭店簡》作"孚",待考。《上博簡》作"免",陳佩芬云:"遯、免義近。"

(307) 2103 頁倒 5 行:"故君民者子以愛之",《郭店簡》《上博簡》無"君民者"三字,虞萬里《研究》:"此因前文簡本作'長民者',有領導民衆之義。而傳本只作'夫民',使整句失去主語,故於此補'君民者'三字以照管前後。"

(308) 2103 頁倒 5 行:"則民親之","親之",《郭店簡》《上博簡》釋文作"有親"。虞萬里《研究》:"'有親'與'親之',義相近。"

(309) 2103 頁倒 4 行:"民有孫心","孫",《郭店簡》《上博簡》釋文作"愻"。

(310) 2103 頁倒 3 行:"甫刑曰",《郭店簡》《上博簡》作"吕刑云"。又,此句上,《郭店簡》《上博簡》有"詩云:吾大夫恭且儉,靡人不斂。"三句("吾大夫恭且儉",據裘錫圭説;"靡人不斂",據李零《郭店楚簡校讀記》説)。

(311) 2103 頁倒 3 行:"苗民匪用命","命",《郭店簡》作"䋫",《上博簡》作"䘏"。虞萬里《研究》:"䋫,廖明春早已認其爲'至'之繁文,並證其義爲'善'。𠂤,《唐石經》及今本作'靈'。《上博簡》之'𠂤',與《吕刑》諸本合,可證此句文義應定在'善'義上。從知鄭玄訓'命'爲'政令也',似欠妥。"

(312) 2103頁倒3—2行:"是以民有惡德而遂絕其世也",《郭店簡》《上博簡》均無此十二字。

(313) 2105頁2行:"子曰",此今本第四章,《郭店簡》《上博簡》爲第八章。

(314) 2105頁2行:"不從其所令","所令",《郭店簡》《上博簡》作"所以命"。按《郭店簡·尊德義》云:"下之事上也,不從其所命。"然則"以"字可有可無。

(315) 2105頁2行:"從其所行",《郭店簡》《上博簡》句上有"而"字。

(316) 2105頁3行:"下必有甚者矣",《郭店簡》"甚"下有"安"字,其注釋云:"安,用法同'焉'。"《上博簡》此句殘缺。

(317) 2105頁3—4行:"是民之表也",《郭店簡》《上博簡》無"是"字。"表",《郭店簡》作"𦰏",李零《郭店楚簡校讀記》云:"應釋'蕀'或'標',簡文用爲'表'。"上博簡作"𦰏",李零《上博楚簡校讀記(二)》:"應釋'標',讀爲'表'。"

(318) 2105頁4行:"子曰",此今本第五章,《郭店簡》《上博簡》爲第七章。

(319) 2105頁4行:"百姓以仁遂焉","遂",《郭店簡》作"道",《上博簡》作"頜"。虞萬里《研究》云:"鄭玄注'遂'字云:'遂猶達也。'《郭店簡》作'道',《説文》'一達謂之道',與傳本字異而義合。《上博簡》字形左邊亦類'奎',故亦有可能爲'達'之誤字。唯無實據,只能存疑。"又,"焉"字,《郭店簡》《上博簡》均無。

(320) 2105頁5行:"詩云赫赫師尹民具爾瞻",此十字,《郭店簡》《上博簡》在第八章(今本第四章)"民之表也"之後,是。

(321) 2105頁6行:"兆民賴之","兆民",《郭店簡》《上博簡》作

"萬民"。

（322）2105頁6行："大雅曰成王之孚下土之式"，"大雅"，《郭店簡》《上博簡》作"詩"。又，《郭店簡》引《詩》在上文《甫刑》之前。《上博簡》引《詩》有殘缺，但引《詩》位置與《郭店簡》同。

（323）2106頁6行："子曰"，此今本第六章，《郭店簡》《上博簡》亦爲第六章。

（324）2106頁6行："則下之爲仁爭先人"，"爭先人"，《郭店簡》《上博簡》作"也爭先"。虞萬里《研究》："'爭先人'之'人'，劉信芳、涂宗流、劉祖信諸人均以爲衍，近是。"

（325）2106頁6行："貞教尊仁"，此四字，《郭店簡》《上博簡》均無，虞萬里《研究》："很可能爲漢儒傳授時所增。"

（326）2106頁7行："以子愛百姓"，《郭店簡》《上博簡》作"以昭百姓"。按：昭，示也。

（327）2106頁7行："民致行己"，《郭店簡》《上博簡》"民"上有"則"字，"致"作"至"。

（328）2107頁1行："子曰"，此今本第七章。此章之"故大人不倡游言"句之前，是《郭店簡》《上博簡》之第十四章，之後是《郭店簡》《上博簡》之第十五章。

（329）2107頁1行："其出如綸"，"綸"，《郭店簡》《上博簡》作"繙"。

（330）2107頁1行："王言如綸"，"綸"，《郭店簡》《上博簡》作"索"。

（331）2107頁1行："其出如綍"，"綍"，《郭店簡》作"綪"。《郭店簡》注釋："綪，借作'紼'。今本作'綍'。裘按：'紼''綍'二字，字書以爲一字異體。"

（332）2107頁2行："大人不倡游言"，《郭店簡》"游"作"流"，脱"言"字。又。此句下，《郭店簡》有"詩云誓爾出話敬爾威儀"十字。《上博簡》殘缺，僅有"敬爾威儀"四字。此十字，今本錯簡在第八章。

（333）2107頁2行："可言也不可行君子弗言也可行也不可言君子弗行也"，文中四"也"字，《郭店簡》《上博簡》均無。又，此段文字上，《郭店簡》《上博簡》有"子曰"二字,蓋爲另一章之始。

（334）2107頁3—4行:"而行不危言矣",《郭店簡》《上博簡》無"而"字,無"矣"字。

（335）2108頁6行:"子曰",此今本第八章,《郭店簡》《上博簡》爲第十六章。

（336）2108頁6行:"而禁人以行",《郭店簡》無"人"字,"禁"作"䠭",其注釋云:"其上部爲《説文》'恆'之古文,疑讀作'恆'。"虞萬里《研究》:"《郭店簡》字形雖不見《説文》,然其從'止',乃不爭之事實。'止'與傳本之'禁'義相通,此又毋庸置疑。退而論之,即使兩字無直接聲韻關係,其意義相同,亦無礙其互爲異文。"

（337）2108頁6行:"故言必慮其所終","必",《郭店簡》《上博簡》作"則"。

（338）2108頁7行:"而行必稽其所敝",《郭店簡》《上博簡》無"而"字,"必"作"則"。

（339）2108頁7行:"則民謹於言而慎於行",《郭店簡》《上博簡》作"則民慎於言而謹於行"。

（340）2108頁7行:"詩云慎爾出話敬爾威儀",此十字今本蓋錯簡在此,《郭店簡》《上博簡》在第十四章,是。

（341）2108頁8行:"於緝熙敬止",《郭店簡》同,《上博簡》作"於幾義之"。虞萬里《研究》:"李家浩謂《郭店簡》'幾'字乃'臣'與'臣'兩字之合文,讀爲'緝熙'。裘錫圭以爲'義'爲'敬'字之誤摹。"然則,同於今本與《郭店簡》也。

（342）2109頁5行:"子曰",此今本第九章,《郭店簡》《上博簡》亦爲第九章。

（343）2109頁5行:"衣服不貳","貳",《郭店簡》《上博簡》作"改"。

（344）2109頁5行:"以齊其民",《郭店簡》《上博簡》無此四字。

（345）2109頁6行:"彼都人士狐裘黃黃",《郭店簡》《上博簡》無此八字。

（346）2109 頁 6 行："出言有章"，《郭店簡》作"出言有┓"，《上博簡》殘缺，僅有"有言"二字。┓，《郭店簡》注釋云："疑爲字之未寫全者。"虞萬里《研究》："筆者認爲此爲'人'字。'人'即'仁'。'仁''信'相諧，古音皆在真部。"虞氏不僅論證了"出言有仁"與上下文的文義關係，而且以小窺大，辟出專章討論此詩，句句徵實，竊以爲其結論近是。

（347）2109 頁 7 行："行歸于周"，《郭店簡》《上博簡》無此四字。

（348）2109 頁 7 行："萬民所望"，《郭店簡》作"利民所信"，《上博簡》殘缺，僅有"所信"二字。按：利，通"黎"。"信"與上文"仁"韻。簡文引《詩》，不唯與今本不合，且與《詩·都人士》亦不合，學者多以今本《毛詩》繩簡文引《詩》，自然難免扞格不入。而虞萬里認爲"簡本所引與《毛詩》首章似爲同一首詩之不同章節"，持此而入，則怡然理順矣。詳《研究》之第十一章。

（349）2110 頁 1 行："子曰"，此今本第十章，《郭店簡》《上博簡》爲第三章。

（350）2110 頁 1 行："爲下可述而志也"，"述而志"，《郭店簡》作"頪而㝅"，《上博簡》作"桹而齒"。裘錫圭按："簡文讀爲'可類而等之'，於義可通，似不必從今本改讀。"虞萬里從裘錫圭説，並據賈誼《新書》所引，認爲"可證傳本'述而志'確爲傳抄之譌"，詳《研究》。

（351）2110 頁 1 行："則君不疑於其臣"，《郭店簡》《上博簡》無"於"字。

（352）2110 頁 2 行："而臣不惑於其君矣"，《郭店簡》《上博簡》作"臣不惑於君"。

（353）2110 頁 2 行："尹吉"，《郭店簡》《上博簡》作"尹誥"，與鄭注合。

（354）2110 頁 2 行："惟尹躬及湯"，"尹躬"，《郭店簡》《上博簡》釋文作"伊尹"。裘錫圭按語讀作"尹允"，以爲"躬"可能是訛字。"湯"，《郭店簡》同，《上博簡》作"康"，其注釋云："康、湯，經籍通用。"

（355）2110 頁 3 行："詩云淑人君子其儀不忒"，此十字，《郭店簡》

《上博簡》在"尹吉曰"之前。

（356）2110頁倒4行："子曰"，此今本第十一章，《郭店簡》《上博簡》爲第二章。

（357）2110頁倒4行："章善瘅惡"，《郭店簡》《上博簡》作"章好章惡"。"善"，《唐石經》及余本、撫本、岳本、阮本作"義"。

（358）2110頁倒4行："則民情不貳"，"貳"，《郭店簡》作"絃"，《上博簡》作"弌"。裘錫圭按云："貳，《釋文》所據本作'忒'，簡本'絃'字亦當讀爲'忒'。""弌"，虞萬里《研究》亦讀作"忒"，云："宋元之學者多以'疑貳'釋之，欠妥。"

（359）2111頁2行："子曰"，此今本第十二章，《郭店簡》《上博簡》爲第四章。

（360）2111頁2—3行："故君民者章好以示民俗"，"俗"，《郭店簡》作"忩"，讀作"欲"；《上博簡》作"谷"，李零《上博楚簡校讀記（二）》亦讀作"欲"。《郭店簡》注釋云："今本作'俗'，似誤。"

（361）2111頁3行："慎惡以御民之滛"，"慎"，《郭店簡》、李零《上博楚簡校讀記（二）》隸定作"謹"；"御"，李零《上博楚簡校讀記（二）》同，《郭店簡》裘錫圭按釋作"渫"，《説文》："渫，除去也。"學者於裘説尚有異議，待考。"之"字，《郭店簡》《上博簡》無。

（362）2111頁3行："則民不惑矣"，《郭店簡》《上博簡》無"矣"字。

（363）2111頁4行："臣儀行不重辭不援其所不及不煩其所不知"凡十八字，《郭店簡》《上博簡》作"臣事君言其所不能不訐其所能"十三字，出入較大。訐，裘錫圭按云："似應讀爲辭讓之'辭'。今本有'不重辭'之語，蓋以'辭'爲'言辭'，亦非。"李零《上博楚簡校讀記（二）》亦隸定作"辭"。

（364）2111頁5行："則君不勞矣"，《郭店簡》《上博簡》無"矣"字。

（365）2111頁6行："詩云"，"詩"，《郭店簡》《上博簡》作"顗"。"顗"，《郭店簡》注釋云："在此借作'雅'。"

（366）2111頁6行："下民卒瘅"，"瘅"，《郭店簡》作"疸"，《上博簡》

（367）2111頁7行："小雅曰"，"曰"，《郭店簡》作"員（云）"，《上博簡》殘缺。

（368）2111頁7行："匪其止共惟王之卬"，《郭店簡》作"非其止之共唯王卬"，《上博簡》殘缺，僅有後四字"隹王之功"，李零《上博楚簡校讀記（二）》釋作"惟王之卬"。李零《郭店楚簡校讀記》：簡文"共唯王"與"之"字互倒，今爲乙正。

（369）2112頁3行："重辭者"，閩本、毛本、殿本、庫本、阮本及衛氏《集説》"重"上有"不"字，是，可據補。

（370）2115頁2行："子曰"，此今本第十四章，《郭店簡》《上博簡》爲第十一章。

（371）2115頁2—3行："大臣不親"至"而邇臣比矣"，此六句《郭店簡》《上博簡》作"大臣之不親也，則忠敬不足，而富貴已過也。邦家之不寧，則大臣不治，而褻臣託也"。"則大臣不治，而褻臣託也"二句，《上博簡》殘缺。《郭店簡》注釋云："以上六句的文字與次序，與今本多有不同。"虞萬里《研究》："此章前六句簡本文理清晰，句式整齊。而傳本層次不如簡本清晰。"

（372）2115頁3—4行："故大臣不可不敬也"，"故"，《郭店簡》作"此以"，《上博簡》殘缺。"也"，《上博簡》同，《郭店簡》脱文。

（373）2115頁4行："是民之表也"，《郭店簡》《上博簡》無"是"字；"表"，《郭店簡》《上博簡》作"蕝"。《説文》："蕝，朝會束茅表位曰蕝。"

（374）2115頁4行："邇臣不可不慎也是民之道也"，此十二字，《郭店簡》《上博簡》無。

（375）2115頁5行："君毋以小謀大"，"毋以"，《郭店簡》《上博簡》作"不與"。

（376）2115頁5行："毋以遠言近毋以内圖外"，此十字，《郭店簡》《上博簡》無。

（377）2115頁6行："邇臣不疾而遠臣不蔽矣"此十字，《郭店簡》《上博簡》無。虞萬里《研究》："揣文義,亦是爲與'君毋以小謀大'三句相應而增加,非原來所有。"

(378) 2115頁6—7行:"葉公","葉",《郭店簡》作"㦣"《上博簡》作"㦣"。"㦣",李學勤《釋郭店簡祭公之顧命》釋作"彗",定此字爲"文獻祭公之祭的本字。"李零《上博簡校讀記(二)》認同李説,但認爲"字形分析還值得討論。此字像手持雙矢,乃'射'字之異構。'葉公'之葉,古讀正與'射'字相近"。

(379) 2115頁7行:"毋以嬖御人疾莊后",《郭店簡》《上博簡》無"人"字;"疾",《郭店簡》作"㥚",隸定作"息",借作"塞"。塞,絶也。《上博簡》作"畵",疑即《説文》"盡"之省文。《説文》:"盡,傷痛也。"與"疾"義相近。下句"疾"字同此。

(380) 2115頁7—8行:"毋以嬖御士疾莊士大夫卿士",《郭店簡》《上博簡》無"御"字,無"莊士"二字,疑今本此三字衍。

(381) 2116頁1行:"子曰",此今本第十五章,《郭店簡》《上博簡》爲第十章。

(382) 2116頁1行:"民是以親失而教是以煩",《郭店簡》《上博簡》作"教此以失,而民此以綾"。綾,虞萬里認爲"盡可從本字讀作'繁(緐)',而不必改讀爲'煩'。詳《研究》。《郭店簡》注釋云:"其異文除'是'字較簡本'此'爲長外,似皆當以簡本爲是。"

(383) 2116頁3行:"若己弗克見","若己",《郭店簡》《上博簡》作"如其",義同。唯《上博簡》"其"下有一重文符號,疑衍。

(384) 2116頁4行:"亦不克由聖",《郭店簡》作"我弗迪聖"、《上博簡》作"我弗貴聖"。按鄭玄注:"由,用也。""迪"字從"由"得聲,故亦有"用"義。唯"貴"字不愜文義,待考。

(385) 2116頁5行:"子曰",此今本第十六章,《郭店簡》《上博簡》均無此章。

(386) 2118頁末行:"左傳云世本文","云"當衍字。《論語·述而》"葉公問孔子於子路"章邢昺疏即云"據《左傳》《世本》文"。蓋謂先後見于二書也。

（387）2121頁倒2行："子曰"，此今本第十七章，《郭店簡》《上博簡》爲第五章。

（388）2121頁倒2行："心莊則體舒心肅則容敬"，此十字，《郭店簡》《上博簡》無。

（389）2121頁末行："心好之身必安之"，《郭店簡》作"心好則體安之"，《上博簡》殘缺。

（390）2121頁末行："君好之民必欲之"，上"之"字，《郭店簡》《上博簡》作"則"；"必"，《郭店簡》《上博簡》無。

（391）2121頁末行："心以體全"，"心"字上《郭店簡》《上博簡》有"故"字；"全"，《郭店簡》作"灋"，《上博簡》作"廌"。灋，"法"之初文，裘錫圭按："簡文'法'，疑當讀爲'廢'，二字古通。"虞萬里《研究》認爲"'廌'乃'灋'之省文。而傳本'全'乃'灋'，古文'金'或'金'之誤字"。

（392）2121頁末行："亦以體傷"，《郭店簡》《上博簡》無此四字。

（393）2121頁末行—2122頁1行："君以民存亦以民亡"，《郭店簡》《上博簡》作"君以民亡"。

（394）2122頁1—2行："昔吾有先正其言明且清國家以寧都邑以成庶民以生"，此二十二字，《郭店簡》《上博簡》無。

（395）2122頁2行："誰能秉國成"，《郭店簡》《上博簡》無"能"字，與今本《毛詩》合。

（396）2122頁4行："夏日暑雨"，《郭店簡》《上博簡》無"夏"字；"暑"，《郭店簡》作"俗"，《上博簡》作"俱"。《郭店簡》注釋："俗，讀作'溶'。《説文》：'溶，水盛貌。'溶雨，雨盛。"《上博簡》注釋："'俱'字待考。"

（397）2122頁5行："小民亦惟曰怨"，"怨"，《郭店簡》作"悁"《上博簡》作"命"。《郭店簡》裘錫圭按："'悁'，此字應從今本釋作'怨'，字形待考。"《上博簡》之"命"，李零《上博楚簡校讀記（二）》認爲不是"命"字，而是"以肙爲聲旁表示'怨'義的'宛'字"。

（398）2122頁5行："資冬祁寒"，《郭店簡》作"晋冬旨滄"，《上博簡》作"晋冬耆寒"。《郭店簡》注釋："晋，簡文從'至'省。《說文》：'晋，進也。'滄，訓爲'寒'。"裘錫圭按："簡文'旨'，讀爲'耆'。'耆''祁'音同可通。祁寒，猶言極寒、嚴寒。"

（399）2123頁倒6行："子曰"，此今本第十八章，《郭店簡》《上博簡》無此章。

（400）2123頁倒5行："子曰"，此今本第十九章，《郭店簡》《上博簡》爲第十八章。

（401）2123頁倒5行："言有物而行有格也"，《郭店簡》《上博簡》作"君子言有物，行有格"。

（402）2123頁倒5行："是以生則不可奪志死則不可奪名"，"是"，《郭店簡》《上博簡》作"此"；二"則"字，《郭店簡》《上博簡》無。

（403）2123頁倒4行："多志"，"志"，《郭店簡》同，《上博簡》作"皆"，初定爲"齒"的異體，李零《上博楚簡校讀記（二）》："按：皆，上從止，下爲'目'字的或體，並不是'齒'字的異體。"

（404）2123頁倒4行："質而守之"，"質"，《郭店簡》《上博簡》作"齊"。裘錫圭按："齊、質，古音相近。"下文"質"字同此。

（405）2123頁倒3行："略而行之"，"略"，《郭店簡》作"达"，《上博簡》作"埅"，初讀皆作"略"。虞萬里認爲簡文並當釋作"格"。此處之"格而行之"，即上文之"行有格"。格，法也。略，亦法也。孔疏釋"略"爲"要略"，非。詳《研究》。

（406）2123頁倒3—2行："君陳曰出入自爾師虞庶言同"，此十二字，《郭店簡》《上博簡》在下文"詩云淑人君子其儀一也"之後。

（407）2124頁6行："亦質少而親之"，"少"，阮校云："惠棟校宋本'少'作'守'，毛本同。"按：作"守"近是。

（408）2124頁倒4行："子曰"，此今本第二十章，《郭店簡》《上博簡》爲第二十一章。

（409）2124頁倒4行："唯君子能好其正"，"正"，《郭店簡》《上博簡》作"匹"。鄭玄注云："正,當爲匹,字之誤也。匹,謂知識朋友。"

(410) 2124 頁倒 4 行："小人毒其正",《郭店簡》《上博簡》作"小人豈能好其匹"。

(411) 2124 頁倒 3 行："故君子之朋友有鄉","朋友",《郭店簡》《上博簡》作"友也";"鄉",《郭店簡》《上博簡》作"向"。按:"向""鄉"通用。

(412) 2124 頁倒 3 行："是故邇者不惑","是故",《郭店簡》《上博簡》作"此以"。

(413) 2124 頁倒 2 行："而遠者不疑也",《郭店簡》《上博簡》無"也"字。

(414) 2124 頁倒末行："君子好仇","仇",《郭店簡》《上博簡》作"逑",與今本《毛詩》合。

(415) 2125 頁 8 行："子曰",此今本第二十一章,《郭店簡》《上博簡》爲第二十二章。

(416) 2125 頁 8 行："而重絕富貴","重",《郭店簡》《上博簡》釋文作"厚",李零《上博楚簡校讀記（二）》："重,原從石從主,簡文多用爲'冢'字。此可證明郭店本的這個字其實也是'冢'字,在簡文中應讀爲'重',不是'厚'字。"

(417) 2125 頁 8 行："則好賢不堅","賢",《郭店簡》《上博簡》作"仁"。

(418) 2125 頁 9 行："吾不信也",《郭店簡》《上博簡》作"吾弗信之矣"。

(419) 2125 頁 9 行："攝以威儀",《上博簡》同,《郭店簡》"威"作"愄",注釋云:"愄,借作'威'。"

(420) 2126 頁 1 行："子曰",此今本第二十二章,《郭店簡》《上博簡》爲第二十章。

(421) 2126 頁 1 行："私惠不歸德","歸",《郭店簡》《上博簡》作"懷",與鄭玄所見別本同。

(422) 2126 頁 2 行："示我周行","示",《郭店簡》作"旨",《上博簡》

作"睍"。《郭店簡》注釋:"旨,似讀作指。《爾雅‧釋言》:'指,示也。'"裘錫圭按:"旨、示,古音相近。"

(423) 2126 頁 8 行:"子曰",此今本第二十三章,《郭店簡》《上博簡》爲第十九章。

(424) 2126 頁 8 行:"必見其軾","軾",《郭店簡》作"敮",《上博簡》作"鼛"。裘錫圭按:"敮從曷聲,疑可讀作'蓋',指車蓋。"《上博簡》注釋云:"鼛字待考。"

(425) 2126 頁 8 行:"必見其㪱","㪱",《郭店簡》作"幣",《上博簡》殘缺。按:"㪱""幣"通。王念孫云:"㪱音布蔑反,謂衣袂也。《廣雅》:'袡,袂也。'古無袡字,借'㪱'爲之。"

(426) 2126 頁 8 行:"人苟或言之",《郭店簡》作"人苟有言",《上博簡》殘缺。

(427) 2126 頁 9 行:"苟或行之",《郭店簡》作"苟有行",《上博簡》殘缺。

(428) 2126 頁 10 行:"葛覃曰",《郭店簡》《上博簡》作"詩云"。

(429) 2127 頁 7 行:"子曰",此今本第二十四章,《郭店簡》《上博簡》爲第十七章。

(430) 2127 頁 7 行:"言從而行之",《郭店簡》無"而"字,《上博簡》作"言率行之"。虞萬里認爲:"'率'很可能爲'從'之譌字。"詳《研究》。

(431) 2127 頁 7 行:"則言不可飾也","飾",《郭店簡》《上博簡》作"匿";"也"字,《郭店簡》《上博簡》無。

(432) 2127 頁 7 行:"行從而言之則行不可飾也",此十一字,《郭店簡》《上博簡》無。

(433) 2127 頁 8 行:"故君子寡言而行","寡",《上博簡》同,《郭店簡》作"顧"。裘錫圭按:"鄭注認爲'寡當爲顧,聲之誤也'。當釋爲'顧',可證鄭注之確。"

(434) 2127 頁 8 行:"則民不得大其美而小其惡","得",《郭店簡》《上博簡》作"能"。

（435）2127頁9行："詩云"，《郭店簡》《上博簡》作"大雅"云。

（436）2127頁9行："白圭之玷"，"玷"，《郭店簡》作"石"，觀下文，可知是"砧"之誤字。《上博簡》作"砧"。《郭店簡》注釋云："砧，讀爲'玷'。"

（437）2127頁倒3行："展也大成"，"展"，《郭店簡》作"聖"，《上博簡》作"㞷"。李零隸定爲"展"。其《上博楚簡校讀記（二）》云："展，郭店本從石從貝從土，原書以爲從土從厕，裘按以爲'廛'字。我們懷疑，此字可能是'廛'字的誤寫。上海本寫法與郭店本相似，上從貝，下從土。"

（438）2127頁倒3行："周田觀文王之德"，"周田觀"，《郭店簡》作"割紳觀"，《上博簡》殘缺。鄭玄注云："古文'周田觀'爲'割申勸'。""之"，《郭店簡》無。

（439）2127頁倒3—2行："其集大命于厥躬"，"厥躬"，《郭店簡》作"厥身"，《上博簡》作"是身"。

（440）2129頁1行："此文尚書爲寧王"，按："文"後當脱"王"字。其義謂此經之"文王"《尚書》作"寧王"。觀上文孔疏，此意極明。

（441）2129頁6行："子曰"，此今本第二十五章，《郭店簡》《上博簡》爲第二十三章。

（442）2129頁6行："南人有言曰"，"南人"，《郭店簡》《上博簡》作"宋人"。

（443）2129頁6行："不可以爲卜筮"，《郭店簡》作"不可爲卜筮也"，《上博簡》殘缺。

（444）2129頁6行："古之遺言與"，《郭店簡》"古"上有"其"字，《上博簡》殘缺。

（445）2129頁7行："龜筮猶不能知也"，"不能知也"，《郭店簡》作"弗知"，《上博簡》殘缺。

（446）2129頁8行："不我告猶"，"猶"，《郭店簡》《上博簡》作"猷"，《上博簡》注釋云："猷，謀略也。"又，《郭店簡》此句下有"二十有三"四字，注釋云："這是簡本《緇衣》全文的章數。"

（447）2129 頁 8—11 行："兑命曰爵無及惡德"至"婦人吉夫子凶"，凡四十九字，《郭店簡》《上博簡》無。

（448）2134 頁 1 行："明父母之喪"，浦鏜校云："此句上當脱'入門左者'四字。"據下文，浦校是。

（449）2144 頁 3—4 行："主人出送賓衆主人兄弟皆出門哭止"，孫希旦《集解》："此十五字，於上下不相屬，注疏皆無解説，蓋衍文。"

（450）2169 頁 5 行："夫人"上原有"故"字，據浦鏜校及上文鄭注删。

（451）2172 頁 4 行："面必深黑"，"深黑"，衛氏《集説》作"深墨"，疑是。按：《孟子・滕文公上》："君薨，聽於冢宰，歠粥，面深墨。"

（452）2177 頁 8 行："以喪服之經理"，"理"，衛氏《集説》及《儀禮經傳通解續》皆無，疑衍。

（453）2178 頁 4 行："身尋常吉服"，"尋常"，衛氏《集説》作"著"，殿本《考證》及浦鏜校皆是《集説》。

（454）2180 頁 7 行："其首則有經大功之葛經"，殿本《考證》及浦鏜校俱曰"有"字衍，是。

（455）2199 頁末行："或可東西面相拜"，"拜"，衛氏《集説》作"對"，疑是。

（456）2205 頁末行："命酌曰請行觴"，朱熹《儀禮經傳通解》；"《大戴》無'命酌'至'行觴'六字，别云'舉手曰：請諸勝者之弟子爲不勝者酌'。"江永《禮書綱目》同朱説。

（457）2209 頁 2 行："室中最挾"，"挾"，單疏殘本、毛本、阮本及衛氏《集説》作"狹"，是，可據改。

（458）2209 頁倒 2 行："故云圜周二十七寸"，"十"，阮校云："惠棟校宋本'十'作'尺'。"按作"尺"與鄭注合。

（459）2210 頁 6 行："幠敖慢也"，浦鏜據《釋文》校，以爲"幠"下脱"敖也"二字，疑是。蓋鄭以"敖"釋"幠"，以"慢"釋"敖"也。非"幠""敖"二字並釋作"慢也"。經文"毋幠毋傲"，《大戴禮》作"無荒無憿"，孔廣森《補注》："志怠曰荒，容怠曰憿。"是二字各有其義也。"幠，敖也"之

"敖",蓋不嚴肅之義,故《爾雅·釋詁》云:"敖,戲謔也。"《正義》云"憮亦敖也",明唐初鄭注已脱"敖也"二字。

(460) 2223頁9—10行:"其自立有如此者",浦鏜校云:"七字當在'雖與前自立文同'之上。"按:浦校是也。

(461) 2224頁倒7行:"故言出更著之也","故言出",衛氏《集説》及《禮記纂言》作"出則",疑是。

(462) 2233頁7行:"德少則爲大大卿士","大大",毛本、殿本、庫本、阮本作"大夫",是,可據改。

(463) 2240頁10行:"能思慮於事也",衛氏《集説》此句上有"故"字。據上文,宜有。

(464) 2243頁8行:"視彼淇水之隅曲之内","隅",單疏殘本、阮本作"隈",是,可據改。

(465) 2257頁倒3行:"是知一人定國也",據上文,疑"知"字衍。

(466) 2266頁1行:"言若能如上所謂","謂",閩本、毛本、殿本、庫本、阮本作"言"。

(467) 2269頁4行:"古人冒而句領","領",《儀禮經傳通解》作"頷",疑是。

(468) 2269頁4行:"句領繞頸","領",庫本及《儀禮經傳通解》作"頷";"頸",《通解》作"項",疑是。

(469) 2269頁5行:"黄帝造火食旒冕","旒",阮本作"旒",是,可據改。

(470) 2269頁8行:"大夫冠之年幾無文","幾",衛氏《集説》作"雖",義勝。

(471) 2270頁5—6行:"醮於客位三加彌尊加有成也",案《士冠記》作"醮於客位,加有成也。三加彌尊,喻其志也"。據此,浦鏜校及今人楊天宇《禮記譯注》皆疑此處有錯簡與脱文。

(472) 2275頁1行:"下達納采用雁",浦鏜校云:"下脱'謂使媒氏下通其言,女許之,然後納采'一十五字。從《集説》校。"

（473）2281頁倒4行："異姓始祖在者其後"八字，衛氏《集説》及《儀禮經傳通解》均無，疑衍。

（474）2282頁行："若有卿大夫以下"，衛氏《集説》及《儀禮經傳通解》均無"有"字，疑衍。

（475）2285頁8行："鄉老及鄉大夫帥其吏與其衆寡"，俞樾《茶香室經説》卷五"衆寡"條云"寡"字衍。

（476）2291頁倒3行："賓卒立以立觶也"，阮校引盧文弨云："當作'賓立以卒觶也'。"浦鏜校同。

（477）2306頁4行："故禮其牲狗"，"其"，毛本、庫本作"具"，是，可據改。

（478）2311頁3行："天子賜以衣服弓矢"，"衣服"，《後漢書·黄瓊傳》注引《尚書大傳》作"車服"。

（479）2311頁5行："三絀而地畢"，《後漢書·黄瓊傳》注引《尚書大傳》"地"上有"爵"字。據上文，此"爵"字宜有。

（480）2311頁倒3—2行："所以論燕射則燕則譽故君臣相與盡志於射也"，此十九字，浦鏜校云："當爲衍文。"按：浦校是也。"君臣相與盡志於射"是上章經文之事。

（481）2314頁倒2行："樂工升堂復位"，"工"，阮本作"正"，閩、監、毛本同，衛氏《集説》同，疑是。

（482）2317頁倒4行："凡皮侯者各以其飾侯之側"，衛氏《集説》"其"下有"皮"字，是。鄭玄注《周禮·梓人》云："皮侯，以皮所飾之侯。"可證。

（483）2318頁11行："不列畿内畿外之異"，"列"，衛氏《集説》作"別"，是。

（484）2319頁4行："則下舌用布四丈二尺"，浦鏜校云："'用布'下當脱'一丈四尺，通躬二丈八尺爲'一十一字。"按：浦校是也。賈公彦《儀禮·鄉射記》疏及《儀禮經傳通解》均有此十一字。所不同者，"爲"字作"總計"也。

（485）2321頁8行："是主皮之射亦近於澤也"，"近"，庫本《考證》及浦鏜校均以爲當作"在"。

（486）2331頁4行："賓又敵主之義"，衛氏《集説》"又"下有"有"字，義勝。

（487）2332頁8行："賓未拜也"，"賓"，庫本《考證》、浦鏜校皆以爲當作"實"，是，可據改。

（488）2332頁10行："下不敢輒拜"，庫本《考證》及浦鏜校並云："'敢'，衍字。"按：兩家校是。《儀禮·燕禮》注無"敢"字。

（489）2336頁9行："皆賓讓而後至於主人"，衛氏《集説》"皆"下有"由"字，"主人"作"三"。庫本《考證》與浦鏜校俱是《集説》是也。

（490）2339頁倒6行："主人之卿"，"人"，庫本《考證》及浦鏜校據衛氏《集説》校，以爲"人"當作"國"。

（491）2352頁末行："門外如一"，"門"，阮本作"内"，是，可據改。

## 三　校點本《禮記正義》的誤校

（一）誤校的種類及誤校的原因。

此所謂"誤校"者，包括三種情形：第一，原文不誤而斷言原文有誤；第二，原文不誤而懷疑原文有誤；第三，原文不誤而出異同校，模棱兩可，徒亂人意。誤校的結果是顛倒是非，誤導讀者。誤校的原因，往往是校點者對該條校勘記涉及的問題没有真正弄懂，於是乎或者自作聰明，或者盲從前賢。凡屬誤校，皆應删去。

（二）目前已發現的誤校有32條。詳下。

（1）146頁校勘記〔二九〕從右邊上升也　古鈔殘本作"從後右邊升上也"。

按：原文不誤。經文作"由右上"，古鈔殘本加一"後"字，乃妄加。

（2）181頁校勘記〔一〕喪復常　《唐石經》同，各本同。《通典》卷一百五作"喪止復常"。《考文》云："足利本作'喪畢復常'，陳澔注本亦或有

'畢'字。"

按：原文不誤。誤校的原因，是由於未理解何謂"復常"。孔疏："復常，謂大祥除服之後也。"然則原文何誤之有哉！

（3）183頁校勘記〔三四〕謂豆區斛鐘之屬也　阮本"鐘"作"鍾"，閩、監、毛本作"鐘"，浦鏜以爲作"鍾"是。

按：《説文》："鐘，樂鐘也。"段玉裁注云："經傳多作'鍾'，假借酒器字。"二字既通，不必執一。

（4）219頁校勘記〔一八〕案地統書括地象云　阮本、衛氏《集説》同。浦鏜校云："記"誤"統"。今按：《隋書·經籍志》"地理類"云："齊時，陸澄聚一百六十家之説，編而爲部，謂之《地理書》。任昉又增八十四家，謂之《地記》。"然則，與其云"記"誤"統"，不如云"理"誤"統"也。

按：浦鏜校還是有道理的，因爲孔穎達《尚書正義》曾三引《地記書》，其中一次標明是"鄭玄引《地記書》"。《地記書》屬於緯書。而鄙人不知就裏，把話題扯到《隋書·經籍志》的《地理書》上，誤人特甚。

（5）373頁校勘記〔一九〕以幣送死者於壙也　各本同，唯《考文》引古本"幣"下有"帛"字。

按：原文不誤。《説文》："幣，帛也。""幣"下不須再加"帛"字，以免疊床架屋。

（6）374頁校勘記〔二四〕俱是桑主　魏氏《要義》同。阮本"桑"作"喪"。下"謂桑主"放此。

按：原文不誤。鄭注引《春秋傳》曰："虞主用桑。"可證。此處是阮本誤。阮元有校，但也是模棱兩可。

（7）471頁校勘記〔四〕唯天子畿内不增　阮本、岳本、嘉靖本、撫本、互注本、魏氏《要義》、衛氏《集説》同。阮校云："《續通解》'畿内'下有'千里'二字，宋監本同，《考文》引古本同。案《正義》無'千里'二字。"

按："畿内"二字之有無，不影響文義。鄭玄注《儀禮·聘禮》云："周制，天子畿内千里。"

（8）589頁校勘記〔三〕以虞氏帝道弘大　阮本同。阮校云"以"乃

"有"字之誤。孫詒讓《校記》云"以"字不誤。

按：孫詒讓説是也。《禮記正義》一書中，稱舜爲"有虞氏"者固多，而稱"虞氏"者亦不乏其例。例如：《檀弓上》："今虞氏既造瓦棺，故云始不用薪。"《檀弓下》："古謂周以前，虞以後。故上云虞氏瓦棺，始不用薪，明虞氏以來，始有塗車芻靈。"《王制》："虞氏以來，其裳用繢。"《祭義》："鄭解虞氏貴德之意，以舜時仁聖者多，人皆有德。"之所以有"虞氏"之稱，蓋亦有由。孔穎達疏《尚書·堯典》云；"王肅云：'虞，地名也。'皇甫謐云：'堯以二女妻舜，封之於虞，今河東太陽山西虞地是也。'然則舜居虞地，以虞爲氏，堯封之，虞爲諸侯，及王天下，遂爲天子之號，故從微至著，常稱虞氏。"

（9）612頁校勘記〔四二〕鴻雁來　《吕氏春秋》作"候雁北"。萬斯大《禮記偶箋》云當從《吕氏》。

按：校勘記指出的問題，鄭注、孔疏已經充分注意到了，所以這是一條没有任何積極意義的校勘記。鄭注云："今《月令》'鴻'皆爲'候'。"孔疏進一步申釋："入《禮記》者爲古，不入《禮記》者爲今，則《吕氏春秋》是也，'鴻'字皆爲'候'也。"

（10）640頁校勘記〔六〕周法五時迎氣　"五"，阮本作"四"。阮校云："閩、監、毛本同，衛氏《集説》同。《考文》引宋板'四'作'五'。盧文弨校云：《通考·祀五帝篇》引此亦作'五'。"

按：作"五"是也。孔疏於《郊特牲》篇凡六言"五時迎氣"。其一云："迎氣，東方用青圭，南方用赤璋，西方用白琥，北方用玄璜。其中央無文，先師以爲亦用黄琮。"《通典》卷四十二："王者必五時迎氣者，以示人奉承天道，從時訓人之義。故《月令》於四立日及季夏土德王日，各迎其王氣之神於其郊。"

（11）642頁校勘記〔三八〕周公告營洛邑位成　阮本、衛氏《集説》同。今按：疑"位"爲"始"之誤。

按：原文不誤。由於自己孤陋寡聞，不知"位成"乃《召誥》之成文也。

（12）1174頁校勘記〔三〇〕譚衣中之疾難爲醫也　各本同。《通典》

卷六十八引作"謂衣中之疾難以醫也"。

按：原文不誤。此處言名子諱避之法，故言"諱"。《曲禮上》鄭注："隱疾，衣中之疾也。俗語云：隱疾難爲醫。"

（13）1174頁校勘記〔三二〕上年公旬用三日　阮本同。案《周禮·地官·均人》"上"作"豐"。

按：原文不誤。"上年"與"豐年"是同義詞。余只知其一不知其二。《管子·大匡》："案田而稅，二歲而稅一。上年什取三，中年什取二，下年什取一，歲飢不稅。"此所謂"上年"，即豐年也。

（14）1312頁校勘記〔八〕父爲於子　阮本"於"作"其"。

按：原文不誤。《禮記子本疏義》殘卷即作"於"。

（15）1312頁校勘記〔九〕以無尊降之　阮本同。阮校云："衛氏《集說》同。閩監毛本'尊'作'等'。"

按：原文不誤。《禮記子本疏義》殘卷即作"尊"。

（16）1312頁校勘記〔一三〕言服之所以隆殺　阮本、撫本、互注本、嘉靖本、閩、監、毛本同，衛氏《集說》同。岳本"隆"作"降"，《考文》引古本、足利本同。張敦仁《考異》云："案作'降'者非也。《正義》釋經云'不言卑幼，舉尊長則卑幼可知也'，正解經言服之所隆以包殺與鄭兼隆殺爲注之意。《正義》中'降'字皆'隆'字之誤耳。"

按：張敦仁《考異》之說非是。"隆"，《禮記子本疏義》殘卷作"降"，是。

（17）1313頁校勘記〔一八〕而夫反命之　各本同。衛氏《集說》同。阮校引盧文弨云："'反命'二字當倒。"

按：阮校非也。"而夫反命之"，《禮記子本疏義》殘卷作"而夫反之"，無"命"字，是。"反之"者，使之反也。今語法學者謂之動詞的使動用法。古書中不乏此種用例。《孟子·公孫丑下》："王如改諸，則必反予。"楊伯峻《孟子譯注》："王假若改變態度，那一定會把我招回。"同篇："王庶幾改之，予日望之。"趙岐注："孟子以齊大國，知其可以行善政，故戀戀望王之改而反之，是以安行也。"此"反之"者，謂招孟子返回齊都臨淄也。《禮記·檀弓上》:"主人既祖,填池,推柩而反之。"鄭注:"反於載處。"鄭玄《毛詩譜·豳譜》:"後成王迎而反之,攝政致太平。"此"反之"者,使周公返回鎬京也。"命"蓋衍字,清人未見《子本疏義》,故有"反命"當作"命反"之説,而余亦從而信之。

(18) 1530頁校勘記〔一二〕案司樂注云 阮本同。阮校云:"'司'字上當有'大'字。"

按:阮校非是。知者,《樂記》鄭注:"著,猶立也。謂立司樂以下,使教國子。"是鄭玄已使用"司樂"指代"大司樂"也。《隋書·音樂下》:"謹案:《司樂》:'凡樂,圜鍾爲宫,黄鍾爲角……'"是唐初學者亦簡稱大司樂爲司樂也。

(19) 1531頁校勘記〔四五〕非謂黄鐘大吕弦歌干揚也 案《史記》此句下有《集解》引鄭注:"揚,鉞也。"又有《索隱》引鄭注:"干,楯也。揚,鉞也。"各本皆無。

按:原校非是。觀孔疏引皇氏云:"揚,舉也。干揚,舉干以舞也。"可知正義本無此鄭注也。

(20) 1569頁校勘記〔二三〕書傳箕子歌云 阮校云:"惠棟云'箕子'當作'微子',宋本及《史記》俱作'箕子'。"

按:惠棟校非也。箕子作歌事見於《史記·微子世家》,不得謂作歌者即微子也。

(21) 1734頁校勘記〔二四〕故數往日爲二日 "二",原作"三",據浦鏜校、阮校改。

按:常盤井賢十《宋本禮記疏校記》:"故數往日爲二日 足利本、景潘本'二'作'三'是也。"按:常盤《校記》是也。此是浦鏜誤校而余盲從之,而阮元於此無校也,余厚誣儀徵矣。

(22) 1984頁校勘記〔六〕此皆謂天子諸侯兵賦也 阮本同,魏氏《要義》同,衛氏《集説》同。浦鏜校,改"兵"作"丘"。

按:浦校非是。"丘賦",見《左傳》昭公四年。丘賦是春秋時期鄭國一國一時之法,非周代天子諸侯普遍之法,概念不可混也。

432

（23）2035頁校勘記〔四二〕説文云衣服歌謠草木之怪爲妖禽獸蟲蝗之怪爲孽　阮本同，衛氏《集説》同。今按：《説文》無此説解。《漢書·五行志》中有類似説解。

按：原文不誤。由於讀書粗心，不知"衣服歌謠草木之怪爲妖，禽獸蟲蝗之怪爲孽"，見《説文·虫部》"蠥"字下説解。

（24）2035頁校勘記〔四二〕則上經悠遠悠久在博厚高明之上　阮本同。案"悠久"二字疑衍。

按：這是一條誤校，"悠久"二字不衍。誤校的原因在於上文句讀錯誤。上文原來標作"所以無窮悠久。則上經'悠遠'悠久在'博厚''高明'之上"，誤。當標作"所以無窮。'悠久'，則上經'悠遠'，悠久在'博厚''高明'之上"。

（25）2113頁校勘記〔三〕且記者斷章而爲義也　阮本同，魏氏《要義》同。浦鏜校云："且"當"是"字誤。

按：此爲誤校。"且"字在此是"並且"之義，表示遞進關係，連繫上文讀之，其義自見。

（26）2113頁校勘記〔四〕入爲君受之　"爲"，原作"謂"，據阮本改。

按：此是誤校。知者，第一，殿本《考證》云："刊本'謂'訛'爲'，據宋本改。"阮本之誤正與"刊本"同。第二，三復經文，可知當作"謂"之無疑也。

（27）2247頁校勘記〔一二〕言儒性既剛儉　單疏殘本同，衛氏《集説》同。阮本"儉"作"毅"。

按：作"儉"是也，觀上下文可知。

（28）2248頁校勘記〔三三〕如象之磋　單疏殘本同，阮本同。閩、監、毛本"象"作"角"。

按：《衛風·淇奧》毛傳："治骨曰切，象曰磋。"《爾雅·釋言》："如切如磋。"郭注："骨、象須切磋而爲器。"作"象"是。

（29）2267頁校勘記〔一六〕不可不慎其德乎　"不可"二字原倒，據單疏殘本、阮本乙正。

按：這是個典型的以不誤爲誤的例子。底本原作"可不"，文通句順，不煩乙正。

（30）2303頁校勘記〔二三〕豫讀如成周宣榭災之榭　二"榭"字，單疏殘本並作"謝"，阮本同。下"榭"字同。

按：原文不誤。《春秋》宣公十六年正作"榭"。

（31）2304頁校勘記〔二八〕四閭爲族　各本同。案《周禮·大司徒》"四"作"五"。

按：原文不誤。《周禮·大司徒》："四閭爲族。"蓋粗心所致。

（32）2304頁校勘記〔二九〕地道尊左　"左"，各本作"右"。潘宗周《校勘記》云："北面則西在左，自當作'左'。"

按：潘校非是。各本作"右"，是。"地道尊右"，鄭注《內則》有明文。

## 四　僅僅適用於校點本《禮記正義》的失校

僅僅適用於校點本《禮記正義》的失校有13條，詳下：

（1）719頁倒7行："則六寸去一寸"，"一寸"，據景潘本、殿本、阮本及實際計算，當作"二寸"。

（2）1067頁倒5行："則比經戒百官"，"比"，再造本、阮本作"此"，是，可據改。

（3）1247頁5行："欲當矜莊"，"當"，再造本、殿本、阮本皆作"常"，是，可據改。

（4）1304頁4行："記者則言其事"，"則"，再造本、殿本、庫本、阮本皆作"別"，可據改。

（5）1548頁倒4行："示武主威猛"，"主"，再造本、殿本、庫本、阮本作"王"是也，可據改。

（6）1961頁4行："引之者，證上每事不讓也"，"不"，足利本、再造本、殿本、庫本、阮本及衛氏《集説》均作"須"，是，可據改。

（7）2181頁9行："據此易輕者"，"據"，單疏殘本、殿本、庫本、阮本皆作"今"，是，可據改。

（8）2265頁倒6行："從固陰之處伐冰"，再造善本、庫本、阮本"伐"下有"擊其"二字，可據補。

（9）2363頁倒2—1行："豈有以四十九篇屬於戴聖之禮"，"禮"，當作"理"。

（10）2368頁3行："孔穎達等"，"等"，衍字，可刪。

（11）2369頁3—4行："已悟十行本改易卷第之非"，"易"，當作"移"。

（12）2369頁7行："可謂得所矣"，"所"下脫"歸"字，應補。

（13）2370頁1行："袁克定"，"定"，當作"文"。

## 五　校點本《禮記正義》的破句

（一）破句的原因，大致説來有三：一是没有讀懂，這是大多數。二是句子有誤奪衍倒，因失校而未能發現。三是粗心。

（二）目前已發現的破句有326處。詳下。爲了節省篇幅，除了極個別條目外，一般不予説明破句的具體原因。

（1）7頁4行：然五禮以拜爲敬，禮則祭極敬、主人拜尸之類，

按："禮"字當上屬爲句。

（2）9頁倒4行：凡人，雖，愛必當知其心懷惡行，

按："雖"下之逗號當刪。

（3）12頁倒4行：皆出土俗，牲幣以爲享禮，

按："土俗"下之逗號當刪。

（4）14頁5行：孔子曰：君子説之，不以其道，則不説也。

按："之"後之逗號當刪。

（5）19頁倒2行：是故聖人作爲禮以教人，

按：楊樹達《古書句讀釋例》："舊以'作'字連下'爲'讀。朱子云：'陸農師點"聖人作"是一句，"爲禮以教人"是一句。'武億云：'《淮南

子·氾論訓》:"古者民澤處復穴,冬日則不勝霜雪霧露,夏日則不勝暑熱蚊虻,聖人乃作,爲之築土構木以爲宮室,上棟下宇以蔽風雨,以避寒暑,而百姓安之。""聖人乃作"爲一句,"爲之"亦連下讀,與此文勢正合。'樹達按:陸、武讀是也。"(中華書局1954年版,6頁)。按:陳戍國《周禮·儀禮·禮記》即"作"後逗(岳麓書社1989年版,279頁),可從。

(6) 20頁1行:言人能有禮然,可異於禽獸也。

按:殿本、庫本"然"下有"後"字,是。"然後"二字當屬下爲句。

(7) 23頁倒5—4行:其如此善行爲心,於己爲得,

按:"爲心"當屬下爲句。

(8) 28頁7行:適四方,謂遠聘異國時,乘安車。

按:"時"字當屬下。

(9) 46頁倒7行:則通凡老而教學者,是未必皆致仕者。

按:"是"字當上屬。

(10) 50頁倒6行:每門讓於客,自謙,下敬於賓也。

按:"下"字當屬上。

(11) 51頁倒6行:鄭注:見私事,雖敵,賓猶謙入門右,爲若降等然。

按:當標作:鄭注:見,私事,雖敵,賓猶謙。入門右,爲若降等然。

(12) 52頁5行:在級末。在堂,

按:"末",當作"未",其後句號當删。

(13) 53頁11行:庾云:謂接,則足連非半也。

按:當標作:庾云:謂接則足連,非半也。

(14) 55頁倒4行:客跪,撫席而辭。

按:六字當一氣讀。

(15) 64頁倒2行:則己不得,輒往參預也。

按:"得"後逗號當删。

(16) 68頁6行:其以乘壺酒、束脩、一犬賜人;若獻人,

按:"人"後之分號當删。

(17) 73頁7行:羹重於右,亦便。

按：當標作：羹重,於右亦便。

（18）73頁倒9行：王享士會,"殽烝"下云宴有折俎；

按：當標作：王享士會"殽烝",下云"宴有折俎"；

（19）80頁倒3行：凡食人之餘,及日晚食、朝饌之餘,皆云餕。

按："食"後之頓號當刪。

（20）87頁倒5行：獨席,謂獨坐,不舒他面席也。

按："坐"後之逗號當刪。

（21）88頁倒2行：磬,折則佩垂。

按："磬"後之逗號當刪。

（22）94頁1行：凡,謂凡此數事皆同。然苞者,……

按："然"字當屬上爲句。

（23）94頁6行：言使者操持此上諸物,以進受尊者之命,

按："以進"當屬上爲句。

（24）106頁末行：象其龍,變生也。

按："龍"後之逗號當刪。

（25）108頁倒8行：《調人》謂逢遇赦宥王法,辟諸海外,孝子雖欲往殺,力所不能。

按："王法"當屬下爲句。

（26）117頁4行：父諱齊衰,親也,然則大功、小功不諱矣。

按："衰"後之逗號當刪。

（27）118頁倒4行：此言外剛内柔,自謂郊社之外他禮,則皆隨外内而用之。

按："他禮"當屬下爲句。

（28）122頁倒2行：如是,《穀梁》三正正月卜吉,則爲四月、五月則不可。

按："則爲"當屬上爲句。

（29）123頁1行：以魯之郊天,惟用周正建子之月,牲數有災,不吉,改卜後月。

按:"周正"下當加逗號。

(30) 125 頁 3 行:(注)君出過之而上車;

按:"君出"後當加逗號。

(31) 126 頁倒 7 行:執策是監駕立馬前,恐馬行也。

按:"駕"後當加逗號。

(32) 128 頁倒 6 行:不然,不降等者。既敵不受,

按:"者"下句號當删。

(33) 129 頁 7—8 行:今作《曲禮》,記者引此他篇雜辭而來爲此篇,發首有故也。

按:"爲此篇"三字當屬下。

(34) 129 頁倒 3 行:故入里則必式而禮之爲敬也。

按:"之"下當逗。

(35) 137 頁 4 行:其殷禮。三帛,謂朱白蒼,象三正。

按:"禮"後之句號當删。

(36) 139 頁 4 行:其臣之子避之也。

按:"其",當作"某"。"某"後當加逗號。

(37) 140 頁 7 行:兼辱君,不知人,誤用己也。

按:"君"後之逗號當删。

(38) 157 頁 6 行:謂大夫士出聘他國君之禮。

按:"聘"後當加逗號。

(39) 159 頁倒 3 行:馬不食穀馳道不除,

按:"穀"下應加逗號。

(40) 167 頁 5 行:而猶同外,辭曰嗣王者,

按:"外"後之逗號當删。

(41) 189 頁 5—6 行:知諸侯有路門、外朝者,

按:"門"後頓號當删。

(42) 192 頁倒 4 行:何休云:直以喪,降稱名,無餘罪致貶。

按:"喪"後之逗號當删。

（43）229頁6行：言是喪出母。故也伯魚之母被出，

按："故也"當屬上。

（44）230頁2行：是爲親痛深貌，惻隱之至也。

按："貌"字當屬下。

（45）232頁8行：《周禮》公侯伯之大夫，再命與天子中士同。

按："再命"當屬上。

（46）233頁2行：（注）覆棄之，不忍食。

按："覆"後應加逗號。

（47）250頁10行：命者五公、侯、伯、子、男。

按："五"後應加逗號。

（48）253頁3行：祥而廓然者，至大祥而寥廓，情意不樂而已。

按："情意"當屬上。

（49）258頁7行：故云蓋。既祥而絲屨，以組爲纓也。

按："蓋"後之句號當刪。

（50）259頁1—2行：案《世家》云陽虎，嘗侵暴於匡，

按："虎"後之逗號當刪。

（51）285頁10行：此文爲下，對設披、設崇、設旐之事，

按："下"後之逗號當刪。

（52）290頁末行：前束者，謂棺於車束有前後，故云前束。

按："車"後應加逗號。

（53）292頁6行：弔者吉服而弔吉服，

按："而弔"後應加句號。

（54）294頁9行：案弔服，錫衰，十五升去其半，疑衰；十四升。

按：當標作：案弔服，錫衰十五升去其半，疑衰十四升。

（55）306頁2行：聖人爲教使人子，不死，於亡者不便謂無知；不生，於死者不便謂有知。

按：當標作：聖人爲教，使人子不死於亡者，不便謂無知；不生於死者，不便謂有知。

（56）317頁3行：吾聞之有其禮，

按："之"後應加逗號。

（57）327頁7行：馬駿,鬣之上,其肉薄,封形似之。

按："駿"後之逗號當刪。

（58）327頁11行：後復内土於板之上中央,築之,

按："中央"當屬下。

（59）336頁9行：鄭引《爾雅》曰：椵柂。

按："椵"後應加逗號。

（60）337頁倒2行：不親見尸柩,不服總衰弔,而服爵弁紂衣。

按："弔"字當屬下。

（61）341頁5行：（注）言禫,明月可以用樂。

按："禫"後之逗號當刪。

（62）354頁倒4行：此是君來語擯者,使傳君來之辭也。

按：上"來"後應加逗號。

（63）355頁倒4行：禮,女子適人者、爲昆弟爲父後者不降，

按：頓號當刪。

（64）356頁7行：若弔人與此亡,者曾經相識狎習,

按："亡"後之逗號當刪。

（65）360頁倒2行：並《國語》文。云……

按："文"後之句號當刪。

（66）370頁末行：他用剛日。

按："他"後應加逗號。

（67）387頁倒6行：而王禮本又長,云人喜則斯循,循斯陶,

按："長"後之逗號當刪。長者,益也,添加也。

（68）399頁倒3行：案禮,君入廟門,全爲臣請尸,得言寡人者,是後人作記者之言也。

按：當標作：案《禮》,君入廟門,全爲臣。請尸得言寡人者,是後人作《記》者之言也。

440

（69）402頁3行：（注）僭於禮,有似作機巧,非也。

按："有似"後應加分號。403頁倒3行疏文放此。

（70）415頁倒7行：以其上篇有其文,故此言所謂上篇也。

按："所謂"二字不僅應加引號,其後還應加逗號。

（71）421頁倒2行：使人問焉,曰：

按："焉"後之逗號當刪。焉,猶之也。

（72）434頁倒4行：引《詩·邶風·谷風》之篇也。

按：當標作：引《詩》,《邶風·谷風》之篇也。

（73）453頁12行：特謂之子爵。雖爲子,

按："爵"字當屬下。

（74）459頁2行：注立大國三十,十,三公也；立次國六十,十,六卿也；立小國百二十,十,十二小卿也。

按：當標作：注立大國三十,十三公也；立次國六十,十六卿也；立小國百二十,十十二小卿也。疏文放此。

（75）462頁2—3行：爲有致仕者副之,爲六也。……亦爲有致仕者副之,爲十二；……亦爲有致仕者副之,爲五十四；

按：三個"副之",皆當屬下爲句。副者,倍也。《吕氏春秋·過理》："帶益三副矣。"高誘注："副,或作倍。"

（76）465頁1—2行：以周之大國方五百里,而下則不得有萬國,

按："而下"二字,當屬上讀。

（77）465頁6行：言有奇者,謂百里之方一,封七十里之國二有奇者,……

按："國二"下應加句號。

（78）465頁8行：又以千里之方二爲伯七十里之國四百有奇,

按："有奇"前應加句號。

（79）468頁倒3行：此一節論千里之外設方伯,及連、帥、卒、正兼二伯之事,

按：當標作：此一節論千里之外設方伯及連帥、卒正兼二伯之事,

(80) 484 頁倒 3 行：其皮弁、韋弁、冠弁，玉亦二采，各依其命數。

按："玉"字當屬上。此玉，亦謂上文縫中之玉也。

(81) 494 頁 9 行：此謂王巡守見諸侯畢，乃命其方諸侯，大師是掌樂之官，各陳其國風之詩。

按："大師"當屬上讀。

(82) 506 頁倒 2 行：讖緯見讀，而傳爲三時田。

按："讀"字當屬下。見，現也。

(83) 516 頁 10 行：故知盧解、鄭言奠者，

按："知"，當作"如"。"解"後之頓號，應改作句號。

(84) 516 頁倒 2 行：《大傳》曰："別子爲祖。"謂此雖非別子，始爵者亦然。

按："謂此"下當句。

(85) 525 頁倒 6 行：不廢殷時，夏後已郊禹也。

按："時"後逗號應刪。

(86) 527 頁 1 行：三時祫者，謂夏秋冬或一時得祫則爲之，不三時俱祫。

按："冬"下當句。

(87) 527 頁倒 7 行：故書譏其速也。

按："故書"下當逗。

(88) 532 頁 2 行：《公食大夫禮》大夫食賓，禮亦用牛也。

按："賓"字當屬下。

(89) 537 頁 7 行：注：雕文，謂刻其肌膚。

按："雕"後當逗。

(90) 556 頁 5 行：尊物，非民所宜有。

按："尊物"下逗號當刪。

(91) 562 頁末行：注：惡，忌日，若子卯。

按："日"下逗號當刪。若，及也。見孔疏。

(92) 570 頁倒 3 行：凡正饗，食在廟，燕則於寢。

按："饗"後的逗號,當改作頓號。饗、食是並列關係。

（93）571頁1行：其此燕,饗食致仕之老。

按：當標作：其此燕、饗、食致仕之老。燕、饗、食三者是並列關係。

（94）582頁倒3行：但記文詳具,於八十整數之下云萬億,是八十箇萬億,

按：當標作：但記文詳具於八十整數之下,云萬億是八十箇萬億,

（95）596頁7—8行：案《三統曆》,立春昏,畢十度中;……正月中,昏井二度中,……《元嘉曆》,立春,昏昴九度,中月半昏,觜觿一度中。

按：當標作：案《三統曆》,立春,昏畢十度中,……正月中,昏井二度中,……《元嘉曆》,立春,昏昴九度中;月半,昏觜觿一度中。

（96）597頁倒8行：循天而轉行。建,一月一辰,

按：當標作：循天而轉。行建一月一辰,

（97）598頁1—2行：案《書緯考靈耀》云：主春者鳥,星昏中可以種稷。主夏者心,星昏中可以種黍。主秋者虛,星昏中可以種麥。主冬者昴,星昏中則入山,可以斬伐。

按：凡四處破句。四"星"字皆當屬上。

（98）602頁8行：注：設饌于筵前。迎尸略如宗廟之儀。

按："前"後之句號,應改作逗號;"迎尸"二字當屬上。

（99）627頁末行：案鄭注《洪範》云：中央土,氣爲風;東方木,氣爲雨。

按：當標作：中央土氣爲風,東方木氣爲雨。

（100）628頁1行：西方金,氣爲陰。

按："金"後逗號當刪。

（101）630頁末行：據其早,作在正月;

按："作"當屬上。

（102）636頁末行：亦用秬黍啓之,謂二月時也,

按："秬黍"後當句。

（103）646頁5行：二九爲十八分寸之一者,

按：此處脱字失校兼破句。當作：二九爲十八分。(三分)寸之一者，

(104) 655頁8行：設饌於筵前。迎尸如祀户之禮。

按：當標作：設饌於筵前，迎尸，如祀户之禮。

(105) 657頁3行：徵於清濁爲第四事，於尊卑亦爲第四，

按："事"字當屬下。

(106) 657頁倒5行：制，謂截割心肝。皆爲上之物，

按：當標作：制，謂截割。心、肝皆爲上之物，

(107) 665頁末行：中有椎柄，連底挏之，令左右擊。

按：當標作：中有椎柄連底，挏之令左右擊。

(108) 668頁1行：言大別山川之雩也。

按：當標作：言"大"，別山川之雩也。

(109) 687頁4行：明謂中央土，聲與黃鐘爲宫音相應，

按："聲"字當屬上句。

(110) 698頁倒6行：繫于牢芻之三月。

按："牢"後當逗。

(111) 700頁4行：此以坏之。'稍小'，

按："之"後逗號應删。

(112) 704頁2行：但殺獸而又陳，戮禽則殺之而已，

按："戮"字當屬上。"戮"有陳尸義。

(113) 716頁1行：軍法之誓，有異田獵之誓，則云"無干車"，如蒐田之法也。

按：當標作：軍法之誓有異。田獵之誓，則云"無干車"，如蒐田之法也。

(114) 723頁1行：唯釁龜筴命大史，唯占視兆書不釁。

按："筴"後當句。

(115) 728頁1行：日月從祀，故祭以日月，配日月在類上帝之中，故六宗不得復有日月。

按："配"字當上屬。

（116）731頁5行：房是人次舍之處,擁蔽,

按："處"後之逗號當刪。

（117）737頁倒3行：謂爲征鳥,如征厲嚴猛疾捷速也。

按：當標作：謂爲征鳥如征。厲,嚴猛。疾,捷速也。

（118）738頁末行：底,謂末下嚮前曲接耜者。頭而著耙,

按：當標作：底（當作"庇"）,謂末下嚮前曲接耜者,頭而著耙。

（119）741頁7行：此是,制禮者總爲約戒之辭。

按：逗號當刪。

（120）741頁10行：始和,布治,

按："和"後之逗號當刪。

（121）752頁：喪事,謂凡、奠也。

按："凡"下之頓號當刪。

（122）752頁6—7行：注云：凶事,謂凡奠几朝夕相因,喪禮略。以此推之,即素几。是殯宫朝夕設奠之几,不在下室,而庾、皇等以爲素几設於下室,未審何以知之,其義非也。

按：三處破句。第一,"謂凡奠"下當逗。第二,"即素几"下之句號當刪。第三,"不在下室"下之逗號,當改作句號。

（123）752頁倒6行：每日之旦,於朝夕哭位,先哭而後行朝奠,

按："先哭"當屬上。

（124）752頁倒5行：即行朝奠,禮謂一時兼哭兩事,

按："禮"字當上屬。

（125）755頁倒2行：禰父殯宫之主也。

按："禰"後當逗。

（126）757頁1行：制幣,一丈八尺。

按："制幣"後之逗號當刪。

（127）763頁1行：天子而賜諸侯、大夫或弁或冕之,服於大廟之中,

按："服"前之逗號當刪。

（128）768頁1行：相識有喪服,可以與於祭乎？

按:"有喪服"當下屬。

(129) 774 頁 9 行:但示之未成婦,禮欲見其不敢自專也。

按:"禮"字當屬上爲句。

(130) 778 頁 1 行:祫合祭祖、大祖。

按:當標作:祫,合祭。祖,大祖。

(131) 783 頁 8 行:假令在後當朝方聞,火時過已久,

按:當標作:假令在後當朝,方聞火時,過已久,

(132) 792 頁:有君喪,服於身,

按:"喪"後之逗號當刪。794 頁倒 2 行同此。

(133) 792 頁 10 行:除君服後但大祥而可已;有君服之時已私服,或未小祥,

按:當標作:除君服後,但大祥而可;已有君服之時,已私服或未小祥,

(134) 797 頁倒 2 行:并以椑棺而從出。既有備,

按:"出"字當屬下。

(135) 800 頁末行:若己是宗子從父庶子兄弟父之適子,

按:"弟"字後當逗。這是兩個假設條件。下同。

(136) 801 頁 1 行:若己是宗子從祖庶兄弟父祖之適,

按:"弟"字後當逗。這是兩個假設條件。

(137) 801 頁 4 行:祝告神辭。云"孝子某",

按:"辭"後之句號當刪。

(138) 809 頁 9 行:此宗子是大宗族人,但是宗子兄弟行,

按:"族人"當屬下爲句。

(139) 833 頁 3 行:其虞之學制,在國兼在西郊,

按:"在國"當屬上。

(140) 833 頁倒 2 行:此之一。"凡",總包三事也。

按:當標作:此之一"凡",總包三事也。

(141) 841 頁 4 行:注:司馬之屬;

按：分號，當改作冒號。

（142）841頁末行：案《雜記》："宗廟之器，其名者，成則釁之以豭豚。"

按："成"字當上屬。

（143）845頁6行：此一節是第三節中論三王教世子禮樂，及立師傅教以道德，既成教尊，官正國治之事。

按：當標作：此一節是第三節中論三王教世子禮樂，及立師傅教以道德既成，教尊、官正、國治之事。

（144）847頁5行：今若以成王爲世子，時則無爲世子之處。

按："時"字當屬上爲句。

（145）848頁末行：注：獻，謂舉奠、洗爵、酌、入也。

按："舉奠"後之頓號當刪。此"舉奠"，指代嗣子，是名詞。852頁第7行孔疏同此。

（146）853頁8行：今言"服之精麤爲序"，故知必以本親服之精麤，謂衰服縷布精麤也。

按：當標作：今言"服之精麤爲序"，故知"必以本親"。服之精麤，謂衰服縷布精麤也。

（147）853頁8行：皇氏云以爲："《喪服》以麤爲精，……

按：當標作：皇氏云："以爲《喪服》以麤爲精，……

（148）855頁11行：含，珠玉襚，衣服。

按："珠玉"後應加分號。

（149）861頁8行：而來告已刑殺之，命言於公。

按："之"後之逗號當刪。

（150）865頁末行：大昕鼓徵所以警衆也。

按："徵"後應加逗號。

（151）867頁3行：論天子視學，必遂養老之法，則養老既畢，乃命諸侯、群吏令養老之事。

按："則"字當屬上爲句。

（152）867頁倒6行：天子乃從虞庠入，反於國。

按："入"後之逗號當删。

（153）869頁倒7行：若非始立學，之後則視學，凡養老於東膠，不釋奠于先老也。

按：當標作：若非始立學之後，則視學凡養老於東膠，不釋奠于先老也。

（154）887頁末行：注：取遣奠有火利也。

按："奠"後當逗。

（155）898頁倒2行：熊氏以爲"大祭皆有三，始有降神之樂。……

按："始"字當上屬。

（156）903頁：依舊禮，辭説當須以法用之於國。

按："辭説"當屬上。

（157）911頁：何以守位曰仁，何以聚人曰財。

按：當標作：何以守位？曰仁。何以聚人？曰財。

（158）912頁倒7行：謂在下百姓所尊，奉君使之光顯，尊明人君。

按：當標作：謂在下百姓所尊奉君，使之光顯尊明人君。

（159）947頁倒4行：此普據天下。萬事有大有細，有深有通，

按：當標作：此普據天下萬事，有大有細，有深有通，

（160）959頁11行：故有國者必書其國内所生物多少，定數以爲國之大法也。

按："定數"當屬上爲句。

（161）964頁倒8行：尊者宜備味多，乃稱之，

按："多"字當屬下爲句。

（162）967頁1行：其用之木，三在上；茵，二在下。

按：當標作：其用之，木三在上，茵二在下。

（163）967頁9行：燕私禮，屈臣也。

按："燕"後應加逗號。

（164）970頁6行：則有幣。將送酬爵，

校點本《禮記正義》諸多失誤的自我批評

按:"幣"後之句號當刪。

(165) 973頁6行:大中,身銳,下平。

按:當標作:大中身,銳下,平(底)。所謂"大中身",即大肚。

(166) 985頁6行:於後世。

按:"於"前當置句號。"世"後之句號,當改作逗號。

(167) 1008頁3行:若殷周之等民,樂其用武除殘討惡,

按:"民"字當屬下。

(168) 1016頁2行:注:言禮有節,於内可以觀也。

按:"於内"當屬上爲句。

(169) 1019頁9行:謂正明之時而始行事朝正,嚮晚禮畢而退。

按:當標作:謂正明之時,而始行事,朝正嚮晚,禮畢而退。

(170) 1031頁3行:注:三獻,卿大夫來聘,主君饗宴之。

按:"三獻"後應加句號。

(171) 1032頁6行:其有媵爵,群臣入,即位如《燕禮》。

按:"即位"二字當上屬爲句。

(172) 1040頁4行:若登歌、下管、正樂,則天子用《三夏》以饗元侯,

按:當標作:若登歌、下管,正樂則天子用《三夏》以饗元侯,

(173) 1040頁末行:設庭實、私覿於主國之庭,

按:"庭實"後之頓號,當改作逗號。

(174) 1051頁末行:又論身之不可不習爲士之法,

按:"習"下當句。

(175) 1056頁倒3行:又唯天子。今庶民祭社,

按:此九字當一句讀。"今",當作"令"。

(176) 1058頁6行:田主,田神后土,田正之所依也。

按:當標作:田主,田神,后土、田正之所依也。

(177) 1058頁倒4行:既祭稷穀,不得但以稷米祭稷,

按:"穀"字當屬下。

(178) 1067頁倒2行:故未服大裘,而衣當且服日視朝之服也。

449

按:"而衣",當作"而冕",屬上爲句。

(179) 1070 頁倒 5 行:注:言俱本可以配。

按:"本"後當逗。

(180) 1071 頁 5 行:注:嗇,所樹藝之功,使盡饗之。

按:"嗇"後之逗號當刪。

(181) 1071 頁末行:神農,伊耆一代總號,

按:當標作:神農、伊耆,一代總號,

(182) 1072 頁 9 行:百種,則農及郵表畷、禽獸等所以祭之者,

按:"等"字下當句。

(183) 1081 頁 8 行:不得分爲二不言與,故合爲一也。

按:當標作:不得分爲二。不言"與",故合爲一也。

(184) 1082 頁 8 行:丹漆雕几。之美,

按:"几"後之句號當刪。

(185) 1115 頁倒 6 行:且玄冠有纓約,《士冠禮》有纓者無笄。

按:"約"字當屬下爲句。

(186) 1117 頁 9 行:餘物皆不言"施",獨於篋、管、線、纊之下而言"施繫褰",明爲四物而施矣。

按:"繫褰"二字不應引,且當屬下爲句。

(187) 1130 頁 10 行:子弟猶歸器、衣服、裘衾、車馬,則必獻其上,而後敢服用其次也。

按:"器"後之頓號,應改作逗號。"器",下文"衣服、裘衾、車馬"的總稱。1131 頁 4 行放此。

(188) 1143 頁 6 行:粟蟲好食,數數布陳(當作揀)。撰,省視之。

按:當標作:粟,蟲好食,數數布揀撰,省視之。撰,通"選"。

(189) 1167 頁末行:天子諸侯,尊別世子,雖同母,禮則異矣。

按:當標作:天子諸侯尊別,世子雖同,母禮則異矣。

(190) 1181 頁倒 8 行:大師抱天時,

按:"大師"後當逗。

（191）1186 頁 3 行：或論大夫士所爲。尊卑之異，

按：當標作：或論大夫士，所爲尊卑之異，

（192）1190 頁 8 行：今進機則飲，酒之進爲飲設羞，

按：當標作：今"進機"，則飲酒之進，爲飲設羞，

（193）1191 頁 8 行：舒懦者，所畏在前也。

按："懦者"二字當下屬。

（194）1202 頁 1 行：袡下齊倍要中齊，丈四尺四寸。

按：當標作：袡下齊，倍要中。齊，丈四尺四寸。

（195）1213 頁 6 行：諸侯之朝服羔裘者，必緇衣爲裼。

按："朝服"後當句。

（196）1219 頁 9 行：謂用單練廣二寸繚繞也，再度繞要亦四寸也。

按：當標作：謂用單練廣二寸。繚，繞也，再度繞要，亦四寸也。

（197）1227 頁倒 5 行：卿大夫出迎，答拜亦辟也。

按："答拜"當屬上。

（198）1233 頁 5 行：今也純儉。

按："純"後當逗。

（199）1235 頁倒 3 行：此饌不爲己，故後祭而先飯者，示爲尊者嘗食也。

按："後祭"下當置句號。

（200）1271 頁倒 6 行：厳亦如梡，而横柱四足，中央如距也。

按："足"後之逗號當删。此謂在厳的四條腿的中央部位加上横撑。

（201）1283 頁 3 行：案《詩》注云："其制，……似乎堂後有房。"然如鄭此言，

按："然"字當屬上爲句。

（202）1283 頁 3—4 行：足間横者似堂之壁，横下二跗似堂之東西頭各有房也。

按："横"字當屬上爲句。

（203）1291 頁 7 行：又就齊衰輕，期髽無麻布。

按："期"字當上屬爲句。

（204）1299頁2行：別子，庶子之長子，爲其昆弟爲宗也。

按："別子"後之逗號當刪。何者？鄭注"繼別爲宗"云"別子之世長子"。"別子之世長子"有了著落，則下面應該考慮的自然應該是"別子之世庶子"。此其一。孔疏"繼禰者爲小宗"云："禰，謂別子之庶子，以庶子所生長子繼此庶子，與兄弟爲小宗。"此其二。《子本疏義》有"此繼禰者是別子之庶子之長子，其身不繼別子，但繼其父，故云繼禰也。"所謂"別子之庶子之長子"，僅加一"之"字，令人恍然大悟。此其三。

（205）1306頁倒5行：若爲先君士，尸則著爵弁；若爲先君大夫，尸則著玄冕是也。

按：二"尸"字，皆當上屬爲句。

（206）1308頁3行：其祭之間不同時，

按："之"後當逗。1309頁7行疏文放此。

（207）1315頁4行：注：謂君出，朝覲不時，反而不知喪者。

按：當標作：謂君出朝覲，不時反而不知喪者。

（208）1315頁末行：此明賤臣從君出，朝覲在外，或遇險阻，

按：當標作：此明賤臣從君出朝覲，在外或遇險阻，

（209）1323頁7行：必嘗同居，皆無主後。

按：當標作：必嘗同居。皆無主後，

（210）1330頁2行：與大功同者繩屨。

按："者"後當加逗號。

（211）1330頁5行：而爲恩情，處爲淺深矣。

按："情"後之逗號當刪。

（212）1331頁5行：皋當臨事時去杖今若執事之人告筮占之事已畢，

按："去杖"後當加逗號。

（213）1340頁2行：謂夫既不爲大夫，死若祔祭此妻，

按："死"字當上屬爲句。

（214）1341頁末行：報虞、卒哭則免，

按："報虞"後之頓號,當改作逗號。此言如果報虞,卒哭則免。

(215) 1355 頁末行：注：言母婦無昭穆於此,統於夫耳。

按："於此"當下屬。

(216) 1356 頁 2 行：昆弟之妻,夫之昆弟不相爲服。

按："不"字前應加逗號。

(217) 1356 頁倒 2 行：若同姓公之子曰公子,

按："姓"後應加逗號。

(218) 1360 頁 5 行：黄帝姓姬。

按："姬"後之句號,當改作逗號。

(219) 1362 頁 8 行：祖是尊,嚴以上漸,宜合重。

按："尊"後逗號當刪。

(220) 1364 頁 5 行：故云别子並爲其後世之始祖,

按：當標作：故云"别子",並爲其後世之始祖,

(221) 1372 頁倒 5 行：司徒主國之事故,國有大喪,

按："故"字當屬下。

(222) 1373 頁倒 7 行：禮,以衣送敵者,死曰襚。

按："者"後逗號當刪。

(223) 1384 頁 5 行：遇於道見則面不請所之喪俟事,

按："道"後應加逗號,"之"後應加句號。

(224) 1384 頁倒 4 行：客射,若投壺不勝,

按："射"後逗號當刪。若,和也,與也。

(225) 1387 頁 3 行：君出,上則授良綏而升君也。

按："上"字當屬上爲句。

(226) 1390 頁 5 行：惡居下流而訕,上者。

按："訕"後逗號當刪。

(227) 1407 頁 3 行：羞,濡魚者進尾,

按："羞"後逗號當刪。

(228) 1407 頁倒 8 行：冬時陽氣下,在魚腹,

按:"下"後逗號當刪。

(229) 1407 頁倒 7 行: 夏時陽氣上,在魚脊,

按:"上"後逗號當刪。

(230) 1408 頁 1—2 行: 右首也。

按:"右"後當逗。

(231) 1415 頁 2 行: 若日已闇,而坐中未有燭,繼新有人後來至者,

按:"繼"字當屬上爲句。

(232) 1428 頁末行: 此云"黨有庠"者,是鄉之所居,黨爲鄉學之庠,不別立序。

按:"黨"字當屬上爲句。

(233) 1438 頁倒 5 行: 若情欲既發,而後乃禁,教則扞格於教,

按: 上"教"字當屬上爲句。

(234) 1443 頁 6 行: 三王,謂夏、殷、周四代,則加虞也。

按:"周"下當加分號。

(235) 1443 頁倒 4 行: 王行西,折而南,

按:"西"字當屬下。

(236) 1463 頁 3 行: 言在下人心,情感君政教善惡,動於心中,

按:"情"字當屬上。

(237) 1469 頁 9 行: 言外物既來知,謂每一物來則心知之,

按:"來"後當逗。

(238) 1475 頁 3 行: 聖人若能如此上事行,禮樂得所,

按:"行"後之逗號當刪。

(239) 1496 頁 3 行: 堯不增脩,《大章》者,

按:"脩"後之逗號當刪。

(240) 1497 頁倒 3 行: 而小人飲之,善酗以致獄訟。

按:"善酗"應屬上。

(241) 1503 頁倒 4 行: 言樂爲道人,觀之益人深。

按: 當標作: 言樂爲道,人觀之,益人深。

（242）1510 頁 4 行：謂感動四時之氣，序之和平，

按："氣"後之逗號當刪。

（243）1521 頁 1 行：并子夏之答辨，明古樂今樂之殊。

按："辨"字當屬下爲句。

（244）1523 頁 8 行：雅，狀如漆筩而弇，口大二圍，

按："口"字當屬上爲句。

（245）1524 頁倒 4 行：今樂但淫聲，音曲而已。

按："聲"後之逗號當刪。

（246）1539 頁倒 7 行：八卦屬四方，四維之音，

按："方"後之逗號當刪。

（247）1542 頁 1 行："淫液"，謂音連延而流液，不絶之意。

按："液"後之逗號當刪。

（248）1545 頁 6 行：從此位入，比至六成，

按："比"，當作"北"，且屬上爲句。

（249）1554 頁 5 行：不貪於利，用是志意清明；

按："用"字當屬上。

（250）1558 頁 6 行：内心善則變轉出音聲善，外貌變轉爲動靜，

按：下"善"字當屬下。

（251）1558 頁倒 2 行：以三台之"能"替"耐"，字之變而爲"能"也，

按："字"前之逗號當刪。

（252）1581 頁倒 2 行：謂縷如三升半而三升，不緝也。

按："不"前之逗號當刪。1583 頁 1 行疏文同此。

（253）1583 頁 7 行：德高，能備儀服，無降殺，是盡飾。

按："服"字當屬下。

（254）1586 頁倒 6 行：綴於麻衣前，當胷上。

按："前"字當屬下。

（255）1591 頁 1 行：故云"皆袍制，不禪"。漢時有袿袍，……

按：當標作：故云"皆袍制"。"不禪"，漢時有袿袍，……

（256）1618頁3行：注：公所爲君所作離宮別館也。

按："公所爲"下當逗。

（257）1630頁9行：謝其勞,辱來也。

按："勞"後之逗號當刪。

（258）1634頁4行：其以先祖入,於大祖之廟,

按："入"後之逗號當刪。

（259）1666頁7行：而祔祭之時,在于夫之黨主之。其義非也。

按："黨"後應加句號。"主之"後之句號,應改作逗號。

（260）1671頁1行：餘有六百夫地,又不易再易,

按："地"字當屬下。

（261）1671頁3行：紘在纓處,兩端上屬,下不結。

按："兩端"二字當屬上爲句。

（262）1675頁倒6行：今此蜡人,恣性酣飲,

按："人"字當屬下。

（263）1687頁倒9行：將行,君命以告夫人之國君。

按："將行"後之逗號當刪。

（264）1708頁8行："君拜寄公國賓大夫士",

按：孫希旦《集解》云："孔疏讀'君拜寄公、國賓、大夫、士'爲句,謂嗣君拜寄公、國賓,又拜大夫、士,非是。君喪無拜大夫士之禮。"按：孫說是也。"大夫士"三字當屬下爲句。

（265）1713頁倒4行：冬月恐水凍,則壺漏遲,遲,更無準則,故取鼎煖水。

按：上"遲"字後之逗號當刪。

（266）1722頁倒4行：盡階不升堂者,以水從西階而升盡不上堂。

按："而升"後應加逗號,"盡"後應補"階"字。

（267）1755頁1—2行：期居廬,終喪不御於內者,父在爲母、爲妻齊衰期者。大功布衰九月者,皆三月不御於內。

按："爲妻"後應加句號。"齊衰期者"後之句號,應改作逗號。

（268）1758頁末行：若夫人姪娣尊，同世婦，當大斂焉。

按："尊"字當屬下。

（269）1760頁倒3行：出去也，

按："出"，當作"退"。當標作：退，去也。

（270）1774頁倒3—2行：以《周禮》夏采掌染鳥羽，爲夏翟之色，故名夏采。

按："羽"後之逗號當刪。

（271）1785頁1—2行：郊則圜丘，圜丘則郊，猶王城之内，與京師異名而同處。

按："與京師"三字當上屬爲句。

（272）1790頁10行：中央，恍惚助陰陽變化，有益於人者也。

按："恍惚"二字當屬上。

（273）1791頁倒2行：周有六樂，去周言之，唯五代周備其樂，是周之禮樂所存法也。

按："五代"後當置句號。

（274）1795頁倒2行："去壇爲鬼"者，謂高祖若遷去，於壇則爲鬼，

按："去"後之逗號當刪。

（275）1796頁4行："去壇爲鬼"者，謂曾祖若遷去，於壇則爲鬼，不復祭也。

按："去"後之逗號當刪。

（276）1797頁3行：去墠爲鬼，主亦如壇墠之主藏在祧，故云"亦"也。

按：上"主"字當屬上。

（277）1801頁6行：以禮，天神、人鬼、地祇皆列其名，

按：此"禮"是動詞，其後逗號當刪。"地祇"後當置逗號。

（278）1834頁1行：其氣發揚于上爲昭明，焄蒿悽愴，此百物之精也，神之著也。

按：據孔疏，當標作：其氣發揚于上，爲昭明。焄蒿悽愴，此百物之精也，神之著也。

（279）1837頁末行：經云"見以蕭光"，但有"見"字，在旁無"間"，

按："在"字當屬上爲句。

（280）1838頁7—8行：報氣，以氣是虛，還以馨香虛氣報之。

按："報氣"後之逗號當刪。

（281）1842頁1行：以夫人親繅，三盆以手振出其緒訖，

按："三盆"當屬上爲句。

（282）1842頁3行：養蠶繅，非一人而已。

按："繅"字當屬下。

（283）1872頁7行：圭瓚、璋瓚，祼器也。以圭、璋爲柄，酌鬱鬯曰祼。

按：當標作：圭瓚、璋瓚，祼器也，以圭、璋爲柄。酌鬱鬯曰祼。

（284）1886頁倒5行：此脊、脅、臂、臑，舉其貴者言之，屬中包其賤者。

按："脊、脅、臂、臑"後應加引號。"之"字當屬下。"之屬"二字，應加引號。

（285）1890頁1行：此一節明祭祀之重，禘嘗之義，

按："重"後之逗號當刪。

（286）1904頁1—2行：屬辭比事而不亂則深於《春秋》者也。

按："亂"後應加逗號。

（287）1914頁倒2行：今之君子用後，經所説以害下，

按："後"下之逗號當刪。

（288）1916頁3行：寡人固不固，

按：原標點從鄭注，不通。今改從王肅注，標作：寡人固，不固，

（289）1919頁倒6行：言妻者，所以供粢盛，祭祀與親爲主，故云"親之主也"。

按："祭祀"當屬上爲句。

（290）1929頁5行：示德也，相示以德也。《清廟》，頌文王之德。

按："清廟"後之逗號當刪。此七字是進一步解釋上文的。

（291）1929頁5行：示事也，相示以事也。《武》，象武王之大事也。

按："武"後之逗號當刪。此八字是進一步解釋上文的。

（292）1930 頁倒 3 行：謂五服，親疏，各得其哀情也。

按："服"後之逗號當删。

（293）1936 頁 6 行：古之人也。

按：據孔疏，"也"後之句號當改作逗號。

（294）1959 頁倒 3 行：案《春秋》越子卒，經傳全無其事，

按："春秋"後，必須加逗號。

（295）1963 頁倒 7 行：言受上恩澤，如受之於天尊之也，故云下天上施。

按："尊"字前應加逗號。

（296）1966 頁倒 3 行：鄭不見《古文尚書序》有《高宗之訓》，

按：破句，當標作：鄭不見《古文尚書》，序有《高宗之訓》，①

（297）1976 頁倒 4 行：六二既在《震卦》居中，得位宜合仕者，

按："得位"當屬上爲句。

（298）2026 頁末行：是愚主之世以妖孽，"爲至誠能知者出也"。

按："以妖孽"當屬下爲句。以，則也。

（299）2055 頁 3 行：不可以樂倦也，極盡也。

按："倦也"後當句。"極"後當逗。

（300）2056 頁 4—5 行：不以一日之間使其身儳焉可輕，賤如小人，

按："輕"後之逗號當删。

（301）2083 頁倒 2 行：辨，別也。猶"寬而栗"也。

按：上"也"後之句號，當改作逗號。

（302）2090 頁倒 2 行：上九艮爻，艮爲山，辰在戌，得《乾》氣，父老之象，是臣之致事也。

按："氣"後之逗號當删。

（303）2093 頁 1 行：則依禮所行外，餘有美好，猶如樹幹之外更有枝葉也。

---

① 此條破句，承蒙山東大學杜澤遜教授於 2017 年 1 月 3 日專函告知。

按：上"外"字當屬下。

（304）2094 頁倒 7 行：言口施恩惠，而實行不至人，則怨之，

按："人"字當屬下。

（305）2099 頁 2 行：天子既尊重，於征伐出師若巡守之大事，皆用卜，無用筮也。

按："重"字當屬下。

（306）2128 頁 10 行：誠實矣。而大成，太平也。

按：當標作：誠實矣而大成太平也。

（307）2133 頁 4 行：殯東。西面坐，

按："東"後之句號當刪。

（308）2133 頁 7 行：有賓後至者，則拜之成踊，送賓皆如初。

按：當標作：有賓後至者，則拜之、成踊、送賓，皆如初。

（309）2135 頁末行：皆如朝夕哭，位無變也。

按："位"字當上屬。

（310）2153 頁 5 行：水漿不入口三日。不舉火，

按：當標作：水漿不入口，三日不舉火，

（311）2158 頁倒 5 行：又明孝子身有病闕，其居喪所以禮矣。

按："闕"字當屬下。

（312）2171 頁 3 行：往臨其喪則服錫衰，不恒著之，以居若餘事之出，則不服也。

按："以居"二字當上屬爲句。

（313）2218 頁倒 2 行：謂自脩立己，身有如此，行在上之諸事也。

按：當標作：謂自脩立己身，有如此行在上之諸事也。

（314）2236 頁倒 4 行：却本明德，所由先從誠意爲始。

按："所由"當屬上爲句。

（315）2257 頁 10 行：此皆本心而爲之言，皆喻人君也。

按："言"字當屬下。

（316）2265 頁倒 2 行：覆解"不畜聚斂之臣"意。若其有聚斂之臣，

寧可有盜竊之臣。

按："意"字後之句號，當改作逗號，且當屬下爲句。

（317）2271頁5行：《周禮》曰"以昏冠之禮，親成男女"也。

按："禮"後之逗號當删。

（318）2300頁倒2行：蠢動，生之貌也。

按："動"字當屬下，

（319）2306頁3行：在未旅之前燕，初似饗，即是先行饗禮。

按："燕"字當屬下。

（320）2314頁7行：故總舉二人於是。公罔之裘先言，序點後言矣。

按："於是"當屬下爲句。

（321）2314頁倒3行：故誓惡者，令其不入。

按："惡者"當屬下爲句。

（322）2317頁5行：諸侯來朝天子，入而與之射也，或諸侯相朝而與之射也。

按："天子"當屬下爲句。

（323）2319頁倒4行：爲糁侯所掩於三丈二尺五寸三分寸之一，

按："掩"下應加逗號。

（324）2330頁4行：南鄉爾，卿大夫皆少進，

按：當標作：南鄉爾卿、大夫，皆少進，

（325）2331頁倒4行：再拜稽首，升，成拜，明臣禮也。

按："升"後之逗號當删。

（326）2349頁13行：但玉既比德於禮，重處則特達於禮，輕處則加物，

按：當標作：但玉既比德，於禮重處則特達，於禮輕處則加物，

## 六　引號的失誤與反思

（一）引號失誤分類：一是少引；二是多引；三是當引未引；四是不當引而引；五是忽略了暗引；六是引號丟三落四，例如應雙引而單引、漏掉後

引號等等；七是引號使用混亂。

（二）引號失誤的原因：第一，對經文生疏，這主要表現在對暗引的反應遲鈍；第二，查對原書粗心，這主要表現在少引、多引及當引未引。

下面列舉的引號失誤，是主要的，但並非全部。有些比較容易爲讀者發現的當引未引的問題，爲了儘量不虛占篇幅，就刪去了。

（三）目前已經發現的有103處引號失誤，詳下。

（1）3頁8行：何以《老子》云，失道而後德，失德而後仁，失仁而後義，失義而後禮。夫禮者，忠信之薄，道德之華，争愚之始？

按："失道而後德"以下八句當引。

（2）7頁12—13行：鄭注："樞，謂户樞。……弩牙之發，或中或否，"以喻君子之言，或榮或辱。

按："以喻君子之言，或榮或辱"，亦應納入引文。

（3）12頁倒6行：案《春秋》襄十九年，齊侯環卒。晉士匄帥師侵齊，至穀，聞齊侯卒，乃還。

按："齊侯環卒"以下五句當引。

（4）26頁10行：注云"七十曰艾"。時堯年七十，故以七十言之。

按："時堯年七十"以下二句亦當引。

（5）26頁11行：注云："七十曰艾者，云誰將速政，是告老致政，致政當七十之時。"

按："致政當七十之時"非注文，不當引。

（6）53頁10—11行：庚云："謂接，則足連非半也。武迹相接，謂每移足，半躡之也。中人迹一尺二寸，半躡之，是每進六寸也。"

按："武迹相接"以下六句不當引。

（7）67頁倒5—4行：八十拜君命，一坐再至。

按：此二句是暗引《王制》文，當引。

（8）114頁3行：祭如在，故臨祭須敬。

按："祭如在"，《論語·八佾》文，當引。

（9）119頁4—5行：《淮南子》云："上有藁蓍，下有伏龜，卜筮實問於神,龜筮能傳神命以告人。故《金縢》告大王、王季、文王云:爾之許我,乃卜三龜,一襲吉。是能傳神命也。"

按:這段文字,並非都是《淮南子》文,而是既有《淮南子》文,又有《金縢》文,還有孔疏文。今整理如下:《淮南子》云:"上有藂蓍,下有伏龜。"卜筮實問於神,龜筮能傳神命以告人。故《金縢》告大王、王季、文王云:"爾之許我,乃卜三龜,一襲吉。"是能傳神命也。

(10) 122頁7—8行:襄七年"夏四月,三卜郊,不從,乃免牲"。僖三十一年及襄十一年"夏四月,四卜郊,不從"。成十年"夏四月,五卜郊,不從"。

按:這段文字的三處引文,原來都沒有加引號,非是。《左傳》文,往往失標引號。爲節省篇幅,後不復云。敬乞讀者留意。

(11) 139頁倒4行:然鯉也死,未滿五十。

按:"鯉也死",《論語·先進》文,當引。

(12) 142頁9行:若祭祀之禮不變,即夏立尸,殷坐尸,周旅酬六尸,

按:"夏立尸"以下三句,《禮器》文,當引。

(13) 162頁1行:……故《特牲》《少牢》無樂。

按:"無樂"後應加引號。上文"熊氏云"到此結束。

(14) 186頁倒7行:鄭注《大行人》云,其"殷同,四方四時分來",如平時也。鄭既云"四時分來",如平時,

按:兩個"如平時",亦當引。

(15) 203頁7行:即公山弗擾爲季氏宰是也。

按:當標作:即"公山弗擾爲季氏宰"是也。

(16) 205頁5行:《王制》云"在其地"則祭之,亡其地則不祭是也。

按:"是也"之前,都是引文,當引。又,"王制云",當作"祭法云"。

(17) 216頁倒5—4行:然《白虎通》云:"……不當移。"士摯,冬雉、夏腒是也。

按:"士摯,冬雉、夏腒"亦應納入引文。

(18) 224頁倒4行:以云"皆在他邦",乃袒免,明不皆在者則否。

按:"乃袒免",亦應納入引文。

(19) 225 頁 1 行:故《士喪禮》君使人襚,主人拜送,"拜賓,即位西階下,東面"。

按:"君使人襚,主人拜送",亦應納入引文。

(20) 239 頁 7—8 行:"周以十一月爲正,息卦受復",其色尚赤,以夜半爲朔。

按:"其色尚赤"二句亦當引。

(21) 260 頁 3 行:古之人有言曰:"狐死正丘首,仁也。"

按:據孔疏,"狐死"句是上文"君子曰"引用的古人之言,應改作雙引號。

(22) 293 頁 4—5 行:案《家語》及《詩傳》,皆言子夏喪畢……切切而哀。

按:"子夏喪畢"至"切切而哀"凡八句,應加引號。

(23) 326 頁 5—6 行:尚行夫子之志乎哉!

按:"哉"後漏標引號。

(24) 358 頁倒 2 行:……但大功耳。"不得服期。

按:"不得服期"亦當引。

(25) 366 頁 11 行:以"卒哭曰成事",以吉祭易喪祭,

按:"以吉祭易喪祭",亦當引。

(26) 370 頁:案周人尚赤,大事用日出,故朝葬也。

按:"周人尚赤,大事用日出",《檀弓上》文,當引。

(27) 377 頁 1 行:夫爲人子之禮,出必告,反必面,

按:"出必告"二句,《曲禮上》文,當引。

(28) 425 頁 6—7 行:邾婁考公之喪,徐君使容居來弔含,曰:"寡君使容居坐含,進侯玉,其使容居以含。"

按:諸家亦皆如此標點。按孔疏,"寡君使容居坐含,進侯玉","此是使致之辭也";而"其使容居以含"者,此是記人錄語"。據此,"其使容居以含"句,不當引。今改正。

（29）450頁6行：故《白虎通》云："爵者，盡也。"所以盡人才是也。

按："所以盡人才"亦應納入引文。

（30）460頁11行："……衛服、要服，服五百里。"

按：引號應前移到"要服"後。

（31）464頁倒7—6行：杜預云塗山在壽春東北，與會稽別也。

按："塗山在壽春東北"當引。

（32）475頁：……此是三卿也。以此推之，故知諸侯不立冢宰、宗伯、司寇之官也。"

按：引號應前移到"此是三卿也"。

（33）483頁：案《射人》三公執璧，與子男同，

按："三公執璧"當引。

（34）484頁倒4—2行：若熊氏之義，公以下諸冕……皆無旒。

按："公以下諸冕"至"皆無旒"，約兩行文字，當引。

（35）501頁8行：案《漢禮器制度》，柷狀如漆筩，中有椎，將作樂，先擊之。敔如小鼓，長柄，旁有耳，搖之使自擊。

按："《漢禮器制度》"下八句當引。

（36）592頁倒4行：案《考靈耀》云："一度二千九百三十二里千四百六十一分里之三百四十八。"周天百七萬一千里者，是天圓周之里數也。

按："周天百七萬一千里"亦當引。

（37）630頁8—9行：《周語》注"夾鐘"云"夾助陽"四隙謂黃鐘、大呂、大蔟、夾鐘。凡助出四隙之微氣，令不滯伏於下也。

按："四隙謂黃鐘、大呂、大蔟、夾鐘。凡助出四隙之微氣，令不滯伏於下也"皆是《周語》注文，亦當引。

（38）651頁倒6行：鄭注《周禮》，士妻亦爲命婦，則士妻亦在。

按："士妻亦爲命婦"當引。

（39）706頁8—9行：以《周禮》祀大神，饗大鬼，帥執事而卜日；

按："祀大神"三句《大宗伯》文，當引。

（40）809頁倒3行：《檀弓》云："卒哭曰成事。"是日也，以吉祭易

喪祭。

按："是日也"二句亦當引。

（41）907頁倒5行：使寡婦不夜哭，是"別嫌"；君子表微，是"明微"也。

按："寡婦不夜哭"，《坊記》文，當引；"君子表微"，《檀弓下》文，當引。

（42）938頁10行：動則左史書之，言則右史書之，

按：此二句是《玉藻》文，當引。

（43）962頁10行：大夫卑輕，不得寶龜，故臧文仲居蔡爲僭也。

按："臧文仲居蔡"，《論語·公冶長》文，當引。

（44）1034頁2行：（熊氏云）："……故《祭統》云："内祭則大嘗禘，升歌《清廟》，下管《象》。"是秋嘗有樂也。

按：當標作：（熊氏云）："……故《祭統》云：'内祭則大嘗禘，升歌《清廟》，下管《象》。'是秋嘗有樂也。"

（45）1042頁9—10行：熊氏云："據魯而言，猶如《論語》云'十世、五世希不失矣'。"三桓之後，若襄仲、季孫意如，雖强，君不能殺，據時有能殺者言之。

按："三桓之後"五句，也是熊氏的話。

（46）1123頁倒6—4行：彼注云："旁視爲睇。"六二辰在酉，……欲承九三，故云"睇于左股"。

按：當標作：彼注云："旁視爲睇。六二辰在酉，……欲承九三，故云睇于左股。"要之，這將近兩行，都是彼注之文。

（47）1136頁11—12行：王肅云："諸，菹也。"……

按：王肅云的引文少引了很多，實際引文應包括12行的"鄭云桃諸梅諸是也"。引文中的引文，應改作雙引號。

（48）1138頁倒6行：庾又云："自'牛脩'至'薑、桂'，凡三十一物。"

按：庾蔚又云的引文少引了很多。引文應包括下一行的"不堪食也"爲止。

（49）1168頁11行：鄭注亦引《易·坤》爲均。

按：當標作：鄭注亦引《易》"坤爲均"。

(50) 1204 頁 1 行：鄭注《深衣》"鈎邊"；"今之曲裾"。

按：當標作：鄭注《深衣》"鈎邊,今之曲裾"。

(51) 1204 頁 10 行：《唐傳》云："古者有命民,有飾車、駢馬、衣錦者,非周法。"

按："非周法"是孔疏文,不當引。

(52) 1219 頁倒 4 行：云"人君充之者"充,滿也。

按：當標作：云"人君充之"者,充,滿也。

(53) 1223 頁 3 行：《毛詩》云："靺韐,茅蒐染。齊人謂'茅蒐'爲'靺韐'聲也。"

按："齊人謂"以下非《毛詩》語,不當引。

(54) 1262 頁 6—7 行：故《書傳》云"五年,營成周"。六年,制禮作樂。七年,致政於成王,

按："六年"四句也是《書傳》文,當引。

(55) 1306 頁倒 4 行：故鄭注《士虞記》"士服卒者之上服"士玄端是也。

按："士玄端"三字亦應納入引文。

(56) 1322 頁 2 行：而《喪服》條例云："父之所不服,子亦不敢服。"故大夫不服其妾,故妾子爲母大功也。

按：原標點有誤。第一,此書名爲《喪服條例》；第二,少引。"故大夫"以下十五字亦當納入引文。

(57) 1323 頁末行：然既云"皆無主後"爲同居,

按："爲同居"三字,亦是引文。

(58) 1358 頁 8 行：'是嫂亦可謂之母乎?'

按：此句非鄭注《喪服》文,當移出。

(59) 1368 頁末行：百姓足,君孰與不足?

按：此二句當引,《論語·顏淵》文。

(60) 1372 頁 2 行：若五十者從反哭,四十者待盈坎,

按:"五十者從反哭,四十者待盈坎",《雜記下》文,當引。

(61) 1387 頁倒 2 行:夏,魯師及齊師圍郕,郕降于齊師。秋,師還。

按:此五句是《春秋》經文,當引。

(62) 1401 頁倒 4 行:犬馬不上於堂,

按:此句當引,《曲禮上》文。

(63) 1442 頁倒 3 行:罕譬而喻,言約而達,

按:此二句是上節經文,當引。

(64) 1443 頁 3 行:《宵雅》肄三,官其始也。

按:此二句是《學記》文,當引。

(65) 1443 頁 8 行:"其此謂之乎"者,

按:"其"字不當引。

(66) 1482 頁 3 行:若朋淫於家,俾晝作夜,物極則反,樂去憂來。又煩手淫聲,慆堙心耳,則哀痛生也。

按:"朋淫於家",《尚書·益稷》文。"俾晝作夜",《詩·大雅·蕩》文。"煩手淫聲,慆堙心耳",《左傳》昭公元年文。均當引。

(67) 1482 頁 4 行:一獻之禮,賓主百拜,

按:此八字是《樂記》文,當引。

(68) 1487 頁倒 2—1 行:《孝經緯》云:"景星出,是窮高極遠也。《禮運》云'山出器車','魚鮪不淰',是測深厚也。"

按:此數句,引號使用混亂,今整理如下:《孝經緯》云"景星出",是"窮高極遠"也;《禮運》云"山出器車,魚鮪不淰",是"測深厚"也。

(69) 1505 頁倒 4 行:朋淫於家,是慢易以犯禮節也;淫酗肆虐,是流湎以忘根本也。

按:"朋淫於家",《益稷》文;"淫酗肆虐",《泰誓》文。均當引。

(70) 1536 頁 2—3 行:又宗族長幼同聽之,莫不和順;閨門之內,父子兄弟同聽之,莫不和親,是長幼之序也。

按:"宗族長幼同聽之"至"莫不和親",《樂記》文,應加引號。

(71) 1624 頁末行:執玉不麻,

按：此四字是《雜記下》文，當引。

（72）1656頁2—3行：庾氏云："將往哭之……乃服其服。"注《要記》通之已詳。

按："注《要記》通之已詳"，亦應納入引文。

（73）1679頁2行：亦即是與諸侯爲兄弟者服斬之例也。

按："與諸侯爲兄弟者服斬"，《喪服小記》文，當引。

（74）1679頁5行：案禮，族人不得以其戚戚君，

按："禮"字應加書名號，此指《禮記》。"族人不得以其戚戚君"，《大傳》文，當引。

（75）1744頁13行：君錦衾，大夫縞衾，士緇衾，

按：此三句是《喪大記》文，當引。

（76）1747頁7行：鄭云："釋菜，禮門神也。"禮，君非問疾弔喪，不入諸臣之家，

按："禮，君非問疾弔喪，不入諸臣之家"，亦鄭注文，應納入引文。

（77）1754頁8行：祥之日，鼓素琴，

按："祥之日，鼓素琴"，《喪服四制》文，當引。

（78）1797頁倒4—3行：云"其無祖考者，

按：當標作：云"其無祖考者"，

（79）1848頁2行：廣博於施，謂德教加于百姓，"刑于四海"。備物，謂四海之内，各以其其職來助祭。

按：當標作：廣博於施，謂"德教加于百姓，刑于四海"。備物，謂"四海之内，各以其其職來助祭"。加引號者，皆孔疏暗引《孝經》文。

（80）1850頁12行：俗本"厚德"多作"小得"字。

按："得字"，據閩本、毛本、阮本當作"德者"。此句應標作：俗本"厚德"多作"小德者"。

（81）1861頁倒4行：案桓二年取郜大鼎，納於大廟。

按："取郜大鼎，納於大廟"應加引號。

（82）1875頁1—2行：是故古之人有言曰："善終者如始。"餕其

是已。

按：據《儀禮·特牲饋食禮》鄭注，知"餕其是已"亦是古人之言，應納入引文。

（83）1905頁9行：若僖二十八年晉人執衛侯，歸之于京師；昭十三年平丘之會，子產爭承之類是也。

按："晉人執衛侯，歸之于京師"及"平丘之會，子產爭承"，皆應加引號。

（84）1914頁5行：不峻宇雕牆也。

按："峻宇雕牆"，《尚書·五子之歌》文，當引。

（85）1926頁10行：……民未涉病也。"

按：當標作：……民未涉病也。'"

（86）1934頁8行：公拜受爵，乃奏《肆夏》"，公卒爵而樂闋。

按："公卒爵而樂闋"，亦應納入引文。

（87）1956頁8行：案《周禮》，公五百里，侯四百里，則是過千乘。

按："公五百里，侯四百里"，《大司徒》文，當引。

（88）2019頁倒2行：案《字林》云："跮，躓也。躓，謂行倒蹶也。"

按：多引。清陶方琦《字林考逸補本》僅收"跮，躓也"是也。"躓，謂行倒蹶也"，非《字林》文。

（89）2058頁7行：考道以爲無失。

按："失"後應補單引號。

（90）2086頁3行：《象》曰："不家食，吉，養賢也。"

按：當標作：《象》曰："'不家食，吉'，養賢也。""不家食，吉"是卦辭，應加引號。此處是以象辭解釋卦辭。

（91）2108頁倒3行：使行顧言也。

按："行顧言"，《中庸》文，當引。

（92）2131頁7—8行：《漢書·藝文志》云："漢興，始於魯淹中得古《禮》五十七篇，其十七篇與今《儀禮》正同，其餘四十篇，藏在祕府，謂之《逸禮》。其《投壺禮》亦此類也。"

按：此段文字，在《漢志》中查未獲，應去掉引號。

（93）2137頁3—4行：注云："拾，更也。"主人與之更踴，賓客之。

按："主人與之更踴，賓客之"，亦注文，當引。

（94）2170頁6—行：公四年夫人風氏薨，……又昭十一年夫人歸氏薨，

按："夫人風氏薨""夫人歸氏薨"，皆當引。

（95）2185頁5行：故曰：無易之道也，

按：據孔疏，"無易之道"是"舊語成文"，當引。疏內同。

（96）2199頁末行：又以"曰辟"者，是贊者來辭告主人及賓，言曰"辟"，義亦通也。

按：引文不達意。當標作：又以"曰'辟'"者，是贊者來辭告主人及賓，言曰'辟'"，義亦通也。

（97）2208頁5行：或曰："筭長尺有握。"握，素也。

按：少引。"握，素也"也當納入引文。此"或曰"，乃《儀禮·鄉射記》文。

（98）2227頁7行：以見賢思齊，

按："見賢思齊"，《論語·里仁》文，當引。

（99）2250頁8—9行：此謂一言僨事，一人定國。

按：據孔疏，"一言僨事，一人定國"是"古有此言"，當引。

（100）2260頁3行：若發倉廩，賜貧窮，振乏絕是也。

按："發倉廩，賜貧窮，振乏絕"，《禮記·月令》文，當引。

（101）2273頁7—8行：《通卦驗》云："遂皇始出握機矩，是法北斗七星而立七政。"

按：多引。"是法北斗七星而立七政"，是孔疏文，不當引。

（102）2280頁2行：則上經"婦降自阼階"以著代是也。

按：少引。"以著代"三字亦當引。

（103）2314頁倒5行：旄，謂八十九十日旄。期，謂百年曰期，頤。

按：這是暗引。"八十九十曰旄"與"百年曰期，頤"，《曲禮上》文，

當引。

（四）關於引號使用的反思之一：孔疏中有不少緊摳字眼的地方，如果不用引號，在表意上就會大打折扣。

孔疏中有不少這樣的文字，它不是正經八百地引文，但它是在緊摳字眼。這可以説是孔疏行文的一個特點。對於這些緊摳字眼的地方，如果不使用引號，就會在"達意"上大打折扣。這次標點，注意到了這個問題，在這些緊摳字眼的地方，注意加上引號。試舉三例如下：

（1） 161頁4—5行：

原標點：此云歲凶，與彼大祲同也。此膳不祭肺，則食不兼味也。此祭事不縣，謂祈禱之祭，則與大祲禱而不祀一也。

今標點：此云"歲凶"，與彼"大祲"同也。此"膳不祭肺"，則"食不兼味"也。此"祭事不縣"，謂祈禱之祭，則與大祲"禱而不祀"一也。

（2） 264頁8—10行：

原標點：今檢《禮記》多有不定之辭，仲尼門徒，親承聖旨，子游裼裘而弔，曾子襲裘而弔，又小斂之奠，或云東方，或云西方，同母異父昆弟，魯人或云爲之齊衰，或云大功。其作記之人，多云"蓋"，多云"或曰"，皆無指的，

今標點：今檢《禮記》多有不定之辭，仲尼門徒，親承聖旨，"子游裼裘而弔，曾子襲裘而弔"；又小斂之奠，或云"東方"，或云"西方"；"同母異父昆弟"，魯人或云"爲之齊衰"，或云"大功"。其作記之人，多云"蓋"，多云"或曰"，皆無指的，

（3） 513頁倒6—4行：

原標點：案《左傳》，大夫言三月，士言踰月，此總云"大夫士三月而葬"者，此記者皆以降二爲差，故總云三月。《左傳》細言其別，故云"大夫三月，士踰月"。其實大夫三月者，除死月爲三月；士三月者，數死月爲三月，正是踰越一月，故言踰月耳。

今標點：案《左傳》，大夫言"三月"，士言"踰月"，此總云"大夫士三月而葬"者，此記者皆以降二爲差，故總云"三月"。《左傳》細言其別，故

云"大夫三月,士踰月"。其實"大夫三月"者,除死月爲三月;"士三月"者,數死月爲三月,正是踰越一月,故言"踰月"耳。

（五）關於引號使用的反思之二：試説《冠義》《昏義》《鄉飲酒之義》《射義》《燕義》《聘義》六篇的引號使用問題

孔穎達在《鄉飲酒義》的疏文中説："從《冠義》以來,皆記者疊出《儀禮》經文,每於一事之下釋明《儀禮》經義,每義皆舉經文於上,陳其義於下以釋之也。他皆放此也。"孔氏在《聘義》的疏文中又説："此篇總明聘義,各顯《聘禮》之經於上,以義釋之於下。"據此,《冠義》等六篇如何標點的問題已經很明朗了。我們作爲標點者,就應該按照孔穎達的一而再的強調,把《儀禮》的經文與"陳其義"的文字區分開來。但從我看到的諸家標點來看[王夢鷗《禮記今注今譯》（臺灣商務印書館1979年版）、陳成國校點《周禮·儀禮·禮記》（岳麓書社1989年版）、錢玄等《禮記今注今譯》（岳麓書社《十三經今注今譯》1994年版）、龔抗云整理《禮記正義》（北京大學出版社1999年版）、王文錦《禮記譯解》（中華書局2001年版）、楊天宇《禮記譯注》（上海古籍出版社2004年版）],都没有按照孔穎達的交代去標點,具體地説,就是並没有把《儀禮》的經文與"陳其義"的文字區分開來。而區分開來的有效手段就是把經文加上引號,而諸家並没有這樣做。我在校點本《禮記正義》中曾經嘗試按照孔穎達的上述交代去作,例如在《昏義》中我曾這樣的標點：

2278頁3—4行："厥明,舅姑共饗婦以一獻之禮,奠酬。舅姑先降自西階,婦降自阼階",以著代也。

這個例子,是符合孔穎達的旨意的,也是符合要求的。可惜,這樣的情況太少。爲什麼太少？因爲我太死摳文字了。換言之,凡是與《儀禮》經文的文字差别較大,我就不敢加引號。這個思想障礙不破除,就無法全面貫徹孔穎達的上述旨意,也就無法使讀者真正明了這六篇的文意。後來,我讀《鄉飲酒義》時,讀到這樣的一段經文、注文及疏文,才使我醍醐灌頂,破除了迷障。請看：

《鄉飲酒義》這段經文是：祭薦,祭酒,敬禮也。嚌肺,嘗禮也。啐酒,成

禮也。於席末，言是席之正，非專爲飲食也，爲行禮也。（2290頁倒3—2行）

鄭玄的注文是：祭薦、祭酒、嚌肺於席中，唯啐酒於席末也。（2291頁1行）

孔穎達的疏文是：云"祭薦、祭酒、嚌肺於席中，唯啐酒於席末也"者，皆《鄉飲酒禮》文。（2292頁3—4行）

你如果到《儀禮·鄉飲酒禮》中去找"祭薦、祭酒、嚌肺於席中，唯啐酒於席末也"的原文，是肯定找不到的，但事情是肯定有的。現在好了，離《鄉飲酒禮》經文差不多十萬八千里的文字，孔穎達作爲《禮記正義》的作者都毫不含糊地説"皆《鄉飲酒禮》文"，我作爲一個後學者還有什麼不敢呢！孔穎達不僅爲怎樣標點《冠義》等六篇提供了理論，而且提供了實例。至此，我顧慮完全解除。在標點這六篇時，我努力貫徹孔穎達的上述宗旨。試舉兩例：

（1）2270頁4—9行：

原標點：古者冠禮：筮日筮賓，所以敬冠事。敬冠事所以重禮，重禮所以爲國本也。故冠於阼，以著代也。醮於客位，三加彌尊，加有成也。已冠而字之，成人之道也。見於母，母拜之；見於兄弟，兄弟拜之，成人而與爲禮也。玄冠、玄端，奠摯於君，遂以摯見於鄉大夫、鄉先生，以成人見也。（《冠義》）

今標點：古者冠禮："筮日、筮賓"，所以敬冠事。敬冠事所以重禮，重禮所以爲國本也。故"冠於阼"，以著代也。"醮於客位，三加彌尊"，加有成也。"已冠而字之"，成人之道也。"見於母，母拜之；見於兄弟，兄弟拜之"，成人而與爲禮也。"玄冠、玄端，奠摯於君，遂以摯見於鄉大夫、鄉先生"，以成人見也。

（2）2274頁6—9行：

原標點：父親醮子而命之迎，男先於女也。子承命以迎，主人筵几于廟，而拜迎於門外。壻執雁入，揖讓升堂，再拜奠雁，蓋親受之于父母也。降出，御婦車，而壻授綏，御輪三周。先俟於門外。婦至，壻揖婦以入，共牢而食，合卺而酳，所以合體、同尊卑，以親之也。（《昏義》）

今標點:"父親醮子而命之迎",男先於女也。"子承命以迎,主人筵几于廟,而拜迎於門外。壻執雁入,揖讓升堂,再拜奠雁",蓋親受之于父母也。"降出,御婦車,而壻授綏,御輪三周。先俟於門外。婦至,壻揖婦以入,共牢而食,合卺而酳",所以合體、同尊卑,以親之也。

## 七　校點本《禮記正義》的頓號失誤

（一）頓號失誤的種類及其原因簡析

頓號的失誤,一是應頓開的没有頓開,二是不該頓開的頓開了,三是該用頓號的地方用錯了標點符號。失誤的原因,主要是概念不清。

（二）目前已經發現的有42處頓號失誤。詳下。

(1) 22頁6行:懾,猶怯惑。

按:"怯""惑"二字之間應加頓號。孔疏:"懾,怯也,惑也。"可證。

(2) 96頁4行:爲哀樂則失正。

按:"哀""樂"二字之間應加頓號。因爲"哀"字對應的是經文"弔"字,"樂"字對應的是經文"樂"字。

(3) 202頁9行:庶人,謂府史之屬,

按:"府"後應加頓號。《周禮·天官·序官》鄭注:"府,治藏。史,掌書者。"

(4) 382頁3行:个,謂所遣奠牲體臂臑也。

按:"臂"後應加頓號。

(5) 421頁倒2行:先生異爵者,

按:"先生"後應加頓號。

(6) 428頁6行:君之喪,子夫人杖;五日既殯,大夫世婦杖。

按:"子"後與"大夫"後君應加頓號。

(7) 461頁11行:鄭注《司徒》云:"凡諸侯爲牧正帥長及有德者,乃有附庸。"

按:"牧正帥長",當標作"牧、正、帥、長"。

（8）491頁2行：知有朝覲宗遇之禮，

按："朝覲宗遇"，當標作"朝、覲、宗、遇"。

（9）515頁9行：唯以繩縣、棺，

按："繩"後頓號當刪。

（10）530頁4行：故，謂祭饗。

按："祭"後應加頓號。

（11）534頁6行：甸稍縣都皆無過十二。

按："甸稍縣都"，當標作"甸、稍、縣、都"。

（12）562頁10行：前文圭璧、金璋各是一物，

按：應標作：前文"圭、璧、金、璋"各是一物，

（13）574頁倒5行：故《易》孟氏《韓詩》説：

按："孟氏"下當加頓號。

（14）723頁末行：辨衣裳，謂襲、斂、尊卑所用也，

按："斂"後之頓號當刪。

（15）794頁2—3行：若君喪有朔月、月半薦新大事，

按："月半"後應加頓號。

（16）798頁2行：天子椑內猶有水兕，

按："水"後應加頓號。

（17）976頁9行：皇氏以爲犧尊即《周禮》犧象也。

按："犧象"中間當加頓號。謂犧尊、象尊也。

（18）1011頁4行：謂煮肉既孰，將欲迎尸，主入室，乃先以俎盛之，……

按：尸後之逗號，當改作頓號。《文獻通考》卷六十八引楊氏復曰："愚案宗廟祭享有尸有主者，聖人原始返終而知死生之説，故設主立尸，爲之廟貌，所以萃聚祖考之精神而致其來格也。"

（19）1013頁7行：荆州納錫、大龜。

按："錫"後頓號當刪。《尚書·禹貢》："九江納錫大龜。"傳："大龜不常用，錫命而納之。"

（20）1026頁2—3行：去國五十里，謂今河南洛陽相去則然。

按:"河南"後當置頓號。河南,東漢時爲洛陽郊縣。

(21) 1118頁2行:饘、酏、酒、醴、芼、羹、菽、……

按:"芼"後之頓號當删。

(22) 1192頁倒3行:讀書,聲當聞、尊者。

按:"聞"後頓號當删。

(23) 1241頁3行:《周禮》:王祀昊天、上帝則服大裘而冕。

按:"天"後頓號當删。孔穎達《月令》疏云:《周禮·司服》云:"祀昊天上帝大裘而冕,祀五帝亦如之。既别云五帝,故知昊天上帝亦唯一神。"

(24) 1290頁3行和4行:襲絰帶,

按:當標作:襲、絰、帶,

(25) 1344頁4行:襲絰于東方。

按:"襲絰"中間應加頓號。本頁倒6行疏文放此。

(26) 1344頁5行:襲免于東方,絰。

按:"襲免"中間應加頓號。本頁倒2行疏文放此。

(27) 1344頁倒5行:襲帶絰於東序東。

按:當標作:襲、帶、絰於東序東。

(28) 1363頁倒3行:先言"繼禰"者,據别子子弟之子也。

按:據孔疏,"弟"前應加頓號。

(29) 1374頁7行:大白、兵車,不入廟門。

按:"大白"後頓號當删。此謂插有大白旗幟的兵車。疏文同此。

(30) 1416頁5行:凡膳告於君子,

按:據孔疏,"膳"後當加頓號。

(31) 1447頁倒5行:仍見其家撓角幹也。

按:"角幹"是製弓的兩種主要材料,中間應加頓號。下同。疏同。

(32) 1606頁6行:注:言獨母在,於贈、拜得稽顙。則父在,贈、拜不得稽顙。

按:二"贈"字後面的頓號,均應改作逗號。

(33) 1769頁7行:加魚、腊焉。

按:"魚"後頓號當刪。"魚腊"爲一物,即乾魚。

(34) 1791 頁 2 行:五代,謂黄帝、堯、舜、禹、湯、周之禮樂所存法也。

按:"湯"後之頓號當改作逗號。

(35) 1838 頁 5—6 行:此用甒者,蓋是天子追享朝踐用大尊,此甒即大尊。

按:"追享"後當置頓號。

(36) 1869 頁 6 行:朝事之豆,韭菹、麋、臡。

按:"麋"後之頓號當刪。

(37) 1928 頁 4 行:閨門、三族失其和,朝廷、官爵失其序,

按:"閨門"及"朝廷"是定語,其後之頓號皆當刪。

(38) 1930 頁 2—3 行:此鬼神與昭穆死喪相類,

按:"昭穆"下當置頓號。

(39) 1957 頁倒 3—2 行:未知天子、諸侯、公卿、大夫采地大小。

按:"天子"後之頓號當刪。

(40) 2043 頁 5 行:述、天時,謂編年四時具也。

按:"述"後之頓號當刪。

(41) 2115 頁 7—8 行:毋以嬖御士疾莊士、大夫卿士。

按:據鄭注、孔疏,"莊士"後之頓號,當作逗號。

(42) 2341 頁 5 行:財,謂璧、琮、享幣也。

按:"琮"後之頓號當刪。璧、琮就是具體的享幣。2342 頁 3 行疏文同。

## 八　校點本《禮記正義》的專名號失誤

專名號的失誤,目前已經發現的不算多,僅有幾條,但鬧的笑話可不小。詳下。

(1) 848 頁:此經謂世子也。何直云:"'一,一人'者,恐爲一時之事,故云一人謂世子也。"

按:"何直"不是人名,不應標專名號。因爲把"何直"理解爲人名,上

下文就都標點錯了。此"何直云",意思是"爲什麼僅僅説"。應標作:此經謂世子也,何直云"一,一人"者,恐爲一時之事,故云一人謂世子也。

(2) 962 頁 10 行:大夫卑輕,不得寶龜,故臧文仲居蔡爲僭也。

按:此"蔡"字是普通名詞,指龜。《論語》注云:"蔡,國君之守龜,出蔡地,因以爲名焉。"

(3) 975 頁 1 行:周禮天子五采藻。

按:當標作:《周禮》天子五采藻。

# 附録:出版社編輯排版過程中的若干失誤

2011 年 12 月,上海古籍出版社將《禮記正義》原稿返寄給我。我將原稿與校點本《禮記正義》對比,發現出版社編輯排版過程中的失誤 75 處。詳下:

(1) 9 頁 1 行:"兄弟鬩牆"之"鬩"

按:字不規範。上從"鬥",不從"門"。又見 10 頁倒 1 行。

(2) 10 頁倒 2 行:"臣子若苟且免身而不鬥"之"鬥"

按:字不規範。上從"鬥",不從"門"。

(3) 69 頁倒 4 行:"伯某甫伯叔季"

按:下"伯"當作"仲"。

(4) 99 頁倒 4 行:"或爲子"之"子"

按:"子",當作"予"。

(5) 165 頁 4 行:"是僭取於子天號也"

按:"子天",當作"天子"。

(6) 167 頁 1 行:"履士階行事"

按:"士",當作"主"。

(7) 178 頁 10 行:《尚書》直云"父羲和"

按:"羲",當作"義"。

(8) 223 頁 3 行:案鄭《目録》云:"……此於《別録》屬《通論》。

按：句下闕下引號。

（9）255頁倒3行："總六外"

按："外"，當作"升"。

（10）326頁6行：子夏曰："……尚行夫子之志乎哉！

按：此句下脱後引號。

（11）340頁8行："殺牲盛饌日舉"

按："日"，當作"曰"。

（12）348頁倒5行："大夫五個"之"個"

按："個"，原文作"个"。下文"當苞一個""苞三個"，仿此。

（13）357頁倒4行：鄭云："爲君出命也。""立者尊右。"

按：當標作：鄭云："爲君出命也，立者尊右。"

（14）366頁行："鄭則以爲諫時

按："諫"，當作"練"。下文之"諫而遷廟""鄭必謂以諫者""於諫焉壞廟"，均放此。

（15）418頁1行："生事畢而鬼事始已"

按："己"，"已"字之誤。注文"已，辭也"放此。

（16）436頁4行："子未可以已乎"

按："己"，"已"字之誤。注文"已，猶止也"放此。

（17）545頁4行：（《釋文》）"孝，大計反"

按："孝"，"弟"字之誤。

（18）546頁8行："凡入學以齒"

按：句下脱句號。

（19）605頁10行："案《律歷志》云"

按："歷"，當作"曆"。

（20）609頁2行："是前漢之未"

按："未"，當作"末"。

（21）621頁4行："王即齋官而齋"

按："官"，當作"宫"。

（22）622頁6行：“陰氣漸伏”

按：“陰”,當作“陽”。

（23）658頁8行：“梁必色深”

按：“梁”,當作“染”。

（24）665頁倒8行：“戈,鉤子戟”

按：“子”,當作“孑”。

（25）678頁3行：“著物賤也”

按：“著”,當作“羞”。

（26）716頁1行：“無千車”

按：“千”,當作“干”。

（27）718頁末行：“天子居玄堂左個”

按：“個”,原文作“个”。

（28）772頁1行：“士妻祿衣”

按：“祿”,“褖”字之誤。下文“純衣,已禒衣也”放此。

（29）775頁4行：“自季康子之過也”

按：句下脫後引號。

（30）777頁1行：“必踴”

按：下脫後雙引號“』”。

（31）789頁倒3行：“於死者無服則祭”

按：下脫後單引號“」”。

（32）795頁9行：“「大夫,室老行事”

按：“「”當刪。

（33）798頁2行：“裨,堅著之言也”

按：“裨”,“椑”字之誤。

（34）811頁倒4行：“不得祭所主適子”

按：“主”,當作“生”。

（35）811頁倒3行：“共餘兄弟應祭之”

按：“共”,“其”字之誤。

(36) 874 頁倒 4 行:"觀闕也。"

按:"觀"下脫逗號。

(37) 875 頁 3 行:"貨,惡其棄於地也"

按:"棄",原文作"弃"。

(38) 882 頁 6 行:"可得而正也"

按:下脫後單引號"」"。

(39) 907 頁 5 行:"徵舒以女"

按:"以","似"字之誤。

(40) 967 頁 9 行:注云:"燕私禮,屈臣也。"

按:"屈臣",當作"臣屈"。

(41) 968 頁 5 行:"如餘經"

按:"如","若"字之誤。

(42) 1005 頁 8 行:"案《洪範》曰"

按:"曰",衍字。

(43) 1012 頁 6 行:"從堂上往於堂上之基"

按:下"上"字,當作"下"。

(44) 1049 頁 7 行:"所以通夫三統之義引此文"

按:"夫",當作"天"。

(45) 1129 頁 1 行:"母怠"

按:當作"毋怠"。

(46) 1188 頁倒 4 行:"轊,式之植者衡者也"

按:"轊"的意符誤作簡化字"车"。

(47) 1264 頁 4 行:"朱千玉戚"

按:"千",當作"干"。

(48) 1270 頁 1 行:周公拜乎明,魯公拜乎後。

按:"明",當作"前"。

(49) 1271 頁倒 6 行:"直有脚曰棕"

按:"棕","椶"字之誤。

（50）1277 頁 9 行："但注旄竿者"

按："者"，"首"字之誤。

（51）1279 頁 8 行："如蒲草本合而未微開也"

按："未"，"末"字之誤。

（52）1282 頁 7 行："蓋夏時簨之與虡者飾之以鱗"

按："者"，"皆"字之誤。

（53）1555 頁末行："止謂'容貌進上'之理"

按："上"，"止"字之誤。

（54）1589 頁 2 行："羊豕各三個"

按："個"，原書作"个"。

（55）1609 頁 5 行："包九個……包七個……包五個……包三個"

按：四"個"字，原書皆作"个"。本頁疏文中還有四例，姑略之。

（56）1622 頁倒 6 行：注文"賓位門外"

按："位"，"立"字之誤。

（57）1785 頁 9 行："何得有玄孫帝魁？"

按：下脱後引號"」"。

（58）1785 頁 11—12 行："是五帝非黃帝之子孫也。"

按：句後的單引號當刪。

（59）1790 頁 5 行："時晉侯有疾，上實沈、臺駘爲祟"

按："上"，"卜"字之誤。

（60）1797 頁倒 3 行："謂庶士以下，乃官師等"

按："乃"，"及"字之誤。

（61）1797 頁倒 3 行：云"其無祖考者"

按："者"下脱後引號"」"。

（62）1805 頁 9 行："此經不履明之者"

按："履"，"覆"字之誤。

（63）1810 頁末行：注文"色不和日作"

按："日"，"曰"字之誤。

（64）1818頁末行："如奉盈蒲之物"

按："蒲","滿"字之誤。

（65）1845頁8行：注"喻貧困猶不敢惡人物以事亡親"

按："敢","取"字之誤。

（66）1993頁3行："子,我也"

按："子","予"字之誤。

（67）2030頁倒3行："《詩》曰：'惟天之命,於穆不已'"

按："已"後脱感嘆號。

（68）2032頁倒5行："疑,成也"

按："疑","凝"字之誤。

（69）2131頁倒2行："奔喪之禮"

按：應當低二格。

（70）2138頁9行："鬠之異於髻髮者"

按："髻","紒"字之誤。

（71）2169頁8行："内宗有三者"

按："三","二"字之誤。

（72）2251頁7行："不相倍棄也"

按："棄",原書作"弃"。

（73）2285頁倒2行："故《儀禮·鄉射》鹿中"

按："鹿中"上脱"是諸侯州長,經稱'鹿中',記云'士則'"十三字。

（74）2335頁倒4行："三讓而後傳命,三讓而後入廟門,三揖而後至階,三讓而後升,所以致尊讓也"

按：四個"後"字,原書皆作"后"。按：本條只是舉例而言,實際上把原書的"后"改作"後"的情況相當多。

（75）2336頁倒4行："乃末"

按："乃","及"字之誤。

（原載《儒家典籍與思想研究》第6輯,北京大學出版社,2014年）

# 《禮記》五講

## 一 《禮記》的名稱

《禮記》者,《禮》之記也。"記"的任務就是解釋《禮》所未明和補充《禮》所未備。《禮》,在西漢時是五經之一,所以又叫作《禮經》;又因爲《禮經》的內容主要是針對士的階層,所以又叫作《士禮》。晋代以後,《禮》《禮經》《士禮》之名被《儀禮》之名所取代。須要説明的是,我們今天看到的《儀禮》只有十七篇,它只是《禮經》流傳下來的一部分。《史記·儒林列傳》説:"《禮》固自孔子時而其經不具,及至秦焚書,書散亡益多。"①而據《漢書·藝文志》,西漢時的《禮》還有五十六篇,其中的三十九篇,因爲沒有師説,到了魏晋時期也就散佚了。我們今天在閱讀《禮記》時,會發現其中的有些篇是和《儀禮》有關係的,而有些篇則似乎與《儀禮》不搭界,原因何在?答案就是,《記》所要解釋或補充的對應的《禮》沒有流傳下來嘛。明白了這一點,我們就不至於迷惑不解。

《禮記》的別名甚多,或曰《禮》,或曰《記》,或曰《禮記》,或曰《小戴禮》,或曰《小戴禮記》,達五種之多。這些名稱,或同一時間而單行,或同

---

① 司馬遷《史記·儒林列傳》,中華書局,1959年,3126頁。

一時間而共行。再加上其中的某些名稱與《儀禮》一書的早期名稱同名（早期《儀禮》，亦或曰《禮》，或曰《禮記》。詳下），其結果，不僅使初學者眼花繚亂，就是有的大學者由於一時不慎，也曾鬧出張冠李戴的笑話。

《漢書·藝文志》禮家著錄"《記》百三十一篇"，注云："七十子後學者所記也。"①給人一種印象，似乎早期的《禮記》只稱作《記》。例如，清代學者黃以周在其《禮書通故》卷一説："西漢之時，於《禮經》，但曰《禮》；其《記》，但曰《記》。"②筆者也曾經人云亦云。實際上，"其《記》，但曰《記》"的説法是錯誤的。

爲了探尋《禮記》的早期稱呼，筆者曾經在十種古書中作了一個實地調查。這十種古書是，《孟子》《荀子》（以上兩種，先秦）、陸賈《新語》、賈誼《新書》、董仲舒《春秋繁露》、桓寬《鹽鐵論》、《淮南子》、《漢志》禮家中的《石渠議奏》輯本、司馬遷《史記》（以上七種，西漢宣帝以前），另外加上《漢書》（僅使用其宣帝以前的史料）。我調查了上述十種古書在徵引《記》文時的稱呼，結果如下：《孟子》徵引《記》文 37 次，其中 34 次是暗引，3 次是明引。明引的 3 次，均將徵引的《記》文稱之爲《禮》。《荀子》徵引《記》文 39 次，其中 38 次是暗引，1 次是明引。明引則稱之爲《禮》。《新語》徵引《記》文 15 次，都是暗引。《新書》徵引《記》文 26 次，其中 21 次是暗引，5 次是明引。5 次明引，皆稱之爲《禮》。《春秋繁露》徵引《記》文 29 次，其中 26 次是暗引，3 次是明引。3 次明引，二次稱之以《禮》，1 次徑稱《王制》之篇名。而檢視《春秋繁露》全書，凡明引五經文字者，皆稱以書名，未嘗以篇名相稱。此其一。且《春秋繁露》徵引《王制》凡 6 次，其他 5 次皆暗引，何獨 1 次徑稱《王制》？此其二。因疑稱《王制》篇名者，蓋後人所爲，原書不如此也。《鹽鐵論》徵引《記》文 53 次，其中 51 次是暗引，2 次是明引，明引皆以《禮》稱之。《淮南子》徵引《記》文 38 次，都是暗引。《史記》徵引《記》文 13 次，其中 10 次是暗引，3 次是明引。3 次明引，均稱之爲《禮》。《漢書》宣帝以前史料徵引《記》文 18 次，其中 11 次是暗

---

① 班固《漢書·藝文志》，中華書局，1962 年，1709 頁。
② 黃以周撰、王文錦點校《禮書通故》，中華書局，2007 年，10 頁。

引,7次是明引。7次明引中,6次稱之爲《禮》,1次稱之爲《傳》。

空口無憑,姑以《孟子》一書爲證:

(1)《公孫丑下》:"《禮》曰:父召無諾,君命召不俟駕。"①

按:"父召無諾",見《禮記·曲禮上》。

(2)《滕文公下》:"《禮》曰:諸侯耕助,以供粢盛;夫人蠶繅,以爲衣服。"②

按:《禮記·祭統》:"天子親耕于南郊,以共齊盛;王后蠶于北郊,以共純服。諸侯耕于東郊,亦以共齊盛;夫人蠶于北郊,以共冕服。"《孟子》所引,蓋節引《祭統》之文。

(3)《離婁上》:"男女授受不親,《禮》也。"③

按:《禮記·坊記》曰:"諸侯不下漁色,故君子遠色以爲民紀,故男女授受不親。"

總而言之,筆者從調查中得出了這樣一個的結論:《禮記》一書,在西漢宣帝以前,只叫作《禮》。這個結論,不僅發前人所未發,也推翻了我腦子中舊有的認識。

須要指出的是,上述結論,並不意味著西漢宣帝以後把《禮記》叫作《禮》的現象就絕迹了。不是的。西漢宣帝以後,把《禮記》叫作《禮》的現象還不絕如縷,只不過已經不是主流罷了。例如,劉向《列女傳》,這是西漢末年的書。該書卷一《鄒孟軻母》:"孟母召孟子而謂之曰:'夫《禮》,"將入門,問孰存",所以致敬也。"將上堂,聲必揚",所以戒人也。"將入戶,視必下",恐見人過也。'"④按:"將上堂,聲必揚。將入戶,視必下",見今本《禮記·曲禮上》。又如,《漢書·師丹傳》:"哀帝欲尊其本生父,丹議獨曰:'《禮》:父爲士,子爲天子,祭以天子,其尸服以士服。'"⑤按:此所謂《禮》云云,乃《禮記·喪服小記》文。

---

① 焦循撰、沈文倬點校《孟子正義》,中華書局,1987年,258頁。
② 焦循撰、沈文倬點校《孟子正義》,421頁。
③ 焦循撰、沈文倬點校《孟子正義》,520頁。
④ 王照圓《列女傳補注》,《續修四庫全書》,上海古籍出版社,2002年,515册,672頁。
⑤ 班固《漢書》,3506頁。

《禮記》之稱作《記》，據我的考查，始于漢宣帝甘露三年在宮内石渠閣召開的議禮會議上。這次會議的記錄被編成了一本書，在《漢書·藝文志》叫作《石渠議奏》，在《隋書·經籍志》叫作《石渠禮論》。這兩本書都没有流傳下來，《通典》尚保留若干記載，後人有輯本。其中有云：

> 聞人通漢問云："《記》曰：'君，赴於他國之君曰不禄；夫人，曰寡小君不禄。大夫、士或言卒、死。'皆不能明。"戴聖對曰："君死未葬曰不禄，既葬曰薨。"①

按：所謂"《記》曰"云云，見今《禮記·雜記上》。

《禮記》之稱作《禮記》，據我的考查，始於漢元帝時。《漢書·梅福傳》："元帝時，匡衡議以爲：'《禮記》孔子曰："丘，殷人也。"先師所共傳，宜以孔子世爲湯後。'上以其語不經，遂見寢。"②

按："孔子曰：丘，殷人也"，語見《禮記·檀弓上》。這是最早稱作《禮記》的例子。

魏晋以後，《禮記》又有《小戴禮》和《小戴禮記》之稱。之所以書名前面要加上個定語"小戴"，是因爲《禮記》在西漢時有兩種輯本。一種輯本的編者是戴德，其輯本有八十五篇。一種輯本的編者是戴聖，其輯本有四十九篇。戴德與戴聖是叔侄關係，爲了區分，人們就把戴德的輯本叫作《大戴禮》或《大戴禮記》，而把戴聖的輯本叫作《小戴禮》或《小戴禮記》。兩種輯本的《禮記》在人們心目中的地位大有懸殊。《小戴禮》的編者戴聖參加了漢宣帝甘露三年的石渠會議，而《大戴禮》的編者戴德却没有參加石渠會議，這表明《大戴禮》在當時就受到了皇帝的冷落。《小戴禮》後來由東漢大儒鄭玄作了注，從此躋身於"三禮"的行列；更由於《小戴禮》的内容爲構建封建社會秩序提供了較多的參照系而爲朝野所共同接受，進而由"三禮"的末位而躍升首位，簡直是紅得發紫。而《大戴禮》也没有得到鄭玄的青睞，士人傳習者少，到了唐代，已經散佚了四十六篇，僅存三十九篇，這就是我們今天看到的《大戴禮記》。

---

① 杜佑撰、王文錦等點校《通典》，中華書局，1988年，2244頁。
② 班固《漢書》，2926頁。

漢代以前，《儀禮》也叫作《禮》。這樣的稱呼，始于戰國。《孟子》在徵引《儀禮》時，就稱之爲《禮》。例如：

(1)《離婁下》："(齊宣)王曰：'《禮》，爲舊君有服。'"①

按："爲舊君有服"，見《儀禮·喪服》齊衰三月章。

(2)《萬章下》："孟子曰：'在國曰市井之臣，在野曰草莽之臣，皆謂庶人。庶人不傳質爲臣，不敢見於諸侯，《禮》也。'"②

按：《儀禮·士相見禮》："在邦則曰市井之臣，在野則曰草莽之臣。"

東漢時，猶循斯例。例如，許慎《説文解字》："奠，置祭也。《禮》有奠祭。"段玉裁注云："《禮》，謂《禮經》也。《士喪禮》《既夕禮》祭皆謂之奠。"③

上文談到，西漢宣帝以前，《禮記》只叫作《禮》。而漢代以前，《儀禮》也叫作《禮》，這就形成了在西漢宣帝以前二書同名的現象。職此之故，我們在閲讀、研究西漢宣帝以前的文獻時，要注意二者的區分。

兩漢時期，《儀禮》也叫作《禮記》。之所以這樣叫，是因爲《儀禮》十七篇，其中的十三篇，在正文後面都附有起補充説明作用的"記"。這樣一來，就和四十九篇的《禮記》糾纏在一起。清季學者皮錫瑞《經學通論·三禮》把這個問題解説得相當明白："漢所謂《禮》，即今十七篇之《儀禮》，而漢不名《儀禮》。專主經言，則曰《禮經》，合《記》而言，則曰《禮記》。許慎、盧植所稱《禮記》，皆即《儀禮》與篇中之記，非今四十九篇之《禮記》也。其後《禮記》之名，爲四十九篇之《記》所奪，乃以十七篇之《禮經》别稱《儀禮》。"④

例如，許慎《説文解字·艸部》："苄，地黄也。《禮記》：'鈃毛、牛藿、羊苄、豕薇是。'"⑤

按：此所謂《禮記》云云，乃《儀禮·公食大夫禮·記》文。

再如，《後漢書·盧植傳》："時始立太學石經，以正五經文字。植乃

---

① 焦循撰、沈文倬點校《孟子正義》，533頁。
② 焦循撰、沈文倬點校《孟子正義》，719頁。
③ 許慎撰、段玉裁注《説文解字注》，上海古籍出版社，1981年，200頁。
④ 皮錫瑞《經學通論·三禮》，中華書局，1954年，1頁。
⑤ 許慎撰、徐鉉校定《説文解字》，中華書局，1963年，19頁。

上書曰：'臣少從通儒故南郡太守馬融受古學，頗知今之《禮記》，特多回冗。'"①

按：此所謂《禮記》，亦指《儀禮》而言。

由於《禮記》和《儀禮》在名稱上有此糾葛，所以我們在讀書時須要格外留心。清初學者萬斯同作《石經考》，他首先徵引了西晉陸機《洛陽記》的一段話：

> 太學在洛城南開陽門外，講堂長十丈，廣二丈。堂前《石經》四部。本碑凡四十六枚。西行，《尚書》《周易》《公羊傳》，十六碑存，十二碑毀。南行，《禮記》十五碑，悉崩壞。東行，《論語》三碑，二碑毀。《禮記》碑上有諫議大夫馬日磾、議郎蔡邕名。

萬斯同不知《洛陽記》中的《禮記》乃指《儀禮》而言，因加案語云："《禮記》不立學官，何以得與諸經並刻？及考洪氏，石經殘碑有《儀禮》而無《禮記》，乃知《洛陽記》之誤。"②實際上是萬斯同沒有搞明白，反而説《洛陽記》錯了。大學者尚有此失，我們就更應該小心了。

## 二　《禮記》的成書

### 一、四十九篇的《禮記》是誰編選的？何時編選的？

學者們養成了這樣一個習慣，凡是遇到涉及先秦和西漢的書，為了瞭解該書的有關情況，都要先去查查《漢書・藝文志》，看看那裏是怎麼説的。而奇怪的是，這部大名鼎鼎的四十九篇的《禮記》，《漢書・藝文志》竟然沒有著録，也不見編選者戴聖之名。換言之，我們從《漢書・藝文志》中找不到四十九篇《禮記》的出生證。找到的只是這麼兩句話："《記》百三十一篇。"其下小字注云："七十子後學者所記也。"對此，清代學者錢大昕在《廿二史考異》的《漢書考異》卷二解釋説：

---

① 范曄撰、李賢等注《後漢書》，中華書局，1965 年，2116 頁。
② 萬斯同《石經考》，影印文淵閣《四庫全書》本，683 冊，855 頁。

案鄭康成《六藝論》云:"戴德傳《記》八十五篇,戴聖傳《記》四十九篇。"此云"百三十一篇"者,合大、小戴所傳而言。《小戴記》四十九篇,《曲禮》《檀弓》《雜記》皆以簡册重多,分爲上下,實止四十六篇,合大戴之八十五篇,正協百卅一之數。①

按照錢大昕的説法,意味著這個"《記》百三十一篇",是《大戴禮記》和《小戴禮記》的聯合出生證。問題是儘管數目字加起來恰巧吻合,但深入的研究告訴我們,無論是《大戴禮記》,還是《小戴禮記》,它們的取材並不局限於這個"《記》百三十一篇",所以,時至今日,信奉錢説者寥寥。

這就須要我們另闢蹊徑。余嘉錫《古書通例》卷一告訴我們,"諸史經籍志皆有不著録之書"②,《漢書·藝文志》自然也不例外。我們知道,《漢書·藝文志》是以劉向《別録》和劉歆《七略》爲藍本的,換句話説,《漢書·藝文志》是《別録》和《七略》的删節本。因此,我們何不找來《別録》和《七略》看看呢。這個想法雖然好,遺憾的是,這兩種書到了宋代就佚失了。所幸的是,隋唐之際的學者陸德明、孔穎達把他們從《別録》和《七略》看到的有關情况摘要地記了下來,使後人能够看到並據以得出相應的結論。例如,清代學者沈欽韓在《漢書疏證》卷二十四説:"案孔氏《樂記》疏云:'《別録》:"《禮記》四十九篇,《樂記》第十九。"則《樂記》入《禮記》也。'是則四十九篇劉向已著録。"③姚振宗《漢書藝文志條理》説:"案:《釋文·敘録》云:'劉向《別録》有四十九篇,其篇次與今《禮記》同。'又《樂記正義》云:'《別録》:《禮記》四十九篇,《樂記》第十九。'是《別録》中有小戴四十九篇篇目審矣。"④這説明劉向《別録》是著録了四十九篇的《禮記》的,只不過没有點明編選者是戴聖而已。

對於戴聖的生平事迹,史書記載不多。綜合《漢書·儒林傳》《藝文

---

① 錢大昕《廿二史考異·漢書二》,上海古籍出版社,2004年,142頁。
② 余嘉錫《余嘉錫説文獻學》,上海古籍出版社,2001年,167頁。
③ 沈欽韓《漢書疏證》,《續修四庫全書》,266册,33頁。
④ 姚振宗《漢書藝文志條理》,《二十五史補編》,中華書局,1995年,1554頁。

志》《何武傳》的記載,知道戴聖是梁(今河南商丘)人,字次君,是當時《禮經》權威、博士后倉的弟子。漢宣帝甘露三年,戴聖曾經以博士的身份參加石渠禮議的會議,從此名聲大振,自成一家之學,官至九江太守。在做九江太守時,行爲有失檢點之處,《何武傳》如此記載:

> 九江太守戴聖,《禮經》號小戴者也,行治多不法,前刺史以其大儒,優容之。及武爲刺史,行部錄囚徒,有所舉,以屬郡。聖曰:"後進生何知,乃欲亂人治!"皆無所決。武使從事廉得其罪,聖懼,自免。後爲博士,毀武於朝廷。武聞之,終不揚其惡。而聖子賓客爲群盜,得,繫廬江,聖自以子必死。武平心決之,卒得不死。自是後,聖慚服,武每奏事至京師,聖未嘗不造門謝恩。①

按:這是戴聖生平的一個污點。據《新唐書·禮樂志五》記載,貞觀二十一年,唐太宗下詔,包括戴聖在內的二十二個歷代大儒,命皆配享孔廟。能夠得到從祀孔廟的禮遇,可謂榮耀之極。而到了明代,由於上述的污點,朝廷又把戴聖從從祀名單中刪除(詳《明史紀事本末》卷五一)。到了清代湯斌編寫《洛學編》,由於戴聖"有功聖學",本來應該在書中佔有一席之地,但終以"治行不檢"爲由,不予收錄。這是後話。

王鍔《〈禮記〉成書考》認爲"戴聖約生於漢昭帝始元六年(前81)或更早,漢成帝陽朔三年(前22),他已經是六十歲以上的老人"②,卒年不詳。他的著作,除了四十九篇的《禮記》外,據《隋書·經籍志》,尚有《石渠禮論》四卷和《群儒疑義》十二卷。此二書均佚,前者有輯本。

第一個將四十九篇的《禮記》的著作權歸之于戴聖的是東漢的鄭玄,孔穎達《禮記正義序》説:"鄭玄《六藝論》云:'今禮行於世者,戴德、戴聖之學也。'又云'戴德傳《記》八十五篇',則《大戴禮》是也;'《戴聖》傳《禮》四十九篇',則此《禮記》是也。"③鄭玄是《禮記》一書的注者,其言自當可信。迄今近兩千年,其間雖有二三學者對鄭説提出質疑,但也無大波

---

① 班固《漢書》,3482頁。
② 王鍔《禮記成書考》,中華書局,2007年,314頁。
③ 鄭玄注、孔穎達正義、呂友仁整理《禮記正義》,上海古籍出版社,2008年,4頁。

瀾,到頭來是事出有因,查無實據,復歸平靜。

筆者認爲,漢宣帝甘露三年的石渠閣禮議會議,對於確認《禮記》的編者是戴聖和《禮記》編成的時間,是一個非常重要的參考系。據考證,石渠閣禮議會議的參加者凡五人,即蕭望之、韋玄成、梁丘臨、聞人通漢和戴聖。五人之中,只有戴聖一人是'以博士論石渠',換言之,只有戴聖一人是以《禮經》專家身份預會的,其他四人則不然。此其一。從輯本《石渠禮論》可知,在這次最高級別的會議上,《記》文屢被稱引,大出風頭。稱引《記》文的與會者,據統計,有蕭望之、戴聖、聞人通漢,還有一位失其姓名者,總計四人。值得注意的是,四人稱引的《記》文文字,不約而同地都和今本《禮記》的文字一致。這不僅表明他們每人手中都有一個由若干篇《記》文組成的一部《記》的叢編,而且表明此種叢編的內容是相同的,換言之,他們每人持有的是同一版本的《記》的叢編。而這同一版本的叢編的編選者,無論是從全國範圍內來挑選,還是在與會者中間來挑選,戴聖都應當是首選。原因不是别的,正是因爲無論在全國範圍內還是在這次會議上,只有戴聖一人具備《禮經》博士的資格。此其二。爲了探求在石渠禮議之前究竟有多少篇單行的《記》文存在,我從《漢志》的儒家中選擇了《孟子》《荀子》《新語》《新書》《春秋繁露》《鹽鐵論》等六種,從《漢志》的雜家中選取《淮南内》一種,從《隋志》中選取《石渠禮論》一種,加上《史記》《漢書》(僅使用其宣帝以前的資料),凡十種書,分别考證每種書徵引《記》文的情況。得出的結果是,以上十種宣帝以前的古書,共徵引了今本《禮記》中的四十二篇,尚缺《雜記下》《祭法》《仲尼燕居》《深衣》《投壺》《燕義》《喪服四制》等七篇。考慮到我的調查還只是局限於上述十種書,考慮到要求從他書的徵引中就能夠百分之百地找出《禮記》四十九篇來未免標的過苛,考慮到我的調查也可能有遺漏,我認爲,在宣帝以前已經存在今本《禮記》中的四十二篇這一事實,還是可以說明這樣一個問題的:小戴《禮記》編選成書的客觀條件在石渠禮議之前已經具備。此其三。據此,我認爲,漢宣帝甘露三年三月,石渠閣禮議之時,就是小戴《禮記》公開發表之時。至於其成書,還應該略早於此。

## 二、《禮記》四十九篇的取材、作者和時代

### （一）取材問題

歷代學者都爲解決這個問題動了腦筋，也取得了日趨進步的答案，但由於文獻不足徵，所以至今尚未能完全、徹底解決這個問題。晋陳邵《周禮論序》説："戴德删古禮二百四篇爲八十五篇，謂之《大戴禮》。戴聖删《大戴禮》爲四十九篇，是爲《小戴禮》。"①這裏的"古禮"二字，我們應當把它理解爲"古記"。爲什麽？因爲《經典釋文·敘録》在此句之前説："劉向《别録》云：'古文《記》二百四篇。'"陳邵的意思是説，戴德從這 204 篇古記中篩取了 85 篇，謂之《大戴禮》；而戴聖又從《大戴禮》的 85 篇中篩取了 49 篇，就成了《小戴禮》。陳邵的説法有兩點與事實不符。第一，把 204 篇古文《記》當作《禮記》49 篇取材的唯一來源，與事實不符。詳下。第二，與今存之《大戴禮記》和《小戴禮記》的實際内容不符。既然你説"戴聖删《大戴禮》爲四十九篇，是爲《小戴禮》"，那麽，《小戴禮》的内容就應該和《大戴禮》完全不同。但事實是二者有不少篇的内容是一樣的。例如，二者都有《投壺》篇，《小戴禮》的《哀公問》篇就是《大戴禮》的《哀公問於孔子》，《小戴禮》的《喪服四制》篇與《大戴禮》的《本命》篇大部分相同，這表明《小戴禮》四十九篇絶不是篩選自《大戴禮》。

陳邵説法的合理成分在於，他指出了二戴的《禮記》在取材上都與古文《記》有關。劉向《别録》説"古文《記》二百四篇"，《漢志》説"《記》百三十一篇"，究竟是多少篇，誰也説不清楚，所以洪業在《禮記引得序》裏有"《記》無算"的説法，倒是被他説中了。"郭店楚墓竹簡"出土以後，其中有些篇與今本《禮記》相同，有些篇是前所未見，但與今本《禮記》性質相似，有的學者稱之爲"荆門禮記"，從一個側面驗證了"《記》無算"的説法。所以筆者認爲，這些誰也説不清楚的《記》，應當是《禮記》四十九篇的主要來源。這些《記》，在戴聖編選《禮記》之前，是以單篇形式流行的。

---

① 陸德明《經典釋文·敘録》徵引，上海古籍出版社，1985 年，上册，43 頁。

除了上述的《記》以外,學者在研究中發現,《漢書·藝文志》中《禮》類中的《明堂陰陽》三十三篇、《王史氏》二十一篇、《曲臺后倉》九篇,《論語》類中的《孔子家語》二十七卷(按:非今日所見之《孔子家語》),"儒家類"中的《子思》二十三篇、《曾子》十八篇、《公孫尼子》二十八篇,也是《禮記》四十九篇的取材來源。例如,四十九篇中的《曾子問》取材于《曾子》,《中庸》《表記》《坊記》《緇衣》取材於《子思》,《樂記》取材于《公孫尼子》,《明堂位》取材於《明堂陰陽》。還有個別篇,例如《投壺》《奔喪》兩篇,取材於《逸禮》,爲《漢志》所未載。

(二) 作者問題

四十九篇的作者問題,是個難題,從漢至今,學者們動了不少腦筋,但收效甚微。上文已經談到,四十九篇的主要來源是《記》。而這些《記》的作者,班固在《漢書·藝文志》中注解説:"七十子後學者所記也。"不知道他是知道各篇作者但爲了省文而不説呢?還是他自己也不知道各篇作者因而只好用一句概括的、籠統的話作個交待呢?鄭玄是四十九篇《禮記》的注者,他的學問大,想必應該知道的吧,實則不然。他在《三禮目録》(此書已佚,有輯本)中,明確點明作者的只有一篇:"《中庸》,孔子之孫子思伋作之。"①但這還不能算是鄭玄的功勞,因爲司馬遷在《史記·孔子世家》中早已説過:"子思作《中庸》。"②另外還有五篇,鄭玄通過《三禮目録》傳達出有關作者的資訊,即:

鄭《目録》云:"名曰《月令》者,以其紀十二月政之所行也。本《吕氏春秋》十二月紀之首章也,以禮家好事抄合之,後人因題之名曰《禮記》。"③

鄭《目録》云:"名爲《曾子問》者,以其記所問多明於禮,故著姓名以顯之。曾子,孔子弟子曾參。"④

鄭《目録》云:"名曰《哀公問》者,善其問禮,著謚顯之也。"⑤按:本篇

---

① 鄭玄注、孔穎達正義、吕友仁整理《禮記正義》,1987頁。
② 司馬遷《史記》,1946頁。
③ 鄭玄注、孔穎達正義、吕友仁整理《禮記正義》,591頁。
④ 鄭玄注、孔穎達正義、吕友仁整理《禮記正義》,749頁。
⑤ 鄭玄注、孔穎達正義、吕友仁整理《禮記正義》,1911頁。

是魯哀公問,孔子答。

鄭《目録》云:"名曰《仲尼燕居》者,善其不倦,燕居猶使三子侍之,言及於禮。著其字,言事可法。"①

鄭《目録》云:"名曰《孔子閒居》者,善其既倦而不褻,猶使一弟子侍,爲之説《詩》。著其氏,言可法也。"②

聽話聽音,使人感到鄭玄的意思是:《月令》的作者是吕不韋,《曾子問》的作者是曾子,《哀公問》《仲尼燕居》《孔子閒居》三篇的作者是孔子。

即令我們認爲鄭玄説得都對,也不過六篇而已。

鄭玄又在注《儒行》篇的最後一句説:"《儒行》之作,蓋孔子自衛初反魯時也。"③是以《儒行》的作者爲孔子。但後世學者響應鄭玄此説者蓋寡。北宋李覯即持異論:"《儒行》,非孔子言也,蓋戰國時豪士所以高世之節耳。"④

唐代的孔穎達是《禮記正義》的作者,想必他應該知道了,其實也不然。且看孔穎達在《禮記正義序》中如何説:

> 至孔子没後,七十二之徒,共撰所聞,以爲此《記》。或録舊禮之義,或録變禮所由,或兼記體履,或雜序得失,故編而録之,以爲《記》也。《中庸》是子思伋所作,《緇衣》公孫尼子所撰。鄭康成云《月令》吕不韋所修,盧植云《王制》謂漢文時博士所録。其餘衆篇,皆如此例,但未能盡知所記之人也。⑤

孔穎達在繼承前人研究成果的基礎上,也不過點出了四篇的作者,還不一定説得都對。例如《王制》篇,孔穎達借盧植之口説是漢文帝時的博士所録,這就等於説《王制》是西漢初年的作品。實際上大謬不然。宋元之際金履祥的《孟子集注考證》、元代吴澄的《禮記纂言》、明代陳士元的

---

① 鄭玄注、孔穎達正義、吕友仁整理《禮記正義》,1924 頁。
② 鄭玄注、孔穎達正義、吕友仁整理《禮記正義》,1939 頁。
③ 鄭玄注、孔穎達正義、吕友仁整理《禮記正義》,2235 頁。
④ 李覯《旴江集》卷二十九《讀儒行》,影印文淵閣《四庫全書》本,1095 册,256 頁上欄。
⑤ 鄭玄注、孔穎達正義、吕友仁整理《禮記正義》,4 頁。

《孟子雜記》、清代焦循的《孟子正義》，以及當代學者沈文倬的《略論禮典的實行和〈儀禮〉書本的撰作》（見《文史》第十六輯）、王鍔《禮記成書研究》（中華書局 2007 年版），還有拙作《〈禮記〉成書管窺》（載臺灣"中研院"中國文哲研究所編《經典的形成、流傳與詮釋》第二册），都先後發現《孟子》一書中有不少與《王制》相同的文字。他們認爲，這種現象，應屬於《孟子》徵引《王制》，而不屬於《王制》徵引《孟子》。换言之，他們認爲《王制》篇的成書早於《孟子》。當然，這需要證明。

兹簡介其證明方法如下，例如：

《孟子·滕文公上》："吾嘗聞之矣：三年之喪，齊疏之服，飦粥之食，自天子達于庶人，三代共之。"①

按：金履祥發現，《孟子》中的"齊疏之服，飦粥之食，自天子達于庶人"三句，與《禮記·檀弓上》的"齊斬之情，飦粥之食，自天子達"四句基本上一樣，而《孟子》此三句話的上文曰"吾嘗聞之矣"，這就説明："則此三句亦古語，《孟子》引之爾。"既然是《孟子》引《禮記·檀弓上》之文，則《禮記》早於《孟子》明矣。

再如：

《孟子·梁惠王上》："孟子曰：君子之于禽獸也，見其生不忍見其死，聞其聲不忍食其肉，是以君子遠庖廚也。"②

按：焦循《孟子正義》云："'君子遠庖廚'，本《禮記·玉藻》文，孟子述之，故加有'是以'二字。"

這也就是説，《孟子》晚於今本《玉藻》。

至於《孟子》徵引《王制》的文字，例如：

（1）《梁惠王上》："斧斤以時入山林，材木不可勝用也。"③

按：《王制》："草木零落，然後入山林。"

---

① 焦循撰、沈文倬點校《孟子正義》，323 頁。
② 焦循撰、沈文倬點校《孟子正義》，83 頁。
③ 焦循撰、沈文倬點校《孟子正義》，55 頁。

（2）《梁惠王上》："頒白者不負戴于道路矣。"①

按：《王制》："道路：輕任並，重任分，斑白者不提挈。"

（3）《梁惠王下》："老而無妻曰鰥，老而無夫曰寡，老而無子曰獨，幼而無父曰孤。此四者，天下之窮民而無告者。"②

按：《王制》："幼而無父者謂之孤，老而無子者謂之獨，老而無妻謂之矜，老而無夫者謂之寡。此四者，天民之窮而無告者也。"

因此，上述學者都認爲《王制》成書的時代要早於《孟子》，説《王制》是漢文帝時博士所録是錯誤的。

不過，孔穎達所説的"未能盡知所記之人也"，却反映了一個學者應有的實事求是的態度。

在《禮記》四十九篇的作者的問題上，目前學者比較一致的看法是，《樂記》，公孫尼子作；《坊記》《中庸》《表記》《緇衣》四篇，子思作；《大學》，依朱熹所説："經一章，蓋孔子之言，而曾子述之；其傳十章，則曾子之意而門人記之。"③能夠指出作者者，僅此六篇而已。其餘四十三篇的作者，或無可考，或衆説紛紜，讀者當自己開動腦筋，慎下判斷。

最後説四十九篇的成篇時代問題。

《禮記》是一部叢書，其四十九篇，成於衆手，作非一時。在這個問題的探討上，王鍔《〈禮記〉成書考》用力甚勤，是一部近年出現的力作，其結論值得重視。

王鍔《〈禮記〉成書考》説："《禮記》四十九篇中，《哀公問》《仲尼燕居》《孔子閒居》《儒行》《曾子問》《大學》《學記》《坊記》《中庸》《表記》《緇衣》《樂記》《曲禮》《少儀》等十四篇，是春秋末期至戰國前期的文獻。《禮記》四十九篇中，《奔喪》《投壺》《喪服小記》《大傳》《雜記》《喪大記》《問喪》《服問》《間傳》《三年問》《喪服四制》《祭法》《祭義》《祭統》《王制》《禮器》《内則》《玉藻》《經解》等十九篇，均成篇于戰國中期。《禮記》

---

① 焦循撰、沈文倬點校《孟子正義》，58 頁。
② 焦循撰、沈文倬點校《孟子正義》，136 頁。
③ 朱熹《四書章句集注》，中華書局，1983 年，4 頁。

四十九篇之中,戰國中晚期和晚期的文獻有《深衣》《冠義》《昏義》《鄉飲酒義》《射義》《燕義》《聘義》《文王世子》《禮運》《郊特牲》《檀弓》《月令》《明堂位》等十三篇。其中《深衣》《冠義》《昏義》《鄉飲酒義》《射義》《燕義》《聘義》七篇是戰國中晚期的文獻,《文王世子》《禮運》《郊特牲》三篇是戰國時期陸續撰寫,到戰國晚期整理而成的文獻;《檀弓》《月令》《明堂位》是戰國晚期的文獻。"①

《〈禮記〉成書考》頗多新義,這和作者的獨特的研究思路有密切關係。首先,作者放棄了那種長期以來把《禮記》作爲一個整體來研究的思路,采取以篇爲單位來研究,這就比較符合《禮記》的實際;其次,即令是以篇爲單位來研究,作者根據各篇的實際情況,有時候還要把它拆成更小的段落來研究。由於思路獨特,視角新穎,故多創獲。例如《王制》篇的寫成時代,多數學者認爲是在《孟子》成書之後,而作者從五個方面進行論證,得出《王制》成書早於《孟子》的結論,頗具說服力。再如,對《鄉飲酒義》篇成篇時間的考證,作者得出如下與衆不同的結論:"我們認爲,《鄉飲酒義》是由兩篇内容近似的文章組合而成。自篇首至'貴賤明'一段是第一篇,約成篇于戰國中晚期。自'鄉飲酒之義:立賓以象天'至篇末是第二篇,該篇主要用陰陽五行思想解釋鄉飲酒禮中人物的方位,大概是秦漢間人的作品。"②確有新義。

過去的一些中國哲學史論著和中國思想史論著,往往把《禮記》一書作爲秦漢時期的作品來對待,現在看來不對了。筆者認爲,從整體上來看,《禮記》應該定位爲先秦的作品。郭店簡和上博簡中都有《禮記》的《緇衣》篇,上博簡中還有《孔子閒居》篇,這些出土的文獻也爲《禮記》是先秦作品提供了新的旁證。過去講先秦的哲學史和思想史,從儒家來說,往往都是講了孔子,接著就是孟子,所以形成了一個在中國婦孺老幼皆知的一個詞語——"孔孟之道",似乎孟子是直接繼承孔子。我們知道,孔子生於公元前551年,卒於公元前479年;孟子生於公元前385年,卒於公元

---

① 王鍔《禮記成書考》,中華書局,2007年,分見該書113頁、209頁、281頁。
② 王鍔《禮記成書考》,220頁。

前304年(用楊伯峻《孟子譯注》説)。在孔子卒後,孟子成年之前,中間還有一個多世紀,如果套用過去的思維模式,這一個多世紀的學術思想就成了空白。這不禁使人想起孟子的自白:"予未得爲孔子徒也,予私淑諸人也。"朱熹注曰:"人,謂子思之徒也。自孔子卒至孟子游梁時,方百四十餘年,而孟子已老,然則孟子之生,去孔子未百年也。故孟子言予雖未得親受業於孔子之門,然聖人之澤尚存,猶有能傳其學者,故我得聞孔子之道於人,而私竊以善其身。"①朱熹的這個注釋,把孔子、孟子之間還有一個傳承的橋樑的事實給點明了。而能夠承擔這個傳承橋樑重任的人,就是"七十子後學者",能夠承擔這個傳承橋樑重任的書,没有比《禮記》更合適的了。

## 三 《禮記》在儒家經典中的地位

説起《禮記》在儒家經典中的地位,總覺得帶有某種戲劇性。它最初的身份不過是附庸而已,而後來竟蔚爲大國,而原來的"主子"則黯然失色。非獨此也,不僅《禮記》一書作爲一個整體日益走紅,而且從《禮記》中剖離出來的《大學》《中庸》兩篇,更是紅得發紫,被編入了朱熹編選的《四書》。

我們知道,《禮記》是儒家經典所謂《十三經》之一。在《十三經》中,有《周禮》《儀禮》《禮記》,合稱《三禮》。在《三禮》之中,《禮記》被排在最末,説是小弟弟都有點抬舉他了。因爲據説《周禮》《儀禮》都是周公所制,而《禮記》的名稱,原本追始,不過叫"記"而已,論其作者,又僅僅是"七十子後學者",這麽一比,其權威性比起《周禮》《儀禮》來自然要大大遜色。《三禮》之中,《禮記》與《儀禮》的關係最爲密切。朱熹説:"《儀禮》是經,《禮記》是解《儀禮》。如《儀禮》有《冠禮》,《禮記》便有《冠義》;《儀禮》有《昏禮》,《禮記》便有《昏義》,以至《燕》《射》之類,莫不皆然。"② 又

---

① 朱熹《四書章句集注》,295頁。
② 鄭明等校點《朱子語類》,朱傑人、嚴佐之、劉永翔主編《朱子全書》,上海古籍出版社、安徽教育出版社2002年,2899頁。

説:"讀《禮記》,須先讀《儀禮》。荆公廢《儀禮》而取《禮記》,捨本而取末也。"①元人熊朋來更明確地説:"《儀禮》是經,《禮記》是傳。"②

如上所述,在中國經學史上,《儀禮》應該是很風光了,《禮記》應該是很受冷落了。而縱觀中國經學史的發展演變,其實際情況,恰恰相反。

先秦的《記》,從編輯形式上來説,可以分爲附經之《記》和單篇别行之《記》。所謂附經之《記》,存在於今本《儀禮》中。《儀禮》十七篇,除去《士相見禮》《大射》《少牢饋食禮》《有司徹》四篇外,其餘十三篇的經文後面都附有《記》。附經之《記》的地位如何呢?沈文倬《略論禮典的實行和〈儀禮〉書本的撰作》説:

> 歷代禮家都以爲:經文是敍述一個禮典的始末,記文是補經之作。……有漢簡本作證,今本"記"字顯然是漢以後人所加,不足憑信。附經之《記》本來就是經文組成部分,"於是乎書"時便已包括在内,經與附經之《記》不是前後撰作的兩種書,而是同時撰作的一書的兩個部分,因此,援引附經之《記》與援引本經之文,就不必再加以區别了。③

這就是説,附經之《記》與《記》前之經文,同時誕生,身份一樣,應該一體對待,一視同仁。

那麽,單篇别行之《記》又如何呢? 我曾經作過一個調查,調查《孟子》一書中,徵引了今本《儀禮》多少次,徵引了今本《禮記》多少次,徵引時是怎樣稱呼它們的。調查的結果是:《孟子》一書中,徵引《儀禮》凡四次,其中一條是暗引,三條是明引。三條明引,皆稱所引《儀禮》之文爲《禮》。《孟子》一書中,徵引《禮記》凡三十七次,其中三十四次是暗引,三次是明引。明引的三次,均將徵引的《記》文稱之爲《禮》。筆者從中得出兩條結論:第一,《孟子》對徵引的《儀禮》稱《禮》,對徵引的《禮記》也稱《禮》,這説明《孟子》對單篇别行之《記》和《儀禮》經文是一體對待的,没有分什麽你是主我是賓,你是經我是傳。第二,《孟子》徵引《儀禮》四次,而徵引《禮記》多達三

---

① 鄭明等校點《朱子語類》,朱傑人、嚴佐之、劉永翔主編《朱子全書》,2941頁。
② 熊朋來《經説》卷五,影印文淵閣《四庫全書》本,184册,308頁。
③ 沈文倬《宗周禮樂文明考論》,杭州大學出版社,1999年,32—33頁。

十七次，真應著了那句俗話：零頭都比它多！愚以爲，次數的多寡，反映了被當時社會認知程度的高低。如果説附經之《記》還不得不屈居末席的話，單篇别行之《記》在《孟子》中已經露出尾大不掉之勢，爲日後之取而代之張本。如此看來，今本《禮記》之日後走紅，超越本經，躐等而上，並非貧家子一夜暴富，而是其來有漸，在先秦時期就已經埋下伏筆。

再看《儀禮》和《禮記》在西漢時的表現。西漢時，《儀禮》是經，《禮記》是《記》。《漢書·藝文志》禮家著録《禮古經》五十六卷，《經》十七篇。學者皆認爲，《禮古經》五十六卷，即《儀禮》之古文經；《經》十七篇，即《儀禮》之今文經。《禮古經》五十六卷中，有十七卷亦即十七篇與今文經相同，剩下的三十九卷，由於絶無師説，藏在秘府，後來就佚失了。這在某種程度上反映了朝廷對《儀禮》文獻的保存、流傳並不多麽在意。據《漢書·儒林傳》，西漢時傳授《儀禮》的學者分爲兩派，一派注重《儀禮》的表演，一派注重《儀禮》的文字。注重表演的一派，以魯國的徐生爲首，他們並不通曉經文，"但能盤辟爲禮容"，也就是説通曉行禮時的盤旋進退的動作。注重文字的一派，以孟卿爲首，孟卿傳后倉，后倉傳戴聖。漢宣帝甘露三年石渠議禮，從輯本《石渠禮論》來看，會議上討論的内容固然有不少涉及《儀禮》，但也不乏涉及《禮記》的内容。換言之，在這次討論禮的專題會議上，《儀禮》《禮記》都被納入了議程，這從一個側面反映了《禮記》並没有受到歧視。

至於在西漢的政治生活中，社會生活中，《禮記》的影響時時可見。兹以《漢書》所載爲例：

（1）《宣帝紀》："元平元年四月，昭帝崩。秋七月霍光奏議曰：'《禮》，人道親親故尊祖，尊祖故敬宗。大宗無嗣，擇支子孫賢者爲嗣。孝武皇帝曾孫病已，有詔掖庭養視，至今年十八，師受《詩》《論語》《孝經》，操行節儉，慈仁愛人，可以嗣孝昭皇帝後，奉承祖宗，子萬姓。'奏可。"[①]

按："《禮》，人道親親故尊祖，尊祖故敬宗"，出自《禮記·大傳》："是

---

① 班固《漢書》，238頁。

故,人道親親也。親親故尊祖,尊祖故敬宗。"這是涉及立皇位繼承人的大事,霍光從《禮記》中找到了理論根據。

(2)《成帝本紀》河平元年:"夏四月己亥,晦,日有蝕之,既,詔曰:'朕獲保宗廟,戰戰慄慄,未能奉稱。《傳》曰:"男教不修,陽事不得,則日爲之蝕。"天著厥異,辜在朕躬,公卿大夫其勉悉心以輔不逮。'"①

按:《禮記・昏義》:"是故男教不修,陽事不得,適(通"謫")見於天,日爲之食。"這是成帝下的罪己詔,詔文亦從《禮記》中找到根據。

(3)《董仲舒傳》曰:"古之王者明於此,是故南面而治天下,莫不以教化爲大務,立太學以教于國,設庠序以化於邑。"②

按:"古之王者明於此,是故南面而治天下,莫不以教化爲大務"三句源出於《禮記・學記》:"是故古之王者,建國君民,教學爲先。"這是董仲舒在朝廷上的的對策,亦從《禮記》中尋找根據。

(4)《司馬遷傳・報任安書》:"《傳》曰:'刑不上大夫。'此言士節不可不厲也。"③

按:"刑不上大夫",《禮記・曲禮上》文。這表明當時的士大夫在砥礪自己的操守上也是從《禮記》中尋找格言。

(5)《孫寶傳》:"以明經爲郡吏,御史大夫張忠辟寶爲屬,欲令授子經,更爲除舍。寶曰:'禮有來學,義無往教。'"④ 按:《禮記・曲禮上》:"禮聞來學,不聞往教。"這表明底層小吏也以《禮記》中的話作爲自己的行動準則。

而《儀禮》在這方面的表現則相形見絀。

三國魏時期,《禮記》升格爲經。關於《禮記》升格爲經的問題,學術界有兩種看法。一是三國魏入經說,一是唐代入經說。筆者贊同三國魏入經說。我們知道,入經是有標準的。這個標準就是朝廷爲該經立博士,

---

① 班固《漢書》,309頁。
② 班固《漢書》,2503頁。
③ 班固《漢書》,2732頁。
④ 班固《漢書》,3257頁。

或曰列於學官。這可以說是一道法定的手續。那麼請看《三國志·魏書·三少帝紀》的兩條記載：

齊王芳正始七年："冬十二月，講《禮記》通，使太常以太牢祀孔子於辟雍。"①

又同卷高貴鄉公甘露元年夏四月："帝幸太學，於是復命講《禮記》。帝問曰：'"太上立德，其次務施報。"爲治何由而教化各異，皆修何政而能致於立德，施而不報乎？'博士馬照對曰：'太上立德，謂三皇五帝之世，以德化民；其次報施，謂三王之世以禮爲治也。'"②

按："太上貴德，其次務施報"，《禮記·曲禮上》文。然則馬照爲《禮記》博士明矣，是魏有《禮記》博士也。這就是說，《禮記》在三國魏時已經辦妥了入經手續。王國維正是注意到了上述歷史事實，所以在《漢魏博士考》中說："試取魏時博士考之，以高貴鄉公幸太學問答考之，所問之《禮》，則《小戴記》，蓋亦鄭玄、王肅注也。《王肅傳》明言其所注諸經皆列於學官，則鄭注五經亦列于學官可知。"③

《禮記》的升格爲經，意味著它已經取得與《儀禮》平起平坐的資格，已經擺脱附庸的名分，蔚爲大國。而隨著《禮記》地位的上升，《儀禮》的地位則日趨式微。《北史·儒林傳序》："諸生盡通《小戴禮》，于《周禮》《儀禮》兼通者，十二三焉。"④唐初，孔穎達奉太宗之命撰《五經正義》，《五經正義》中的《禮》已經不是《儀禮》而是《禮記》了。換句話說，《儀禮》的《禮經》地位，已被《禮記》取而代之了。此後，《儀禮》的地位，更是每況愈下。開元八年七月，國子司業李元瓘上言："《三禮》《三傳》及《毛詩》《尚書》《周易》等，並聖賢微旨，生徒教業，必事資經遠，則斯道不墜。今明經所習，務在出身，咸以《禮記》文少（筆者按：蓋謂文字淺顯，非謂文字數少），人皆競讀。《周禮》經邦之軌則，《儀禮》莊敬之楷模，《公羊》

---

① 陳壽撰、陳乃乾校點《三國志》，中華書局，1959年，121頁。
② 陳壽撰、陳乃乾校點《三國志》，138頁。
③ 王國維著、彭林整理《觀堂集林》，河北教育出版社，2003年，92頁。
④ 李延壽《北史》，中華書局，1974年，2708頁。

《穀梁》,歷代崇習。今兩監及州縣,以獨學無友,四經殆絶。"①《禮記》是"人皆競讀",《儀禮》則"殆絶",幾乎無人問津了。到了宋代,王安石變法,在科舉考試中廢除《儀禮》和《春秋左傳》。元祐初,恢復了《春秋左傳》,而《儀禮》始終没有恢復。所以朱熹説:"《儀禮》舊與《六經三傳》並行,至王介甫始罷去。其後雖復《春秋》,而《儀禮》卒廢。"②《儀禮》經此一廢,可以説是近乎壽終正寝,從此再無翻身之日。清初顧炎武説:"唐、宋取士,皆用《九經》。今制定爲《五經》,而《周禮》《儀禮》《公羊》《穀梁》二傳,並不列於學官。"③可證。

　　《禮記》與《儀禮》這種戲劇性的變化,其原因何在？我想到的有三點。第一,《儀禮》比較難讀。西漢時的一些禮官大夫都不能通曉,何況一般人！唐代的韓愈,當過國子博士、國子祭酒,用今天的話來説,當過大學教授、大學校長。但韓愈猶説:"余嘗苦《儀禮》難讀。"④(《讀〈儀禮〉》)則一般人可知。清代的阮元也是學問淵博之士,他在《儀禮注疏校勘記序》中也説:"《儀禮》最爲難讀。"⑤由難讀而被士人視爲畏途,也是情理之常。但這不是主要原因,佶屈聱牙的《尚書》也很難讀,但其經典地位始終巋然不動便是明證。第二,從宋代開始,《儀禮》失去了科舉考試這根指揮棒。中國的讀書人都明白這個道理,你考試什麽,我就學什麽;你不考試,我就不學。這是很實際的事情,讀書人不會在這方面犯傻。第三,《儀禮》和《禮記》的內容不同,因此影響了人們的取捨。《儀禮》十七篇,篇篇都是一大堆煩瑣的禮節單,篇與篇之間又多雷同。《禮記·樂記》説:"鋪筵席,陳尊俎,列籩豆,以升降爲禮者,禮之末節也。"⑥《儀禮》十七篇,除了《喪服》一篇外,篇篇都是這種"禮之末節"。其枯燥無味自不必説了,更

---

① 杜佑《通典》卷十五《選舉》三,影印文淵閣《四庫全書》本,603册,162頁。
② 鄭明等校點《朱子語類》,朱傑人、嚴佐之、劉永翔主編《朱子全書》,2888頁。
③ 顧炎武撰、黃汝成集釋《日知錄集釋》卷七《九經》,中州古籍出版社,1990年,173頁。
④ 馬通伯校注《韓昌黎文集校注》,古典文學出版社,1957年,22頁。
⑤ 《十三經注疏》,中華書局,1980年,942頁。
⑥ 鄭玄注、孔穎達正義、呂友仁整理《禮記正義》,1516頁。

嚴重的是，它脫離時代，脫離生活，近乎一堆僵硬的教條。《孝經》上說："安上治民，莫善於禮。"①隨著社會的發展，《儀禮》的內容越來越不能滿足封建統治者"安上治民"的需要，在這種情況下，統治者將其棄之如敝屣也就不足爲怪了。《禮記》則不然。《禮記》雖然也記載了一些禮之末節，但分量很小。它的主要內容是系統地講理論，講禮的原則和意義。譬如說，《中庸》上說："非天子不議禮，不制度。"②統治者看到這句話會不喜上眉梢嗎！正是由於《禮記》爲封建統治者提供了極富彈性的禮治理論，而這種理論正好滿足了統治者"安上治民"的需要，所以贏得了歷代（從先秦到清代）統治者的青睞，所以才產生了上述戲劇性的變化。清代學者焦循說："以余論之，《周禮》《儀禮》，一代之書也；《禮記》，萬世之書也。《記》之言曰：'禮以時爲大。'此一言也，以蔽千萬世制禮之法可矣！"③何謂"禮以時爲大"？用今天的話來說，就是禮要與時俱進。這句話精闢的道出了《禮記》日益走紅的根本原因。

## 四 《禮記》的學術價值

筆者認爲，《禮記》一書，就過去而言，它對於中華民族的禮儀文明的形成貢獻至鉅。就現在與未來而言，它對社會主義的禮儀文明建設仍然具有巨大的、無可代替的借鑒價值。

我國素稱禮儀之邦，而贏得這個美譽的最大功臣應是《禮記》。《三禮》之中，《周禮》原叫《周官》，是講中央政府的設官分職的，嚴格地講，和禮儀有點不搭界。《儀禮》是講禮儀的。它一共講了十五種人生禮儀。這十五種人生禮儀，好是好，問題是它講的禮儀基本上已經變成了僵死的教條，後世很少有人問津，時過境遷，已是明日黃花，可謂有歷史意義而無現實意義。在禮儀文明形成的長河中，唯有《禮記》始終忠實地陪伴著我們。

---

① 《十三經注疏》，2556頁。
② 鄭玄注、孔穎達正義、呂友仁整理《禮記正義》，2038頁。
③ 焦循《禮記補疏》，《續修四庫全書》，105册，1頁。

## 《禮記》五講

《禮記》是講究禮儀的百科全書。在中國汗牛充棟的書的海洋裏,最具有此種功能的書非《禮記》莫屬。平天下需要講究禮儀,治國需要講究禮儀,齊家需要講究禮儀,修身也需要講究禮儀。最高統治者需要講究禮儀,一般士大夫需要講究禮儀,普通百姓也需要講究禮儀。富的時候需要講究禮儀,窮的時候也需要講究禮儀。活人對活人需要講究禮儀,活人對死人也需要講究禮儀。人的一生,有幼年、少年、青年、壯年、老年,每個人生階段都需要講究禮儀。人要説話,要走路,要吃飯,要穿衣,要睡覺,要訪友,吃喝拉撒,椿椿件件都需要講究禮儀。人的一生,生、老、病、死四部曲,哪一部曲都需要講究禮儀。你是作兒子的,作父親的,作教師的,作學生的,作國君的,作太子的,作臣子的,作朋友的,作公婆的,作媳婦的,作兄長的,作弟弟的,無論你的身份是什麽,都有你需要講究的禮儀。而上述這些需要講究的禮儀,在其他書中你或者看不到,或者看到的只是一部分,而在《禮記》中你都可以看得到。比較而言,《禮記》最切近人們的生活,它離我們並不遥遠。

舉些例子來説吧。

從中國共産黨的十二大開始,"小康""小康社會""小康生活""小康水準""全面建設小康社會"等語彙不僅高頻率地出現在各種媒體上,而且也深深嵌印在每個中國人的心裏,一步一步地落實在每個中國人的日常生活中,而"小康"一詞的取義,便是來自《禮記·禮運》。

2008年11月4日,海協會會長陳雲林與臺灣海基會董事長江丙坤在臺北圓山飯店舉行歷史性的會談,據報導,會談中有陳、江互相斟茶這樣一個花絮。會談一開始,主人江丙坤起身幫客人陳雲林斟茶。過了一會兒,陳雲林又站起來爲江丙坤添水。主客雙方都做得非常得體。二人之所以做出這樣彬彬有禮的舉動,是在這樣一種潛意識的支配下,即《禮記·曲禮上》所説的:"禮尚往來。往而不來,非禮也;來而不往,亦非禮也。"①

我們看到土葬時所用的棺木前方寫一個大大的"奠"字,我們看到花

---

① 鄭玄注、孔穎達正義、吕友仁整理《禮記正義》,22頁。

圈中央也是寫著一個大大的"奠"字,這是爲何?或曰:"這是表示祭祀亡靈的意思。"那麼,爲什麼不乾脆寫一個"祭"字,讓人們一看就明瞭,何必故作高深地寫作"奠"字?這裏就又用得著《禮記》了。《禮記·檀弓下》:"奠以素器,以生者有哀素之心也。"孔穎達疏云:"奠,謂始死至葬之時祭名。以其時無尸(按:尸是代替死者接受祭品的人),奠置於地,故謂之奠也。"①朱熹《儀禮經傳集解》云:"自葬以前,皆謂之奠。其禮甚簡,蓋哀不能文,而于新死者亦未忍遽以鬼神之禮事之也。自虞以後,方謂之祭。"②由此可知,葬前之祭,只能叫奠,不能叫祭。換句話說,下葬是條界線,下葬之前的所有祭祀亡靈的活動都叫做奠,下葬之後的所有祭祀亡靈的活動都叫做祭。我們看到的棺木和花圈,都是在下葬前,所以只能寫"奠"。

如今的中國高校一般都有校訓。我們知道,校訓的文字非常精練簡潔,寓意深遠,耐人咀嚼。一般是八個字,多者十六字,少者四字、二字。我從互聯網上作了一番調查,發覺很多大學的校訓(包括香港、澳門、臺灣)都和儒家的經典有關。其中,尤以與《禮記》有關者爲多。據查,校訓是完全取自《禮記》者有下面六所:

(1) 中山大學:博學,審問,慎思,明辨,篤行。

按:《禮記·中庸》:"博學之,審問之,慎思之,明辨之,篤行之。"③

(2) 東南大學:止於至善。

按:《禮記·大學》:"大學之道,在明明德,在親民,在止於至善。"④

(3) 湘潭大學:博學篤行,盛德日新。

按:"博學、篤行",出自《中庸》,見上。《禮記·禮器》:"禮器是故大備。大備,盛德也。"⑤又《禮記·大學》:"湯之盤銘曰:'苟日新,日日新,又日新。'"⑥

---

① 鄭玄注、孔穎達正義、呂友仁整理《禮記正義》,367 頁。
② 朱熹撰,徐德明、王鐵校點《晦庵先生朱文公文集》卷六十一《答嚴時亨》,朱傑人、嚴佐之、劉永翔主編《朱子全書》,2970 頁。
③ 鄭玄注、孔穎達正義、呂友仁整理《禮記正義》,2022 頁。
④ 鄭玄注、孔穎達正義、呂友仁整理《禮記正義》,2236 頁。
⑤ 鄭玄注、孔穎達正義、呂友仁整理《禮記正義》,955 頁。
⑥ 鄭玄注、孔穎達正義、呂友仁整理《禮記正義》,2239 頁。

(4)黑龍江大學:博學慎思,參天盡物。

按:"博學慎思"出《禮記·中庸》,見上。"參天盡物",亦出《中庸》:"能盡人之性,則能盡物之性;能盡物之性,則可以贊天地之化育;可以贊天地之化育,則可以與天地參矣。"①

(5)香港大學:明德格物。

按:《禮記·大學》:"大學之道,在明明德。"又云:"致知在格物。"

(6)香港城市大學:敬業樂群。

按:《禮記·學記》:"三年視敬業樂群。"②

校訓中六字取自《禮記》者有下面三所:

(1)安徽大學:至誠至堅,博學篤行。

按:《禮記·中庸》:"唯天下至誠,爲能經綸天下之大經,立天下之大本,知天地之化育。""博學篤行"出自《中庸》,見上。

(2)河南師範大學:厚德博學,止於至善。

按:"博學"出《中庸》,"止於至善"出《大學》,均見上。

(3)北京郵電大學:厚德,博學,敬業,樂群。

按:"博學"出《中庸》,見上。"敬業、樂群"出《禮記·學記》:"三年視敬業樂群。"

校訓中四字取自《禮記》者有下面五所:

(1)福州大學:明德至誠,博學遠志。

按:"明德"出《大學》,見上。"至誠"出《禮記·中庸》:"唯天下至誠,爲能經綸天下之大經,立天下之大本,知天地之化育。"

(2)蘭州大學:博學篤行,自強爲新。

按:"博學篤行"出《中庸》,見上。

(3)廈門大學:自強不息,止於至善。

按:"止於至善"出《大學》,見上。

(4)山東師範大學:弘德明志,博學篤行。

---

① 鄭玄注、孔穎達正義、吕友仁整理《禮記正義》,2023頁。
② 鄭玄注、孔穎達正義、吕友仁整理《禮記正義》,1426頁。

按:"博學篤行"出《中庸》,見上。

(5)遼寧工程技術大學:誠樸求是,博學篤行。

按:"博學篤行"出《中庸》,見上。

校訓中二字取自《禮記》者有下面四所:

(1)中國政法大學:厚德,明法,格物,致公。

按:"格物"出《大學》:"致知在格物。"

(2)長安大學:求是,篤學,敬業,創新。

按:敬業,出《學記》"三年視敬業樂群。"

(3)南京中醫藥大學:自信,敬業。

按:"敬業"出《學記》,見上。

(4)香港浸會大學:篤信力行。

按:"力行"出《禮記·中庸》:"好學近乎知,力行近乎仁,知恥近乎勇。"①

我們知道,校訓是格言,是座右銘,它反映了學校的辦學理念、價值取向、培養目標。它不僅鐫刻在學校最醒目的地方,以期達到警示作用,而且嵌印在每個學子的腦海中,起著潛移默化的作用。而這麼多高校的校訓不約而同地選自《禮記》,這至少表明在教育界有這樣一種共識,《禮記》是一部充滿人文主義色彩的儒家經典,在塑造中國未來棟樑的國民性的事業中大有用武之地。

王鍔先生將其新作《〈禮記〉成書考》贈我一冊,書前有趙逵夫先生寫的《序》。

《序》中將《禮記》與現實生活的關係寫得很有趣,很傳神,茲摘錄兩節,與讀者諸君共饗。

其一:《禮記·曲禮上》:"侍坐于君子,君子欠伸,撰杖屨,視日蚤莫,侍坐者請出矣。"②

大意是:"在君子身旁陪坐,如果看到君子打哈欠、伸懶腰,或是準備

---

① 鄭玄注、孔穎達正義、呂友仁整理《禮記正義》,2015頁。
② 鄭玄注、孔穎達正義、呂友仁整理《禮記正義》,60頁。

拿起手杖和穿鞋,或是看太陽的位置以判斷時間的早晚,陪坐者就應該主動告退了。"趙先生聯繫現實寫道:"現在有些人拜訪人,一坐幾個小時不走。主人已表現出困倦之意,也似乎看不出,盡説些不相干的閑話。主人問幾點了,意欲讓其知時久而離開,他竟一點不懂。這是失禮的表現。"①

其二:《禮記·曲禮上》:"毋摶飯,毋放飯,毋流歠,毋吒食,毋齧骨,毋反魚肉,毋投與狗骨。毋固獲,毋揚飯。毋嚃羹,毋絮羹,毋刺齒,毋歠醢。"②這一段文字是講共食之禮,筆者試譯如下:"不要把飯搓成團,不要把多取的飯再放回食器,不要大口大口地喝,以免滿口汁液外流,不要吃得嘖嘖作響,不要啃骨頭,以免弄出聲響,不要把咬過的魚肉再放回食器,不要把骨頭扔給狗,不要爭着搶着吃好吃的,不要爲了貪快而揚去飯中的熱氣,羹湯中的菜要經過咀嚼,不要大口囫圇吞下,不要當着主人的面調和羹湯,不要當衆剔牙,不要喝肉醬。"趙先生聯繫現實寫道:"前幾天看到報上有則消息,一位外國人在上海開了一個禮儀培訓的學校,短期培訓一些大企業的經理、董事長等。説中國一些老闆同外國商人談生意,吃飯張口大嚼,喝湯撲騰撲騰作響,筷子在菜盤子中隨意撥過來撥過去,骨頭、餐巾紙隨手往地上一摔,踩著骨頭、垃圾走來走去,不以爲意,使外國商人大爲吃驚。文明行爲不是國家法令、制度所規定,違反了它,也不會受到司法部門的追究,最多也就是受一點罰。重要的是影響到個人和單位、甚至國家的形象。"③

從上述兩個例子可以看出,《禮記》與我們的日常生活是多麽地貼近!受趙先生啓發,我再舉一個例子。《禮記·曲禮上》説:"毋側聽,毋噭應,毋淫視,毋怠荒。游毋倨,立毋跛,坐毋箕,寢毋伏。"④大意是説:"不要側耳探聽別人的談話,不要粗聲大氣地應答,不要滾動眼睛珠斜視,不要作出無精打采的樣子。走路時不要作出傲慢的樣子,站立時要雙腿挺直,不

---

① 王鍔《禮記成書考·序》,9頁。
② 鄭玄注、孔穎達正義、呂友仁整理《禮記正義》,71頁。
③ 王鍔《禮記成書考·序》,9頁。
④ 鄭玄注、孔穎達正義、呂友仁整理《禮記正義》,60頁。

要一腿直立,一腿打彎,坐時不要把雙腿叉開像簸箕那樣,睡覺時不要俯臥。"真個是站有站姿,坐有坐相。反觀一下我們自己,放眼看看我們的周圍,難道沒有值得我們借鑒的地方嗎!

話拐回來説。《禮記》中也有糟粕。這不足爲怪。一部成書於兩千多年前宗法社會的書,隨著社會的發展,其中有些東西不適用了,這很正常。例如,《禮記·郊特牲》説:"婦人,從人者也:幼從父兄,嫁從夫,夫死從子。"①這就是所謂的"三從"。《禮記·昏義》:"是以古者婦人先嫁三月,教以婦德、婦言、婦容、婦功。"這就是所謂的"四德"。"三從四德"是兩千多年來束縛婦女的枷鎖,自然屬於糟粕。再如,"善則稱君,過則稱己""資於事父以事君,而敬同。貴貴尊尊,義之大者也",等等,宣揚忠君思想者,也是糟粕。總而言之,《禮記》中既有精華,也有糟粕。比較而言,精華是主流。我們在繼承這份文化遺産的時候,只能吸取其精華,抛棄其糟粕。

(原載郭齊勇主編《儒家文化研究》第 3 輯《禮學研究專號》,生活·讀書·新知三聯書店,2010 年)

---

① 鄭玄注、孔穎達正義、吕友仁整理《禮記正義》,1092 頁。

# 反對剽竊抄襲的第一聲號角
## ——讀《禮記》札記一則

《禮記·曲禮上》:"毋剿說。"鄭玄注:"剿猶擥（謂攬爲己有）也,謂取人之說以爲己說。"①宋人呂大臨說:"竊人之財猶謂之盜,剿取他人之說以爲己有,私也。"②剿說,我國《著作權法》謂之"剽竊"。據王鍔《〈禮記〉成書考》的考證,《曲禮》成篇于春秋末期戰國前期。如其言,則是大約2 500年前我們的先人就已經吹響了反對剽竊抄襲的第一聲號角。筆者不太瞭解國外的情况,只怕在世界上這也是第一聲呢。

剽竊他人之說與剽竊他人財物沒有本質區別,同樣爲人所不齒。但剽竊又是一種頑症,很難根治。從古至今,不幸而患此病者,不知凡幾。我作了一個抽樣調查,以《四庫全書總目》爲調查對象,得到如下的抽查結果:在《四庫全書總目》中,"剽竊"一詞出現了79次,"剿襲"一詞出現了44次,"剿說"一詞出現了17次,"襲用"一詞出現了10次,"不去葛龔"一詞出現了5次,"抄襲"一詞出現了3次,"攘竊"一詞出現了1次。共計159次。這些詞都是"剽竊"的同義詞。其中的"不去葛龔"是典故,是說葛龔此人善寫文奏,有個人不會寫,就請葛龔替寫。葛龔寫好後,那個人

---

① 鄭玄注、孔穎達正義、呂友仁整理《禮記正義》,上海古籍出版社,2008年,57頁。
② 衛湜《禮記集說》卷四引,影印文淵閣《四庫全書》本,117册,98頁。

拿去抄錄一遍交了上去,但是忘了去掉葛龔的姓名。事情被揭穿後,就留下一個"作奏雖工,不去葛龔"的笑話。事見東漢邯鄲淳《笑林》。《四庫全書總目》的主事者對剽竊是深惡痛絕的,茲摘引該書卷三十七末尾的一段話,以見一斑:

> 案古書存佚,大抵有數可稽。惟坊刻《四書》講章,則旋生旋滅,有若浮漚;旋滅旋生,又幾如掃葉:雖隸首不能算其數。蓋講章之作,沽名者十不及一,射利者十恒逾九。一變其面貌則必一獲其贏餘,一改其姓名則必一趨其新異。故事同幻化,百出不窮。取其書而觀之,實不過陳因舊本,增損數條,即別標一書目,別題一撰人而已。如斯之類,其存不足取,其亡不足惜,其剽竊重複不足考辨,其庸陋鄙俚亦不足糾彈。今但據所見,姑存其目,所未見者,置之不問可矣。①

可以說對那些剽竊之作輕蔑到無以復加了。

清代學者陳澧為了教育他的學生不蹈剽竊之病,特地寫了一篇《引書法》,載《東塾續集》卷一。竊以為這篇《引書法》寫得很好,完全可以拿來作為全國碩士研究生、博士研究生的必讀之篇。茲摘引其中的一節如下:

> 前人之文,當明引不當暗襲,《曲禮》所謂"必則古昔",又所謂"毋剿說"也。明引而不暗襲,則足見其心術之篤實,又足征其見聞之淵博。若暗襲以為己有,則不足見其淵博,且有傷於篤實之道。明引則有兩善,暗襲則兩善皆失之也。②

可謂語重心長。梁啟超《清代學術概論》也著力稱讚清代"正統派之學風"說:"凡采用舊說,必明引之,剿說認為大不德。"③

前輩學者之所以為吾輩所敬仰者,第一條就是他們實事求是的學風,其卓越學術成就倒在其次。這裏略舉二三例。

晚清學者孫詒讓的《周禮正義》,這是經學名著,章太炎譽為"古今言《周禮》者,莫能先也"(《章氏叢書·太炎文錄卷二·孫詒讓傳》)。孫詒

---

① 永瑢等《四庫全書總目》,中華書局,1965年,320頁。
② 陳澧《東塾續集》,《近代中國史料叢刊》,文海出版社,1966年,28頁。
③ 梁啟超《清代學術概論》,上海古籍出版社,1998年,47頁。

讓在其書的《略例》中說："凡錄舊說，唐以前皆備舉書名。宋元以後，迄於近代，時代未遠，篇帙現存，則唯著某云。"已故的南京大學教授洪誠先生對孫詒讓的這種做法非常讚賞，他在《讀〈周禮正義〉》一文中說孫氏此書有六大優點，其中一點就是："依據詳明，不攘人之善。攘善爲學者之病，不獨於己爲失德，且貽誤後人。文獻積累，日益增多，才士亦不能遍觀，即遍觀亦不能盡記。攘人之說以爲己有，將使後人獲失考之愆，失德何甚！唐疏多乾没舊義，重累後人考核之勞；清人重修，抑或類此。先生之書，不獨于賈疏明楬其義，凡前人之説，皆著其名。"（《孫詒讓研究》24頁）

范文瀾的《文心雕龍注》，其《例言》第四條說："凡有徵引，必詳記著書人姓氏及書名卷數。"第九條說："愚陋之質，幸爲師友不棄，教誘殷勤，注中所稱黃先生，即蘄春季剛師；陳先生，即象山伯弢師。其餘友人，則稱某君，前輩則稱某先生，著其姓字，以志不忘。"①

楊伯峻《春秋左傳注·凡例》云："注釋儘量采取前人及今人研究成果。前人解說，論證可信而文字不繁者，則引用原文。若于原文有所刪削，便注明'詳'某人某書；若于原文略有增改，則注明'見'某人某書；若因前人之說啓我之心，論證多自己出，則注明'本'某人某書；若于原說並不全用，則注明'參'某人某書。至融合前人之說，其論證爲前人所常見，或爲著者之心得，概不注明。注明者，示非剽竊；不注明者，示學術爲公器。"②

以上前賢先輩，實在是吾輩之楷模。

近數年來，我國學術界的剽竊之風日熾。上自院士、博導，下至中小學生，迭有發生，言之令人扼腕，言之令人痛心。我們的老祖宗在2500年前就已經告誡我們，而我們這些後世子孫如此不肖，夫復何言哉！

---

① 劉勰著、范文瀾注《文心雕龍注》，人民文學出版社，1958年，4—5頁。
② 楊伯峻編著《春秋左傳注》，中華書局，1995年，《凡例》之第2頁。

# 説"共牢而食"

"共牢而食"是古代婚禮中的一個儀式,其用意是要表示夫婦地位相等,不分尊卑。其中的"牢"究竟指什麽?不分尊卑又是如何體現的?通觀古今的注疏和詞書,或言之不明,或言之有誤,本文試圖給以正確、通俗的解釋。

作爲一個短語,"共牢而食"始見於《禮記》。凡兩見。先見於《郊特牲》:"共牢而食,同尊卑也。"①鄭玄於此無注,孔穎達於此也無疏。又見於《昏義》:"共牢而食,合卺而飲,所以合體同尊卑,以親之也。"鄭注:"共牢而食,合卺而飲,成婦之義。"孔疏:"共牢而食者,在夫之寢,婿東面,婦西面,共一牲牢而同食,不異牲。"②鄭注無關乎訓詁,置毋論。孔疏的解釋絶對不能算錯,但可以批評説它不够明白,因爲"牢"是個關鍵詞,孔氏以"牲牢"釋"牢",近乎以本詞釋本詞,所以,雖然解釋了,却和没解釋差不多。孔疏之後,這個"牢"字還迷惑過不少學者。例如王夫之《禮記章句·郊特牲》説:"合卺之饌,諸侯大牢(即牛、羊、豕各一),士特豚(即一頭小猪。特,一也),通言牢者,尊之之辭。共牢,

---

① 鄭玄注、孔穎達正義、吕友仁整理《禮記正義》,上海古籍出版社,2008年,1093頁。
② 鄭玄注、孔穎達正義、吕友仁整理《禮記正義》,2274頁、2276頁。

無異牲也。"①他在《昏義》篇又另作解釋說:"牢,少牢。士用少牢,亦攝盛禮也。"②同一"牢"字而作出兩種不同的解釋,這至少說明王氏本人尚無定見。實際上,王氏的這兩種解釋基本上都是臆測,並無文獻根據,不可置信。孫希旦《禮記集解》的口氣就比較客觀,他在《昏義》篇解釋說:"二牲以上謂之牢。《士昏禮》用特豚,此云'共牢',容大夫以上之禮也。"③"容"者,主觀推測之詞也。《漢語大詞典》"共牢"條的釋義是:"古婚禮時,夫婦共食一牲。牢,祭禮用的犧牲。"④這個釋義顯然是脫胎於孔疏,但它不是有所前進,而是有所後退。首先"牢,祭祀用的犧牲"這七個字可以說是蛇足。因爲祭祀所用之牲稱牢,宴享所用之牲也可稱牢,如其言,則"牢"字似爲祭祀所用之牲所獨占,這實在是一種誤解。其次,夫婦共食一牲,這句話可以說是對孔疏"共一牲牢而同食"的機械的模仿,這種模仿本身就是一種倒退。因爲在孔穎達生活的隋唐之際,共牢而食的古禮可能還大體存在(《開元禮》尚存此禮大體),"禮失而求諸野",文獻上沒說清楚的,人們可以在社會生活中看清楚。而時至今日,共牢的古禮差不多已經蕩然無存,即令幸有存者,已迥非古禮面目。所以,文獻上沒有說清楚的,生活中也無從印證。舉例來說,在現代讀者中,除了少數的專門研究者以外,恐怕很少有人知道這個"牢",也就是"共食一牲"的"牲",是指一頭完整的小猪,而且是一頭分作兩半的完整的小猪。這是現代人無法想像的。所以,似乎可以斷言,"夫婦共食一牲"的釋義,很難使讀者得到正確理解。在這種情況下,我們當然不能責怪讀者的水平低,而只能責怪編者還沒有把問題說明白。

那麼這個"牢"字作何解較好? 竊以爲作"俎"解較好。凌廷堪《禮經釋例》:"凡載牲體之器曰俎。"⑤現代漢語中沒有和俎對應的食器,求其近似,不妨譯作"碗"或"盤子"。所謂"共牢而食",就是夫婦同吃一

---

① 王夫之《禮記章句》,《續修四庫全書》,上海古籍出版社,2002年,98册,251頁。
② 王夫之《禮記章句》,《續修四庫全書》,98册,582頁。
③ 孫希旦撰,沈嘯寰、王星賢點校《禮記集解》,中華書局,1989年,1418頁。
④ 罗竹风主编《漢語大詞典》(第二卷),漢語大詞典出版社,1988年,85頁。
⑤ 凌廷堪《禮經釋例》,《續修四庫全書》,90册,217頁。

讀經識小録

個碗裏的菜。我的這個解釋是在吸收前人研究成果的基礎上作出的。我認爲,這個解釋比上述解釋有了進步,但也並非十全十美。欲求十全十美,還需要作進一步的説明。而要作進一步的説明,必須首先求之《儀禮》。

"共牢而食"作爲婚禮中的一節禮儀,在《儀禮·士昏禮》中有比較詳細的描述。因爲《儀禮》文字難懂,所以這裏不采用摘引《儀禮》文字的辦法,而采取以圖示意的辦法。這個圖,俞樾叫做《士昏禮對席圖》,實際上也就是共牢而食圖。古人繪圖示意者非一,我這裏采用的是俞樾的《士昏禮對席圖》。俞圖在諸圖中最可置信,這可能是後出轉精之故。但俞圖也來之匪易,他曾經自叙其來由説:"樾謹案:以經注觀之,對席對饌,一一如繪。自宋以來,好爲異説,於是有敖繼公《集説》之説,有楊復《儀禮圖》之説。至本朝,有沈彤《儀禮小疏》之説,有張惠言《儀禮圖》之説,有鄭珍《儀禮私箋》之説。言人人殊。嗚呼!《士昏禮》特《儀禮》之一篇,而夫婦對席(即共牢而食)又止《昏禮》之一事,然考定之難如此。"[①]

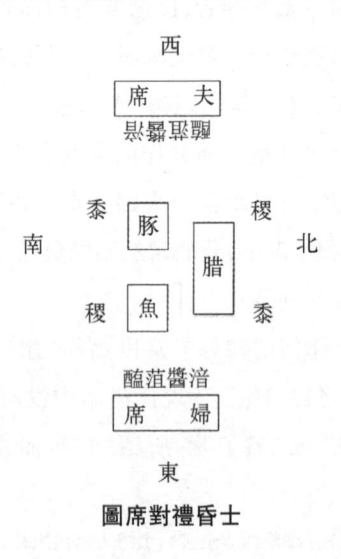

西

| 席 | 夫 |

醯菹醬湆

| 黍 | 豚 |   | 稷 |
| 稷 | 魚 | 腊 | 黍 |

南　　　　　　　　　　　　北

醯菹醬湆

| 席 | 婦 |

東

**士昏禮對席圖**

---

① 俞樾《士昏禮對席圖》,王先謙編《清經解續編》,上海書店,1988年,第五册,986頁、988頁。

說"共牢而食"

下面對此圖略加解釋：共牢的時間是娶妻那天的黄昏。共牢的地點是夫之寢，即新房。席前的食品凡九種，其中有六種是夫婦各一，有三種是夫婦共之。夫婦各一的是黍、稷、醢（蠃醢，即蝸牛肉做成的醬）、菹（葵菹，即腌制的葵菜）、醬（醯醬，即醋與醬的混合物）、湆（未加調料的豬肉湯）。黍與稷，盛以敦。醢、菹、醬，盛以豆。湆，盛以登。夫婦共之的是豚（也叫特豚，即一頭完整的小豬，分爲左右兩胖。胖，半體也）、魚（十四條）、腊（二只風乾的全兔）。豚、魚、腊並已煮熟，皆分置於俎。豚俎、魚俎横放，腊俎竪放，這是爲了使三俎成一正方形。因俎長二尺四寸，寬一尺二寸，腊俎竪放恰好與豚俎、魚俎的横放取齊。所謂"共牢而食"，就是夫婦同吃豚俎、魚俎、腊俎之肉。豚是牢，魚、腊也是牢。三俎之中，豚俎最爲要緊，其特殊作用於下文中可以看出。這種吃是禮儀性的，象徵性的，並非吃飽方休。所以鄭玄注云："同牢示親，不主爲食起。"①我們說豚、魚、腊皆分置於俎，並非出自杜撰，而是《士昏禮》的經文本來如此："俎入，設於豆東，魚次，腊特於俎北。"②如果把這句話中的省略成分用括號補出來，就更容易看明白："(豚)俎入，設於豆東，魚(俎)次(之)，腊(俎)特於(豚、魚二)俎北。"因此，我們說"牢"字以作"俎"解最好，也只不過是還其本來面目而已。就食器來講是俎，就食器中所盛之物來講是牢，二者既有區别又有統一。從便於讀者理解的立場出發，把共牢的牢釋爲"牲"不如釋爲"俎"。直到今天，夫婦同吃一個碗裏的菜（不管這菜是饋贈的還是討來的）仍然被看作是相親相愛的表示。如果按照《漢語大辭典》"夫婦共食一牲"的解釋，這層意思就很難表達出來。舉例來說，人們到市場上同一店裏購買同一頭猪身上的肉，張家買了二斤，李家買了二斤，……他們各自買回家去吃，這也是"共食一牲"，但他們並非夫婦，更談不上"共牢而食"的象徵意義。這個例子似乎有點鑽牛角尖，但從另一方面却反映了釋義的不夠周嚴，經不起推敲，容易誘發歧義或誤解。最早釋"牢"爲"俎"的是元代的陳澔，見其《禮記集説·郊特牲》注，但他没有講

---

① 鄭玄注、賈公彦疏、彭林整理《儀禮注疏》，北京大學出版社，2000年，95頁。
② 鄭玄注、賈公彦疏、彭林整理《儀禮注疏》，93頁。

出道理。至清代的鄭珍，就把這個道理講得極其透徹。他在《儀禮私箋》中説：

> 按：同牢之禮，夫婦共俎，故曰"共牢而食，以同尊卑。"共牢，猶曰共俎也。上文"陳三鼎，其實特豚，合升"注："合升，合左右胖升於鼎"；下文"婦盥，饋。特豚合升，側載"（把煮熟的牲體從鑊中取出盛入鼎中叫做升，再從鼎中取出放到俎上叫作載），注："側載者，右胖載之舅俎，左胖載之姑俎，異尊卑。"是舅姑異俎分載，故云"側載"；夫婦同俎共載，故云"合升"。而異俎者爲異尊卑，則同尊卑者共俎決矣。①

竊以爲這是迄今爲止最爲剴切明白的對"共牢"的解釋。

共牢的問題解決了，那麽，共牢而食何以就能表示同尊卑呢？説者於此亦多不了了。例如孫希旦《禮記集解‧郊特牲》説："牢禮以爵等爲差，夫婦共牢，以其尊卑同也。"②意思是説爵位高的人招待的規格高，牢數也多，爵位低的人則相反。這種解釋對於夫婦"共牢而食"來説，顯然是方枘圓鑿，格格不入。那麽正確的解釋是什麽呢？實際上孔穎達所説的"不異牲"三字，以及上文摘引鄭珍《儀禮私箋》的話，已經大體解決了這個問題，只是還差一點沒有點透。我們已經知道，豚俎上的一頭小猪是分爲兩個半體的，這兩個半體分稱右胖、左胖。右胖與左胖相比，右胖尊，左胖卑。何者？鄭玄注《儀禮‧鄉射記》云："右體，周所貴也。"③又注《儀禮‧少牢饋食禮》云："右胖，周所貴也。"④也就是説，周代以右胖爲尊，左胖爲卑。所以凌廷堪《禮經釋例》説："凡牲皆用右胖，唯變禮反吉用左胖。"⑤所以《士昏禮》新婦饋食舅姑，右胖載之舅俎，左胖載之姑俎，這表示舅尊姑卑。現在夫婦共牢而食，也就是共俎而食，拿豚俎來説，俎中的豚，既有右胖，也有左胖，夫與婦均可隨意地下箸，既可吃右胖，也可吃左胖，所以才顯得同尊卑。如果把左右兩胖各分置一俎，不論右胖歸誰，左胖歸誰，

---

① 鄭珍《儀禮私箋》，《續修四庫全書》，93册，266頁。
② 孫希旦撰，沈嘯寰、王星賢點校《禮記集解》，710頁。
③ 鄭玄注、賈公彥疏、彭林整理《儀禮注疏》，268頁。
④ 鄭玄注、賈公彥疏、彭林整理《儀禮注疏》，1047頁。
⑤ 凌廷堪《禮經釋例》，《續修四庫全書》，90册，103頁。

勢必形成一尊一卑的格局,也就無法做到"同尊卑"了。

《禮記·郊特牲》:"三王作牢。"①意思是説共牢之禮始於夏、商、周。此後,共牢之禮綿延不絶。筆者世居中州農村,猶記兒時往觀鄰家娶婦。黃昏時分,堂前擺一長桌,上置四盤小菜,一壺白酒,俗稱"吃四盤菜"。此吃四盤菜,即古之"共牢而食"也。唯共牢之禮,古今有沿有革。所沿者,蓋夫婦相親之義;革者,蓋共牢儀式之具體作法。司馬光《書儀》云:"古者同牢而食,必殺牲。《開元禮》,一品以下用少牢,六品以下用特牲。恐非貧家所便,故止具盛饌而已。"②又説:"古者同牢之禮,婿在西,東面;婦在東,西面。蓋古人尚右,故婿在西,尊之也。今人既尚左,且須從俗。"③宋代已經如此,宋代以後可知。所以,本文對"共牢"的解釋,既不敢貿然以今禮相求證,也不敢貿然從中古文獻的記載中去索解,而只能依據早期的文獻記載去詮解。

(原載臺灣《孔孟月刊》35卷8期,1997年)

---

① 鄭玄注、孔穎達正義、吕友仁整理《禮記正義》,1093頁。
② 司馬光《書儀》,影印文淵閣《四庫全書》本,142册,476頁。
③ 司馬光《書儀》,影印文淵閣《四庫全書》本,142册,477頁。

## "男女相答拜"與"男女不相答拜"何者爲是

《禮記·曲禮下》："男女相答拜也。"鄭玄注："嫌遠別不相答拜，以明之。"① 鄭意蓋謂：經文之所以有此一句，是由於懷疑人們頭腦裏裝了很多男女有别的説教因而誤認爲連男女之間的行禮也都不互相答拜，所以作《記》者特地用這一句話加以澄清。事實表明，鄭玄倒是不幸而言中了。大概在南北朝時期就有人誤解鄭注，將鄭注讀作"嫌遠别，不相答拜以明之"。其意蓋謂：男女有嫌，當遠别，所以《記》者用不相答拜這句話來説明問題。按照這種理解，此句經文就應作"男女不相答拜也"。但經文本無"不"字，誤讀鄭注者爲了自圓其説，就加上了一個"不"字。所以陸德明《經典釋文》説："男女相答拜也，一本作'不相答拜'。皇侃云：後人加'不'字耳。"② 我認爲皇侃是對的，可惜他没有説明理由，也許是他説明的理由没有流傳下來。孔穎達的疏也是深得經注之意的。孔疏云："男女相答拜也者，男女宜别，或嫌其不相答，故明雖别必宜答也。俗本云'男女不相答拜'。禮，男女拜，悉相答拜，則有'不'字爲非。故鄭云'嫌遠别不相

---

① 鄭玄注、孔穎達正義、吕友仁整理《禮記正義》，上海古籍出版社，2008年，157頁。
② 陸德明《經典釋文》，上海古籍出版社，1985年，651—652頁。

答拜，以明之。'"①後來，有的學者並未將孔疏細細玩味，所以紛紛被俗本引入迷津。岳本《禮記注》是有句讀的，它將鄭注讀作"嫌遠別，不相答拜以明之。"《九經三傳沿革例·句讀》云："若《疏義》及《釋文》，揆之所見而有未安者，則亦不敢盡從也。"②由此可知，岳本如此句讀，乃是有意與孔疏立異。由宋至清，多數學者是正確理解鄭注的，自然也是不同意加"不"字的。例如陳澔《禮記集說》就說："男女嫌疑之避，亦多端矣。然拜而相答，所以爲禮，豈以行禮爲嫌哉？故《記》者明言之。"③阮元校《禮記注疏》，凡經文注文與《釋文》有出入者，輒出校勘記以明之，但於此處却偏偏不出校記，這表明阮元是以經文"男女相答拜也"爲是，認爲無須更出校記。但是，從20世紀70年代開始，一些甚有影響的學者又舊事重提，倡爲"不"字當增之說。首先是臺灣學者王夢鷗先生《禮記今注今譯》（臺灣商務印書館1969年版）發難說：

  "男女相答拜也"，陸德明說此句別本作"男女不相答拜也"，皇侃說"不"字是後人所加。但鄭玄注此句云"嫌遠別，不相答拜以明之"，則似原本有"不"字。孔穎達解說與鄭注未合。更以前文"男女不相知名""嫂叔不通問"等語看來，當以有"不"字者爲是。④

據此注文，王氏遂將此句譯作"男女不相知名，故亦無須彼此答拜"。筆者期期以爲不可也。

其次是錢玄等六位先生的《禮記今注今譯》（見岳麓書社1994年出版的《十三經今注今譯》之六），其書的"今注"云："相答拜：《釋文》云，一本作'不相答拜'，應有'不'字爲是。"其"今譯"云："男女之間，彼此不下拜答禮。"⑤另外，中華書局1989年出版的孫希旦《禮記集解》標校本，標校者將此句鄭注標作"嫌遠別，不相答拜，以明之"⑥，則無疑也是主張當增

---

① 鄭玄注、孔穎達正義、呂友仁整理《禮記正義》，158—159頁。
② 《九經三傳沿革例》，影印文淵閣《四庫全書》本，183册，571頁。
③ 陳澔《禮記集說》，世界書局，1936年，19頁。
④ 王夢鷗注譯《禮記今注今譯》，臺灣商務印書館，1969年，46頁。
⑤ 錢玄等《禮記今注今譯》，《十三經今注今譯》，岳麓書社，1994年，725頁。
⑥ 孫希旦撰，沈嘯寰、王星賢點校《禮記集解》，中華書局，1989年，122頁。

"不"字的。

窃以爲王、錢等先生之説、之結論未安,謹獻疑如下。首先,對於鄭注的標點,據孔疏則"嫌遠別不相答拜"七字當作一氣讀,一個"嫌"字管著其下六字;據《釋文》或本和王、錢等先生説,則"嫌遠別"三字當作一氣讀,一個"嫌"字只管著其下二字(嫌者,疑也)。兩種讀法必有一是一非。我如果僅從詞義、語法上説七字當一氣讀者爲是,反對者未必心服,所以我不準備在這一點上大作文章,而準備從其他角度加以論證。

按《曲禮上》有云:"男女不雜坐,不同椸枷,不同巾櫛,不親授。嫂叔不通問。女子許嫁,纓。非有大故,不入其門。姑、姊妹、女子子已嫁而反,兄弟弗與同席而坐。"①這些都是講男女有別的。非獨此也,《禮記》的其他篇中也有類似的記載。如《内則》云:"男女不相授器。男女不通衣裳。道路,男子由右,女子由左。"②等等。但是我們須知,男女之間有別是一回事,男女互相答拜是又一回事,二者並行不悖。男女有別是爲了避嫌,互相答拜是爲了表敬,二者都是禮的組成部分,相輔相成,並不矛盾。試想,一個社會,如果只講男女之別,而取消了男女互相答拜,也就是説,唯有男子與男子互相答拜,女子與女子互相答拜,而男女之間絶無答拜之禮,這恐怕也近乎"禮壞樂崩"了吧。這樣一來,男女不通,陰陽隔絶,如何能"天地交而萬物通"呢!《曲禮上》云:"禮尚往來。往而不來,非禮也;來而不往,亦非禮也。"③如果説"男女不相答拜",顯然與此明訓有違。所以,那種從男女有別中推導出男女不相答拜的説法,是缺少理論根據的。此其一。

實際上,"聖人"制禮,正如孔穎達所説:"禮,男女拜,悉相答拜。"孔穎達的這一結論完全正確,可惜他没有舉出一些實際例證(或許他認爲這是常識問題,無此必要),以至於使後來的一些學者紛紛陷入迷津。今按《儀禮》一經,其中言"男女相答拜"的事例極多,今略爲拈出數例以明之。

---

① 鄭玄注、孔穎達正義、吕友仁整理《禮記正義》,63—64頁。
② 鄭玄注、孔穎達正義、吕友仁整理《禮記正義》,1124頁。
③ 鄭玄注、孔穎達正義、吕友仁整理《禮記正義》,22頁。

《士冠禮》記冠者見母的禮儀説"冠者取脯,北面見於母。母拜受,子拜送,母又拜"。鄭注:"婦人于丈夫(猶言男子),雖其子猶俠拜也。"①凌廷堪《禮經釋例》卷一云:"俠拜者,丈夫拜一次,婦人則拜兩次也。"②這是母與子互相答拜。《士冠禮》又記冠者見姑、姊云:"冠者入見姑、姊,如見母。"鄭注:"如見母者,亦北面,姑與姊亦俠拜也。"③這是姑與侄、姊與弟互相答拜。《士昏禮》記新婦見舅姑云:"婦執笲棗栗,自門入,升自西階,拜進,奠于席。舅答拜。婦還又拜。"注云:"還又拜者,還於先拜處拜。婦人與丈夫爲禮,則俠拜。"④這是新婦與公公互相答拜。《士昏禮》又記贊者代舅姑向新婦行醴禮説:"贊醴婦,婦東面拜受。贊西階上北面拜送,婦又拜。"鄭注:"婦東面拜,贊北面答之。"⑤這是新婦與贊者互相答拜。吳廷華《儀禮章句》云:"贊者,私臣之屬。"又《士昏記》記婿見妻之母云:"婿立於門外,東面。主婦(即妻之母)一拜,婿答再拜,主婦又拜。"鄭注:"必先一拜者,婦人與丈夫必俠拜。"⑥這是新郎與岳母互相答拜。《少牢饋食記》記主婦亞獻云:"主婦酌,獻尸。尸拜受,主婦西面拜送爵。"⑦這是主婦與男尸互相答拜。《少牢禮》又記主婦向祝獻酒云:"主婦酌獻祝,祝拜,主婦答拜。"注:"不俠拜,下尸。"⑧這是主婦與男祝互相答拜。祝之尊遜於尸,所以主婦不俠拜。《特牲饋食禮》:"主婦致爵于主人,主人拜受爵,主婦拜送爵。"⑨這是夫婦之間互相答拜。《有司徹》記不儐尸者上賓三獻時説:"賓酌致爵于主婦,主婦東面拜受爵,賓西面答拜。"⑩這是主婦與賓互相答拜。總而言之,"男女相答拜"之例,在《儀禮》一經中可以説是不勝枚舉,在這種情況下,"不"字的不應該增應該説是毫無疑義的了。

---

① 鄭玄注、賈公彥疏、彭林整理《儀禮注疏》,北京大學出版社,2000年,41頁。
② 凌廷堪《禮經釋例》卷一,《續修四庫全書》,上海古籍出版社,2002年,90册,30頁。
③ 鄭玄注、賈公彥疏、彭林整理《儀禮注疏》,43頁。
④ 鄭玄注、賈公彥疏、彭林整理《儀禮注疏》,99—100頁。
⑤ 鄭玄注、賈公彥疏、彭林整理《儀禮注疏》,101頁。
⑥ 鄭玄注、賈公彥疏、彭林整理《儀禮注疏》,125頁。
⑦ 鄭玄注、賈公彥疏、彭林整理《儀禮注疏》,1071頁。
⑧ 鄭玄注、賈公彥疏、彭林整理《儀禮注疏》,1072頁。
⑨ 鄭玄注、賈公彥疏、彭林整理《儀禮注疏》,1003頁。
⑩ 鄭玄注、賈公彥疏、彭林整理《儀禮注疏》,1128頁。

"不"字既然不應該增加,那麽鄭注當如何讀的問題也就迎刃而解了。再説,鄭玄不止一次地講:"婦人與丈夫(謂男子)爲禮,則俠拜。"這對於上述結論的得出,無疑也是一個有力的旁證。

(原載中華書局《文史》第 45 輯,1998 年)

# 指瑜爲瑕的校記何其多

## ——讀點校本《禮記集解》札記

　　清人孫希旦的《禮記集解》是中華書局出版的《十三經清人注疏》中的一種。該書由沈嘯寰、王星賢兩位先生合作校點，1989年出版。年來筆者將此書粗讀一過，一方面感到兩位先生篳路藍縷之功實不可没，一方面又感到在點校方面尚存在不少問題。問題之一就是指瑜爲瑕的的校勘記甚多。段玉裁曾説："校定之學，識不到則或指瑜爲瑕，而疵纇更甚。"[①]這就是我題目中的"指瑜爲瑕"四字之所本。至於爲什麽用"何其多"三字，理由有二：一是指瑜爲瑕的校記數量較多。全書共有校記118條，僅此類不成功的校記就有16條，占全部校記的13%强。二是希望找出其原因，一則可以自警，二則可供他人參考，以免重蹈覆轍。所言未必盡當，尚望方家不吝賜教。

　　在逐條論説之前，我首先想指出點校者在參校本上的一大失策。點校者在《點校説明》中説："因無别本可校，故《記》文及鄭注、孔疏則參考阮刻本《十三經注疏》（校記中簡稱《禮記注疏》）及原上海中華書局依聚

---

　　① 段玉裁《經韻樓集》卷八《重刊明道二年〈國語〉序》，《續修四庫全書》，上海古籍出版社，2002年，1435册，74頁。

珍仿宋版排印的《四部備要·禮記》。"①實際上點校者很少使用四部備要本的《禮記》，從校記上看，只使用了一次。這大概和四部備要本《禮記》只有經注而無疏有很大關係。所以可以這樣説：點校者所倚重的實際上只是阮本《禮記注疏》而已，失策就失在這裏。或曰：阮本是公認的善本，校者用以參校，何失之有？我的回答是，我也承認阮本是善本②，我也承認可以而且應該用它來參校，但只用阮本參校就有問題了，就失策了。實際上，許多指瑜爲瑕的校記正是因此而生。具體的例證，大家可以在下文看到，這裏只説説道理何在。

首先，校點者大概忘記了，孫氏《集解》雖然印行較晚[咸豐十年(1860)]，但成書却早于阮本《禮記注疏》[孫氏卒于乾隆四十九年(1784)，而阮本刻于嘉慶二十一年(1816)]，孫氏活著的時候，何嘗知道天地間有一阮本在？今以孫氏未及見之阮本來校，就難免產生治絲益棼的問題。段玉裁曾説："校經之法，必以賈還賈，以孔還孔，以陸還陸，以杜還杜，以鄭還鄭，各得其底本，而後判其義理之是非。"可謂至理名言。今校孫氏書中的經、注、疏，爲了"以孫還孫"，理應找出孫氏所用的底本。而校點者並没有這樣做，這就是一失。阮本雖佳，但非孫氏所用底本，强用阮本來校，源流不明，勢必不能達到"以孫還孫"的目的。那麽，孫氏的底本是何本呢？我認爲是汲古閣毛本。何以見得呢？第一，孫希旦的族子鏘鳴有"先生校毛本"的明文③。第二，在阮本問世之前，《禮記注疏》有三種明刻本，即閩本、監本和毛本。"監本出于閩，毛本又出於監"④，由於毛本晚出，相對來説後出轉精，所以學者一般都用毛本。例如被學者視爲珍品的惠棟校宋本，就是惠棟據宋本以校毛本。阮元本人也説："今各省書

---

① 孫希旦撰，沈嘯寰、王星賢點校《禮記集解》，中華書局，1989年，5頁。
② 此文發表于1996年，彼時筆者尚人云亦云，視阮刻爲善本。進入21世紀，筆者不再以阮刻爲善本，請參看本書《阮刻〈禮記注疏〉並非最佳版本》一文。
③ 孫希旦撰，沈嘯寰、王星賢點校《禮記集解》，254頁。
④ 阮元《宋本十三經注疏校勘記凡例》，《續修四庫全書》，上海古籍出版社，2002年，180册，286頁。

坊通行者,唯有汲古閣毛本。"①第三,通過比勘也可以確知孫氏是用毛本作底本。例如《檀弓》"藏焉"句,孫書引鄭注云:"虛之不令。"只有毛本與孫書同,其餘的本子,如閩本、監本、岳本、嘉靖本,甚至後出阮本皆"令"作"合"。這也不失爲一條證據。毛本今日並未佚失,許多大圖書館都有,並不難求。竊以爲如果點校者先以毛本對校孫書,同時用阮本參校,庶幾得其宜也。今點校者慮不及此,是一失策也。

其次,點校者只知借重阮本《禮記注疏》,似乎全然不知天壤間尚存遠勝於阮本的宋本。此宋本名曰《禮記正義》,有經、有注、有疏,只是沒有《釋文》,但用以校孫氏《集解》中的經注疏三部分已經是足夠用了。此宋本《禮記正義》,因係半頁八行,故習稱八行本。又因此本初刊於南宋越州(今紹興市),故又稱越本。又因主持此本刻印者名叫黃唐,故又稱黃唐本。此八行本在有清一代都是孤本,許多學者是但聞其名,未見其書。阮元在校勘《禮記注疏》時,雖然明知八行本遠遠勝於他所用爲底本的十行本(阮元在《宋本十三經注疏校勘記凡例》中說:"此六經義疏又在宋十行本之上。"此八行本即所謂"六經義疏"之一),但因搞不到此八行本,所以只好退而求其次,以較差的十行本爲底本,這本是無可奈何之事。幸虧惠棟曾以八行本校毛本,寫有非常詳細的校記,可資阮元利用。阮元《校勘記》中屢屢提及的"惠棟校宋本",實際上就是八行本。阮本之所以能成爲善本,主要原因就是得力于惠校。但是,利用惠棟的校勘成果較之以八行本爲底本終究大不相同。如果惠棟有失校之處,阮元就無技可施。實際上惠棟失校之處甚多,讀者將會在下文看到具體例子。近人潘宗周曾將八行本與阮本對校一過,"校出前人所未校及者數千條",並得出如下結論:"注疏得阮校而後信爲可讀,及校此本(按:謂八行本),乃敢言《禮記注疏》以此本爲最不貽誤讀者矣。"②誠哉斯言。令人感到不解的是,上述見解並非秘密,前賢公開言及者甚衆,而校點者乃似渾然不覺者,豈非咄

---

① 《十三經注疏》,中華書局影印本,1980年,2頁。
② 潘宗周《禮記正義校勘記》,江蘇廣陵古籍刻印社,1986年,下册,72頁A面。

咄怪事。且當年的海內孤本，民國以來已經迭次影印，一般圖書館均有收藏。當年爲阮元求而不可得者，今日唾手可得而反不求之，是何説也！許多指瑜爲瑕的校記也正是由此而生。總而言之，點校者不知求毛本是一失，不知求八行本是又一失。有此二失，故曰"一大失策"。當然，指瑜爲瑕的原因並不儘然如此，其另有原因者，只好在有關條下論及之。

（1）《有司徹》"主人西面，左手執几，縮之"。

校記云："《有司徹》，原本作《少牢禮》，據《儀禮》改。"（68頁）①

按：原本作《少牢禮》不誤，校者妄改。因爲《有司徹》乃《少牢禮》之下篇。《少牢禮》全稱爲《少牢饋食禮》，省稱《少牢禮》或《少牢》。據鄭玄《儀禮目録》，自漢劉向《別録》已稱《有司徹》爲《少牢》下篇，此後學者遂相沿成習。胡培翬《儀禮正義》云："先大父《校證》云：《有司徹》與《少牢》同爲一篇，亦以簡策繁重，釐而爲二，分儐尸以下及不儐尸者別爲一篇，故云《少牢》之下篇也。"又，今本《儀禮》之《既夕禮》也是《士喪禮》下篇，也是因爲簡策繁重，一分爲二。所以清人盛世佐云："《儀禮》十七篇，其實十五篇耳。"校者强作解人，乃致此失。

（2）孔疏：鄭云"圭璋特而襲，璧琮加束帛而裼"者，以經云"裼""襲"者，人之裼、襲，欲明玉亦有裼、襲。

校記云："者，原本作'據'，據《禮記注疏》改。"（108頁）

按：原本作"據"，乃屬下爲句，正與八行本《禮記正義》相合，不誤。潘宗周《禮記正義校勘記》云："據，阮誤作'者'。案阮本難解，得此本（謂八行本）乃知其誤。"我現在還没有充分證據能够作出判斷，是孫希旦當年有幸參校過八行本呢，還是這是表現了孫氏卓識的一種偶然相合。不管怎麽説，孫書此處不誤是肯定的。細讀經文、注文，不難得此結論。

（3）孔氏曰：主用木，方尺，或曰尺二寸。鄭云："周以栗，漢主前方後圓。"

校記云："漢主，《禮記注疏》作《漢書》。"（128頁）

---

① 此以下16例括注頁碼，皆中華書局校點本《禮記集解》頁碼，下不一一。

按：孫書改《漢書》作"漢主"，實在是其識見獨到之處。點校者雖然只是出了個異同校，沒有妄改，但也説明校者還沒有體察到孫氏的苦心孤詣。我們知道，作《漢書》二字的不僅僅是阮本，而且早於阮本的閩、監、毛本也作《漢書》，後者還是孫氏工作的底本。不獨此也，就連八行本也作《漢書》。但是，雖然各本皆作《漢書》，却是錯的。孫氏是在多方考查之後才改作"漢主"的。孫氏沒有説明改動的理由，大概是覺得沒有必要，以爲這不是什麽難以分辨的問題。或者是限於其書的體例。今試代孫氏立言如下。第一，"《漢書》前方後圓"的話欠通。第二，退一步講，即令此語可通，而檢遍《漢書》無此文。第三，《禮記・祭法》孔疏云："案《漢儀》，高帝廟主九寸，前方後圓。"《通典》卷四十八引《漢儀》與孔疏同。孫氏大約有見於此，故力排各本之誤而改爲"漢主"。

（4）《檀弓》："殷人棺椁，周人牆置翣。"鄭注："牆，柳也。"

校記云："《禮記注疏》'柳'下有'衣'字。"（172頁）

按：這又是一條不理解孫氏苦心孤詣的校記。據阮校可知，不但阮本"柳"下有"衣"字，而且閩、監、毛本、岳本、嘉靖本、衛氏《集説》也都在"柳"下有"衣"字。筆者查閱了八行本，八行本也與阮本相同。所有版本都有"衣"字是否就意味著應有"衣"字呢？不一定。連阮元本人也不敢自信，所以在其校記末尾引浦鏜説云："案卷七'飾棺牆'疏，則此注本無'衣'字。"點校者何以對這句話就完全忽略了呢！那麽卷七"飾棺牆"疏究竟是怎樣説的呢？爲了説明問題，且摘引如下：

> 前文注云"牆，柳"者，以經直云"周人牆置翣"，文無所對，故注直云："牆，柳也。"此文爲下對"設披、設崇、設旐"之事，皆委曲備言，故亦委曲解之，故注云："牆，柳衣也。"其實，牆則柳也。鄭注皆望經爲義，故二注不同。

這裏説的很明白，同一個"牆"字，鄭注或曰"柳也"，或曰"柳衣也"，前後不同，是爲了照顧經文的具體語言環境。孫氏當然看不到阮校，他可以看到浦校，因爲浦校成書在前，但他實際上看到了沒有，無從得知。退一步講，即令孫氏未能看到浦書，那也不要緊，因爲以孫氏的深厚工力，不難得出與浦校同樣的結論,所謂智者所見略同也。

(5)《檀弓》:"君即位而爲椑,歲一漆之,藏焉"。鄭氏曰:"藏焉,虛之不合。"(230頁)

校記云:"合,原本作'令',據《禮記注疏》改"。

按:這也是一條指瑜爲瑕的校記。點校者這種奮筆妄改,不僅違背了孫氏的原意,而且也違背了阮元的原意。因爲阮校說得很明白:"閩本、監本、岳本、嘉靖本作'合',毛本'合'作'令',衛氏《集說》同,《考文》引古本同。《釋文》出'不令',云'力政反,本又作合'。《正義》云:'虛之不令者,令,善也。一本爲'虛之不合',謂不以蓋合覆其上。'然則《正義》本當亦作'令',與《釋文》同。今本作'合',注與疏不相謀,當由附合注疏時所據注本不同,毛本改從'令'是也。"不知點校者何以粗心乃爾,連現成的阮元校記也不屑一顧。

(6)鄭云"漢有正平丞,秦所置。"

校記云:"丞,原本作'承',據《王制》之三'正聽之'句鄭注改。"(309頁)

按:此處原本作"承",屬下爲句,不誤。《王制》下文"正聽之"鄭注亦有此語,彼處作"丞"而不作"承"。實際上彼處作"承"是錯的,此處作"承"是對的,應該以此改彼,不應該以彼改此。爲什麼呢?且先看《漢書・百官公卿表》是怎麼講的:"廷尉,秦官,掌刑辟,有正,秩千石。宣帝地節三年初置左右平,秩皆六百石。"今本《後漢書・百官志》與此略同。可知相當於《周禮》司徒之官的廷尉,其屬官在秦漢時皆無丞。既然屬官無丞,則其字自當是"漢承秦制"之"承"。

(7)朱子曰:"又如周襄王以原田與晉文,其民不服,至於伐之。"

校記云:"萬有文庫本無'田'字。"(316頁)

按:孫氏此引朱子說,見衛湜《禮記集說》卷二十五。衛氏《集說》有"田"字。萬有文庫本無"田"字,當係脫漏。點校者在《點校說明》中以此條爲發現異文之例,有失慎重。爲什麼不查對原書呢?點校者說:"《集解》中的引文,絕大部分都查對了原書。"那麼爲什麼偏偏舉以爲

532

例的此條就沒有查對原書呢？實際上點校者在查對原書方面漏洞尚多,這是後話。

(8)《曾子問》:"子踊……奠,出。"

校記云:"奠出,四部備要本及萬有文庫本並同,《禮記注疏》作'亦出'。"(509頁)

按:《唐石經》作"奠出",八行本、撫本、岳本、嘉靖本、衛氏《集說》同,阮本作"亦出",顯誤。孫氏《集解》云:"奠,謂朝奠。出者,出反於喪次也。"也可證作"奠出"爲是。點校者在這裏只是出了一個異同校,沒有妄改,還算慎重。問題在於校經文而不知查對《唐石經》,是一失也;不知廣泛地求之於他本,是再失也;可用本校而不用,是三失也。

(9) 孔子曰:"朝市於西方,失之矣。"(《郊特牲》經文) 孫希旦云:"市有三時,朝時而集者謂之朝市。於西方,謂於其處列次而陳貨也。朝市宜在東方,夕市宜在西方,順其時之陰陽也。"

校記云:"西,原本作'東',據經文及文義改。"(684頁)

按:恐係誤改。原本作"東"亦可通,凡原文可通者不當輒改。經文作"於西方",是就其錯誤位置而言。孫希旦云"於東方",是就其正確位置而言。一是從反面說,一是從正面說,各得其宜,今貿然改之,恐非孫意。《周禮·地官·司市》賈疏云:"朝市於東偏,夕市於西偏,《郊特牲》所云是也。"也是從正面立言,所以也用"東"字。

(10) 孔氏曰:《少儀》云:"麋鹿爲菹……皆聶而不切。麕爲辟雞……皆聶而切之。"

校記云:"兩'聶'字,《禮記·少儀》並作'䐑'。"(752頁)

按:校者只注意到了《少儀》的經文,却忽略了其下的鄭注:"䐑之言聶也。"就是說這個"䐑"字是"聶"的假借字,讀之涉反,意爲把肉切成薄片。《周禮·天官·醢人》鄭注引《少儀》此節也並作"聶",孫治讓《周禮正義》云:"此注作'聶'者,薄切肉之正字。《少儀》作'䐑'者,聲近假借字。"改借字爲正字,是注釋家的習慣作法,這有助於避免讀者誤解。孫希旦此處的作法只不過是對傳統作法的繼承而已。校者似乎昧於此理,雖然出的只是異同校，但也大違作者本意。

（11）鄭氏云："黨，鄉之細者。退，謂旁側也。"

校記云："退，原本脱，據《禮記注疏》補。"（789頁）

按：這也是不理解孫氏苦心的一條誤校。我們知道，不但阮本有"退"字，就連孫氏用爲底本的毛本也有"退"字。但是，因爲孫氏看到《釋文》又云："一本或作黨，鄉之細者，謂旁側也'。"没有"退"字，孫氏在這裏正是擇善而從，從《釋文》之"一本或作"。張敦仁《撫本鄭注考異》云："《正義》本與一本或作者同，今各本之所自出，又添'退'字耳。有'退'字則非。"孫詒讓《十三經注疏校勘記》也説："孔疏與《釋文》一本正同。"也認爲《正義》本是没有"退"字的。智者所見略同。孫希旦有意删掉的衍字又被校點者補上，豈非大違孫氏本心。

（12）鄭氏曰："苞苴，謂編束萑葦以裹魚肉也。"

校記云："萑，原本作菅，據《禮記注疏》改。"（941頁）

按：此條改字欠妥。我們且看阮校是如何處理的："惠棟校宋本作'萑'，宋監本、岳本、嘉靖本、衛氏《集説》同。閩、監、毛本'萑'作'菅'。按《正義》本作'萑'，《釋文》本作'菅'。"阮元用異同校來處理，甚爲得體。因爲孔氏《正義》本與陸氏《釋文》本是兩個不同的版本，除非有足够證據，既不得以孔改陸，也不得以陸改孔。點校者在此輕率改字，不妥。

（13）《少儀》："其有折俎者，取祭肺，反之，不坐。"

校記云："'肺'字原本脱，據《禮記注疏》補。"（952頁）

按：此蓋妄補。今按《唐石經》無"肺"字，八行本、岳本、嘉靖本、衛氏《集説》同。陳澔《禮記集説》亦無"肺"字。孫詒讓《校勘記》云："撫州本'祭'下無'肺'字，閩本同，疑衍。"按《正義》復述經文亦無"肺"字。"肺"乃衍字，殆無可疑者。校點者不考諸石經，不考諸他本，又忽略了本校，僅憑一阮本定是非，這種作法極欠慎重。

（14）《喪大記》："濡濯棄於坎。"孔氏引皇氏云："濡，謂煩潤其髮。"

校記云："潤，原本作'擱'，據《禮記注疏》改"。（1152頁）

534

指瑜爲瑕的校記何其多

按：這也是一條指是爲非的誤校。阮本作"潤"，是誤字，阮元失校。惠棟校宋本也作"潤"，惠棟未指出，也是失校。孫希旦改"潤"爲"捫"，是下了一番考證工夫的。按《詩·葛覃》"薄汙我私"，毛傳："汙，煩也。"鄭箋："煩，煩捫之，用功深。"《釋文》引阮孝緒《字略》云："煩捫，猶挼莎也。"又《考工記·鮑人》："欲其柔而滑也"。鄭注："謂親手煩捫之。"孫詒讓《周禮正義》云："煩捫、挼莎並用兩手上下摩揉之謂。"推測孫希旦正是看到了上述鄭箋、鄭注和《釋文》，所以才特地改"潤"爲"捫"。孫詒讓《校勘記》也認爲"潤"當作"捫"，真是智者所見略同。今校者只知盲從阮本，不細思孫氏用心，令人嘆惜。

（15）《射義》："耄期稱道不亂。"鄭氏曰："八十九十曰耄，百年曰期頤。稱猶言也。道，行也。"

校記云："'道'字原本脱，據《禮記注疏》補。"（1443頁）

按：這條校記叫人莫名其妙。阮本《禮記注疏》也無"道"字，今稱"據《禮記注疏》補"，豈非無中生有？假設校者是根據阮元校補字，那也應補"道猶"二字，爲何只補一個"道"字？據《九經三傳沿革例》可知，南宋時的監本、興國本、余仁仲本作"稱猶言也，行也"，後來的嘉靖本、閩本、監本、毛本和阮元用爲底本的十行本皆從此出；而越本、建本則作"稱猶言也，道猶行也"，多"道猶"二字，後來的岳本即從此出。本來就是兩個文字不同的版本系列，孰是孰非，尤當慎重從事。是否應該補出"道猶"二字，清代學者也持論不同。盧文弨主張補（見阮元《校勘記》），張敦仁不主張補（見《撫本鄭注考異》）。我認爲張氏不補之説爲是。其説詳見《考異》，此略。孫氏的看法當與張氏同，兩人不謀而合。

（16）《喪服小記》："直杖，竹也。削杖，桐也。"杜氏預曰："圓削之象竹。"

校記云："'圓削'，萬有文庫本作'圓割'。"（862頁）

按：萬有文庫本作"圓割"，誤。知者，從本校來説，孫氏下文云："削杖，用桐而削治之，故謂之削杖。桐木大，又不必皆圓，故必削治之也。"所謂"圓削之象竹"，就是把桐木削得象圓竹似的的意思，顯然不宜用"割"

535

字。從他校來説,《通典》卷八十七引作"圓削",胡培翬《儀禮正義》引杜亦作"圓削"。點校者明知萬有文庫本版本價值不高,但又不在本校、他校等方面下工夫,這樣的校記怎能叫人放心呢!

(原載《河南師範大學學報》1996 年第 2 期)

## 《左傳》識小

# 杜注采用《公羊》《穀梁》二傳例

杜預《春秋左氏傳序》："古今言《左氏春秋》者多矣,今其遺文可見者十數家。大體轉相祖述,進不成爲錯綜經文以盡其變,退不守丘明之傳。於丘明之傳,有所不通,皆没而不説,而更膚引《公羊》《穀梁》,適足自亂。預今所以爲異,專脩丘明之傳以釋經,經之條貫,必出於傳。傳之義例,總歸諸凡。推變例以正褒貶,簡二傳而去異端,蓋丘明之志也。"[①]從上述這段文字中,可知杜預對待《公羊》《穀梁》的態度。在注解《左傳》時,他不贊成前人的"膚引《公羊》《穀梁》"。所謂"膚引",就是皮相地引用。他主張"簡二傳而去異端"。何謂"簡二傳"?孔疏云:"若《左氏》不解,二傳有説,有是有非,可去可取。如是,則簡選二傳,取其合義,而去其異端。"[②]可

---

[①] 左丘明傳、杜預注、孔穎達正義、浦衛忠等整理《春秋左傳正義》,北京大學出版社,2000年,25—26頁。
[②] 左丘明傳、杜預注、孔穎達正義、浦衛忠等整理《春秋左傳正義》,26—27頁。

知,杜預在注解《左傳》時,對於《公羊》《穀梁》二傳並不斷然一概排斥,而是要經過一番篩選,去粗存精,擇善而從,取其與《左傳》吻合者。

我們知道,《左傳》是古文經,《公羊》《穀梁》二傳是今文經。杜預注《左傳》,毫不諱言他將采取"簡二傳而去異端"的作法。這再一次證明了錢穆《國學概論》所說的"經學自鄭玄注經,折衷異同,而博士家法,遂成廢棄"①,誠不刊之論也。

(一)杜注明言采用《公羊》《穀梁》二傳者,凡七例,詳下。

(1)杜預《春秋左氏傳序》:"據《公羊》,經止獲麟,而左氏小邾射不在三叛之數。故余以爲感麟而作,作起獲麟。"孔疏:"《穀梁》之經,亦止獲麟,而獨據《公羊》者,《春秋》之作,《穀梁》無明文,杜以獲麟乃作,義取《公羊》,故獨據之耳。"(35—36頁)②

(2)《春秋》莊公六年:"冬,齊人來歸衛俘。"杜注:"《公羊》《穀梁》經傳皆言'衛寶',此傳亦言'寶',唯此經言'俘',疑經誤。俘,囚也。"孔疏:"《釋例》曰:'齊人來歸衛寶,《公羊》《穀梁》經傳及《左氏傳》皆同,唯《左氏》經獨言'衛俘'。考三家經傳有六,而其五皆言'寶',此必左氏經之獨誤也。"(260頁)

(3)《春秋》莊公十九年:"秋公子結媵陳人之婦于鄄,遂及齊侯、宋公盟。"杜注:"無傳。公子結,魯大夫。《公羊》《穀梁》皆以爲魯女媵陳侯之婦,其稱'陳人之婦',未入國,略言也。大夫出竟,有可以安社稷、利國家者,則專之可也。結在鄄,聞齊、宋有會,權事之宜,去其本職,遂與二君爲盟,故備書之。本非魯公意,而又失媵陳之好,故冬各來伐。"孔疏:"《公羊傳》曰:'媵者何?諸侯娶一國,則二國往媵之。媵不書?此何以書?爲其有遂事書。大夫無遂事,此其言遂何?聘禮,大夫受命不受辭,出竟,有可以安社稷、利國家者,則專之可也。'《穀梁》文雖不明,其意亦爲魯女。《左氏》無傳,取彼爲説,故云《公羊》《穀梁》皆以爲魯女媵陳侯

---

① 錢穆《國學概論》,商務印書館,1997年,163—164頁。
② 本文以下括注頁碼,皆北京大學出版社2000年版《春秋左傳正義》繁體字校點本頁碼。下不一一。

之婦。《穀梁傳》曰：'其曰陳人之婦，略之也。'以未入國，略而不言陳侯夫人。"（297—298頁）

（4）《春秋》莊公二十四年："秋，公至自齊。八月丁丑，夫人姜氏入。"杜注："哀姜也。《公羊傳》以爲姜氏要公，不與公俱入，蓋以孟任故。丁丑入，而明日乃朝廟。"孔疏："《公羊傳》曰：'其言入何？難也。其難奈何？夫人不可使入，與公有所約，然後入。'唯言有所要，不知要何事，故云'蓋以孟任故'也。明日戊寅，大夫宗婦覿，用幣，夫人若未朝廟，不得受臣覿禮。知明日乃朝廟，既朝，乃見大夫宗婦。杜言朝廟者，爲'覿用幣'發也。書'入'不書'至'者，《釋例》曰：'莊公顧割臂之盟，崇寵孟任，故即位二十三年，乃娶元妃。雖丹楹刻桷，身自納幣，而有孟任之嫌，故與姜氏俱反而異入，經所以不以至禮書也。"（317頁）

（5）《春秋》僖公九年："秋，七月乙酉，伯姬卒。"杜注："無傳。《公羊》《穀梁》曰：未適人，故不稱國。已許嫁，則以成人之禮書，不復殤也。婦人許嫁而笄，猶丈夫之冠。"孔疏："《公羊傳》曰：'此未適人，何以卒？許嫁矣。婦人許嫁，字而笄之，死則以成人之喪治之。'《穀梁傳》意亦與之同。嫁於大夫，死不書卒。此許嫁者，嫁於國君也。但未往彼國，不成彼國之婦，故不稱國也。《喪服小記》曰：'男子冠而婦人笄。'其義一也。是許嫁而笄，猶丈夫之冠也。《禮》，男子冠而不爲殤，婦人笄而不爲殤，故以成人之喪治之，爲之服成人之服。"（406—407頁）

（6）《春秋》宣公十年："秋，天王使王季子來聘。"杜注："王季子者，《公羊》以爲天王之母弟。然則，字季子。天子大夫稱字。"孔疏："《公羊傳》曰：'王季子者何？天子之大夫也。其稱王季子何？貴也。其貴奈何？母弟也。'是《公羊》以爲天王之母弟也。母弟而稱季子，然則字季子也。天子大夫例稱字。"（717頁）

（7）《春秋》成公二年："秋七月，齊侯使國佐如師。己酉，及國佐盟于袁婁。"杜注："《穀梁》曰：'鞌去齊五百里，袁婁去齊五十里。'"孔疏："齊之四竟，不應過遥。且鞌已是齊地，未必竟上之邑，豈得去齊有五百里乎？《穀梁》又云'壹戰縣地五百里'，則是甚言之耳。《釋例·土地名》鞌與袁

婁並闕,不知其處,遠近無以驗之。"(789頁)

呂按:杜注采用《穀梁傳》之説,孔疏不以爲然。是微言破注也。

(二)杜注暗引《公羊》《穀梁》二傳者,凡二十例,詳下。

(1)《左傳》隱公元年:"宋武公生仲子。仲子生而有文在其手,曰'爲魯夫人',故仲子歸于我。"杜注:"婦人謂嫁曰歸。以手理自然成字,有若天命,故嫁之於魯。"孔疏:"'婦人謂嫁曰歸'隱二年《公羊傳》文也。"(41頁)

呂按:杜注"婦人謂嫁曰歸",據孔疏,是暗引《公羊傳》文也。

(2)《春秋》隱公二年:"夏,五月,莒人入向。"杜注:"向,小國也。譙國龍亢縣東南有向城。莒國,今城陽莒縣也。將卑師少稱人。"孔疏:"隱五年《公羊傳》曰:'曷爲或言率師?或不言率師?將尊師衆稱某率師,將尊師少稱將,將卑師衆稱師,將卑師少稱人。君將不言率師,書其重者也。'《釋例》曰:'大夫將滿師稱師,不滿稱人而已。卿將滿師則兩書,不滿則直書名氏。君將不言帥師,卿將不言帥旅。此史策記注之常。'此用《公羊》爲説也。"(74頁)

呂按:據孔疏,杜氏此注及《釋例》,蓋用《公羊》説也。

(3)《左傳》隱公二年:"春,公會戎于潛,脩惠公之好也。戎請盟,公辭。"杜注:"許其脩好,而不許其盟。禦夷狄者不壹而足。"孔疏:"戎貪而無信,盟或背之,公未得戎意,恐好不久成,故不許其盟也。'禦夷狄者,不壹而足',文九年《公羊傳》文,言制禦夷狄,當以漸教之,不一度而即使足也。"(77頁)

呂按:據孔疏可知,杜注"禦夷狄者,不壹而足"二句源出《公羊傳》。

(4)《春秋》隱公六年:"秋七月。"杜注:"雖無事而書首月,具四時以成歲。他皆放此。"孔疏:"《公羊傳》曰:'此無事,何以書?《春秋》雖無事,首時過則書。首時過則何以書?《春秋》編年,四時具,然後爲年。'此注用《公羊》爲説。《釋例》曰:'年之四時,雖或無事,必空書首月,以紀時變,以明曆數也。'"(116頁)

呂按:孔疏云:"此注用《公羊》爲説。"

（5）《左傳》隱公八年：" 鄭伯請釋泰山之祀而祀周公，以泰山之祊易許田。三月，鄭伯使宛來歸祊，不祀泰山也。"杜注：" 成王營王城，有遷都之志，故賜周公許田，以爲魯國朝宿之邑，後世因而立周公別廟焉。鄭桓公，周宣王之母弟，封鄭，有助祭泰山湯沐之邑在祊。鄭以天子不能復巡守，故欲以祊易許田，各從本國所近之宜。恐魯以周公別廟爲疑，故云已廢泰山之祀，而欲爲魯祀周公，孫辭以有求也。許田，近許之田。"孔疏："《公羊傳》曰：'此魯朝宿之邑也，則曷爲謂之許田？諱取周田也。諱取周田，則曷爲謂之許田？繫之許也。曷爲繫之許？近許也。'杜言'近許之田'，是用《公羊》爲説。"（126—127頁）

吕按：孔疏云："杜言'近許之田'，是用《公羊》爲説。"

（6）《春秋》桓公八年："祭公來，遂逆王后于紀。"杜注："祭公，諸侯爲天子三公者。王使魯主昏，故祭公來受命而迎也。"孔疏："隱元年云'祭伯'，今而稱'公'知其爲天子三公。《公羊》亦云：'祭公者何？天子之三公也。'"（214頁）

吕按：據孔疏，杜注乃暗用《公羊傳》文。

（7）《春秋》莊公元年："三月，夫人孫于齊。"杜注："夫人，莊公母也。魯人責之，故出奔。內諱奔，謂之孫，猶孫讓而去。"孔疏："'夫人孫'意，傳文不明，故云'魯人責之'。蓋責其訴公於齊侯，而使公見殺，故惡懼而出奔也。《公羊傳》曰：'孫者何？孫猶孫也。內諱奔，謂之孫。'《穀梁傳》曰：'孫之爲言猶孫也，諱奔也。'杜用彼爲説。"（246頁）

吕按：據孔疏，杜注用《公羊》《穀梁》爲説。

（8）《春秋》莊公三年："秋，紀季以酅入于齊。"杜注："季，紀侯弟。酅，紀邑，在齊國東安平縣。齊欲滅紀，故季以邑入齊爲附庸，先祀不廢，社稷有奉，故書字貴之。"孔疏："《公羊傳》曰：'紀季者何？紀侯之弟也。何以不名？賢也。何賢乎？紀季請後五廟，以存姑姊妹。'《穀梁傳》曰：'酅，紀之邑也。入于齊者，以酅事齊也。'杜取彼爲説，知季是紀侯之弟，以酅邑入齊爲附庸之君，附屬齊國也。"（353頁）

吕按：據孔疏，杜注暗用《公羊》《穀梁》二傳之説。

（9）《春秋》莊公六年："春，王正月，王人子突救衞。"杜注："王人，王之微官也。雖官卑，而見授以大事，故稱人而又稱字。"孔疏："僖八年《公羊傳》曰：'王人，微者。'知此王人亦微者，故云'王人，王之微官也'。《穀梁傳》曰：'王人，卑者也。名，貴之也，善救衞也。救者善，則伐者不正矣。'杜意取彼爲説，唯以子突爲字耳。"（259—260頁）

吕按：據孔疏，杜注暗用《公羊》《穀梁》二傳之説。

（10）《春秋》僖公二十年："五月乙巳，西宫災。"杜注："無傳。西宫，公别宫也。"孔疏："《穀梁》以西宫爲閔公之廟。禮，宗廟在左，不得稱西宫也。《公羊傳》曰：'西宫者何？小寢也。小寢則曷爲謂之西宫？有西宫，則有東宫矣。'此注取《公羊》爲説，故云'公别宫也'。"（454頁）

吕按：據孔疏，杜注暗引《公羊傳》也。

（11）《春秋》僖公三十一年："猶三望。"杜注："三望，分野之星。國中山川皆郊祀，望而祭之。魯廢郊天而修其小祀，故曰猶。猶者，可止之辭。"孔疏："三望者，因郊祭天而望祭之，於法不獨祭也。魯既廢郊天，而獨修小祀，故曰'猶'。《公羊》《穀梁》皆云：猶者，可止之辭。"（537頁）

吕按：據孔疏，可知杜注"猶者，可止之辭"，乃暗引二傳文。

（12）《春秋》文公五年："春，王正月，王使榮叔歸含且賵。"杜注："珠玉曰含。車馬曰賵。"孔疏："'車馬曰賵'，《公羊傳》文。"（581頁）

吕按：據孔疏，可知杜注"車馬曰賵"乃暗引《公羊傳》文。

（13）《左傳》文公八年："冬，襄仲會晉趙孟，盟于衡雍，報扈之盟也。遂會伊雒之戎。書曰'公子遂'，珍之也。"杜注："伊雒之戎將伐魯，公子遂不及復君，故專命與之盟。珍，貴也。大夫出竟，有可以安社稷、利國家者，專之可也。"孔疏："傳多言'貴之'，而此言'珍之'，事同而文異，故以珍爲貴也。'大夫出竟'以下，皆莊十九年《公羊傳》文。"（602頁）

吕按：據孔疏，可知杜注"大夫出竟"云云乃暗引《公羊傳》文也。

（14）《春秋》宣公十五年："初税畝。"杜注："公田之法，十取其一。今又履其餘畝，復十收其一。故哀公曰：'二，吾猶不足。'遂以爲常，故曰

初。"孔疏:"'履畝',《穀梁傳》文也。"(765頁)

吕按:據孔疏,杜注之"履畝",暗用《穀梁傳》文也。

(15)《春秋》成公三年:"二月甲子,新宫災,三日哭。"杜注:"無傳。三年喪畢,宣公神主新入廟,故謂之新宫。書三日哭,善得禮。宗廟,親之神靈所憑居而遇災,故哀而哭之。"孔疏:"《公羊傳》曰:'新宫者何?宣公之宫也。宣宫則曷爲謂之新宫?不忍言也。其言三日哭何?廟災三日哭,禮也。'《穀梁傳》曰:'新宫者,禰宫也。三日哭,哀也。其哀,禮也。迫近不敢稱謚,恭也。'二傳皆以新宫爲宣宫,三日哭爲得禮,故杜依用之。"(817頁)

吕按:據孔疏,杜注暗用二傳文也。

(16)《春秋》成公八年:"秋七月,天子使召伯來賜公命。"杜注:"諸侯即位,天子賜以命圭,與之合瑞。天子、天王,王者之通稱。"孔疏:"'天子'之見經者三十有二,稱'天王'者二十五,稱'王'者八。稱'天子'者一,即此事是也。三稱並行,傳無異説,故知天子、天王,王者之通稱也。其不同者,史異辭耳。《公羊傳》曰:'其稱天子何?元年春王正月正也,其餘皆通矣。'杜用彼説也。"(839頁)

吕按:據孔疏,杜注之"天子、天王,王者之通稱",乃暗用《公羊傳》説。

(17)《春秋》成公十六年:"春,王正月,雨木冰。"杜注:"無傳,記寒過節,冰封著樹。"孔疏:"正月,今之仲冬,時猶有雨,未是盛寒,雨下即著樹爲冰。記寒甚之過其節度。《公羊》《穀梁》皆云'雨而木冰',是冰封著樹也。今世時有之,皆寒甚所致也。"(886頁)

吕按:據孔疏,可知杜注"著樹爲冰"源出《公羊》《穀梁》二傳也。

(18)《春秋》昭公二十三年:"胡子髠、沈子逞滅。"杜注:"國雖存,君死曰滅。"孔疏:"《公羊傳》曰:'君死于位曰滅。'其意言本國雖存,其君見殺,與滅國相類。據君身言之,謂之滅。"(1646頁)

吕按:據孔疏,杜注暗引《公羊傳》也。

(19)《春秋》定公十五年:"邾子來奔喪。"杜注:"無傳。諸侯奔喪,非禮。"孔疏:"昭三十年傳曰:'諸侯之喪,士弔,大夫送葬。'諸侯親自奔喪、會葬,皆非禮。《公羊》亦云:'奔喪,非禮也。'"(1848頁)

呂按:據孔疏,杜注乃暗用《公羊傳》文。

(20)《春秋》哀公十三年:"冬,十有一月,有星孛于東方。"杜注:"無傳。平旦衆星皆没而孛乃見,故不言所在之次。"孔疏:"《公羊傳》曰:'孛者何?彗星也。其言于東方何?見平旦也。'杜用彼説,'衆星皆没,故不言所在之次'。"(1922頁)

呂按:據孔疏,杜注暗用《公羊傳》之説。

# 説"登軾而望之"與"室如懸磬"
## ——《左傳》訓詁二則

## 一 "登軾而望之"

《左傳》莊公十年記載齊魯長勺之戰云:"齊師敗績。公將馳之。(曹)劌曰:'未可。'下視其轍,登軾而望之,曰:'可矣。'遂逐齊師。"①

長勺之戰一節,由於其文采斐然,許多古文選本和大中學語文課本都收了,並冠之以《曹劌論戰》的篇名,所以熟悉它的人很多。但遺憾的是,就"登軾而望之"之"軾"字來説,竊以爲沒有一家解釋是正確的。試看:

徐中舒編注的《左傳選》注云:"軾,古代兵車皆立乘,軾是車前扶手的橫木,在全車是最高的地方。"(中華書局1979年版)

朱東潤《歷代文學作品選》上編第一册注云:"登軾,攀登車前的橫木。"(上海古籍出版社1991年版)

郭錫良等人編寫的《古代漢語》將"登軾而望之"斷作"登,軾而望之",注云:"登上兵車,扶著車前的橫木瞭望齊軍敗逃的情況。"(北京出版社1988年版)

---

① 左丘明傳、杜預注、孔穎達正義、浦衛忠等整理《春秋左傳正義》,北京大學出版社,2000年,275頁。

初中語文課本第六册注云:"軾,古代車子前邊的橫木,供乘車人扶手用。"

高中語文課本第六册《我國古代的車馬》一文説:"古代馬車的車廂叫輿。輿前部的橫木可以憑倚扶手,叫做式(軾)。"(按:此文選自王力主編的《古代漢語·通論二十二》)

竊以爲,首先,郭錫良等人《古代漢語》的斷句,在當代諸家中雖然獨闢蹊徑,自成一家,實則並不可取。爲什麽?須知,登車是爲望遠,而爲了望遠,就須要登上車的較高之處,所謂"欲窮千里目,更上一層樓",就是這個意思。這是常識問題,曹劌絶對不會違背常識行事。而車上的較高之處就是軾,經典多假"式"爲之。據《周禮·考工記總序》,人長八尺,兵車車箱底板距地面的高度是四尺;又據《考工記·輿人》,車上的軾高三尺三寸。這個高,是指高於車箱底板。曹劌爲了望遠,如果如郭書所説,是所謂"登,軾而望之",且不説"軾而望之"時身體須要略向前傾,人的視線也要低於平視,單就軾時所站的高度來説,那就只能站在高於地面四尺的車箱底板上;而如果按照"登軾而望之"的讀法,則是"登在軾上",那就能够站在高於地面七尺七寸的軾上。問題一下子變得如此簡單:是站在四尺四寸的高度看得遠呢,還是站在七尺七寸的高度看得遠?這也是常識問題,不言而喻。當然,郭書的如此標點也不是自我作古,而是有所繼承的,這是後話,下邊再説。

其次,各家的注解都錯了。錯在什麽地方呢?

第一,軾究竟是什麽樣的形狀,各家所説皆誤。各家皆以爲軾是"車前的橫木",則軾頗與今日之單杠相似。但仔細地想一想,問題就來了。且不説曹劌所乘之兵車可能是在行進當中,退一步説,即令是在静止狀態下,讓一個人無所扶持地雙足立在單杠上,容易嗎?恐怕沒有雜技演員的本領就做不來。更何況還要全神貫注地向遠處瞭望片刻,其難度就更大了。而曹劌之所以能够"登軾而望之",並不是由於曹劌有超過雜技演員的本領,而是由於曹劌所登的軾,其形狀並不是"車前的橫木",而是車前的彎木,其形狀猶如舊日的圈椅,也有點像馬蹄鐵。這樣的軾,因爲它能够一前一後地給人提供兩個穩當的立足點,所以任何一個普通的人都能够登得上,立得穩,並且專注地瞭望遠方。過去,我對軾的理解也是錯誤的,並將這種錯誤的理解講給學生。後來讀《考工記》,讀到清人江永的《周禮疑義舉要》,才糾正了我的錯誤認識。《考工記·輿人》:"參分其隧,一在前,二在後,以揉其式。"式,通"軾"。意思是説,將車箱的長度分爲三等份,前邊的一等份作爲軾的深度,後邊的二等份作爲輢(即車箱兩旁的方格形擋板,因其可倚,故曰輢)的深度。已知車箱的縱深長度(即隧)是四尺四寸,然則軾的深度就是一尺四寸六分六厘六不盡。再看江永在《周禮疑義舉要》中的解釋:"式有通指其地者,'參分其隧,一在前,二在後,以揉其式',注謂'兵車式深一尺四寸三分寸之二'是也;有切指其木者,'參分軹圍,去一以爲式圍'(式圍,即軾的周長。據計算,式圍是七寸三分强)是也。因前有憑式木,故通車前三分隧之一皆可謂之式。其實,式木不止横在車前,有曲而在兩旁,左人可憑左手(站在車左的人可以把左手放在彎向左邊的軾上),右人可憑右手者,皆通謂之式。其言'揉其式'何也?蓋揉兩曲木自兩旁合於前。所以用曲木者,不欲令折處(即軾的兩個拐彎處)有棱角觸礙人手,如今人作椅子扶手,亦揉曲木是也。軾崇三尺三寸,並軾深處言之(即包括'一在前'的軾的深度)。兩端與兩輢植軹(輢的形狀好像舊式的方格窗户,木條縱横交叉。植軹就是縱向的木條)相接,軍中望遠,亦可一足履前軾(正前方的軾,即所謂'車前的横木'),一足履旁軾(車箱兩旁前部的軾)。《左傳》長勺之戰,'登軾而望'是也。式有轛木(轛,音zhui,據鄭玄注,轛是支撐軾的縱横交叉的木條,也頗像舊時的方格窗户)承之(即支撐),甚固,故可履也。車制(謂車箱的模樣)如後世紗帽之形,前低後高(前低,謂軾;後高,謂較。詳下)。軾崇三尺三寸,不及人之半腰(人高八尺),故馭者可執轡,射者可引弓,而憑軾須小俯(略微彎腰)也。此式之真形狀。前人但知軾爲車前横木,不細考《輿人》車前三分之一處通名爲軾,而可憑之木又有在兩旁者,是以不得其狀。"[1]鄭珍對江永的這

---

[1] 江永《周禮疑義舉要》,影印文淵閣《四庫全書》本,101册,770頁。

段話極其佩服，在其《輪輿私箋》中說："式較之制，自皇侃、熊安生諸儒誤解，唐孔氏沿其謬。江氏永糾正之，乃復見古制。此說謹守經注，曲暢旁通，最爲精確，後有好議者，莫之能易矣。"①爲了取得直觀的效果，請讀者參看下方的輿圖，庶幾一目了然。此輿圖采自戴震《考工記圖》②。

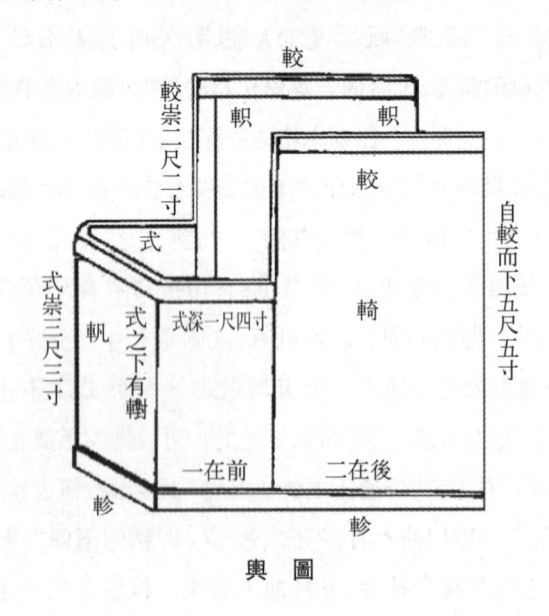

（輿圖：較崇二尺二寸、軹、較、輢、自較而下五尺五寸、式、式崇三尺三寸、軓、式深一尺四寸、式之下有軹、一在前、二在後、軫、軫）

**輿　圖**

第二，軾是不是"車上最高的地方"？答曰：不是。軾只能說是車上較高的地方，但不是最高的地方。車上"最高的地方"是較（音 jue 決）。較是何物呢？較是兩輢最上部的平木（或曰平杠），可作扶手用。見上圖。《考工記·輿人》："以其隧之半爲之較崇。"③隧是車箱的縱深，其長度是四尺四寸。四尺四寸的一半是二尺二寸，這就是較的高度。但這個二尺二寸，是指較高於軾二尺二寸，並不是較高於車箱底板二尺二寸。這個二尺二寸，加上軾的高度三尺三寸，得五尺五寸，這才是較距車箱底板的高度。所以鄭玄注云："兵車，自較而下凡五尺五寸。"④段玉裁《說文解字

---

① 鄭珍《輪輿私箋》，《續修四庫全書》，上海古籍出版社，2002年，85冊，455頁。
② 戴震撰、張岱年主編《戴震全書·考工記圖》，黃山書社，1995年，第五冊，335頁。
③ 鄭玄注、賈公彥疏、趙伯雄整理《周禮注疏》，北京大學出版社，2000年，1269頁。
④ 鄭玄注、賈公彥疏、趙伯雄整理《周禮注疏》，1269頁。

注》"軾"字下云:"軾卑於較二尺二寸。説詳先生《考工記圖》。"①由此可知,車上"最高的地方",是較,不是軾。那麽,問題又來了:既然較是車上最高的地方,爲了瞭望敵情,曹劌爲什麽不登上較而要登上軾呢?答曰:因爲較是單杠似的平木,不便攀登。即使攀登上去,也不能立直站穩,更不要説還要專注地瞭望敵情。或曰:較既然是兩輢最上部的平木,那就像雙杠似的,豈不可以兩足各立一木,從而立得穩穩當當嗎?答曰:提出這樣的問題,是由於只知其一,不知其二。較是兩輢最上部的兩根平行的平木,這一點不假,問題在於這兩根平行的平木相距太遠,一個人叉開兩腿欲立其上,根本就夠不著。有多遠呢?據《考工記·輿人》,兵車車箱的寬度是六尺六寸,這個寬度,也就是兩較之間的距離。戰國時期,一尺合今23.1厘米,六尺六寸,則合今152.46厘米。這個寬度,人們叉開兩腿直立是夠不著的。明白了上述道理,就知道曹劌何以只是"登軾而望之",而不是"登較而望之"。

如果以上所説不謬,那麽我們就接著探討一下始作俑者是誰。

先説斷句之誤。孔穎達疏"登軾而望之"云:"謂下去(按:猶言"下距")車板三尺三寸橫施一木,名之曰軾,得使人立于其後,時依倚之。曹劌'登軾',得臣云'君憑軾'(按:見僖二十八年),皆謂此也。"②按:此所謂"得使人立于其後,時依倚之",即所謂憑軾。"軾"作爲動詞來用,即憑軾之義。"軾"既然作爲動詞來用,自然要與前面的"登"字斷開。愚以爲,郭錫良《古代漢語》之所以斷作"登,軾而望之",即承孔氏此疏而來。

再説對軾的形狀的誤解。《論語·鄉黨》:"見齊衰凶服者式之。"南朝梁皇侃疏云:"古人乘路車,如今龍旗車,皆于車中倚立。倚立難久,故于車箱上安一橫木,以手隱憑之,謂之爲較,《詩》云'猗重較兮'是也。又於較之下末,至車床半許,安一橫木,名爲軾。若在車上應爲敬時,則落手憑軾。"③皇侃的這個説法,與《考工記》和其他文獻所載的輿制,與根據考古發現所

---

① 許慎撰、段玉裁《説文解字注》,上海古籍出版社,1981年,722頁。
② 左丘明傳、杜預注、孔穎達正義、浦衛忠等整理《春秋左傳正義》,275頁。
③ 何晏集解、皇侃《論語集解義疏》,影印文淵閣《四庫全書》本,195册,433頁。

繪製的周代駟馬車復原圖,皆大相徑庭,而其"安一橫木,名爲軾"則是後世所有注家誤解"軾"的源頭。唐初的孔穎達繼承和發展了皇侃的這種説法。孔穎達在爲《左傳》此節作疏時尚語焉未詳,而在爲《曲禮》"尸必式"一句作疏時則對皇説作了全面的闡釋:"長四尺四寸而三分,前一後二。橫一木,下去車床(謂車箱底板)尺三寸,謂之爲式。又於式上二尺二寸橫一木,謂之爲較。較去車床凡五尺五寸。于時立乘。若平常,則憑較,《詩》云'猗重較兮'是也。又若應爲敬,則落手隱下式,而頭得俯,故後云'式視馬尾'是也。"可以看出,皇、孔二氏並不真正明瞭上古的輿制,甚至可以説是在亂講一氣。但是,由於孔穎達主編的《五經正義》長期以來是士子的必讀書,所以造成謬種流傳,貽誤後學。幸有好學深思如江永者,首先在其《鄉黨圖考》一書中批評説:"此疏甚誤。式不止橫一木在前,兩旁仍有,鉤曲而後,各一尺四寸有奇。較有兩,本是縱置,乃謂'式上二尺二寸橫一木,謂之較',是式之制先不明,而較亦因之而誤。此較式之間二尺二寸,有板乎? 無板乎? 如有板掩,則人如何能落手憑式? 若無板,則人俯而憑式,其頭豈不觸較乎? 較高五尺五寸,御者亦甚不便執策執轡矣。《詩》言'重較',謂兩較在輢上,高於前之式,若兩重然,故曰重較,非謂兩橫木相重也。"①接着,江永的學生戴震又在《考工記圖》中申論云:"《説文》:'軾,車前也。'(孔穎達)《曲禮》疏此條,尺寸本之《考工記》,而所言軾較形制則大謬。學者粗涉文義,見其明曉,又尺寸有據,不復深思詳考,於是爲車制一大障蔽。較有兩,在兩旁。軾有三面,故《説文》概言之曰'車前'。鄭康成則曰'兵車之軾,深一尺四寸三分寸之二',若橫一木,不得有深矣。"②説得多麼剴切明白。由此可知,關於軾的形制,《考工記》沒有記錯,許慎《説文》沒有説錯,鄭玄注《周禮》沒有注錯,錯就錯在皇侃、孔穎達在解經時解錯了。這一錯就錯了十幾個世紀,甚至連朱熹這樣的大儒也隨聲附和。雖有江永、戴震等人的發覆表微,欲撥亂而反之正,遺憾的是我們作爲後人又忽視了江、戴之説,以致於信守舊説而不悟。

---

① 江永《鄉黨圖考》,影印文淵閣《四庫全書》本,210册,890頁。
② 戴震撰、張岱年主編《戴震全書·考工記圖》,第五册,346頁。

爲了把問題説得更清楚,在這裏,請允許我狗尾續貂地將江、戴之説再申釋幾句。孔説的錯誤在於:第一,把軾的形狀説錯了。孔氏只知車前的横木爲軾,不知車前彎向車箱兩旁的一段縱木也是軾(所以戴震説"軾有三面")。軾的整體形狀不是一根横木,而是一根曲木。打個比方來説,軾不是單杠形,而是圈椅形,半框形。知道了軾的形狀,就可以算出軾的長度:據《輿人》,車前横木的那一段軾,與車箱的寬度相同,即六尺六寸;彎向左右兩旁的軾,每一旁的長度是一尺四寸六分六厘六不盡;然則軾的總長度便是九尺五寸三厘强。第二,把較的形狀、位置説錯了。較本是兩輢最上部的平木,左右各一,縱向設置(見上圖)。而在孔疏那裏,較不僅由左右兩根變成了一根,而且被强行横向設置于車前,造成與車前那一段横木上下平行之勢。這樣一來,很多現象就難於解釋。而究其原因,就是由於把軾的形狀説錯了,把較的形狀和位置都説錯了。從今以後,但願我們對"軾"的注解,能够采取江、戴二氏的正確説法,抛棄孔氏的錯誤説法,且莫再棄周鼎而寶康瓠了。

## 二 "室 如 懸 罄"

《左傳·僖公二十六年》:"齊侯曰:室如縣罄,野無青草,何俟而不恐?'"①《國語·魯語上》也有此數語,唯"縣罄"作"縣磬",其餘皆同。"縣"是"懸"的古字,這不成問題,學者皆無異議。唯"罄""磬"二字,何者爲是,當作何解,學者尚有不同意見。杜預認爲當作"罄",作"盡"解。故其注云:"時夏四月,今之二月,野物未成,故言居室而資糧縣盡,在野則無蔬食之物,所以當恐。"②但孔穎達已經發現,杜預爲了能够自圓其説,不惜改經文"如"字爲"而"字。這樣一來,難免有改字解經之嫌。職此之故,學者多不從杜。東漢學者服虔,可以説是杜預的前輩,其注釋"室如懸

---

① 左丘明傳、杜預注、孔穎達正義、浦衛忠等整理《春秋左傳正義》,495 頁。
② 左丘明傳、杜預注、孔穎達正義、浦衛忠等整理《春秋左傳正義》,495 頁。

磬"云："言室屋皆發撤，榱桷在，如懸磬。"①則認爲"罄"通"磬"，而磬是一種樂器。注《國語》的韋昭，三國吳人，也可以説是杜預的前輩，其注云："縣磬，言魯府藏空虚，但有榱梁，如縣磬也。"②與服説一致。後世學者，多從服、韋之説。筆者也主此説。現在我們就以此説爲基礎來進行討論。那麽，"室如懸磬"是什麽意思呢？《漢語大詞典》解釋説："謂室中空無所有。比喻一貧如洗。"愚以爲，這個釋義雖然説不上錯，但絕對談不上盡善盡美，甚至可以説是不求甚解的産物。我建議將釋義改爲"猶言家徒壁立。形容室中一無所有"。在我看來，用"家徒壁立"這個成語來解釋"室如懸磬"這個成語最爲貼切，最爲傳神，這兩個成語簡直是天造地設的一對。而要領會其貼切傳神之處，就必須弄清楚：磬究竟是怎麽個懸法？這個問題解決了，"室如懸磬"的確詁也就水到渠成。而在這個問題上，服、韋二注只給我們提供了有益的提示，並没有給我們提供明確的答案，所以問題還要靠我們自己來解决。

磬究竟是怎麽個懸法呢？在解决這個問題之前，有必要先認識一下磬的形制。據《考工記·磬氏》，磬的整體形狀，像一個鞠躬45度的人。作爲樂器，其上體是用於懸掛的傾斜部分，叫做股；其下體是用於敲擊的垂直部分，叫做鼓。股長與鼓長的比例是2:3，股與鼓之間的夾角是"一矩有半"，即90度加上45度，等於135度。詳見下方磬圖。

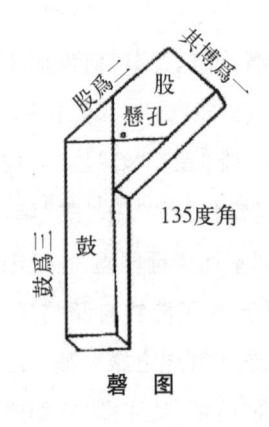

明白了磬的形制，然後再説磬的懸掛。我們知道，磬是懸掛在樂器架子上的，這個樂器架子有個專名，叫做簨虡。那麽，磬是怎樣懸掛在簨虡上的呢？學者中間有兩説：一是横著懸掛説，二是直著懸掛説。楊伯峻《春秋左傳注》説："磬之懸掛，中高而兩旁下，其間空洞無物。百姓貧

---

① 左丘明傳、杜預注、孔穎達正義、浦衛忠等整理《春秋左傳正義》，496頁。
② 《國語·魯語上第四》，《四部叢刊》本，4頁B。

乏，空無所有，雖房舍高起，兩簷下垂，如古磬之懸掛然也。"①這種説法認爲磬是橫著懸掛的。所謂"中高而兩旁下"，蓋謂中間的磬折處最高，有似屋脊；而兩旁的股與鼓分別向下傾斜，好比屋子的兩簷。《漢語大詞典》亦引楊説作爲根據。孫詒讓《周禮正義·磬氏》則説："今磬皆橫懸，股鼓正平；古磬則皆直懸，股斜側而鼓直下。"②這種説法認爲今磬是橫著懸掛的，而古磬則是直著懸掛的。所謂"股斜側而鼓直下"，蓋謂磬之股傾斜而下，有似屋頂的北坡，而磬之鼓則垂直而下，好比屋子的北牆。哪一種説法對呢？竊以爲直著懸掛説對。我之所以認爲直著懸掛説對，是由於我讀了清代學者程瑶田在《考工創物小記》中所寫的《磬鼓直懸證六記》《磬鼓直懸證七記》《磬鼓直懸證八記》等文之後，大爲折服，乃深信不疑。

　　首先，程氏曾經親自做過鼓直懸的試驗。試驗的方法是，先按照《考工記·磬氏》的制磬規格製成一磬，而後"即其折處，橫其鼓博而出之，以趨乎其股，而取節於所出線之外（即以磬的彎曲部分爲起點，畫一條與鼓底平行的直線，直達於股的内側，然後在這條線外取一點），又於橫出趨股處，直其鼓長而出之，以趨乎其股，而取節於所出線之外（即又在這條橫線將要進入股的地方，沿著鼓的内側畫一條與鼓外側平行的直線，直達於股的外側，然後在這條線外取一點。此直線外所取的一點，與横線外所取的一點，實際上恰巧吻合），兩線交叉處，以爲懸孔，懸而驗之，其直中繩焉。"這就是説，試驗證明了磬鼓是直懸的。詳見"室如懸磬之圖"③。

　　其次，程氏又舉出大量的文獻證據，證明了磬鼓是直懸的。就拿"室如懸磬"來説，他説："古人五架屋（即屋頂用五道檩），第四架下爲户牖以隔之，外爲堂（其作用猶如今日之客廳），内爲室。室上之宇（即屋簷，此謂屋頂北坡），北出斜下，以交於北塘（即北牆）。塘直如磬鼓，宇斜如磬股。"④

---

① 楊伯峻編著《春秋左傳注》（修訂本），中華書局，1990年，439頁。
② 孫詒讓撰、王文錦等點校《周禮正義》，中華書局，1987年，3351頁。
③ 此磬圖，取自程瑶田《考工創物小記》，《程瑶田全集》，黄山書社，2008年，第二册，206頁。
④ 程瑶田《考工創物小記》，《程瑶田全集》，第二册，204頁。

這是磬鼓直懸之證一。參看下方室如懸磬圖。

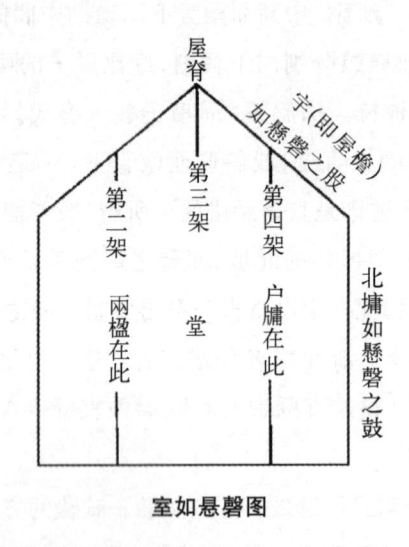

```
              屋
              脊
                    宇
                    (
                    即
               第    屋
               三    檐
        第     架    )
        二           如   第
        架           懸   四   北
                     磬   架   墉
        兩           之        如
        楹     堂    股   戶   懸
        在                庸   磬
        此                在   之
                          此   鼓
```

**室如悬磬图**

　　竊以爲,程氏此說與服、韋二注可謂不謀而合。蓋服虔所説的"榱橑在",意謂屋頂北坡的椽子在,屋頂北坡的椽子與北牆相交,恰成懸磬之勢,此即所謂"如懸磬"也;服虔所説的"榱橑在",並不包括屋頂南坡的椽子。爲什麼這樣説呢? 因爲古人的五架屋結構與今不同,其第五架下雖有北牆,而其第一架下並没有南牆。這又是爲什麼呢? 因爲古人的室是封閉的,而古人的堂却是開放的,所以,第一架下的空間,作爲堂的一部分,不需要有牆。既然没有南牆,就等於只有磬股而没有磬鼓,也就無法形成懸磬之勢。

　　《禮記·曲禮下》:"立則磬折垂佩。"意謂站立時要保持磬折的姿勢,使腰帶上的佩玉自然下垂。所謂"磬折的姿勢",即上體好比是磬股,下體好比是磬鼓,上體與下體之間的彎度是135度。這個姿勢恰是人鞠45度躬時的姿勢。這是磬鼓直懸之證二。《禮記·文王世子》:"公族其有死罪,則磬於甸人。"鄭玄注云:"甸人,掌郊野之官。懸縊殺之曰磬(猶如後世之絞刑)。"這是磬鼓直懸之證三。《説文》:云:"磬,欷也。"程氏説:"人欷必伸首稍昂焉,其喉頸間折處,上如磬之股,下如其鼓,亦因象磬形而乃以諧其聲也。"這是磬鼓直懸之證四。① 程氏的友人陳令華又特地寄書程氏，錦上添花，爲程氏更舉一磬鼓直懸之證云："磬之古文作'硜'，字從'巠'者皆有直義。按：《釋名》：'脛，莖也，直而長，似物莖也。'《說文》：'鋞，溫器也，圜而直上。'《莊子·秋水篇》：'徑流之大。'《釋文》引崔注：'直度曰徑。'《管子·兵法篇》：'徑乎不知。'注謂：'卒然直指。'《史》《漢》注訓徑爲直者頗多；《漢書·楊惲傳》注：'脛脛，直貌。'《爾雅》：'直波爲徑。'劉淵林《魏都賦》注：'直行爲經。'《玉篇》《廣韻》：'脛，直視也。''巠'之字，從'壬'得聲。《說文》：'壬，從人士，一曰象物出地挺生也。'挺生有直義，故廷從壬聲，亦訓直。《後漢書·郭太傳》注引《蒼頡篇》：'廷，直也。'又引《風俗通》：'廷，正也，取平均正直也。'《爾雅·釋詁》：'庭，直也。'《左傳》襄五年：'我心挺挺。'杜注：'挺挺，正直也。'《曲禮》'脡祭'，鄭注：'頲，直也。'《隋書》引許氏《五經異義》：'天子笏曰珽，挺直無所屈也。'可知磬之制字，其初正以其鼓直懸而名之也。"②這是從"磬"字的造字之本與命名之義上揭示磬鼓何以直懸。我們在讀了以後，不得不承認這一證據的強大說服力。這是磬鼓直懸之證五。其他證據還有，不煩備舉。

綜上所述，不但磬鼓直懸的試驗證明了磬鼓是直懸的，而且大量的文獻證據也證明了磬鼓是直懸的，那麼，我們對磬鼓直懸說還懷疑什麼呢！如果我們承認磬鼓直懸說是正確的，那麼，"室如懸磬"的最貼切、最傳神的釋義應該是什麼，不也就隨之解決了嗎！

（原載《河南師範大學學報》2000年第3期）

---

① 按：以上數證，均見程瑤田《考工創物小記·磬鼓直懸證六記》，《程瑤田全集》，第二册，204頁。
② 程瑤田《考工創物小記·磬鼓直懸證八記》，《程瑤田全集》，第二册，209—210頁。

## 《論語》識小

## 論朱子《論語集注》與陸德明《經典釋文》的關係

在網上讀到臺灣師範大學國文系教授邱德修先生《朱子〈論語集注〉初探》一文(下稱"邱文"),除了受益良多之外,也頗有難於苟同之處。邱文第四部分的標題是"朱子《集注》以《釋文》爲依歸"。"爲依歸"的表現,據邱文,有兩個方面:一是注音,二是釋義。在注音方面,邱文的結論是:"總之,《朱注》有關《論語》一經的音讀,大多係本諸陸氏《論語音義》而來,而且對陸氏所列的音讀篤信而不疑,幾乎完全採擇,而毫無遺漏了。"在釋義方面,邱文的結論是:"由以上所舉十八個例子,說明《朱注》在釋《論語》經文之義方面,多采取《音義》所釋之義。於是可見,《朱注》在釋義方面,也像在釋音方面那樣,多本諸《論語音義》的材料做爲集注《論語》的依據。"我所謂"難於苟同之處",指的就是這兩個結論。今略述管見,請邱先生與讀者指正。

先說邱文的第一個結論。竊以爲,如果說"《朱注》有關《論語》一經的音讀,大多係本諸陸氏《論語音義》而來",是正確的。但如果説"而且對陸氏所列的音讀篤信而不疑,幾乎完全採擇,而毫無遺漏了",則未免不符事實。《九經三傳沿革例·音釋》云:"若《大學》《中庸》《論》《孟》四書,則並附文公音于各章之末。如《雍也》篇'樂山''樂水''智者樂',《釋文》皆音樂之類,自與注義背馳,微文公音,則義愈晦矣。"①可知元人已經指出,朱子對《釋文》的注音,並非"篤信而不疑,幾乎完全採擇"。

我認爲,對於《釋文》的注音,《集注》除了繼承之外,或增加,或删削,或改造,或選擇。總而言之,是批判地繼承。具體來説,有四點不同:第一,二者注音雖然相同而表達形式不同;第二,《釋文》雖有注音,而《集注》捨而不用;第三,《釋文》不音,而《集注》新增注音;第四,《釋文》有兩個或兩個以上注音,《集注》則只擇其一音。下面舉例説明之。

(一) 二者注音雖然相同而表達形式不同。例如:

《學而》:有子曰:"其爲人也孝弟,而好犯上者鮮矣。"《釋文》:"鮮,仙善反。"而朱子《集注》則:"鮮,上聲。"按:據《廣韻》,鮮有平聲、上聲兩讀。讀平聲者,見仙韻,相然切,義爲"潔也,善也",讀上聲者,見獮韻,息淺切,義爲"少也"。《釋文》的"鮮,仙善反",也是表示讀上聲,只不過反切用字與《廣韻》不同罷了。

《學而》子禽問于子貢章:"求之與?抑與之與?"《釋文》:"之與,音餘。下'之與'同。"而《集注》則:"之與,平聲,下同。"按:《釋文》用直音法,《集注》用四聲別義法,二者殊途同歸。

《里仁》:子曰:"君子之于天下也,無適也,無莫也,義之與比。"《釋文》:"比,毗志反。"而《集注》則:"比,必二反。"按:二者只是反切用字不同,但音值相同。

(二) 《釋文》雖有注音,而《集注》捨而不用。例如:

《學而》:子曰:"有朋自遠方來,不亦樂乎?"《釋文》:"朋,蒲弘反。"

---

① 《九經三傳沿革例》,影印文淵閣《四庫全書》本,183 册,564 頁。按:《九經三傳沿革例》,實際上,其主體部分乃是南宋廖瑩中《九經總例》的文字。詳見本書《宋人已經指出的〈尚書正義〉一處破句至今仍舊》一文。

《集注》則不音。

《學而》：曾子曰："吾日三省吾身。"《釋文》："三，息暫反。"《集注》則不音。

《學而》：子曰："謹而信，泛愛衆。行有餘力，則以學文。"《釋文》："泛，孚劍反。行，下孟反。"《集注》則不音"泛""行"二字。

《學而》："子夏曰。"《釋文》："夏，戶雅反。"《集注》則不音。

《學而》：子曰："過則勿憚改。"《釋文》："憚，徒旦反。"《集注》則不音。

（三）《釋文》不音，而《集注》增加注音。例如：

《學而》篇："子曰：弟子入則孝。""弟"字《釋文》不音，而《集注》云："弟子之弟，上聲。"

同篇："子曰：父在觀其志，父沒觀其行。""行"字《釋文》不音，而《集注》云："行，去聲。"

《爲政》篇："子曰：'七十而從心所欲，不逾矩。'""從"字《釋文》不音，而《集注》云："從，如字。"

《八佾》篇："子曰：'射不主皮，爲力不同科。'""爲"字《釋文》不音，而《集注》云："爲，去聲。"

《八佾》篇："子曰：'《關雎》，樂而不淫。'""樂"字《釋文》不音，而《集注》云："樂，音洛。"

《里仁》篇："子曰：'見不賢而內自省也。'""省"字《釋文》不音，而《集注》云："省，悉井反。"

（四）《釋文》有兩個或兩個以上注音，《集注》則只擇其一音。例如：

《爲政》篇："小車無軏。"《釋文》："軏，五忽反，又音月。"有兩讀。《集注》則："軏，音月。"只取《釋文》之後一種讀音。我們知道，根據《釋文·敘例》，凡是"標之於首"的讀音，都是當時流行的讀音；而其他讀音，則是有價值的參考讀音。

《八佾》篇："揖讓而升，下而飲。"《釋文》："飲，王於鴆反，又如字。"而《集注》則："飲，去聲。"實際上是取"於鴆反"的讀音，不取"如字"的讀音。

再說邱文的第二個結論。竊以爲,邱文的第二個結論基本上不能成立。我檢驗了邱文所舉的十八個例子,其中有十六個不能成立,勉強成立的只有兩個。請看:

邱文例1:"山節藻梲"。《音義》云:"藻:音早,水草有文者也;梲:本又作'棁',梁上短柱也。"《朱注》云:"藻,水草名。梲,梁上短柱也。"案:《朱注》釋"藻""梲"兩字之義是本諸《音義》(按:《釋文》之別名,下同)而來的。

吕按:《説文》:"藻,水草也。"安得云《朱注》釋"藻"爲"本諸《音義》而來"?又劉熙《釋名·釋宫室》:"棁儒,梁上短柱也。"安得云《朱注》釋"梲"爲"本諸《音義》而來"?

邱文例2:子曰:"伯夷、叔齊不念舊惡。"《音義》云:"伯夷:姓墨,名允,字公信,孤竹君之子。伯,長也;夷,謐。叔齊:名智,字公達,伯夷之弟;齊,亦謐也。"《朱注》云:"伯夷、叔齊,孤竹君之二子。"案:《朱注》釋"伯夷""叔齊"二人之義是本諸《音義》而來的。

吕按:邱說誤。《史記·伯夷列傳》:"伯夷、叔齊,孤竹君之二子也。"朱注蓋源出《史記》。

邱文例3:子曰:"與之釜。"請益。曰:"與之庾。"冉子與之粟五秉。《音義》云:"釜:音父,六斗四升也;庾:十六斗;秉:音丙,十六斛也。"《朱注》云:"釜,六斗四升。庾,十六斗。秉,十六斛。"案:《朱注》釋"釜""庾""秉"三個字之義,是本諸《音義》而來的。

吕按:邱說未必。按:鄭注《周禮·夏官·廩人》云:"六斗四升曰釜。"又鄭注《儀禮·聘禮記》云:"秉,十六斛。"又,杜注昭公二十六年《左傳》云:"庾:十六斗。"

邱文例4:子謂仲弓曰:"犂牛之子騂且角。"《音義》云:"犂牛:雜文曰犂。"《朱注》云:"犂,雜文。"案:《朱注》釋"犂"字之義是本諸《音義》而來的。

吕按:邱說誤。《朱注》云:"犂,雜文。"完全是取之何晏《論語集解》，二者一字不差。

邱文例5："如有復我者，則吾必在汶上矣。"《音義》云："汶：音問，水名。"《朱注》云："汶，水名，在齊南魯北竟上。"案：《朱注》釋"汶"字之義是本諸《音義》而來的。

呂按：《音義》中並沒有"在齊南魯北竟上"字樣，怎麼可以斷言《朱注》釋"汶"字之義是本諸《音義》而來？如果說是指"汶，水名"而言，那麼《說文》："汶，水也。"豈不更早！今按，鄭玄注《周禮·考工記》"貉逾汶則死"句引鄭司農云："汶水，在魯北。"賈公彥疏云："汶陽田，或屬齊，或屬魯，是齊南魯北，故云魯北也。"恐怕這才是朱子之所本。

邱文例6："竊比于我老彭。"《音義》云："老彭：包云：殷賢大夫也。案：《大戴禮》云：商老彭是也。"《朱注》云："老彭，商賢大夫，見《大戴禮》，蓋信古而傳述者也。"案：《朱注》釋"老彭"之義是本諸《音義》而來的。

呂按：邱說未必。《朱注》"商賢大夫"一語，乃出自何晏《集解》所引包注。而"見《大戴禮》，蓋信古而傳述者也"云云，乃朱子自得之語，並非"本諸《音義》而來"。

邱文例7："子之所慎：齊、戰、疾。"《音義》云："齊：本或作'齋'同。"《朱注》云："'齊'之爲言'齊'（齋）也，將祭而齊其思慮之不齊者，以交於神明也。"案：《朱注》釋"齊"爲"齋"字之義是本諸《音義》"或作"而來的。

呂按：邱氏此說殆非。《禮記·祭統》："及時將祭，君子乃齊。齊之爲言齊也，齊不齊以致齊也。"朱注蓋出於此。

邱文例8："葉公問孔子于子路。"《音義》云："葉公：葉，地名；楚縣尹僭稱公。"《朱注》云："葉公，楚葉縣尹沈諸梁，字子高，僭稱公也。"案：《朱注》釋"葉公"一語是本諸《音義》而來的。

呂按：《禮記音義·緇衣篇》云："葉公，楚大夫沈諸梁也，字子高，爲葉縣尹，僭稱公也。"與其說是本諸《論語音義》，不如說是本諸《禮記音義》。

邱文例9："今也純，儉。"《音義》云："純，絲也。"《朱注》云："純，絲也。"案：《朱注》釋"純"字之義是本諸《音義》而來的。

呂按：何晏《集解》引孔安國云："純，絲也。"，何得言"本諸《音義》而來"？

邱文例10：子曰："譬如爲山，未成一簣。"《音義》云："一簣，土籠也。"《朱注》云："簣，土籠也。"案：《朱注》釋"簣"字之義是本諸《音義》而來的。

呂按："簣，土籠也"，此何晏《集解》引東漢包氏注也，何得言"本諸《音義》而來"？

邱文例11："素衣麑裘。"《音義》云："麑：鹿子也。"《朱注》云："麑，鹿子，色白。"案：《朱注》釋"麑"字之義是本諸《音義》而來的。

呂按：邱說誤。朱注蓋本諸皇侃《論語義疏》："麑，鹿子也，鹿子色近白。"

邱文例12："食不厭精。"《音義》云："食：音嗣，飯也。"《朱注》云："食，飯也。"案：《朱注》釋"食"字之義是本諸《音義》而來的。

呂按：《周禮·天官·膳夫》："膳夫掌王之食飲膳羞。"鄭玄注："食，飯也。"豈不早于陸氏《音義》？

邱文例13："食饐而餲。"《音義》云："饐：《字林》云：飯傷熱濕也。"《朱注》云："饐，飯傷熱濕也。"案：《朱注》釋"饐"字之義是本諸《音義》而來的。

呂按：陸氏《音義》明言采用《字林》之說。我們知道，《字林》爲晋人呂忱所作，而據《宋史·藝文志》，呂忱《字林》宋時仍存，自當言《朱注》是本諸《字林》而來。

邱文例14：子曰："噫！天喪予！天喪予！"《音義》云："噫：痛傷之聲。"《朱注》云："噫，傷痛聲。"案：《朱注》釋"噫"字之義是本諸《音義》而來的。

呂按：邱說誤。"噫，痛傷之聲"，乃何晏《集解》所引包氏注也。

邱文例15："子路，行行如也。"《音義》云："行行：剛貌。"《朱注》云：

"行行,剛强之貌。"案:《朱注》釋"行行"一詞之義是本諸《音義》而來的。

吕按:"行行,剛强之貌。"乃何晏《集解》引鄭玄注文,何得言"是本諸《音義》而來"?

邱文例16:對曰:"異乎三子者之撰。"《音義》云:"撰:具也。"《朱注》云:"撰,具也。"案:《朱注》釋"撰"字之義是本諸《音義》而來的。

吕按:"撰,具也",此乃何晏《集解》所引孔安國注文,何得言"本諸《音義》而來"?

邱文例17:"君子之德風,小人之德草。草上之風,必偃。"《音義》云:"尚,加也。本或作'上'。"《朱注》云:"上,一作'尚',加也。"案:《朱注》釋"上"(尚)字之義是本諸《音義》而來的。

吕按:邱説是。

邱文例18:"夫如是,則四方之民繈負其子而至矣。"《音義》云:"繈:又作'繦',同。《博物志》云:織縷爲之,廣八寸,長丈二,以約小兒于背。"《朱注》云:"繈,織縷爲之,以約小兒于背者。"案:《朱注》釋"繈"字之義是本諸《音義》而來的。

今按:邱説近是。

邱文所舉的18個例子,成立的只有兩個,不成立的多達16個,所以,我説邱文的第二個結論基本上不能成立。我的結論與邱文的結論恰恰相反:《朱注》在釋《論語》經文之義方面,只是偶爾采取《經典釋文》之説,絶大多數是采取比《經典釋文》要早的古注、小學類的書的釋義以及其他較早文獻的解釋。

衆所周知,《經典釋文》的釋義也是有所本的,絶大部分不是第一手資料。我們如果把朱子《集注》在釋義方面的取材看作是以《釋文》爲依歸,在絶大多數情况下會陷入以流爲源的錯誤。上面的例子已經充分證明了這一點。

(原載《〈朱子全書〉與朱子學——2003年國際學術討論會論文集》,華東師範大學出版社,2005年)

# 曾參之"參"讀音質疑

孔子弟子曾參之"參",今人皆讀作 shēn。例如《漢語大詞典》"曾參殺人"條、《辭海》"曾參"條、王力《古代漢語》的《論語·學而》注、楊伯峻《論語譯注》等,皆讀作 shēn。

考查古人對此"參"字的注音,歷來就有兩種不同的讀法:一是讀 shēn,一是讀 cān。讀 cān 者乃是"驂"的借字。最早讀 shēn 的,大概是東漢的許慎,他在《說文·林部》的"森"字下說:"讀若曾參之參。"①而最早讀 cān 的,大概是晉代的晉灼。阮元《孝經釋文校勘記》說:"案:晉灼讀'參'如'宋昌參乘'之'參'。"②"參",今《漢書·文帝紀》作"驂"。翻檢南朝陳陸德明《經典釋文》對此"參"字的注音,結果如下:其《禮記·檀弓上》注云:"曾參,所金反,一音七南反。後同。"③其《論語·學而篇》注云:"參,所金反,又七南反。"④其《孝經·開宗明義章》注云:"參,所林反。"⑤由此可以看出,唐以前的經師對此"參"字的讀音分爲兩派:一派

---

① 許慎撰、段玉裁注《說文解字注》,上海古籍出版社,1981年,272頁。
② 阮元《十三經注疏校勘記》,《續修四庫全書》,上海古籍出版社,2002年,183册,16頁。
③ 陸德明《經典釋文》,上海古籍出版社,1985年,658頁。
④ 陸德明《經典釋文》,1350頁。
⑤ 陸德明《經典釋文》,1334頁。

讀所金反或所林反，即讀 shēn；一派讀七南反，即讀 cān。陸德明本人是傾向於讀 shēn 的，所以，雖然兩種讀法並存，但他却總是把所金反的讀音作爲首選讀音放在前邊。至於《孝經》中"參"字的注音，他乾脆就抹掉了"七南反"的一讀。此後很長時間，大約是大多數人都讀 shēn。例如對宋代以後讀書人影響很大的朱熹的《論語集注》，其《里仁篇》"參乎"就注云："曾參，所金反。"①

從明末開始，學者開始對所金反的讀音提出批評。首先，方以智在《通雅・姓名》中説："曾參，字子輿，參當音參乘之驂。"②王夫之《禮記章句》卷三説："參，如字，俗讀如葠者誤。"③清代的乾嘉學者，大抵皆以讀"驂"者爲是。王引之《春秋名字解詁》云："曾參，字子輿。(《仲尼弟子傳》)參，讀爲驂。《秦風・小戎篇》箋云：'驂，兩騑也。'桓三年《左傳正義》云：'初駕馬者，以二馬夾轅而已。'又駕一馬與兩服爲參，故謂之驂。又駕一馬乃謂之駟。故《説文》云：'驂，駕三馬也。駟，一乘也。'……名驂字子輿者，駕馬所以引車也。"④在王引之看來，"參"是假借字，其本字是"驂"，他在《春秋名字解詁》中曾明確提出："古人名字多假借，必讀本字而其義始明。"⑤盧文弨《經典釋文考證・論語音義考證》云："曾參，所金反，又七南反。案曾子字子輿，當讀爲七南反，與'驂'同，而今人咸不然。《孝經音義》止有所林反一音，非。"⑥王筠《説文釋例》卷十一、朱駿聲《説文通訓定聲》也都以"參"爲"驂"的借字。⑦ 以上學者之所以主張參爲驂的借字，當讀爲"驂"，是因爲根據名字相應的規律，此參字只有讀"驂"才説得通。所謂名字相應規律，粗線條地講，有兩條：一條是名與字是同義詞，是相輔相成的關係，例如孔子的學生宰予，字子我；司馬耕，字

---

① 朱熹《四書章句集注》，中華書局，1983年，72頁。
② 方以智《通雅》，影印文淵閣《四庫全書》本，857册，434頁。
③ 王夫之《禮記章句》，《續修四庫全書》，98册，69頁。
④ 王引之《經義述聞》卷二十三，《續修四庫全書》，175册，132頁。
⑤ 王引之《經義述聞》卷二十三"鄭公子偃字子游"條，《續修四庫全書》，175册，134頁。
⑥ 盧文弨《經典釋文考證》，《續修四庫全書》，180册，259頁。
⑦ 王筠《説文釋例》，武漢市古籍書店，1983年，516頁；朱駿聲《説文通訓定聲》，中華書局，1984年，101頁。

子牛。一條是名與字是反義詞,是相反相成的關係。例如曾子的父親名點,字晳,點是黑,晳是白,名與字之間是反義關係。曾參,字子輿,"參"的本字是驂,義爲駕在車前兩側的馬,輿是車,其名字之間是相輔相成的關係,所以王引之説是"駕馬所以引車也"。

讀"所金反"的參,《説文》作"曑",隸變作"參",意爲"商星也"。就古音講,驂與作商星講的參,讀音很相近,因爲他們有共同的聲符。在《廣韻》中,讀所金反的參,入平聲侵韻;讀七南反的參,入平聲覃韻。《集韻》同。

名字相應規律,是古代學者經常使用的一種訓詁手段,而且在某種特定情況下,也唯有這種手段可以解決問題。例如《説文》:"施,旗旖施也。齊欒施字子旗,知施者旗也。"①如無欒施的名字爲證,許慎很可能就無法知道"施"字的本義。《禮記·檀弓下》:"子顯以致命于穆公。"鄭玄注:"盧氏云:古者名字相配,'顯'當做'韅'。"②因爲盧植知道,子顯是字,其名曰縶,縶是絆馬索,顯、縶不相配,只有作"韅",作馬腹帶講,才與縶字相配。《漢書·劉向傳》:"向,字子政。"顏師古注:"名向,字子政,義則相配。而近代學者讀'向'音'餉',既無別釋,靡所憑據,當依本字爲勝也。"③本文末了,就套用顏師古的話作爲結尾:"曾參,字子輿,義則相配。而近代學者讀'參'音 shēn,既無別釋,無所憑據,當依本字讀 cān 爲勝也。"

(原載臺灣《孔孟月刊》35 卷 9 期,1997 年;後載中華書局《學林漫録》15 集,2000 年)

---

① 許慎撰、段玉裁注《説文解字注》,311 頁。
② 鄭玄注、孔穎達正義、吕友仁整理《禮記正義》,上海古籍出版社,2008 年,359 頁。
③ 班固《漢書》,中華書局,1962 年,1929 頁。

## 《爾雅》識小

## 《爾雅》"二義同條例"是王引之發現的嗎?

《爾雅》"二義同條例"是指處於同一條中的若干個被作爲同義詞來解釋的詞,實際上它們並不是只在一個意義上的同義。它們的同義表現爲:或者其中的一部份被釋詞是甲義,而另外一部分被釋詞是乙義;或者它們都同時具有甲乙二義;或者它們中有一部分同時具有甲乙二義。

"二義同條例"是誰發現的?洪誠先生在《中國歷代語言文字學文選》中說,王引之"《爾雅述聞》(二義同條例)這一則,在雅學義例上是一條重要的發現。……王氏發現了這條義例,可以使我們對《爾雅》避免許多誤解"①。一些訓詁學專著也有類似的提法。筆者不同意王引之發現說,對王說本身也有點不同看法。原文頗長,今節引如下:

林、烝、天、帝、皇、王、后、辟、公、侯,君也。

---

① 洪誠《中國歷代語言文字學文選》,江蘇人民出版社,1982年,92頁。

### 《爾雅》"二義同條例"是王引之發現的嗎?

　　引之謹案:"君"字有二義。一爲君上之君,天、帝、皇、王、后、辟、公、侯是也。一爲群聚之群,林、烝是也。……而得合而釋之者,古人訓詁之指本於聲音,六書之用廣於假借,故二義不嫌同條也。如下文"台、朕、賚、畀、卜、陽,予也",台、朕、陽爲予我之予,賚、畀、卜爲賜予之予。……義則有條而不紊,聲則殊途而同歸,此《爾雅》所以爲訓詁之會通也。魏張稚讓作《廣雅》猶循此例,自唐以來遂莫有能知其義者矣。①

應該説,王説是相當精彩的,就連王氏本人也不無自得地説:"自唐以來遂莫有能知其義者矣"。但是,論述精彩和發現義例並不是一碼事。如果我們歷史地考察一下,就會發現無論是王引之"發現"説,或者"唐以來莫有知者"説,都是難於成立的。

現存的完整的《爾雅》注,以晋代郭璞的注爲最早。郭璞對這種現象的認識如何,讓我們看看下面幾個例子。

（1）《爾雅·釋詁》:"台、朕、賚、畀、卜、陽,予也。"郭注:"賚、畀、卜,皆賜與也。與猶予也,因通其名耳。"

按:郭注過簡,我們再來看一下郝懿行《爾雅義疏》的闡釋:"予既訓我,又爲賜予,'與''予'聲同,故郭卜'與猶予也'。台、朕、陽爲予我之予,賚、畀、卜爲賜予之予,一字兼包二義,故郭云'因通其名耳'。"②

（2）又:"鹹、穧,穫也。"郭注:"今以穫賊耳爲鹹,穫禾爲穧,並見《詩》。"

按:黄侃《爾雅音訓》卷上揭櫫其義説:"'穫'兼二義,郭注明揭一訓兩義之例矣。邵晋涵説:'俘穫之穫,收穫之穫,俱通作穫,此合而釋之。'"③

（3）又:"棲、遲、憩、休、苦、欪、齂、呬,息也。"郭注:"棲、遲,遊息也。苦勞者宜止息。憩,見《詩》。欪、齂、呬,皆氣息貌。"王引之《爾雅述聞》

---

① 王引之《經義述聞·爾雅述聞》,《續修四庫全書》,上海古籍出版社,2002年,175册,第191—192頁。
② 郝懿行《爾雅義疏》,《續修四庫全書》,187册,382頁。
③ 黄侃《爾雅音訓》,上海古籍出版社,1983年,56頁。

也以此條作爲二義同條之例。

按：黃侃《爾雅音訓》："嚴元照説此亦一訓兼兩義。棲、遲、休、苦爲直止息,憩、䬴、齂、呬爲氣息。按：此二義亦相因。"①按：嚴元照,乾嘉學者,著有《娱親雅言》六卷。黃侃所引此條,見於《娱親雅言》卷六②。嚴氏此書亦早於王引之《經義述聞》。

(4) 又："育、孟、耆、艾、正、伯,長也。"郭注："育,養,亦爲長。正、伯皆官長。"

按：尋繹郭意,蓋謂育爲成長之長。孟、耆、艾爲年長之長,因爲這是常訓,所以此三字未注。而成長之長與年長之長義實相通。正、伯則爲官長之長。總而言之,正如郝懿行所説："《爾雅》之長,實兼《玉篇》二義(久也；主也)而讀唯一音。"③

我們認爲,以上四例可以説明,是郭璞最早發現了《爾雅》的二義同條例。儘管他並没有明白提出二義同條的説法,但斯人不言,其例自在。講發現,關鍵不在於爲某種現象命名與否而在於對某種現象指出與否,我們認爲,正是在這個意義上黃侃才説："郭注明揭一訓兩義之例矣。"此其一。分析郭注,例(1)説的是"予""與"通假,例(2)説的是"獲""穫"通假,例(3)説的是"息"的本義(氣息)和引申義(止息),例(4)説的是"長"的不同引申義(年長、官長),這實際上已經涉及到二義同條現象產生的内在原因——詞義的假借和引申。此其二。王引之《爾雅述聞》中舉出二義同條現象凡十五例,其中個别條目是郭璞言之在前。此其三。當然,郭璞對二義同條例的認識也有不足之處,這表現在：第一,對二義同條現象的認識還不夠自覺,還不夠深刻。因爲不夠自覺,所以有的二義同條現象就未能指出。在這一點上郭不如王。因爲不夠深刻,所以對此例的"二義兼之"現象全未查覺。在這一點上郭、王是彼此彼此。第二,對於二義同條現象產生的外部原因尚未指出,至於内部原因,亦欠明確表達。但是我們不能

---

① 黄侃《爾雅音訓》,50頁。
② 嚴元照《娱親雅言》,《續修四庫全書》,1158册,326頁。
③ 郝懿行《爾雅義疏》,431頁。

## 《爾雅》"二義同條例"是王引之發現的嗎？

對郭璞苛求。前修未密，後出轉精，這本是學界常事。追本溯源，郭璞創始之功不可没。

郭璞之後，下至五代。其間注《爾雅》者不絶如縷，惜其書不傳。下面談一下宋代的情况。據《宋史·藝文志》，宋人注《爾雅》者有三家：邢昺《爾雅疏》、陸佃《爾雅新義》和鄭樵《爾雅注》。關於邢昺的《爾雅疏》，《四庫提要》説："疏家之體，唯明本注，注所不及，不復旁搜。"①這話大體不錯。邢疏既以闡明郭注爲職志，新的發明自然就不會多了，但對於郭注已經提示出來的東西，不可謂邢氏不知。另外，我們注意到邢疏還有這樣的情况，即看似乎接近真理的彼岸而終未到達。如"林、烝，君也"邢氏曰："林者，《説文》云'平地有叢木曰林'；烝者，《左傳》云'天生烝民，樹之以君而司牧之'。然則人、物之衆，必立君長以司牧之，故以林、烝爲君。"可以這樣説，邢氏的結論是錯誤的，但推導這一結論的例證是正確的。其所以産生這種不正常現象，主要是由於迷信《爾雅》和宗郭太甚。應該説，王引之在這方面的識見高出邢氏許多，但王氏的見解中是否含有對邢疏的批判吸收呢，這是讀者可以用心體會的。至於鄭樵的《爾雅注》，王引之《述聞》在談到二義同條例時曾引述，並批評説："樵以後人之音析古人之義，誤矣。"在這一點上我們姑從王氏之説。下面看一下陸佃《爾雅新義》裏的三個例子：

（1）爰、粤、於、那、都、繇，於也。

於，一名而兩讀。那、都、繇，於也。爰、粤、於，於也。

（2）台、朕、賚、畀、卜、陽，予也。

予，亦一名而兩讀。台、朕、陽，予也。賚、畀、卜，予也。

（3）昌、敵、彊、應、丁，當也。

當，一名而兩讀。"禹拜昌言"，昌，當也。敵彊則有當之者，應當則有應之者。②

---

① 永瑢等《四庫全書總目》，中華書局，1965年，339頁。
② 以上三例，按次序，分別見於陸佃《爾雅新義》（《續修四庫全書》，185册）之345頁、347頁、352頁。

按：陸佃所説的"一名而兩讀"，實際上就是一字兼包二義。例（1）的"於"，正如黄侃《爾雅音訓》所説："於兼語詞，嘆詞二義。"例（2）的"予"，似乎是人們打開對二義同條認識的突破口，歷代學者所見略同。例（3）的"當"，黄侃説："當兼當值，當失二義。陸佃説'當'一名而兩讀，謂此也。"陸佃不止一次地用"一名而兩讀"來解釋二義同條的現象，這表明他對這種現象的認識是作爲一種規律來認識的。從這一點上來説，他比郭璞進了一步。我們當然不能對陸佃的認識誇大其詞，但如果把他貶入"莫有能知其義者"的行列，那顯然不合事實。

下面我們簡述一下清代的情况。清代小學昌明，《雅》學是門顯學，研究者甚多。這裏只揀三位對王引之有影響的學者説一説。

先説戴震。戴震在《答江慎修先生論小學書》裏説：

《爾雅》亦多不足據。姑以《釋詁》言之，如"台、朕、賚、畀、卜、陽，予也"，台、朕、陽當訓予我之予，賚、畀、卜訓賜予之予，不得錯見一句中。"孔、魄、哉、延、虛、無、之、言，間也"，郭氏注云："孔穴、延、魄、虛、無，皆有間隙。餘未詳。"考之《説文》："哉，言之間也。"言之間，即詞助。然則哉、之、言三字乃言之間。"言"爲辭助，見於《詩》《易》多矣。"豫、射，猒也。"……豫，蓋當訓猒足、飽飫之猒；射，訓猒倦、猒憎之猒。此皆掇拾之病。①

戴震這段話，講的也是二義同條問題。他是舉例言之，並非有意逐一羅列。以戴震的才識，如果他不持偏見，是完全有能力正確解釋這一現象的。但很可惜，現象是看到了，却采取了不以爲然的態度。推測其原因，大約是凡古皆好的思想在作怪。在他看來，"古故訓之書，其傳者莫先於《爾雅》，六藝之賴是以明也"②。而這樣的皇皇經典竟然粗疏到二義"錯見一句中"，這就叫他失望。不過，"此皆掇拾之病"一句却是道出了二義同條現象産生的外部原因，因爲正是編纂方法的原始性導致了這一現象的産生。我們知道，戴震是王引之父親王念孫的業師，而王引之家學很

---

① 戴震撰、張岱年主編《戴震全書》，黄山書社，1995年，第三册，330頁。
② 戴震撰、張岱年主編《戴震全書·爾雅文字考序》，第六册，275頁。

深,在這種情況下,我們就不能不考慮戴震對王氏父子可能產生的影響。王氏父子可以不接受戴震的觀點,但客觀存在的事實總是要承認的。

次說錢大昕。錢大昕《潛研堂集·爾雅廣雅答問》(下稱《答問》):

問:神之訓重何也?(按:《爾雅》原文是:"從、申、神、加、弼、崇,重也。")

曰:重有重疊之義,又有尊重之義。從、申、加,重疊之重也。神、弼、崇,尊重之重也。此與賚、畀、卜爲賜予,台、朕、陽爲予我之予,其例相同。景純止據重疊一訓,故於"神"字注云"未詳"。①

問:載、謨、食、詐何以均有"僞"義?

曰:古文"僞"即"爲"字。《書·堯典》"平秩南訛",《史記》作"南爲",《漢書·王莽傳》作"南僞"。《荀子·性惡》:"人之性惡,其善者僞也。不可學不可事而在人者謂之性,可學而能可事而成之在人者謂之僞。"蓋"僞"有兩義。載、謨者,作爲之義;食、詐者,虛僞之義。景純專主虛僞之訓,失其旨矣。②

從以上兩例可以看出,錢大昕不僅看到了一字兼包二義的現象,而且他的認識也達到了"例"的高度。他說"其例相同",且不止一次指出"景純止據一訓",便是證明。不獨此也,錢氏在《答問》中還多次批評郭璞"不考古訓,望文生義"③,"未喻聲音相轉之原,故于文多所未詳"④。這些話的意思說得再明白點,就是批評郭璞對古書中的通假現象認識不足。而通假正是二義同條現象產生的重要原因。

最後說一下邵晉涵。邵氏的《爾雅正義》是清代的第一部《爾雅》新注。二義同條問題在他的書裏也有反映。據我們的統計,邵氏書中談及二義同條的一共八條。其中,有的是申明郭注的,如"棲、遲……息也"條便是。有的是吸收時賢之說的,如"載、謨、食、詐,僞也"條便是。此條說

---

① 錢大昕、呂友仁標校《潛研堂集》,上海古籍出版社,1989年,145頁。
② 錢大昕、呂友仁標校《潛研堂集》,141頁。
③ 錢大昕、呂友仁標校《潛研堂集》,141—142頁。
④ 錢大昕、呂友仁標校《潛研堂集》,139頁。

解與上引錢大昕説基本相同。有的是自創新義的，如"㷱、熙，興也"條，邵氏説："《釋言》云：'興，起也。'鄭注《樂記》云：'興之言喜也。'"①這實際上是在説，"興"有二義：一爲興起之興，一爲高興之興。

以上只是一個粗略的歷史考察，郭璞是晉代人。邢昺、陸佃是北宋人，戴震、錢大昕和邵晉涵，雖然與王引之同爲乾嘉學者，但他們的著述刊行也都在《爾雅述聞》之前。這些學者不但不同程度地揭示了二義同條的現象，而且其中有的人還不乏比較深刻的論述。歷史的軌迹既然如此，我們怎好説是"王氏發現了這條義例"呢！當然，我們還應該承認王氏論説有其精彩之處。它表現在明確指出二義同條現象產生的内部原因："古人訓詁之旨本於聲音，六書之用廣於假借，故二義不嫌同條也。"②此其一。還表現在例子集中。本文開頭節引《述聞》的那一則裏就有十個例子，這種高度的綜合，無疑能給人更深的印象。此其二。

但是，這種精彩本身就含有對前人研究成果的繼承，這也是事實。我們知道，王引之撰寫《述聞》時參考了很多他人著述。古人的著述，主要是郭注邢疏，時人的著述，主要是錢、邵二家。一個嚴肅的學者，在没有參考郭注邢疏的情况下便貿然動筆，那是不可思議的。至於參考錢、邵兩家，更是確有實據。錢氏《答問》凡 84 條。《述聞》徵引了 17 條。在這 17 條中，有 11 條是被王氏肯定的，有 6 條是被否定的。在肯定的 11 條中，有三條涉及二義同條例，其中就包括上引《答問》的兩條。《述聞》在引用"神之訓重何也"條時，王引之加按語説："家大人曰：錢以神爲尊重之重是也。"這表明王氏父子都參考過《答問》。邵氏的《爾雅正義》，王引之徵引較多。就二義同條來説，有王引之承用邵説以證成已説的，如"郡、臻、仍、迺、侯，乃也"條，王氏説："邵謂'郡'通作'寯'是也。邵引《京房易》'水臻至'，謂郡、臻二字皆從仍取義是也。"③也有兩家所見略同的，如"際、接、翜，捷也"條是其例。總之，我們認爲，關於二義同條例，不僅宋人知其

---

① 邵晉涵《爾雅正義》，《續修四庫全書》，187 册，74 頁。
② 王引之《經義述聞》，《續修四庫全書》，175 册，192 頁。
③ 王引之《經義述聞》，《續修四庫全書》，175 册，209 頁。

《爾雅》"二義同條例"是王引之發現的嗎？

義，而且略早于王氏的清人也知其義，王氏的精彩論述很難説與這些人毫無關係。而王氏竟自矜地説："自唐以來遂莫有能知其義者矣。"這真叫人莫名其妙。姚永概《書經義述聞讀書雜誌後》説："高郵王氏父子以小學名於乾嘉之際，海内推爲碩儒。余嘗讀其《經義述聞》《讀書雜誌》二書，能抉發千載之滯鬱，使讀古書者變絀屈爲大通，豁然若疾病之釋體，洵乎不可及也。顧余猶有疑事三焉。"①"疑事"的第一條是，前人已有成説，但此二書却"貶而絶之，顧不能不雷同於其説，抑又何也？"王引之在二義同條問題上的"自唐以來遂莫有能知其義者"的説法，有類乎此。

（原載《古漢語研究》1989年第4期）

---

① 姚永概《書〈經義述聞〉〈讀書雜誌〉後》，轉引自張舜徽《文獻學論著輯要》，陝西人民出版社，1985年，371頁。

# 《爾雅》二義同條例有幾種類型？
## ——書黃侃《爾雅音訓》後

讀黃侃先生《爾雅音訓》，大開眼界。因爲除黃侃先生《爾雅音訓》以外，綜觀其他所有有關論著的舉例，似乎二義同條例只有一種類型，即二義分屬型，有以偏概全之嫌。舉例來説，《爾雅·釋詁》："台、朕、賚、畀、卜、陽，予也。"這是各家公認的二義同條之例。怎麽解釋呢？絶大多數論者的解釋是，在六個被釋詞中，台、朕、陽是予我之予，即當"我"來講；賚、畀、卜是賜予之予，即當"賜"來講。六個被釋詞，其中的一部分是甲義，一部分是乙義，這就叫二義分屬。王引之《爾雅述聞》的頭一條一連舉了十條二義同條之例，無一不是屬於二義分屬型。其他論著的舉例雖有多寡之分，但就類型來説，也是只有這一類。

實際上，二義分屬只能説是二義同條例的一種類型，並非全部。如果人們的認識就到此爲止，那就陷入片面的理解了。因爲二義同條還有另外一種類型，即"二義兼之"型。"二義兼之"，這是黃侃先生的發現，它深化了人們對二義同條例的認識。下面我們從黃侃《爾雅音訓》中摘取數例來説明這個問題。

(1) 載、謨、食、詐，僞也。

(黃侃曰：)"僞"兼作爲、詐僞二義，"爲"亦然也。載、謨、食、詐，二

## 《爾雅》二義同條例有幾種類型?

義兼之,不必分屬。"僞"義亦兼"爲",而"爲"亦兼"詐僞"義。《詩·采苓》"人之爲言",《釋文》:"于僞反,或如字。"疏云:"王肅諸本作'爲言',定本作'僞言'。"云"爲言"謂人爲善言,是"爲"亦有詐僞義。載者,忒之假借;謨者,誣之假借;食者,飾之假借也。①

(2) 廞、熙,興也。

(黄侃曰:)"興"兼興喜、興作二義,廞、熙亦同。廞,《周禮》故書皆爲"淫",先鄭讀'淫'爲戚,訓爲'陳'。陳與興作義亦近。②

拿例(1)來説,絶大多數説者是把它作爲二義分屬來理解的,即:載、謨,爲也;食,詐,僞也。但這種理解並不全面。黄侃説"二義兼之,不必分屬",正是針對這種片面的理解而發。按照"二義兼之"説,例(1)就應作這樣的理解:載、謨、食、詐,僞也;載、謨、食、詐,爲也。换言之,例(1)的所有被釋詞同時具有甲乙二義。例(2)放此。在二義同條例中,我們不妨把這種類型叫做全部被釋詞二義兼之型。

再看下面的例子。

(3) 台、朕、賚、畀、卜、陽,予也。

(黄侃曰:)賚、畀、卜亦兼予我之予。賚、台同聲,畀、鼻同聲,鼻、自同字,卜、僕同聲。③

(4) 治、肆、古,故也。

(黄侃曰:)故有先故、故事二義。治、古皆先故之故,肆兼二義。王引之説"肆"但爲語辭之故,義未該。肆、自音近,自亦始也,始亦故也。又肆之言遂也,遂,乃也。④

(5) 亶、展,信也。

(黄侃曰:)"信"兼誠信、屈申二義。展之訓信,亦兼二義。故《方言》:"展,信也。"《長楊賦》李注引作"展,申也"。⑤

---

① 黄侃《爾雅音訓》,上海古籍出版社,1983年,38頁。
② 黄侃《爾雅音訓》,49頁。
③ 黄侃《爾雅音訓》,24頁。
④ 黄侃《爾雅音訓》,37頁。
⑤ 黄侃《爾雅音訓》,16—17頁。

以例(3)爲例,説者莫不以二義分屬解之,即:賚、畀、卜是賜予之予,台、朕、陽是予我之予。唯有黄侃獨具隻眼,發現其中也有二義兼之的情況。根據黄侃的分析,對於例(3)我們就應作這樣的理解,即:台、朕、賚、畀、卜、陽,予也(予我之予);賚、畀、卜,予也(賜予之予)。换言之,在六個被釋詞中,其中的三個同時具有甲乙二義。例(4)、例(5)均仿此。在二義同條例中,我們不妨把這種類型叫做部分被釋詞二義兼之型。

现在我們可以看出,《爾雅》的二義同條例共有三種類型。一是二義分屬型,如"從、申、神、加、弼、崇,重也",其中的從、申、加是重疊之重,神、弼、崇是尊重之重,是其例。二是全部被釋詞二義兼之型,例(1)是也。三是分部被釋詞二義兼之型,例(3)是也。據此,我們對什麽是二義同條例試作如下表述:二義同條例是指這樣的一種訓詁方式,即處於同一條中的若干個被作爲同義詞來解釋的被釋詞,實際上並不是只在一個意義上同義。它們的同義表現爲,或者部分被釋詞是甲義,而另外一部分被釋詞是乙義;或者全部被釋詞兼有甲乙二義,或者分部被釋詞兼有甲乙二義。

應該指出,我們在這裏剖析《爾雅》的二義同條例,其目的只是爲了正確理解《爾雅》作爲詞書的編纂方法,二義同條例乃是一弊。理想的詞書不應如是。戴震曾就此批評説:"《爾雅》亦多不足據。即以《釋詁》言之,如'台、朕、賚、畀、卜、陽,予也,予、朕、陽當訓予我之予,賚、畀、卜訓賜予之予,不得錯見一句中。此皆掇拾之病。"①戴震正確地指出了"二義同條"現象產生的主觀原因,因爲正是"掇拾"這一原始編纂方法導致了二義同條的產生。我們知道,古漢語的辭彙是以單音詞爲主,而以單音多義詞作釋乃是先秦訓詁的普遍現象。《爾雅》既是掇拾先秦訓詁之作,那麼造成二義同條也就有其勢所必然的一面。萬事開頭難。《爾雅》作爲我國的最早的詞書,我們不好求全責備。古人説:"一之爲甚,豈可再乎!"後出的雅學類詞書也紛起效法《爾雅》的故智,那就有欠爲讀者考慮了。二義同條的作法極易使人產生誤解,我們何苦還要布此迷津呢!張揖的《廣

---

① 戴震撰、張岱年主編《戴震全書·聲韻考》卷四《答江慎修先生論小學書》,黄山書社,1995年,第三册,330頁。

## 《爾雅》二義同條例有幾種類型？

雅》中有二義同條例，幸虧此書名氣大，有王念孫爲其作疏證，讀者可藉以避免誤解。另外的一些雅學類詞書就不一樣了。它們目前還沒有注解，但其中也有二義同條現象。例如，朱駿聲《説雅·釋詁》："賜、授、賚，予也。"其中的賜、授是賜予之予，賚則兼有賜予之予與予我之予二義。張舜徽先生《鄭雅·釋言》："卜、畀，予也。"此"予也"即含有二義：賜予之予與予我之予。又《鄭雅·釋詁》："永、正、師、引、伯、孟、育、修，長也。"顯然，這個"長也"的"長"，對於某些被釋詞來説是官長之長、年長之長，對於另外一些被釋詞來説則是長短之長。讀者自能分之。如果長此下去，我們只好被迫宣佈：讀者要小心！二義同條例不僅存在於《爾雅》中，也存在於其他雅學類詞書中。

## 其他經部書識小

# 簡評黃懷信《大戴禮記彙校集注》

在經學研究這個問題上，從總體上來說，筆者是一個"今不如昔"論者。所謂"昔"，具體地說，是指清代。在我國經學歷史上，清代是最爲光彩照人的一章。清代學者在經學方面的著述，不但數量最多，而且質量尤精，大有空前絕後之勢。譬如阮元主編的《清經解》，王先謙主編的《清經解續編》，以及中華書局近年來陸續出版的《十三經清人注疏》，使我輩後來者感到高山仰止，很難超越。

最近讀到三秦出版社 2005 年出版的黃懷信主撰的《大戴禮記彙校集注》(下簡稱《彙校集注》)，精神爲之一振，蓋其書新意迭出，大有"無謂秦無人"之感。

西漢學者戴德纂集的《大戴禮記》，宋人有"十四經"之稱。但由於此書缺乏整理，讓人很難卒讀。治《大戴禮記》者，以北周盧辯最早。隋唐學者，鮮有留心於此者。宋元學者雖然注意到此書，但多係旁涉，鮮有發明。清代樸學大盛，研治《大戴禮記》(含《夏小正》)者不下數十家，其著作有

## 簡評黄懷信《大戴禮記彙校集注》

孔廣森《大戴禮記補注》、汪照《大戴禮注補》、王聘珍《大戴禮記解詁》、汪中《大戴禮記正誤》、俞越《大戴禮記平議》、王樹枏《校正孔氏大戴禮記補注》、孫詒讓《大戴禮記校補》、戴禮《大戴禮記集注》等。由於清代學者的努力，《大戴禮記》在文字校釋方面取得了長足進步，但遺留問題尚多，距離爲大多數學者認可的"定本"、距離流暢可讀，皆尚有較大差距。此黄懷信氏《彙校集注》之所由作也。

《彙校集注》之佳處，概言之有三：一曰剖析源流，創爲新説；二曰折衷群言，校訂訛誤；三曰薈萃衆解，斷以己意。下面依次論述之。

一、所謂"剖析源流，創爲新説"，集中表現在《前言》中。《前言》論述了八個問題，依次是：（一）《大戴禮記》的名目由來；（二）《大戴禮記》與《小戴禮記》的關係與異同；（三）《大戴禮記》材料來源及各篇性質與時代；（四）盧辯注本；（五）隋唐及兩宋傳本；（六）元明以下主要傳本；（七）宋代以來校注本；（八）關於《夏小正》篇的傳注。以上八個問題，覆蓋了《大戴禮記》研究的各個方面。而作者對這八個問題的論述，可謂新意迭出。今拈出數端，與讀者諸君共饗。

例如，我們今天所説的戴德《大戴禮記》和戴聖《小戴禮記》，由於《漢書·藝文志》均未著録，遲至《隋志》才有明確著録，這就爲《大戴禮記》是否爲戴德纂集、《小戴禮記》是否爲戴聖纂集的疑竇埋下伏筆。前輩學者洪業先生據大、小戴皆今文經學者，而《大戴禮記》《小戴禮記》中乃有《逸禮》與古文經，"奈何自破家法"？遂倡爲大戴並未纂集《大戴禮記》、小戴並未纂集《小戴禮記》之説，詳見其《禮記引得序》與《儀禮引得序》。此説風靡一時，至今猶有從者。這是治《大戴禮》者的一個繞不過去的問題。《彙校集注》主撰者對這個問題的回答是："此説顯然不能成立。因爲洪氏之説，完全是受晚清以來關於漢代今古學兩派'互爲水火'（廖平語）説之影響，不知漢代今古學之真正對立，是成帝發秘府，古文經再發現以後之事。而二戴所處之宣、元時代，今古文之壁壘尚未形成。而且即使是元、成以後，兩派也並非勢同水火。所以，以今《大戴禮記》和《禮記》中有古文，有《逸禮》，'今古雜陳'，而認爲其不似二戴所輯，同樣不能成立。"

最後得出結論:"《大戴禮記》確爲西漢戴德所輯。"①我認爲,主撰者的回答是有説服力的。

又如,關於《大戴禮記》來歷及與《小戴禮記》的關係,自晋以來有"大戴删后氏,小戴删大戴"之説,而《彙校集注》主撰者考證結論則爲:"不惟小戴未曾删大戴,大戴亦未曾删后;相反,大戴乃在后倉基礎上又有所增益;而小戴,乃墨守后倉所傳而稍有'損益'而已。"

再如,據鄭玄《六藝論》,《大戴禮記》本爲八十五篇,而今本僅有三十九篇,那麽,另外的四十六篇哪里去了呢?傳統的説法是"亡佚"了。問題在於,所謂的"亡佚",是不依人們的主觀意志爲轉移的"亡佚"呢,還是人們主觀上有意捨棄的"亡佚"呢?如果是前者,那就讓人感到十分惋惜;如果是後者,則不存在惋惜不惋惜的問題。千百年來,學者(包括敝人在内)普遍認爲這個"亡佚",是令人惋惜的"亡佚",是一大損失,而《彙校集注》主撰者却改換了一種思維,即既然今本《大戴禮記》中的某些篇(如《哀公問》《投壺》)亦見之于《小戴禮記》,安知亡佚之四十六篇不皆見之于《小戴禮記》乎?所以主撰者説:"其所以佚,蓋因其文同而抄書者省之也。古者抄書不易,小戴書既有其篇,則于大戴無須更抄,故抄者省之,自是情理中事。不然,則何以佚其第一至第三十八、第四十三至第四十五、第六十一、第八十二至第八十五,而存其第三十九至第四十二、第四十六至第六十、第六十二至第八十一,間雜錯出,無有規律?《哀公問於孔子》《投壺》二篇之所以兩出,蓋前者因與《主言》《哀公問五義》諸篇同類;後者蓋抄(或編)書者所好。或者偶失其檢而復抄之亦有可能。"②主撰者又援引清人陳壽祺《大小戴禮記考》云:"《漢書·王式傳》稱'《驪駒之歌》在《曲禮》',服虔注云'在《大戴禮記》'。《五經異義》引《大戴·禮器》,《漢書·韋玄成傳》引《祭義》……,其文往往爲《小戴記》所無,安知非出《大戴》亡篇中,如《投壺》《釁廟》之互存而各有詳略乎?"③所以主撰者得出

---

① 黄懷信等《大戴禮記彙校集注·前言》,三秦出版社,2005年,8—9頁。
② 黄懷信等《大戴禮記彙校集注·前言》,17—18頁。
③ 黄懷信等《大戴禮記彙校集注·前言》,18—19頁。

## 簡評黃懷信《大戴禮記彙校集注》

結論：："所以我們說，《大戴禮記》所佚四十六篇，主要爲《小戴禮記》所有之篇。"①實在是發前人之所未發。果然如此，則鄭樵所謂"書有名亡而實不亡"者②，於此又得一旁證也。

再如，主撰者在"宋代以來校注本"一節爲讀者介紹了十餘種校注本，這些介紹，可以視爲這十餘種校注本的簡明提要。因爲這些介紹都是從實際體會中得來，實事求是，言之有物，具有可信性，因而也具有較高學術價值。這與那些僅僅流覽一下前人序跋即遽然動筆者不可同日而語。在清人校注本中，孔廣森《大戴禮記補注》與王聘珍《大戴禮記解詁》最爲學者稱道，主撰者評論前者云："此書于戴（震）校，或從或不從，實不及戴校之精。而釋義則多有發明，且較詳備，在各家中堪爲上乘之作。"③評論後者云："一般都認爲王氏此注爲《大戴禮記》舊注中最好的一種，臺灣高明先生作《今注今譯》，即以王氏此注做藍本，中華書局整理本，亦僅此一種。然而我們看來，王氏此書並不很好，首先是其於原文'據相承舊本'而不做校勘，置許多已校出的錯字於不顧，以錯說錯，以訛傳訛，有些地方簡直無異於癡人說夢（讀此編即知）。當然，對王氏此書的價值，我們也還是要予以充分肯定，這裏只是要強調指出，它並非如前人所評論的那樣精善。"④亦是自得之新論。

二、所謂"折衷群言，校訂訛誤"，主要表現在"彙校"部分。該書《凡例》說："〔彙校〕部分，首明各本異同及所改誤字，次列各家舊校，後置撰者按語，按語對各家舊說做簡要評說，並下斷語。各家未校及者，則補說之。"⑤主撰者深知校勘是訓詁的基礎性工作，關乎注釋的成敗，故於彙校下力極大，而取得的成績亦多。

例如《主言》篇之題解：〔彙校〕："主，舊本同，楊簡《先聖大訓》引亦作'王'。戴震、汪中、汪照、孔廣森、王引之校俱改'王'，唯王聘珍《解詁》

---

① 黃懷信等《大戴禮記彙校集注·前言》，19頁。
② 鄭樵《通志》卷七一，影印文淵閣《四庫全書》本，372冊，482頁。
③ 黃懷信等《大戴禮記彙校集注·前言》，49頁。
④ 黃懷信等《大戴禮記彙校集注·前言》，52—53頁。
⑤ 黃懷信等《大戴禮記彙校集注·凡例》，2頁。

依舊。戴震曰：按'王'，各本訛作'主'。懷信按：舊本作'主'不誤，改'王'非。說詳篇內。"①在《主言》篇內，主撰者進一步申說道："主，舊本不誤。主，君也。主言，爲君之言，即前所謂'君子之言'。孔子之時，除周天子外，國君唯楚君稱王，《春秋》損之爲'子'，豈能又自呼其言爲'王言'乎？故此必不作'王言'可知，戴校非。《家語》'王'字，當是傳寫誤字，不可據。"②此例頗有舌戰群儒的味道，非有卓識，不能爲也。段玉裁嘗云："校書之難，非照本改字不訛不漏之難也，定其是非之難。"③非有實際體會者不能言此。再如，《主言》篇云："雖有國焉，不教不服，不可以取千里。"此句之"焉"字，諸家校皆以爲是"馬"字之訛，主撰者加按語云："作'馬'是。'焉'乃'馬'字之訛，當從各家改。"④唯王聘珍《大戴禮解詁》仍據"焉"字爲釋云："國，謂王國也。《周禮》曰：'惟王建國。'《大司馬職》曰：'方千里曰國畿。'教，謂教化。服，謂服事。《廣雅》云：'取，爲也。'上無教化，下不服事，不可以爲國也。"⑤實際上，上述三句話的大意是：即令有跑得最快的馬，如果不調教它，不使之馴服，也不可以使它日行千里（按：這是筆者根據主撰者按語所作的譯文，如果走樣，責任在我）。王聘珍《解詁》忽視校勘，據誤字爲說，引經據典，與經文的真正意思可以說是風馬牛不相及。由此可見，主撰者批評王氏《解詁》"置許多已校出的錯字於不顧，以訛傳訛，有些地方簡直無異於癡人說夢"，非滕口爲說，亦實事求是之評價也。再如，《夏小正》篇有云："初昏大火中。大火者，心也。心中，種黍菽糜時也，煮梅。爲豆實也。畜蘭。爲沐浴也。菽糜以在經中，又言之時何也？是食矩關而記之。"主撰者在"菽糜以在經中，又言之時何也？是食矩關而記之"三句下加按語云："此條爲上經'初昏大火中，種菽糜'之傳文錯簡，各家知也。"⑥由於各家不知錯簡，自然難免誤校

---

① 黃懷信等《大戴禮記彙校集注‧題解》，1頁。
② 黃懷信等《大戴禮記彙校集注》，4頁。
③ 段玉裁《經韻樓集》卷十二《與諸同志書論校書之難》，《續修四庫全書》，上海古籍出版社，2002年，1435冊，187頁。
④ 黃懷信等《大戴禮記彙校集注》，8頁。
⑤ 王聘珍撰、王文錦點校《大戴禮記解詁》，中華書局，1983年，2頁。
⑥ 黃懷信等《大戴禮記彙校集注》，259頁。

## 簡評黃懷信《大戴禮記彙校集注》

誤説。

三、所謂"薈萃衆解,斷以己意",主要表現在〔集注〕部分。該書《凡例》説:"〔集注〕部分,先依次輯録各家舊説,後置撰者簡要按語,以明各説之正誤,補説各説之未明,而以訓詁達義爲止,不做繁瑣考證。"集注是傳統訓詁學的一種訓詁方式,何晏《論語集解》,朱熹《論語集注》《孟子集注》,是經學中的代表作。要做好集注,有二難:一是要將所有舊注搜集起來,搜集難;二是要對所有舊注做出甄別,識斷難。尤其是後者。應該説,主撰者克服二難,取得了令人欣慰的成績。

例如,《主言》:"雖有國焉,不教不服,不可以取千里。"句中的"取"字,于鬯舊注云:"取,當讀爲'驟',驟諧聚聲,聚即諧取聲,做'驟'可借'取'爲之。不可以取千里,不可以馳驟千里也。"主撰者嫌于鬯之説迂曲,不取,特加按語云:"取,猶致也。"[1]簡明達意,一語可決。此撇開舊注獨出心裁者也。再如,《夏小正》:"正月,魚陟負冰。"〔集注〕引汪照曰:"金氏履祥曰:'負冰者,春冰薄,魚既升,背若負之也。'"諸家説同,唯孫詒讓持別説云:"按以《月令》義校之,此'負'疑當讀爲'培'。《莊子·逍遥遊》篇説鵬云:'而後乃今培風。''負冰'與'培風'義同,'負''培',並言乘也、登也。言魚躍而在冰上,亦即《月令》'上冰'之義。《月令》孔疏云:'謂魚從冰下升於冰上而負冰。'按:孔謂魚在冰上,是也;但在冰上則不得負之。孔仍未憭'負'字之義。如金説以負爲背,若負之,則仍在冰下,與《月令》義不相應矣。'負''培'古音近字通。"孫詒讓應該説是訓詁大家,不料却在一個"負"字上鑽牛角尖,説金履祥解釋得不對,説孔穎達解釋得也不對,實際上是孫詒讓自己錯了。錯的原因在於求之過深,置物理常情於不顧。實際上,《禮記·月令》的"魚上冰"和《大戴禮記》的"魚陟負冰"是一個意思,都是春天陽氣上升,水中的魚兒也從水下深處游到水的上面,但仍在冰下。以其仍在冰下,故云"負冰",猶言背靠近冰也。孫氏誤解"魚上冰"爲魚在冰之上,爲了證成其説,又求之於"負""培"之

---

[1] 黃懷信等《大戴禮記彙校集注》,8頁。

通假，亦已勞矣，試問，正月裏有誰看到過魚兒躍到冰上的？由於孫詒讓此説悖理，所以主撰者加按語云："諸家説是，孫詒讓説謬。"①以上所舉，皆筆者信手拈出。事實上，主撰者於每句經文之下多有按語新見，即"諸家皆非"之類，亦比比皆是。例如《曾子制言上篇》："君子之爲弟也，行則爲人負；無席則寢其趾，使之爲夫，人則否。"（564—565頁）"使之爲夫人則否"，舊皆連讀。〔彙校〕引王樹枏曰："阮注云：'此夫字及下"夫杖"夫字，皆老字形近之訛。'今案老人非使之爲者，文義未安，闕疑可也。"孫詒讓曰："此句義難通，盧注亦不可解。窮（竊）疑'人'當爲'尸'。篆文相近而誤。《曲禮》云：'爲人子者，祭祀不爲尸。'是其義也。夫尸，猶上文'夫材'，夫皆語助也。"主撰者按語則云："'夫'，借字，當讀斷，諸説皆非。"②〔集注〕引盧辯曰："夫人行無禮也。"王聘珍曰："'爲夫人'之爲，讀曰僞。《廣雅》：'僞，欺也。'夫人，謂長者。"俞樾曰："使之爲夫人則否，言使之助他人則否也。"戴禮曰："夫，僕夫也。人，小人也。言執御行役敬長之禮也。若使之如僕夫，小人則不可。"主撰者按語則云："夫，讀爲鋪，墊也。無席，故弟伸其足而使兄爲鋪墊。人，謂兄。言弟爲兄墊而[兄]不爲弟墊也。諸説殆皆非。"③今按上文言"行則爲人負"，"人"字明指兄。此"人"字亦必指兄無疑。而古無輕脣音，"夫""鋪"又皆魚部字，自可通假。相較之下，主撰者之説無疑是正確的。可見其解決了一處千古疑團。而事實上，這也只是其衆多發明中之一點。

綜上所述，筆者認爲，《大戴禮記彙校集注》的問世，可喜可賀！它的問世，必將有力推動《大戴禮記》的研究與利用。主撰者等人付出了辛勤而卓有成效的勞動，值得尊敬。

儘管《彙校集注》在校釋方面取得了巨大的成績，但亦有可商榷之處。茲不揣檮昧，提出以下幾點：

《保傅》篇："習與智長，故切而不攘。"此句中的"切"字難解。盧辯

---

① 黃懷信等《大戴禮記彙校集注》，157頁。
② 黃懷信等《大戴禮記彙校集注》，565頁。
③ 黃懷信等《大戴禮記彙校集注》，565頁。

注："量知授業，故雖勞能受也。"以"勞"釋"切"。俞樾《平議》曰："盧以'勞'字解'切'字，未聞其義。疑《大戴記》原文作'勤而不擾'，故注以爲'雖勞能受'。今作'切'者，字之誤也。《後漢書·桓鬱傳》引《禮記》曰：'習與智長，則切而不勤。'此'勤'字乃《大戴》之原文，後人竄改，失其本真，而其迹幸未盡泯，尚可考見也。"主撰者於此加按語曰："俞説近是，'切'當是'勤'字之壞。"①今按：方向東《〈大戴禮記〉歷代校釋辨誤》云："俞云盧注以'勞'釋'切'，未聞其義，認爲'切'是誤字則非。'切'有勤義，故盧以'勞'爲釋。《漢書·王莽傳》：'晨夜屑屑，寒暑勤勤。'師古曰：'屑屑。猶切切，動作之意也。''屑屑'與'勤勤'對文。《後漢書·竇固傳》（吕按：當作"竇憲傳"）》注：'切切，猶勤勤也。'是其證。"②

《曾子事父母》篇："弟之行若中道，則正以使之；弟之行若不中道，則兄事之。詘事兄之道，若不可，然後舍之矣。"此段話中的"則兄事之"難解，主撰者以諸家舊注皆不當意，故自出機杼云："兄事之，謂屈身勸諫。"應該説已經超乎舊注而上之了，但似乎尚有一間未達。方向東《〈大戴禮記〉歷代校釋辨誤》云："此段言使弟之道。弟子行若中道（吕按："中"，讀去聲。中道，謂合乎道理。）則正以使之；'若不中道，則兄事之'，言以兄之身份去對待弟，行使兄長之權力職責也。"③似乎更接近原意。

《前言》云："考《隋志》本爲《五代史志》，是唐初魏徵等人所修，其書本來就總括了梁、陳、北齊、北周及隋五代官私書目之所著，而其例又于梁有而後佚之書皆有注明。梁有而後佚者注明之，周有而後佚者必不能無注。"（見38頁）這裏的"梁有"，似乎被當作"南朝梁有"來理解了。實際上，《隋志》中的"梁有"，應該理解爲"南朝梁阮孝緒《七録》著録有"。乾嘉學者錢大昕擔心讀《隋志》者誤解這個"梁"字，就在《廿二史考異》卷三

---

① 黃懷信等《大戴禮記彙校集注》，351頁。
② 方向東《〈大戴禮記〉歷代校釋辨誤》，彭林主編《中國經學》第1輯，廣西師範大學出版社，2005年，177頁。
③ 方向東《〈大戴禮記〉歷代校釋辨誤》，彭林主編《中國經學》第1輯，179頁。

十四《隋書經籍志》考異中特地加上按語説:"按:阮孝緒《七録》,撰于梁普通中,《志》所云'梁'者,阮氏書也。"近代著名學者黄侃在《論自漢訖宋爲説文之學者》一文中寫道:"南朝則有庾儼默。"黄氏在此句下自注云:"《隋志》:'梁有《演説文》一卷,庾儼默注,亡。''梁有'者,謂梁《七録》有也。"余嘉錫《古書通例》卷一:"考《隋志》之例,凡阮孝緒《七録》有,而隋目録無者,輒注曰'梁有某書,亡。'"是其證。

(原載《古籍整理出版情況簡報》2006年第6期)

# 清高宗弘曆"曆"字避諱芻議
## ——以《五禮通考》爲例①

## 一 緣 起

　　過去讀陳垣先生《史諱舉例》，其中談到對清高宗弘曆"曆"字的避諱："高宗弘曆，以'宏歷'字代，②改《時憲曆》爲《時憲書》。"③我所知道的也就這麽多。此後也没有再留意。最近幾年，因爲參與校點清人秦蕙田《五禮通考》，而秦書中有"觀象授時"二十卷，這才感到"曆"字的避諱不是這麽簡單，而是相當複雜。④對這種相當複雜的情況，以予之寡聞，似乎知者不多。近日讀到顧國《〈五禮通考〉引〈漢書〉考異》一文⑤，多有勝義，煞是可喜。但作者對於"曆"字的改作"律"字，不知是避清高宗之諱

---

　　① 《五禮通考》的版本，我知道的有四種，即味經窩初印本、乾隆通行本（也叫定本）、文淵閣《四庫全書》本（簡稱"庫本"）和光緒六年江蘇書局重刊本。本文的舉例，凡未標明版本者，均采自通行本和庫本。遇有二本不一致者，則標明版本名稱。
　　② "高宗弘曆，以'宏歷'字代"，竊以爲應理解爲"弘"以"宏"字代，"曆"以"歷"字代。此外，"曆"還以"厤"字代，如阮刻《十三經注疏》就是。
　　③ 陳垣《史諱舉例》，中華書局，1962年，170頁。按：頁下注中所涉書籍，唯於第一次出現時標明版本，重出者則僅標著者、書名、頁碼。
　　④ 《五禮通考》之他卷亦有此種情況，但較少，没有"觀象授時"一門集中。
　　⑤ 顧國《〈五禮通考〉引〈漢書〉考異》，南京師範大學碩士學位論文，2008年。改"曆"爲"律"的例子，詳見該文之《可考證五禮通考之不足》（一）誤之例48、例49。

而改字,而是作爲誤字來對待。這樣一來,就不得不旁徵博引,多費筆墨,以求證作"律"之誤。不管怎麼説,顧文總是發現了問題,令人不至於誤讀。只怕有的朋友不知就裏,按照改過的字去理解,那就有誤讀的危險。更何況"曆"之改"律",僅僅是衆多的避諱改字之一。更何況還有避諱改詞、徑省"曆"字、避嫌名改字等等花樣呢。換言之,攔路虎多着呢。有鑒於此,乃不揣謭陋,萌生獻芹之想。爰作此文,以就正於大雅君子。

## 二 "曆"字避諱的初步調查

據我的初步調查,"曆"字的避諱有四種方法。

第一,避諱改字。避"曆"字之諱要改的字,並非僅僅一個"歷"字。應該説,改"曆"爲"歷",是大宗,但絶非全部。以《五禮通考》爲例,除了改作"歷"以外,還可以改作"律""法""算""數""術""書""推""象""理""天""朔""學"等十二字,視上下文而定。

第二,避諱改詞(含有"曆"字的複合詞)。已發現要改的詞有九個,即"古今之曆"改作"古今觀象","治曆"改作"觀象","步曆"改作"推步","司曆"改作"失閏","曆氣"改作"中氣","曆官"改作"司天","修曆"改作"之書","萬曆"改作"神宗","曆法"改作"立法""之法""天文"。亦視上下文而定。

第三,徑直省掉"曆"字。這種方法,以愚之寡聞,似乎是前無古人。

第四,避嫌名。嫌名雖然只有一個"歷"字,但也要避。"歷"字或改作"閲",或改作"累",或改作"泊",或改作"列",亦視上下文而定。

下面逐條舉例説明。

第一,避諱改字者:

(一)"曆"改作"律"。例如:

(1)《五禮通考》卷一八三徵引《朱子語類》:"林艾軒説因《革卦》得律法,云:'律須年年改革,不改革便於天度有差。'此説不然。天度之差,蓋緣不曾推得律元定,不因不改而然。律豈是年年改革也者?'治律明時',非謂律當改革,蓋四時變革中,便具有治律明時之理。"

吕按:其中的七個"律"字,《朱子語類》卷七十三原文皆作"曆"。①

(2)通行本《五禮通考》卷一八八徵引朱熹《孟子集注》:"必言日至者,造律者以上古十一月甲子朔夜半冬至爲律元也。"

吕按:其中的兩個"律"字,朱熹《孟子集注·離婁下》皆作"曆"。②

(3)《五禮通考》卷一八九徵引《左傳》文公元年孔疏:"杜爲《長律》,置閏疏數,無復定準。"

吕按:《長律》,原文作《長曆》。

(4)《五禮通考》卷一九一引梅文鼎曰:"問:五星之法,至西律而詳明。"

吕按:"律",梅文鼎《曆算全書》卷十六原作"曆"。③

(5)《五禮通考》卷一九一凡三引《律指》之文,卷一九七又一引《律指》之文。

吕按:《律指》,當作《曆指》。《曆志》是徐光啓所撰天文學著作,具見其《新法算書》,梅文鼎、江永等人一再引用。

(二)"曆"改作"法"。例如:

(1)《五禮通考》卷一八三徵引《唐書志》:"高祖受禪,將治新法。"

吕按:"法",《新唐書·曆志一》原文作"曆"。④

(2)通行本《五禮通考》卷一八八徵引梅文鼎《疑問》:"問:造法者必先立元,元正然後定日法,法立然後度周天。古法數十家,皆同此術。至《授時》,獨不用積年日法,何與?曰:造法者必有起算之端,是謂律元。"

吕按:此節共含六個"法"字,其中的第一、第四、第六個"法"字,梅文鼎《曆學疑問》皆作"曆"。⑤

(3)《五禮通考》卷一八九徵引《元史志》:"古法謂月平行十三度十

---

① 黎靖德編、王星賢點校《朱子語類》,中華書局,1986年,1845頁。
② 朱熹《四書章句集注》,中華書局,1983年,297頁。
③ 梅文鼎《曆算全書·五星紀要》,早稻田大學藏據清雍正元年兼濟堂刻本抄寫之本,第十六册,5頁A面。按:本文《曆算全書》的版本頁碼,統爲鄭州市圖書館李正輝君代查,謹致謝意。
④ 歐陽修、宋祁《新唐書》,中華書局,1975年,534頁。
⑤ 梅文鼎《曆算全書·曆學疑問》,第十一册,128頁A面。

九分度之一。"

呂按:"法",《元史·曆志一》原作"曆"。①

(三)"曆"改作"算"。例如:

(1)《五禮通考》卷一八三徵引《宋史志》:"始立八尺之表,連測十餘年,即知舊《景初算》冬至常遲天三日。"

呂按:"算",《宋史·律曆八》原作"曆"。②

(2)《五禮通考》卷一八九徵引《隋書志》:"張賓所造算法。"

呂按:"算",《隋書·律曆中》原作"曆"。③

(3)《五禮通考》卷一八九徵引明徐光啓等《新法算引》。

呂按:《新法算引》,徐光啓等撰《新法算書》卷九十七作《新法曆引》(庫本)。④

(四)"曆"改作"數"。例如:

(1)《五禮通考》卷一八七徵引梅文鼎說:"治數首務太陽,太陽重在盈縮。"

呂按:"數",《曆算全書》卷十二原作"曆"。⑤

(2)《五禮通考》卷二五一徵引《左傳》莊公二十五年孔疏:"日食者,數之常也。"

呂按:"數",《左傳》孔疏原作"曆"。⑥

(3)《五禮通考》卷一八九徵引《唐書志》:"治數之本,必推上元。"

呂按:"數",《新唐書·曆志一》原作"曆"。⑦

(五)"曆"改作"術"。例如:

(1)《五禮通考》卷一八九徵引《唐書志》:"傅仁均《戊寅元術》月有

---

① 宋濂等《元史》,中華書局,1976 年,1147 頁。
② 脫脫等《宋史》,中華書局,1977 年,1739 頁。
③ 魏徵等《隋書》,中華書局,1973 年,421 頁。
④ 徐光啓等撰《新法算書》,由於筆者手頭沒有乾隆以前的版本,只好暫用庫本。此書較早的版本,必作"曆"也。
⑤ 梅文鼎《曆算全書·歲周地度合考》,第十四冊,1 頁 B 面。
⑥ 《十三經注疏·春秋左傳正義》,中華書局,1980 年,1780 頁。
⑦ 歐陽修、宋祁《新唐書》,535 頁。

三大、三小,孝孫使算學博士王孝通以《甲辰術》法詰仁均。"

呂按:二"術"字,《新唐書·曆志一》原作"曆"。①

(2)《五禮通考》卷一八九徵引《元史志》:"劉洪作《乾象術》,精思二十餘年,始悟其理,列爲差率,以囿進退損益之數。後之作術者,咸因之。"

呂按:其中二"術"字,《元史·曆志一》原作"曆"。②

(3)《五禮通考》卷一九〇徵引《左傳》桓公三年杜注:"術家之說,日月同會,月掩日,故日食。"

呂按:"術",原書原文作"曆"。③

(六)"曆"改作"書"。例如:

(1)《五禮通考》卷一九〇徵引《明史志》:"(徐)光啓言:'臣等纂輯新法,漸次就緒,而向後交食爲期尚遠,此時不與監臣共見,至成書後,將何徵信?'"

呂按:"書",《明史·曆志一》原作"曆"。④

(2)《五禮通考》卷二一九徵引《明史·職官志》:"欽天監,……五官司書二人。"

呂按:"書",《明史·職官三》原作"曆"。⑤

(3)《五禮通考》卷一八九徵引《明史志》:"今所進十五年新書,其十月十二月中氣適交次月合朔時刻之前,所以月內雖無中氣。"

呂按:"新書",《明史·曆志一》原作"新曆"。⑥

(七)"曆"改作"推"。例如:

(1)《五禮通考》卷一九〇徵引《尚書·胤征》:"不及時者殺無赦。"傳:"不及,謂推象後天時。"

呂按:"推",原書原文作"曆"。⑦

---

① 歐陽修、宋祁《新唐書》,534 頁。
② 宋濂等《元史》,1147 頁。
③ 《十三經注疏·春秋左傳正義》,1746 頁。
④ 張廷玉等《明史》,中華書局,1974 年,532 頁。
⑤ 張廷玉等《明史》,1810 頁。
⑥ 張廷玉等《明史》,543 頁。
⑦ 孔安國傳、孔穎達正義、黃懷信整理《尚書正義》,上海古籍出版社,2007 年,272 頁。

(2)《五禮通考》卷一九〇徵引《尚書·胤征》孔疏:"先時、不及者,謂此推象之法,四時節氣,弦望晦朔,不得先天時,不得後天時。"

呂按:"推",原書原文作"曆"。①

(八)"曆"改作"象"。例如:

通行本《五禮通考》卷一八五徵引《宋書志》:"宋太祖頗好象數。"

呂按:"象",《宋書·律曆中》原作"曆"。②

(九)"曆"改作"理"。例如:

《五禮通考》卷一八三徵引《隋志》:"此六事微妙,理數大綱,聖賢之通術,而賓未曉,此實管窺之謂也。"

呂按:"理數大綱",《隋書·律曆志中》作"曆數大綱"。③

(十)"曆"改作"天"。例如:

《五禮通考》卷二一九徵引《元史·百官志》:"司天監,秩正四品,掌凡天象之事。"

呂按:下"天"字,《元史·百官六》原作"曆"。④

(十一)"曆"改作"朔"。例如:

《五禮通考》卷二一九徵引《元史·百官志》:"(至元)十五年,別置太史院,與臺並立。頒朔之政歸院,學校之設隸臺。"

呂按:"朔",《元史·百官六》原作"曆"。⑤

(十二)"曆"改作"學"。例如:

《五禮通考》卷一八九徵引《唐書志》:"孝孫使算學博士王孝通以《甲辰曆法》詰之。"

呂按:"學",《新唐書·曆志一》原作"曆"。⑥

第二,避諱改詞(含有"曆"字的複合詞)者:

---

① 孔安國傳、孔穎達正義、黃懷信整理《尚書正義》,274頁。
② 沈約《宋書》,中華書局,1974年,260頁。
③ 魏徵等《隋書》,424頁。
④ 宋濂等《元史》,2296頁。
⑤ 宋濂等《元史》,2297頁。
⑥ 歐陽修、宋祁《新唐書》,534頁。

（一）"古今之曆"改作"古今觀象"。例如：

《五禮通考》卷一八三徵引《宋史志》："周琮論曰：'古今觀象，必有術過於前人而可以爲萬世之法者，乃爲勝也。'"

吕按："古今觀象"，《宋史·律曆八》原作"古今之曆"。①

（二）"治曆"改作"觀象"。例如：

《五禮通考》卷一八五徵引《晋書志》："觀象之道，必審日月之行。"

吕按："觀象"，《晋書·律曆下》原作"治曆"。②

（三）"步曆"改作"推步"。例如：

《五禮通考》卷一八七徵引《左傳》文公元年杜預注："推步之始，以爲術之端首。"

吕按："推步"，杜預注原作"步曆"。③

（四）"司曆"改作"失閏"。例如：

《五禮通考》卷二一六徵引襄公二十七年《左氏傳》："十一月乙亥，朔，日有食之。辰在申，司慝過也，再失閏矣。"

吕按：（庫本）蕙田案：司慝者，乃太史之屬，所謂"諸侯有日御"是也。（通行本）蕙田案：失閏者，乃太史之屬，所謂"諸侯有日御"是也。楊伯峻云："故《左傳》作者以爲當時主管曆法者有過誤。"④

（五）"曆氣"改作"中氣"。例如：

《五禮通考》卷一八八徵引《唐書志》："《中氣議》曰：'中氣始于冬至，稽其實，蓋取諸晷景。'"

吕按："中氣"，《新唐書·曆志三上》原作"曆氣"。⑤

（六）"曆官"改作"司天"。例如：

《五禮通考》卷一九〇徵引《明史志》："徐光啟又曰：'宋仁宗天聖二年甲子歲，五月丁亥朔，司天推當食不食。'"

---

① 脱脱等《宋史》，1738 頁。
② 房玄齡等《晋書》，中華書局，1974 年，566 頁。
③ 《十三經注疏·春秋左傳正義》，1836 頁。
④ 楊伯峻編著《春秋左傳注》，中華書局，1981 年，1138 頁。
⑤ 歐陽修、宋祁《新唐書》，591 頁。

吕按："司天"，《明史·曆志一》原作"曆官"。①

（七）"修曆"改作"之書"。例如：

《五禮通考》卷一九一徵引《明史志》："前代之書，止增損舊法而已，未嘗實考天度。"

吕按："前代之書"，《明史·曆志一》原作"前代修曆"。②

（八）"萬曆"改作"神宗"。例如：

（1）《五禮通考》卷一九二徵引《明史志》："策星旁有客星，神宗元年新出，先大今小。"

吕按："神宗"，《明史·天文志一》原作"萬曆"。③

（2）《五禮通考》卷二四六徵引《明史志》："神宗時，上州郡至三千石止，而小邑或僅百石。"

吕按："神宗時"，《明史·食貨志三》作"萬曆中"。④

（九）"曆法"改作"立法""之法""天文"。例如：

（1）《五禮通考》卷一九〇徵引《明史志》："月食在夜，加時早晚，苦無定據。惟日食案晷定時，無可遷就。故立法疏密，此爲的證。"

吕按："立法"，《明史·曆志一》原作"曆法"。⑤

（2）《五禮通考》卷一八九徵引《左傳》文公元年孔疏："古今之法，推閏月之術，皆以閏餘減章歲餘，以歲中乘之。"

吕按："古今之法"，孔疏原作"古今曆法"。⑥

（3）《五禮通考》卷一二九徵引《明史志》："崇禎初，禮部尚書徐光啓督修天文，上《見界總星圖》。"

吕按："天文"，《明史·天文志》原作"曆法"。⑦

---

① 張廷玉等《明史》，534 頁。
② 張廷玉等《明史》，526 頁。
③ 張廷玉等《明史》，343 頁。
④ 張廷玉等《明史》，1926 頁。
⑤ 張廷玉等《明史》，533 頁
⑥ 《十三經注疏·春秋左傳正義》，1836 頁。
⑦ 張廷玉等《明史》，342 頁。

第三,省掉"曆"字。例如:

(1)《五禮通考》卷一八五徵引梅文鼎曰:"夫謂術屢變益精者,如歲差之類必數十年始差一度,故久而後覺。"

吕按:"術",梅文鼎《曆算全書》卷六原作"曆術"。①《五禮通考》删去了"曆"字。

(2)《五禮通考》卷一八五徵引《宋史志》:"請考正《淳熙》法之差,俾之上不違於天時,下不乖於人事。"

吕按:庫本《宋史·律曆十五》"法"前有"曆"字,今校點本則作"曆"字。②

(3)《五禮通考》卷一八六徵引《左傳》僖公五年杜注:"朔旦冬至,數之所始。"

吕按:庫本《左傳》僖公五年杜注"數"前有"曆"字。

(4)《五禮通考》卷一八九徵引《左傳》文公元年孔疏:"杜以爲僖三十年閏九月,文二年閏正月,故言於法,閏當在僖公末年,誤於今年置閏。"

吕按:庫本《左傳》文公元年孔疏"法"前有"曆"字。

第四,避嫌名。嫌名只有一個"歷"字,或改作"閱",或改作"累",或改作"泊",或改作"列"。詳下:

(1)《五禮通考》卷一九一徵引《漢書志》:"明日己未冬至,晨星與婺女伏,閱建星及牽牛,至於婺女,天黿之首,故傳曰:'星在天黿。'"

吕按:"閱",《漢書·律曆志第一下》原作"歷"。③

(2)《五禮通考》卷一九八徵引朱氏鶴齡曰:"明日壬辰,晨星始見。戊午,渡孟津。明日己未冬至,晨星與婺女伏,閱建星、牽牛,至于婺女天黿之首。"

吕按:"閱",朱鶴齡《尚書埤傳》卷九原作"歷"。

(3)《五禮通考》卷一八三徵引《宋史志》:"周琮論曰:'若一行爲《大

---

① 梅文鼎《曆算全書·曆學答問》,第十九册,30頁A面。
② 脱脱等《宋史》,1940頁。
③ 班固《漢書》,中華書局,1962年,1015頁。

衍術議》及《略例》，校正累世，以求立法強弱，爲術家體要。'"

呂按："累世"，《宋史·律曆志八》原作"歷世"。①

(4)《五禮通考》卷一九八徵引《逸周書·周月解》："日行月一次周天，泊舍于十有二辰。"

呂按："泊"，原書原文作"歷"。②

(5)《五禮通考》卷二百徵引《禮記·月令》："季冬之月，命宰列卿大夫至于庶民土田之數而賦犧牲，以共山林名川之祀。"

呂按："列"，原書原文作"歷"。③ 鄭玄注："歷，猶次也。"孔疏："宰，小宰也。歷亦次也。卿大夫，謂畿内有采地者。歲終，又命小宰列次畿内之地大小，并至於庶民受田，準土田多少之數，賦之犧牲，以共山林名川之祀。"此改"列"字之所由來也。

## 三 "曆"字避諱的初步認識與分析

我認爲，上節所述四種避諱方法，從歷時的角度來看，都有刷新避諱紀錄的表現。

第一，"避諱改字"一項，檢視《史諱舉例》，倒也古已有之。例如，唐太宗之祖名虎，"虎改爲'獸'，爲'武'，爲'豹'，或爲'彪'"，四字而已；再如，宋太祖趙匡胤，"匡改爲'正'，爲'輔'，爲'規'，或爲'糾'，爲'光'，爲'康'"，六字而已。而"曆"字之改字多達十二個，以之視唐宗宋祖，可謂大巫見小巫。

第二，"避諱改詞"一項，檢視《史諱舉例》，也是古已有之。例如，東漢順帝名準，"平準令改染署令"，只是偶一爲之；再如，宋英宗名曙，"簽署改簽書，都部署改都總管"，不過一再爲之。而清人之避諱改詞，已知者多達九個。

---

① 脱脱等《宋史》，第 1739 頁。
② 黄懷信等《逸周書彙校集注》，上海古籍出版社，2007 年，616 頁。
③ 鄭玄注、孔穎達正義、呂友仁整理《禮記正義》，上海古籍出版社，2008 年，740 頁。

第三,"徑直省掉'曆'字"一項,據陳垣先生《史諱舉例》卷一,歷史上有"避諱空字之例",即"空其字而不書,或作空圍,或曰'某',或徑書'諱'字。"又批評説:"《金石萃編》摹刻碑文,遇清諱,輒書'廟諱'二字,令人暗索,猶如射覆,甚不應也。"①今檢視《五禮通考》兩種版本,一無空格,二無空圍,三無"某",四無"廟諱"字樣,而是徑直省掉"曆"字,没有任何標誌。較之《金石萃編》,走得更遠。這種作法,恐怕不僅空前,而且絶後。

第四,"避嫌名"一項,論起嫌名的多少,較之前代,難拔頭籌。據《史諱舉例》引《淳熙重修文書式》,宋高宗趙構的嫌名竟然多達五十五字,陳垣先生稱之爲"空前絶後"。而清高宗的嫌名只有一個"歷"字,相比之下,簡直是微不足道了。但論起避嫌名給古書帶來的損害,宋人就瞠乎其後了。宋人無論是避正名,還是避嫌名,習用的是缺筆法。這種辦法,宋人習稱"爲字不成"。宋丁度等《貢舉條式·淳熙重修文書式》:"正字皆避之,若書籍及傳録舊事者,爲字不成。"②所謂"正字",即正名。以宋真宗爲例,其正名就是"恒"字。毛居正《六經正誤》卷一:"'恒'犯廟諱,故去下畫,爲字不成。"③這是避正名使用缺筆法之例。又,毛居正《六經正誤》卷三:"'筐'字係廟諱嫌名(按:宋太祖名匡胤,宋太宗名匡义)故去匚下畫,爲字不成。"④這是避嫌名使用缺筆法之例。而"曆"字嫌名的避諱,使用的是改字法。至于改作什麽字,没有一定之規,視具體語境而定。兩種不同的避嫌名作法,源出於兩種不同的考慮。宋人的作法,意在儘量保持書本的原貌,正如《淳熙重修文書式》所説:"其經傳本字,即不當改易,庶幾萬世之下,有所考證。"⑤而清人的作法恰恰相反,在清人看來,保持書本原貌是次要的,把避諱做到無可挑剔則是主要的。

陳垣先生説:"宋人避諱之例最嚴。"這話不錯。但我認爲,陳垣先生是就一個朝代而言。如就一個皇帝來説,我認爲清高宗弘曆時期的避諱

---

① 陳垣《史諱舉例》,中華書局,1962年,3頁、5頁。
② 丁度等《貢舉條式·淳熙重修文書式》,影印文淵閣《四庫全書》本,237册,315頁。
③ 毛居正《六經正誤》,影印文淵閣《四庫全書》本,183册,458頁。
④ 毛居正《六經正誤》,影印文淵閣《四庫全書》本,183册,483頁。
⑤ 丁度等《貢舉條式·淳熙重修文書式》,影印文淵閣《四庫全書》本,237册,317頁。

之例最嚴,其證據之一就是"曆"字避諱的種種刷新紀錄之舉。

爲什麽"曆"字的避諱最嚴？原因在皇帝,在清高宗。《禮記·緇衣》:"子曰:'下之事上也,不從其所令,從其所行。上好是物,下必有甚者矣。'"①按照清代的法律,觸犯皇帝的名諱,並不是什麽大罪。《大清律例》卷七《上書奏事犯諱》:"凡上書若奏事誤犯御名及廟諱者,杖八十；餘文書誤犯者,笞四十。若爲名字觸犯者,杖一百。其所犯御名及廟諱,聲音相似,字樣各別,及有二字止犯一字者,皆不坐罪。"②如果對此條款存有疑問,請再看看沈之奇《大清律輯注》卷三:"御名、廟諱,臣子所當謹避者。若上書之中,奏事之時,而有誤犯者,雖爲無心之錯,亦是不敬之端,杖八十；其餘各衙門文書誤犯者,笞四十。以其不至御前,止是失於檢點,非有不敬也,故輕之。若取爲名字,則常爲人所呼唤,非誤犯,是觸犯矣,杖一百。以其無忌憚也,故重之。其音同字別,則嫌名不諱也。二字犯一,則二名不偏諱也。皆不坐罪。"③可知,單獨犯一個"曆"字的諱,是無罪的。就算有罪,充其量也不過"杖一百",絶不至於死罪。問題是在君主專制社會中,皇帝是可以隨心所欲的,"前主所是著爲律,後主所是疏爲令",皇帝的旨意高於一切,法律不過是其手中玩物。乾隆四十二年的王錫侯《字貫》案,是清高宗藉臣民觸犯廟諱御名而濫發皇帝淫威的典型事例。觸犯廟諱御名,本來不是什麽大罪名,而清高宗無限上綱:"此實大逆不法,爲從來未有之事,罪不容誅,即應照大逆律問擬,以申國法而快人心。"④將觸犯廟諱御名的罪名由"上書奏事犯諱"提升到十惡不赦的大逆,是爲避諱史上的一大發明。此其一。《四庫全書總目》卷首一載乾隆四十二年十月初七日奉上諭:"四庫全書館進呈李廌《濟南集》,其《詠鳳凰臺》一首有'漢徹方秦政,何乃誤至斯'之語,於理不順。李廌乃宋臣,其於中國正統之漢武帝,伊祖未嘗不曾爲其臣,豈應率逞筆端,罔顧名義,

---

① 鄭玄注、孔穎達正義、吕友仁整理《禮記正義》,2105頁。
② 徐本等《大清律例》,影印文淵閣《四庫全書》本,672册,510頁。
③ 沈之奇《大清律輯注》,《續修四庫全書》本,863册,325頁。
④ 陳垣《史諱舉例》,168頁。

輕妄若此。且朕御製詩文內，如周、程、張、朱，皆稱爲子而不斥其名，又如韓昌黎、蘇東坡諸人，或有用入詩文者，亦止稱其號而不名。朕於異代之臣尚不欲直呼其名，乃千古以下之臣，轉將千古以上之君稱名不諱，有是理乎？"①其意乃謂，千古以下之臣仍應避諱千古以上之君之名，從而將諱本朝之例擴展至前朝歷代，是爲避諱史上又一大發明。"曆"字避諱方法的花樣百出，就是在清高宗這兩大發明高壓下，臣民爲了自保而惴惴不安的心態的忠實反映。於是小心翼翼，挖空心思，寧可失之於過，不可失之於不及，以免招來不測之禍。拿"避諱改字"一項的舉例來說，細細品味，"曆須年年改革，不改革便於天度有差""張賓所造曆法""日食者，曆之常也""後之作曆者咸因之""欽天監，五官司曆二人""司天監，掌凡曆象之事""頒曆之政歸院"，此等文字，均有褻瀆清高宗名諱之嫌，萬一被清高宗看到，禍將不測。於是乎或改作"律"，或改作"算"，或改作"數"，或改作"術"，或改作"書"，或改作"天"，或改作"朔"。餘可類推，不煩多舉。如此花樣百出的改字，館臣是爲了自保，快意的是清高宗一人，而直接受害者是古書，間接受害者是當代與後代之讀書人。

根據"曆"字在《五禮通考》中的上述避諱情況，筆者推而廣之，大膽地假設：一部《四庫全書》，找不到一個"曆"字。這還不夠，筆者更進一步大膽地假設：整個乾隆時期出版的書籍，恐怕都找不到一個"曆"字。而"曆"字哪裏去了，我們要留心。

## 四 一 點 疑 問

據《四庫提要》，庫本《五禮通考》成書於乾隆四十三年，正是清高宗的避諱高壓雷厲風行之時，其花樣百出的避諱改字宜也。令筆者不解的是，通行本《五禮通考》當即庫本的底本，也就是江蘇巡撫采進本。通行本問世的具體年月不得而知，但有一點是肯定的，即成書必在四庫開館、高

---

① 永瑢等《四庫全書總目》，中華書局，1965年，卷首4頁。

宗下詔征書之前，即乾隆三十七年（1772）之前。這樣一來，問題就來了。既然是在乾隆三十七年之前，爲什麽避諱的作法與庫本如出一轍呢？甚至可以說比起庫本有過之而無不及呢？上文所舉諸例，凡僅僅標明通行本者，就是通行本避而庫本不避之例。難道在四庫開館之前清高宗的避諱高壓政策就已經付諸實施了嗎？筆者不能明，亟願知者賜教。

（原載北京大學《儒藏》編纂與研究中心《儒家典籍與思想研究》第 4 輯，2012 年）

# 權威著作識小

# 試論王力先生《古代漢語》在經學方面的失誤

## 緒　言

　　王力先生主編的《古代漢語》,是全國高等學校文科的統一教材,是普通高等教育"十二五"國家級規劃教材,讀者很多,聲譽很高,影響很大。筆者亦嘗供職于高校中文系,使用王力《古代漢語》作爲教材,多歷年所,受益良多。雖然,古語有云:"《武》盡美矣,未盡善也。"或曰:王力先生主編《古代漢語》的"未盡善"表現在什麽地方? 答曰:表現在編者對經學的有所忽略,因而導致一些常識失誤。

　　王力《古代漢語》有關經學的内容,主要體現在:第一,文選中收有經部文獻五種,即《左傳》《論語》《禮記》《孟子》及《詩經》。第二,通論中涉及經學的内容也不少。本文所謂"失誤"之"失",謂該說的沒有說,或者雖然說了但不到位;所謂"失誤"之"誤",謂說錯了。本文使用的王力《古代漢語》的版本，是中華書局 1999 年版的校訂重排本。

拙文含四個部分，即：

一、王力《古代漢語》文選經部文獻簡介失誤五則；

二、王力《古代漢語》文選經部文獻注釋失誤七則；

三、王力《古代漢語》通論中的經學之失誤五則；

四、王力《古代漢語》文選經部文獻注釋括注之失誤十五則。

王力《古代漢語》何以在經學方面出現較多失誤？嘗試論之：從光緒三十一年（1905）清廷廢除科舉，經學地位一落千丈。考試用不着了，誰還學這勞什子！解放以後，在以階級鬥爭爲綱的年代，尤其是"文革"中，孔子及儒家經典是被批判的對象。這種態勢，直到最近幾年，由於黨和國家領導人的重視，才開始得到扭轉。但屈指算來，迄今已經一百多年了。按三十年一代人來算，快四代人了。三四代人都不在經學上下功夫，如何得了，不出問題才怪呢！而經學在中國，對於人文學科的學者來說又是一個實際上繞不開的課題和話題！

乾嘉學者阮元在《重刻宋版注疏總目錄》一文中說："竊謂士人讀書當從經學始，經學當從注疏始。空談之士，高明之徒，讀注疏不終卷而思臥者，是不能潛心研索，終身不知有聖賢諸儒經傳之學矣。"[1]阮元這段話，是在經學如日中天時說的，調門偏高。比較起來，倒是張之洞《書目答問》說得比較平實："由小學入經學者，其經學可信；由經學入史學者，其史學可信；由經學、史學入理學者，其理學可信。"[2]經學儘管被漠視了一段較長時間，但自改革開放以來，否極泰來，經學的重要性又重新被國人認識。國家主席習近平《在紀念孔子誕辰 2565 周年國際學術研討會暨國際儒學聯合會第五屆會員大會開幕會上的講話》中說："孔子創立的儒家學說以及在此基礎上發展起來的儒家思想，對中華文明產生了深刻影響，是中國傳統文化的重要組成部分。"李學勤先生近年一篇文章的題目是《國

---

[1] 《十三經注疏》，中華書局，1980 年，2 頁。

[2] 張之洞撰、范希曾補正、徐鵬導讀《書目答問補正》，上海古籍出版社，2001 年，258 頁。

學的主流是儒學,儒學的核心是經學》。① 經學之重要,由此可見。

筆者注意到,在拙文之前,已經有不少質疑王力《古代漢語》的文章。這些文章,著力于經學者很少。雖然,凡是前人已經正確指出者,拙文就不再贅言。在經學方面,筆者還是個小學生。拙文所言當否,不敢自必,衷心歡迎大家批評,不勝企盼之至。

# 一 王力《古代漢語》文選經部文獻簡介失誤五則

### (一)《左傳》簡介

**簡介原文**:《左傳》是我國第一部敘事詳細的完整的歷史著作……爲《左傳》作注的很多,現在通行的是《十三經注疏》中的《春秋左傳注疏》。(7—8頁)②

呂按:這是編者介紹《左傳》的第一句話和最後一句話,讓人感到有點前言不照後語:《左傳》到底是史部書還是經部書?你説是"歷史著作",却又要學生到經部書裏討生活,學生不感到困惑嗎?傳統目録學一直是把《左傳》視爲經部書。即令從歷史學的角度來説,《左傳》的本質屬性是什麽?答曰:是我國第一部編年史。建議將"歷史著作"四字改作"編年史"三字。根據何在?唐劉知幾《史通》卷一《六家》:"古往今來,質文遞變,諸史之作,不恒厥體。權而爲論,其流有六:一曰《尚書》家,二曰《春秋》家,三曰《左傳》家,四曰《國語》家,五曰《史記》家,六曰《漢書》家。"③也就是説,我國的史書體裁有六種,《左傳》開創了編年體。文史不分家,這不正是我們向學生傳授史學常識的節點嗎?爲什麽輕輕放過呢?再説,這也是教師講授《左傳》文選時無法

---

① 載《中華讀書報》2010年8月4日15版。
② 本文的括注頁碼,皆王力主編《古代漢語》(校訂重排本)頁碼(中華書局1999年版)。
③ 劉知幾《史通》,影印文淵閣《四庫全書》本,685册,9頁。

回避的問題。編年體史書記事的特點是"以事繫日,以日繫月,以月繫時,以時繫年"①,而選文中頻繁出現的"隱公元年""僖公四年""宣公二年""四年,春,齊侯以諸侯之師侵蔡""冬,十二月丙子朔,晉滅虢"等句子,如果學生向教師提出疑問時,教師將何以答對?

(二)《論語》簡介

**簡介原文**:魏時的何晏集漢儒以來各家之説,成《論語集解》,這就是我們今天所看到的最早的《論語》注本。後來,《論語》逐漸被人重視,研究的人也很多。至唐文宗時,被列入經書。(179頁)

吕按:短短數語,有兩處錯誤。第一,何晏的《論語集解》並不是僅僅"集漢儒以來各家之説",而是"集解"之外,還有他自己作的注解。第二,説《論語》"至唐文宗時,被列入經書",太晚了。兩漢時期,《論語》就已經進入經的行列。下面依次予以論證。

何晏《集解》做了兩件事,一是集解他人之注,二是自己親自作注。知者,何晏《論語集解序》云:"今集諸家之善,記其姓名。有不安者,頗爲改易,名曰《論語集解》。"邢昺疏:"此敘《集解》之體例也。今,謂何晏時。諸家,謂孔安國、包咸、周氏、馬融、鄭玄、陳群、王肅、周生烈也。集此諸家所説善者而存之,示無剿説,故各記其姓名。'有不安者',謂諸家之説,於義有不安者也。'頗爲改易'者,言諸家之善,則存而不改;其不善者,頗多爲改易之。注首不言'包曰''馬曰'及諸家説下言'一曰'者,皆是何氏自下己意,改易先儒者也。"我們今天閱讀《論語集解》,看到凡是注文前面没有注家姓名者,皆何晏之注。試舉一例:

《論語·學而》:"人不知而不愠,不亦君子乎!"注:"愠,怒也。凡人有所不知,君子不愠之也。"皇侃疏:"凡注無姓名者,皆是何平叔語也。"②

皇侃爲什麽説這個話,因爲這個"注"字下,没有出現注者的姓名,例如"孔安國曰""馬融曰""王肅曰"一類詞語。皇侃在這裏告訴讀者,請注

---

① 杜預《春秋左氏傳序》,左丘明傳、杜預注、孔穎達正義、浦衛忠等整理《春秋左傳正義》,北京大學出版社,2000年,3頁。
② 皇侃《論語集解義疏》,影印文淵閣《四庫全書》本,195册,340頁。

## 試論王力先生《古代漢語》在經學方面的失誤

意,凡是"注"字下沒有注家姓名的注文,就是何晏自己所作的注。

簡介說《論語》"至唐文宗時,被列入經書",這是結論。而得出這個結論的根據,編者一字未講。筆者推測,其根據大約是唐文宗時有刊立石經之舉,而《論語》則爲石經之一。按《唐會要》卷六十六"國子監"下云:"其年(大和九年)十二月,敕於國子監講論堂兩廊,創立《石壁九經》,並《孝經》《論語》《爾雅》,共一百五十九卷。"①《新唐書·鄭覃傳》也談到,鄭覃以爲經書中頗有誤字,須要是正,建議"准漢舊事,鏤石太學,示萬世法"②,得到文宗批准。所謂"准漢舊事",即仿照東漢建立熹平石經的故事。據《舊唐書·文宗本紀》,開成二年,石經刻成。這就是經學史上有名的"開成石經",又叫"唐石經"。唐石經計有《周易》《尚書》《詩經》《周禮》《儀禮》《禮記》《左傳》《公羊傳》《穀梁傳》《論語》《爾雅》《孝經》等十二種儒家經典,現保存于西安碑林。

如果我們的上述推測不誤,那就意味著王力《古代漢語》是把《論語》是唐石經之一作爲其立論的根據。然而,眾所周知,早在東漢靈帝時,朝廷就有刊立石經之舉,而《論語》于彼時也是石經之一。《後漢書·蔡邕傳》云:"邕以經籍去聖久遠,文字多謬,俗儒穿鑿,疑誤後學。熹平四年,乃與五官中郎將堂溪典、光祿大夫楊賜、諫議大夫馬日磾、議郎張馴、韓説、太史令單颺等,奏求正定《六經》文字。靈帝許之,邕乃自書丹於碑,使工鐫刻立於太學門外。"③這就是經學史上有名的"熹平石經"。由於熹平石經是用隸書一種字體書寫,所以後世又叫作"一字石經"。"一字"者,謂用隸書一體也。《隋書·經籍志》經部著録之《一字石經論語》一卷④,即熹平石經之《論語》也。宋人洪适《隸釋》卷十四載有熹平石經殘碑五種,其一就是《石經論語殘碑》,計 971 字。⑤ 我們認爲,如果《論語》作爲開成石經之一可以被認爲是列入了經書,那麼,《論語》作爲熹平石經之一

---

① 王溥《唐會要》,影印文淵閣《四庫全書》本,606 册,858 頁。
② 歐陽修、宋祁《新唐書》,中華書局,1975 年,5068 頁。
③ 范曄撰、李賢等注《後漢書》,中華書局,1973 年,1990 頁。
④ 魏徵等《隋書》,中華書局,1973 年,946 頁。
⑤ 洪适《隸釋》,影印文淵閣《四庫全書》本,681 册,604—606 頁。

而被認爲是列入了經書，更應該毫無問題。因爲開成石經是效法熹平石經而刊立的，我們不能數典忘祖。如果以開成石經爲准，《論語》進入經書的時間就是公元837年，而如果以熹平石經爲准，則《論語》進入經書的時間便是公元175年，二者相差六百多年。

實際上，《論語》之入經還要更早。入經的標準是國家爲之立博士。據王國維《漢魏博士考》，西漢文帝時，已經爲《論語》立博士。其後雖一度廢置，但人們重視《論語》的程度却有增無減。所以王國維説："然則漢時《論語》之傳，實廣于《五經》，不以博士之廢置爲盛衰也。"①

（三）《禮記》簡介

**簡介原文**：**《禮記》是一部資料彙編性質的書，是七十子後學者和漢代學者所記。……其中有很多東西是封建性的糟粕，但這部書所收集的資料反映出古代社會倫理觀念、宗法制度、階級關係和儒家各派的思想等等，對研究這些問題還有不少參考價值。其中有些言論，是值得批判地繼承的。**（206頁）

呂按：愚以爲這段簡介有兩處失誤。首先，筆者將這一段簡介讀了兩遍，總感到字裏行間有一種大批判的味道。尤其是"其中有很多東西是封建性的糟粕"一句，實謂誇大之詞。筆者核對了中華書局1962年版的王力《古代漢語》的《禮記》簡介，二者一字不差。看來，我的直覺不錯。這篇簡介，寫在以階級鬥爭爲綱的年代，寫在將儒家經典視作封建餘孽的歲月。而校訂重排本出版于1999年，此時改革開放已經二十年了，這篇簡介依然故我，顯然是落後于時代了。簡介甚至連《禮記》是《五經》之一（從唐代開始）這樣的話也避而不談。

習近平《在紀念孔子誕辰2565周年國際學術研討會暨國際儒學聯合會第五屆會員大會開幕會上的講話》中説："世界上一些有識之士認爲，包括儒家思想在內的中國優秀傳統文化中藴藏著解決當代人類面臨的難題的重要啓示。""重要啓示"中出自《禮記》的就有關於"天下爲公""大同世界"的思想，關於"苟日新，日日新，又日新"與時俱進的思想，關於"以

---

① 王國維著，彭林整理《觀堂集林》，河北教育出版社，2003年，88頁。

誠待人、講信修睦"的思想。

我認爲,簡介應把《禮記》定位作儒家的一部重要經典。爲什麽這樣說呢?《禮記》不僅是儒家經典《五經》之一,《十三經》之一,其中《大學》《中庸》還是朱熹《四書》之二。《三禮》之中,《周禮》據說是周公所作,《儀禮》據說是孔子所作,而《禮記》是"七十子後學"所作。奇怪的是,從唐代開始,《周禮》不吃香了,《儀禮》也不吃香了,進入《五經正義》的是周公、孔子的徒子徒孫撰寫的《禮記》。到了宋代,朱熹又把《禮記》中的《大學》《中庸》兩篇取出,作爲《四書》中的兩種。可以說,在儒家經典中,誰也沒有《禮記》如此風光。而《禮記》之所以如此風光,靠的不是吹捧,靠的是實力,靠的是正能量,它對中華民族優秀傳統文化的形成影響至鉅。謂予不信,姑舉幾個大家比較熟悉的例子。

(1)《禮記·禮運》篇描述了兩種讓國人無限嚮往的社會模式:大同社會和小康社會。而小康社會的治理,就是"禮義以爲紀"。習近平說:"中國人民正在爲實現'兩個一百年'奮鬥目標而努力,其中全面建成小康社會中的'小康'這個概念,就出自《禮記·禮運》,是中華民族自古以來追求的理想社會狀態。"

(2)《禮記》對形成中華民族根深蒂固的重視教育的優良傳統起著無可代替的主導作用。《禮記》中的《學記》篇,是我國有關教育的最早的經典文獻。其開篇就說:"玉不琢,不成器;人不學,不知道。是故古之王者,建國君民,教學爲先。"①董仲舒對策,建議漢武帝"立太學以教于國",就是以《學記》爲根據。此後歷代相承。黨和政府提出:"把教育擺在優先發展的戰略地位。"更是注入了時代的精神。

(3)《禮記》對我國尊師優良傳統的形成起著無可替代的主導作用。郭沫若《洪波曲》:"中國社會是尊師重道的,每家的祖先堂上都供有'天地君親師'的香位牌。"②按:"尊師重道"這句話出自《禮記·學記》,姑且

---

① 鄭玄注、孔穎達正義、吕友仁整理《禮記正義》,上海古籍出版社,2008年,1424頁。
② 郭沫若著作編輯出版委員會編《郭沫若全集·文學編》,人民文學出版社,1992年,十四卷,169頁。

不說，就是那"天地君親師"五字，也是源出《禮記》。《禮記·禮運》："故天生時而地生財，人，其父生而師教之，四者，君以正用之，故君者立於無過之地也。"①第一次將"天地君親（父）師"五字放在一起。

（4）《禮記·王制》篇對勤儉節約的治國、持家理念的形成有直接影響。《王制》："三年耕，必有一年之食；九年耕，必有三年之食。"②這就是後世"耕三餘一"的由來。《王制》還提出了"量入爲出"的消費原則。毛澤東在延安時期寫成的《切實執行十大政策》，其中一項就是"耕三餘一"。

（5）《禮記》是培育引導社會風氣的士大夫（今曰"社會精英"）精神的最好教材。《禮記》中勵志的話語很多。例如《禮記·儒行》云："儒有可殺而不可辱也。身可危也，而志不可奪也。儒有苟利國家，不求富貴。"③又如《曲禮上》："臨財毋苟得，臨難毋苟免。"④《表記》："君子之接如水，小人之接如醴。"⑤《坊記》："善則稱人，過則稱己。"⑥等等。毛澤東《別了，司徒雷登》："美國人在北平，在天津，在上海，都灑了些救濟粉，看一看什麼人願意彎腰拾起來。太公釣魚，願者上鈎。嗟來之食，吃下去肚子要痛的。""嗟來之食"的典故就出自《禮記·檀弓下》。⑦范仲淹是北宋士大夫的代表人物，他的千古名句"先天下之憂而憂，後天下之樂而樂。噫，微斯人，吾誰與歸？"感動了不知多少人，而范仲淹的"微斯人，吾誰與歸"兩句，正是脫胎於《檀弓下》的"死者如可作也，吾誰與歸？"⑧林則徐是清代士大夫的代表人物，曾爲朱彬《禮記訓纂》作序，其熟悉《禮記》可知。林氏爲世傳頌的"苟利國家生死以，豈因禍福避趨之"兩句詩，其中的"苟

---

① 鄭玄注、孔穎達正義、呂友仁整理《禮記正義》，911頁。詳見拙文《"天地君親師"溯源考——兼論〈禮記〉的成書時代》，載《河南師範大學學報》（哲學社會科學版）2016年第3期。
② 鄭玄注、孔穎達正義、呂友仁整理《禮記正義》，510頁。
③ 鄭玄注、孔穎達正義、呂友仁整理《禮記正義》，2222頁、2225頁、2227頁。
④ 鄭玄注、孔穎達正義、呂友仁整理《禮記正義》，8頁。
⑤ 鄭玄注、孔穎達正義、呂友仁整理《禮記正義》，2092頁。
⑥ 鄭玄注、孔穎達正義、呂友仁整理《禮記正義》，1964頁。
⑦ 鄭玄注、孔穎達正義、呂友仁整理《禮記正義》，428頁。
⑧ 鄭玄注、孔穎達正義、呂友仁整理《禮記正義》，437頁。

利國家"四字就出自《儒行》,而"豈因禍福避趨之"又和《曲禮》的"臨難毋苟免"有異曲同工之妙。

（6）中國大學的校訓,有不少是取自《禮記》。詳見本書《〈禮記〉五講》,此不贅。我們知道,校訓是格言,是座右銘,它反映了學校的辦學理念、價值取向、培養目標。它不僅鐫刻在學校最醒目的地方,以期達到警示作用,而且嵌印在每個學子的腦海中,起著潛移默化的作用。而這麼多高校的校訓不約而同地選自《禮記》,這至少表明在教育界有這樣一種共識:《禮記》是一部充滿人文主義色彩的儒家經典,在塑造中國未來棟樑的國民性的事業中大有用武之地。

其次,再說《禮記》的作者和成書時間。《漢書·藝文志》:"《記》百三十一篇,七十子後學者所記也。"①而簡介在"七十子後學者"後面無端加上"漢代學者"四字,不知何所據。《禮記》四十九篇的編輯者戴聖是西漢人,一點不錯。但戴聖只是一個編輯者,不是作者。馮友蘭《中國哲學史》將《禮記》視爲"秦漢之際的儒家",置於《荀子》之後。② 簡介的看法大約是受馮說的影響。而馮說也是落後於時代的。

宋代金履祥《孟子集注考證》、元代吳澄《禮記纂言》、明代陳士元《孟子雜記》和清焦循《孟子正義》,都曾經指出《禮記》早於《孟子》的事例,姑勿論。③ 20世紀末,21世紀初,由於《郭店楚墓竹簡》(簡稱"郭店簡")、《上海博物館藏戰國楚竹書》(簡稱"上博簡")的先後問世,在學術界引起強烈反響,也爲《禮記》的成書時代提供了可信的證據。杜維明《郭店楚簡與先秦儒道思想的重新定位》:"郭店楚墓竹簡出土以後,整個中國哲學史、中國學術史都需要重寫。"④李學勤《郭店楚簡與儒家典籍》:"郭店簡又影響到對《禮記》的看法。《緇衣》收入《禮記》,竹簡中還有不少地方與《禮記》若干篇章有關,說明《禮記》要比現代好多人

---

① 班固《漢書》,中華書局,1962年,1709頁。
② 馮友蘭《中國哲學史》,華東師範大學出版社,2000年,上冊,250頁。
③ 可參考拙文《禮記成書管窺》,載拙作《禮記研究四題》,中華書局,2014年。
④ 杜維明《郭店楚簡與先秦儒道思想的重新定位》,《郭店楚簡研究》(《中國哲學》第二十輯),遼寧教育出版社,1999年,4頁。

所想的年代更早。"①

目前,經學界的一致看法是,《禮記》成書于戰國時期,早於《荀子》。這個問題,説來話長。筆者寫有《"天地君親師"溯源考——兼論〈禮記〉的成書時代》一文,載《河南師範大學學報》2015 年第 3 期,有興趣者,敬請瀏覽。

## 二 王力《古代漢語》文選經部文獻注釋失誤七則

(一)《鄭伯克段于鄢》

(1)原文:潁考叔爲潁谷封人

王力《古代漢語》注:潁考叔,鄭大夫。封,疆界。封人,管理疆界的官。(12 頁)

吕按:《左傳》之杜注、孔疏皆未言潁考叔是"鄭大夫",不知《古代漢語》編者有何依據而説是"鄭大夫"。《左傳》此句之下句云:"公賜之食,食舍肉。公問之,對曰:'小人有母,皆嘗小人之食矣,未嘗君之羹,請以遺之。'"杜注云:"宋華元殺羊爲羹以饗士,蓋古賜賤官之常。"②是視潁考叔爲賤官矣。按:《周禮·地官·序官》:"封人,中士四人,下士八人,府二人,史四人,胥六人,徒六十人。"③這就是封人的編制。任此職的最高首長的級别只是中士,這還是天子的封人。鄭國是諸侯,其封人的級别只能比天子的封人低,不可能比天子的封人高。《論語·八佾》:"儀封人請見。"朱熹《集注》:"儀,衛邑。封人,掌封疆之官。蓋賢而隱於下位者也。"④此"隱於下位者"之語,與杜注"賤官"之釋,不約而同。然則潁考叔斷不至於爲"鄭大夫"也。大夫以上則爲貴官。知者,《周禮·天官·宫

---

① 杜維明《郭店楚簡與先秦儒道思想的重新定位》,《郭店楚簡研究》(《中國哲學》第二十輯),21 頁。
② 左丘明傳、杜預注、孔穎達正義、浦衛忠等整理《春秋左傳正義》,64 頁。
③ 鄭玄注、賈公彦疏、彭林整理《周禮注疏》,上海古籍出版社,2010 年,309 頁。
④ 朱熹《四書章句集注》,中華書局,1983 年,68 頁。

正》："辨其親疏貴賤之居。"賈公彥疏："貴,謂大夫以上者。"①

(2) 原文：潁考叔,純孝也。

**王力《古代漢語》注：純,篤厚。(13 頁)**

吕按：杜預注："純,猶篤也。"孔疏："《爾雅·釋詁》訓'純'爲'大',則'純孝''純臣'(按："純臣",見《左傳》隱公四年)者,謂大孝、大忠也。此'純猶篤'者,言孝之篤厚也。"不知道王力《古代漢語》此注是由於迷信杜注,還是没有真正看懂孔疏,在注釋上取杜而捨孔,失之。因爲孔疏之訓"純"爲"大",有《爾雅》爲證；而杜注則自我作古,無證不信。按疏家之慣例,首先要疏通所選注家。而此節孔疏,一反慣例,首先拿出自己的意見,而後才談及注家。這種形式上的不恭,實際上是孔疏委婉破注的形式。就是説,注文雖然錯了,但不點破,給注家保留面子。這樣的例子,在孔穎達《五經正義》中並非孤例。例如：

《禮記·玉藻》："讀書、食則齊,豆去席尺。"鄭玄注："讀書,聲當聞尊者。"孔疏："'豆去席尺'者,解席所以近前之意。以設豆去席一尺,不得不前坐就豆。或云：'讀書,聲當聞尊者',故人頭臨前一尺。"②

按：此節孔疏先述己見,而將鄭注作爲"或云"看待,置之於後。這種主客位置的顛倒,是暗示以己説破注説也。

(二)《蹇叔哭師》

**原文：冬,晉文公卒。庚辰,將殯于曲沃。**

**王力《古代漢語》注釋：殯(bìn),停柩待葬。古代風俗,人死先停柩,然後擇日安葬。曲沃,晉地名,是晉宗廟所在地,在今山西聞喜縣東。周代君王的棺柩要"朝于祖考之廟",因此要在那裏暫時停放。(23 頁)**

吕按：這條注釋,有兩處失誤。第一,注釋説"古代風俗,人死先停柩,然後擇日安葬",没有文獻根據。實際上,這不是"古代風俗"的問

---

① 鄭玄注、賈公彥疏、趙伯雄整理《周禮注疏》,北京大學出版社,2000 年,92 頁。
② 鄭玄注、孔穎達正義、吕友仁整理《禮記正義》,1194 頁。

題,而是"古代禮制"的問題;古人並不迷信,講究什麽"擇日安葬",而是葬有定日。知者,《禮記·王制》:"天子七日而殯,七月而葬。諸侯五日而殯,五月而葬。大夫、士、庶人,三日而殯,三月而葬。"鄭玄注:"尊者舒,卑者速。《春秋傳》曰:'天子七月而葬,同軌畢至;諸侯五月,同盟至;大夫三月,同位至;士踰月,外姻至。'"①按:鄭注所引《春秋傳》,見《左傳》隱公元年。看來,葬期的遲速,乃根據死者的具體情況而定。

第二,注釋所謂"周代君王的棺柩要'朝于祖考之廟',因此要在那裏暫時停放",傳達給讀者的信息是,只有"周代君王"才有資格享受"朝于祖考之廟"之禮,其他人皆於此無緣。而這是一個錯誤的信息。實際情況是,上至君王,下至庶人,莫不如此。爲什麽?因爲這是人之常情。一個人,活的時候,你要出遠門,就要稟告父母;死了,將要埋葬,就要像生時的出遠門,也要給死去的祖考告别。孔子是主張以孝治天下的,絶對不會讓君王壟斷此禮。《禮記·檀弓下》:"喪之朝也,順死者之孝心也。其哀離其室也,故至於祖考之廟而後行。"鄭玄注:"朝,謂遷柩於廟。"孔疏:"'喪之朝也'者,謂將葬前,以柩朝廟者。夫爲人子之禮,出必告,反必面,以盡孝子之情。今此所以車載柩而朝,是順死者之孝心也。'其哀離其室也'者,謂死者神靈悲哀棄離其室,故至於祖考之廟,辭而後行。"②這是針對所有的人來説的。《儀禮·既夕禮》:"遷于祖。"鄭玄注:"遷,徙也。徙於祖,朝祖廟也。蓋象平生時,將出,必辭尊者。"③《既夕禮》是《士喪禮》的下篇,説明士死將葬,要行"朝于祖考之廟"之禮。

最後想説一點,注釋中"朝于祖考之廟"這句話,經查,出自《周禮·春官·喪祝》鄭玄注引鄭司農説。而注釋不標明引文出處,不符合學術規範。

---

① 鄭玄注、孔穎達正義、吕友仁整理《禮記正義》,512頁。
② 鄭玄注、孔穎達正義、吕友仁整理《禮記正義》,376—377頁。
③ 鄭玄注、賈公彦疏、彭林整理《儀禮注疏》,北京大學出版社,2000年,839頁。

（三）《晋靈公不君》

**原文：臣侍君宴，過三爵，非禮也。**

**王力《古代漢語》注釋：**爵，古代飲酒器。三爵，《詩·小雅·賓之初筵》鄭玄箋："三爵者，獻也，酬也，酢也。"(28頁)

呂按：筆者注意到，"三爵"一詞，王力先生《古代漢語》的修訂本只注了"爵"字："爵，古代飲酒器。"張永言先生在《讀王力先生〈古代漢語〉札記》（見《中國語文》1981年第3期）一文中，對此注提出批評説："這裏涉及禮制，注文簡略不明，宜據《詩·小雅·賓之初筵》鄭玄箋：'三爵者，獻也，酬也，酢也'，講明'三爵'的意義。"1999年出版的校訂重排本部分地接受了張先生的這條意見，將注文修改成今天這個樣子。筆者也注意到，富金璧、牟維珍合著的《王力〈古代漢語〉注釋匯考》（黑龍江人民出版社，2003年）也談到了"三爵"問題，提出了與張先生不同的意見。筆者認爲，張先生的意見是錯誤的，《匯考》的意見是對的。遺憾的是，《匯考》的論證有捨近求遠、捨本求末之嫌，且證據薄弱。故不揣寡昧，予以重新論證。

第一，《左傳》孔疏將此句的"三爵"已經剖析得相當明白，孔疏是這樣説的：

> 此言飲趙盾酒，是小飲酒耳，非正《燕禮》。《燕禮》獻酬之後，方脱履升堂，行無算爵，非止三爵而已。其侍君小飲，則三爵而退。《玉藻》云："君子之飲酒也，受一爵而色灑如也，二爵而言言斯，禮已三爵，而油油以退。"鄭玄云："禮，飲過三爵則敬殺，可以去矣。"是三爵禮訖，自當退也。提彌明言此之時，未必已過三爵，假此辭以悟趙盾耳。①

所謂《燕禮》，是《儀禮》十七篇中的一篇，其主旨，據鄭玄《儀禮目錄》："諸侯無事，若卿大夫有勤勞之功，與群臣燕飲以樂之。"②孔疏説得很明白，"飲趙盾酒"不屬於正規的《燕禮》。正規的《燕禮》，要喝到"無算爵"，即不計杯數，一醉方休。此處的"飲趙盾酒"，是"侍君小飲"，雙方是君臣關係，不是賓主關係，且趙盾一人，並非群臣，在這種情況下，只能喝

---

① 左丘明傳、杜預注、孔穎達正義、浦衛忠等整理《春秋左傳正義》，686頁。
② 鄭玄注、賈公彥疏、彭林整理《儀禮注疏》，286頁。

完三杯就告退。

這段孔疏,楊伯峻先生看懂了,他的《春秋左傳注》對"三爵"的注釋,就是在這段孔疏的基礎上寫出的。有興趣者不妨自己去看,此不贅。

第二,孔穎達爲"三爵"作解的主要理論根據是《禮記·玉藻》,讓我們再來看看《禮記·玉藻》此句的孔疏:"禮已三爵而油油者,言侍君小宴之禮,唯已止三爵,顏色和悦而油油悦敬,故《春秋左氏傳》云:'臣侍君宴,過三爵,非禮也。'"①不難看出,孔穎達是用《玉藻》的話來注解《左傳》,反過來又用《左傳》的話來注解《玉藻》,二者互爲注解。這表明,在孔穎達看來,《左傳》記載的"三爵"與《禮記》記載的"三爵",是相同的一種飲酒禮數,所以可以互訓。清代學者孫希旦的《禮記集解》,被人稱爲後起之翹楚,也完全承襲了孔疏的説解:"已,止也。禮已三爵者,侍燕之禮止於三爵也。《左傳》曰:'臣侍君宴,過三爵,非禮也。'蓋私燕之禮如此。若正燕,則有無算爵,不止於三爵也。"②

第三,"三爵"作爲一種禮制,不應是孤立的,而應是普遍的。所以不僅《左傳》中有記載,而且其他古書中也應有記載。試看:

① 《晏子春秋·內篇諫上·景公飲酒酣》:"公曰:'若是,孤之罪也。夫子就席,寡人聞命矣。'觴三行,遂罷酒。'"張純一校注引孫星衍云:"《春秋左傳》:'臣侍君宴,過三爵,非禮也。'"③

② 《史記·晉世家》也記載了《左傳》宣公二年之事,但太史公改寫作:"君賜臣,觴三行,可以罷。"《史記會注考證》云:"正義:行酒三遍。《左傳》云:'提彌明曰:臣侍君宴,過三爵,非禮也。'"④

③ 《論衡·語增》:"賜尊者之前,三觴而退。過於三觴,醉酗生亂。"⑤

上述例證表明,古代確實有這麼一種飲酒禮數,用《左傳》的話來說就

---

① 鄭玄注、孔穎達正義、吕友仁整理《禮記正義》,1197頁。
② 孫希旦撰,沈嘯寰、王星賢點校《禮記集解》,中華書局,1989年,792—793頁。
③ 張純一《晏子春秋校注》,《諸子集成》,世界書局,1935年,4册,4頁。
④ 司馬遷撰、[日]瀧川資言考證《史記會注考證》,文學古籍刊行社,1955年,2446頁。
⑤ 黃暉《論衡校釋》,中華書局,1990年,348頁。

是"臣侍君宴,過三爵,非禮也"。

最後,讓我們來審視一下《詩經·小雅·賓之初筵》中的"三爵"究竟是什麼意思,它與《左傳》中的"三爵"是不是一碼事?按《詩經·小雅·賓之初筵》的最後兩句是:"不識三爵,矧敢多又。"鄭箋:"三爵者,獻也,酬也,酢也。"鄭箋是什麼意思?請看孔穎達如何疏:"禮,主人獻賓,賓飲而酢主人,主人飲而又酌以酬賓,賓則奠之而不舉,三爵矣。而指獻、酢、酬爲三爵者,言於飲三爵禮之時,非謂人飲三爵也。"①可知《詩經》的"三爵",是賓主共飲三爵。其中,主人飲二爵,賓飲一爵。這與臣侍君宴,臣獨飲三爵不同。按《詩·小雅·彤弓》:"鐘鼓既設,一朝酬之。"鄭箋云:"酬,報也。飲酒之禮,主人獻賓,賓酢主人,主人又飲而酌賓,謂之酬。"②這裏也提到了獻、酢、酬,並且把它歸納爲"飲酒之禮"。這個歸納很重要,可以作爲我們解讀古代飲酒之禮的一把鑰匙。難怪清代學者凌廷堪在《禮經釋例》卷三"飲食之例上"更以詞典式語言解釋説:"凡主人進賓之酒,謂之獻。凡賓報主人之酒,謂之酢。凡主人先飲以勸賓之酒,謂之酬。"③

(四)《大同》

(1)原文:**事畢,出遊於觀之上。**

**王力《古代漢語》注釋**:觀(guàn),宗廟門外兩旁的高建築物。又名闕。(210頁)

呂按:注釋有誤。"宗廟門外",當作"(天子、諸侯)宮城門外"。古制,宗廟在宮城之内的左部,是宮内建築的一部分。宗廟門外沒有觀。觀在宮門外。關於這一點,《禮記·禮運》孔穎達的疏已經説得很明白了:"案定二年'雉門災及兩觀',魯之宗廟在雉門外左,孔子出廟門而來至雉

---

① 鄭玄箋、孔穎達疏,朱傑人、李慧玲整理《毛詩注疏》,上海古籍出版社,2013年,1276頁。
② 鄭玄箋、孔穎達疏,朱傑人、李慧玲整理《毛詩注疏》,892頁。
③ 凌廷堪著、彭林點校《禮經釋例》,臺灣"中研院"中國文哲研究所,2002年,167—171頁。

門,游於觀。"①所謂"雉門",即指宮門而言。知者,《春秋》定公二年:"夏五月壬辰,雉門及兩觀災。"杜預注:"雉門,公宮之南門。兩觀,闕也。天火曰災。"孔疏:"《明堂位》云:'庫門,天子皋門;雉門,天子應門。'是魯之雉門,公宮南門之中門也。《釋宮》云:'觀謂之闕。'《周禮·大宰》:'正月之吉,縣治象之法于象魏,使萬民觀治象。'鄭衆云:'象魏,闕也。'劉熙《釋名》云:'闕在門兩旁,中央闕然爲道也。'然則其上縣法象,其狀魏魏然高大,謂之象魏;使人觀之,謂之觀也。是觀與象魏、闕,一物而三名也。"②請注意,杜注已經明白無誤地告訴我們:"雉門,公宮之南門。"孔疏爲什麽說"魯之宗廟在雉門外左"?這是由於古代天子、諸侯的宗廟,都是按照"左祖右社"的原則設計的。《周禮·考工記·匠人》:"左祖右社。"鄭玄注:"王宮所居也。祖,宗廟。"③這四個字就是這種設計的理論根據。社,謂社稷壇。今日北京的故宮,當初就是按照"左祖右社"的原則設計建造的。據北京故宮宣傳部撰寫的《北京故宮官方詳解》:"'左祖',指的是在皇宮左前方建立皇帝祭祀祖先的太廟,就是今天的勞動人民文化宮。'右社',是指在皇宮右前方建立皇帝祭祀土地神、穀物神的社稷壇,就是現在的中山公園。"

又按:諸侯宮城凡三門,由外而內,庫門、雉門、路門。雉門是中門。知者,秦蕙田《五禮通考》卷一三一:"蕙田案:天子五門,曰皋、庫、雉、應、路。諸侯三門,曰庫、雉、路。皆三朝,一曰外朝,一曰治朝,一曰燕朝。外朝,天子在庫門外,諸侯在庫門內。"④諸侯宮城的庫門內、雉門外是外朝,外朝是平民有機會進入的地方。知者,《周禮·大司徒之職》:"正月之吉,始和布教于邦國都鄙,乃縣教象之灋于象魏,使萬民觀教象。"賈公彥疏:"云'使萬民觀教象'者,謂使萬民來就雉門象魏之處,觀教象文書,使知一年教法。"⑤請注意賈疏的這三句話:"使萬民來就雉門象魏之處,觀

---

① 鄭玄注、孔穎達正義、呂友仁整理《禮記正義》,877頁。
② 《十三經注疏·春秋左傳正義》,中華書局,1980年,2132頁。
③ 鄭玄注、賈公彥疏、彭林整理《周禮注疏》,上海古籍出版社,2010年,1664頁。
④ 秦蕙田《五禮通考》,影印文淵閣《四庫全書》本,138冊,80頁。
⑤ 鄭玄注、賈公彥疏、彭林整理《周禮注疏》,366頁。

教象文書,使知一年教法。"這不是與上文孔穎達所説"是觀與象魏、闕,一物而三名也"合若符契嗎!《通典》卷四十七載晋太常博士孫毓議云:"諸侯三門,立廟宜在中門外之左。"①以上諸説,均可證觀在宫門外。

(2) 原文:言偃在側曰:"君子何嘆?"

**王力《古代漢語》注釋:君子,指孔子。(211頁)**

吕按:這樣的注釋,表明編者没有看懂這句話。孔子的弟子稱呼孔子,一無例外的是稱之曰"夫子"。一部《論語》中,這樣的例子枚不勝舉。但稱呼孔子爲"君子"的,一例也没有。而此處稱呼孔子爲"君子",極其反常,其中必有緣故。孔穎達看出了其中緣故,就説:"於時言偃在側而問之,曰:'君子何嘆?'不云'孔子'(吕按:疑當作"夫子")而云'君子'者,以《論語》云'君子坦蕩蕩',不應有嘆也。"②按《論語·述而》:"子曰:'君子坦蕩蕩,小人長戚戚。'"不知編者何以對孔疏視而不見。

(3) 原文:大道之行也,天下爲公。

**王力《古代漢語》注釋:天下成爲公共的。(211頁)**

吕按:這條注釋,没有抓住要害,釋若未釋。要害是"禪讓"二字。鄭玄注:"公,猶共也,禪位授聖,不家之。"孔疏:"'天下爲公'者,謂天子位也。爲公,謂揖讓而授聖德,不私傳子孫,即廢(丹)朱、(商)均而用舜、禹是也。"③王力的注釋,往往落後于古之注疏,此其一例。

# 三  王力《古代漢語》通論中的經學失誤五則

(一)《古代漢語》在講到"古書的注解"時説:**注解古書的工作開始於漢代。到了唐代,距離漢代又有六七百年了,許多漢人的注解在唐代人**

---

① 杜佑撰、王文錦等點校《通典》,中華書局,1988年,1306頁。
② 鄭玄注、孔穎達正義、吕友仁整理《禮記正義》,877頁。
③ 鄭玄注、孔穎達正義、吕友仁整理《禮記正義》,878頁。吕按:丹朱是堯的兒子,商均是舜的兒子。

看起來，又不是那麼容易理解了，於是出現了一種新的注解，作者不僅解釋正文，而且還給前人的注解作注解。這種注解一般叫做"疏"，也叫"正義"。(611—612頁)

吕按：通論的這段話不符合經學史的實際。何者？須知唐代的"正義"(或曰"疏")乃是在南北朝學者"義疏"基礎上剪裁而成，而"義疏"的功能，就是"不僅解釋正文，而且還給前人的注解作注解"。

孔穎達編撰《五經正義》，每一種《正義》都是參考六朝學者的衆多義疏，并從中選出一種或兩種作爲藍本，然後加以剪裁修訂而成。請看孔穎達的夫子自道：

孔穎達《周易正義序》："其江南義疏，十有餘家，皆辭尚虛玄，義多浮誕。"①

孔穎達《尚書正義序》："其爲正義者，蔡大寶、巢猗、費甝、顧彪、劉焯、劉炫等。其諸公旨趣，多或因循，怙釋注文，義皆淺略。惟劉焯、劉炫最爲詳雅。"②

孔穎達《毛詩正義序》："其近代爲義疏者，有全緩、何胤、舒瑗、劉軌思、劉醜、劉焯、劉炫等。然焯、炫並聰穎特達，文而又儒，擢秀幹於一時，騁絕轡於千里，固諸儒之所揖讓，日下之無雙。於其所作《疏》内特爲殊絶。今奉敕刪定，故據以爲本。"③

孔穎達《禮記正義序》："其爲義疏者，南人有賀循、賀瑒、庾蔚、崔靈恩、沈重、范宣、皇侃等；北人有徐遵明、李業興、李寶鼎、侯聰、熊安生等。……今奉敕刪理，仍據皇氏以爲本，其有不備，以熊氏補焉。"④

孔穎達《春秋左氏傳正義序》："其爲義疏者，則有沈文阿、蘇寬、劉炫。然沈氏於義例粗可，於經傳極疏；蘇氏則全不體本文，唯旁攻賈、服，使後之學者鑽仰無成；劉炫於數君之内，實爲翹楚。"⑤

---

① 王弼注、孔穎達疏、盧光明等整理《周易正義》，北京大學出版社，2000年，3頁。
② 孔安國傳、孔穎達疏、廖名春等整理《尚書正義》，北京大學出版社，2000年，3頁。
③ 鄭玄箋、孔穎達疏、朱傑人、李慧玲整理《毛詩注疏》，1—2頁。
④ 鄭玄注、孔穎達正義、吕友仁整理《禮記正義》，2頁。
⑤ 左丘明傳、杜預注、孔穎達正義、浦衛忠等整理《春秋左傳正義》，4頁。

孔穎達五序言之鑿鑿,飲水思源,我們怎能够忘掉六朝學者的"義疏"。

上述六朝學者的義疏,唐以後就亡佚了。完整倖存下來的只有南朝梁皇侃《論語集解義疏》一種,可謂靈光獨存。現在我們就從《論語集解義疏》中舉一個例子,以小窺大。看看義疏類著作是怎樣"不僅解釋正文,而且還給前人的注解作注解"。

皇侃《論語集解義疏·學而》:

曾子曰:(注:馬融曰:弟子,曾參也。)吾日三省吾身:爲人謀而不忠乎?與朋友交,言而不信乎?傳不習乎?(注:言凡所傳之事,得無素不講習而傳之乎?)

疏:"曾子曰"至"習乎" 云"吾日三省吾身"者,省,視也。曾子言,我生平戒慎,每一日之中,三過自視察,我身有過失否也。云"爲人謀而不忠乎"者,忠,中心也。言爲他人圖謀事,當盡我中心也。豈可心而不盡忠乎?所以三省視察,恐失也。云"與朋友交,言而不信乎"者,朋友交會,本主在於信,豈可與人交而不爲信乎?云"傳不習乎"者,凡有所傳述,皆必先習,後乃可傳,豈可不經先習而妄傳之乎?曾子言:我一日之中,每三過自視,況復凡人,可不爲此三事乎?言可也。

注:馬融曰:"弟子,曾參也。"姓曾,名參,字子輿。

注:"言凡"至"之乎" "得無",猶無得也。素,猶本也。言所傳之事,無得本不經講習而傳之也。故袁氏云:"常恐傳先師之言不能習也。"以古人言必稱師也。①

吕按:"疏"字以下,"曾子曰"至"習乎",是皇侃《義疏》疏通經文起止的提示語。然後,逐句逐字疏通經文。兩個"注"字以下,則分別是給馬融、何晏兩家的注解作注解。總而言之,這不正是"不僅解釋正文,而且還給前人的注解作注解"嗎!

(二)《古代漢語》在講到"古書的注解"時,爲了說明什麽是"衍文",舉了下面兩個例子:

---

① 何晏集解、皇侃義疏《論語集解義疏》,影印文淵閣《四庫全書》本,195册,341—342頁。

《左傳僖公四年》："漢水以爲池。"阮元《校勘記》："《釋文》無'水'字。云：或作'漢水以爲池'，'水'字衍。"

《禮記·檀弓》："從母之夫，舅之妻，二夫人相爲服。"俞樾在《古書疑義舉例》中説："'夫'字衍文也，'二人'兩字合爲'夫'。"(624頁)

吕按：這兩個例子，都經不起推敲。

先説第一例。其瑕疵有三：第一，《左傳僖公四年》，這樣地使用書名號，不符合學術規範。目前學術界的習慣作法是，寫作《左傳》僖公四年。第二，"《釋文》無'水'字"，其後的句號誤，當作逗號(顯然是筆下誤)。否則，就隔斷語氣，下文的"云：或作'漢水以爲池'，'水'字衍"，就缺少主語，不知道是誰"云"了。第三，既然王力先生認爲這個"水"字是衍文，爲什麽在文選《齊桓公伐楚》中，對"漢水以爲池"句中的"水"字一言不發呢？見王力《古代漢語》第一册15頁。

再説第二例。俞樾之校，蓋誤校也。在俞樾之前，王引之《經義述聞》已經對"二夫人"作了精細的校勘。兹摘録王引之校勘記如下：

"從母之夫，舅之妻，二夫人相爲服，君子未之言也"，鄭注："二夫人，猶言此二人也。"引之謹案：正文、注文之"二夫人"，皆當作"夫二人"，寫者誤倒耳。上文"夫夫也，爲習于禮者"，注曰："夫夫，猶言此丈夫也。"是"夫"即"此"也，故曰"二夫人"，猶言"此二人"。《左傳》成十六年："夫二人者，魯國社稷之臣也。"《管子·大匡篇》："夫二人者，奉君令。""夫"字皆在"二"字上，是其證。若作"二夫人"，則文不成義矣。①

試比較一下俞樾與王引之兩家的校勘記，誰的證據充分，結論正確，識者自能辨之。從校勘方法來説，俞樾使用的是理校法。陳垣先生在談到理校法時説："四爲理校法。遇無古本可據，或數本互異，而無所適從之時，則須用此法。此法須通識爲之，否則鹵莽滅裂，以不誤爲誤，而糾紛愈甚

---

① 王引之《經義述聞》卷十四，《續修四庫全書》，上海古籍出版社，2002年，174册，573頁。

矣。故最高妙者此法,最危險者亦此法。"①俞樾此條校勘記,正犯此病。

（三）《古代漢語》在講到"古代文化常識"時說：**古人有名有字。舊說上古嬰兒出生三月後由父親命名。男子二十歲成人舉行冠禮（結髮加冠）時取字,女子十五歲許嫁舉行笄禮（結髮加笄）時取字。（972頁）**

又,《古代漢語》第八單元"常用詞"講到"字"時說：（三）**表字。這是人名之一種。上古時代,男子生下來三個月父親就給命名。到了二十歲,舉行冠禮時,再給他一個字。（829—830頁）**

呂按：古人的名,是父親給起的,不錯。古人的字,是誰起的呢？《古代漢語》無論是在講古代文化常識時,還是在講常用詞時,都沒有明確的說法,很容易讓讀者產生誤解,可能也是父親給起的。按：《儀禮·士冠禮》："前期三日,筮賓。"鄭玄注："筮賓,筮其可使冠子者。"②賈疏："筮賓者,謂於僚友眾士之中,筮取吉者爲加冠之賓也。"又云："冠者立于西階東,南面,賓字之。"③由此可知,是由賓來給冠者取字。這個賓,是從冠者父親的僚友中,通過卜筮的辦法選出的。

（四）《古代漢語》在講到古代喪服制度時說：**齊衰次於斬衰,這是用熟麻布做的。因爲縫邊整齊,所以叫做齊衰。（990頁）**

呂按：顯然,"齊衰"之"齊",《古代漢語》編者如字讀了,即讀作 qí 了。實際上,這個"齊"字應該加上注音,它不讀 qí,而讀 zī,是"齍"的假借字。知者,《説文·衣部》："齍,纔也。裳下緝。"段玉裁注："各本無'裳下緝'三字,今依《韻會》補。《論語·鄉黨》孔注曰：'衣下曰齍。'《玉藻》：'縫齍倍要。'《正義》曰：'齍,謂裳之下畔。'《禮·喪服》'疏衰裳齊'疏云：'衰裳既就,乃始緝之。'按經傳多假'齊'爲之。"④又,《説文·糸部》："緝,績也。"段玉裁注："引申之,用縷以縫衣亦爲緝,如《禮經》云'斬者,不緝也；齊者,緝也'是也。"⑤又,《儀禮·喪服》："疏衰裳齊。"傳曰：

---

① 陳垣《校勘學釋例》,上海書店出版社,1997年,121頁。
② 鄭玄注、賈公彥疏、彭林整理《儀禮注疏》,16頁。
③ 鄭玄注、賈公彥疏、彭林整理《儀禮注疏》,42頁。
④ 許慎撰、段玉裁注《説文解字注》,上海古籍出版社,1981年,396頁。
⑤ 許慎撰、段玉裁注《説文解字注》,659頁。

"齊者何？緝也。"賈公彥疏："緝，則今人謂之爲緶也。"①又，《儀禮正義·喪服》："按'斬'與'齊'對。斬是斬截布斷之，斷之而不緝爲斬；緝之則爲齊。"②綜上可知，"齊衰"之"齊"，是"齌"的假借字，作名詞用，謂衣裳之下擺；作動詞用，是將布的毛邊縫起來。此處是作動詞用。宋李如圭《儀禮集釋》卷十七："不緝者，不緶衰裳之邊側也。"③然則，緝者，緶衰裳之邊側之謂也。

（五）《古代漢語》在講到古代喪服制度時説：**妻妾爲夫、未嫁的女子爲父，除服斬衰外還有喪髻，這叫"髽（zhuā）衰"。（990頁）**

吕按：我國喪服制度中，從來没有"髽（zhuā）衰"一説。此處所説的"髽（zhuā）衰"，是由於編者句讀錯誤所致。請看《儀禮·喪服》原文。《儀禮·喪服》："總，箭笄，髽，衰，三年。"鄭玄注："此妻、妾、女子子（按：即女兒）喪服之異於男子者。總，束髮。謂之總者，既束其本，又總其末。箭笄，篠也。髽，露紒（按：即露著髮髻）也，猶男子之括髮。斬衰括髮以麻，則髽亦用麻也。凡服，上曰衰，下曰裳。"賈公彥疏："云'髽，露紒也，猶男子之括髮'者，髽有二種：一是未成服之髽，即《士喪禮》所云者是也。將斬衰者用麻，將齊衰者用布。二是成服之後，露紒之髽，即此經注是也。"④無論是從鄭注來看，還是從賈疏來看，經文之"髽"與下文之"衰"，各爲一事，互不相干。編者將此二字合爲一事，誤矣。

## 四　王力《古代漢語》文選經部文獻　　注釋括注之失誤十五則

《古代漢語·凡例》第五條説："注釋一般采用傳統的説法。其中有跟一般（吕按："一般"，疑當作"傳統"，與上文保持概念一致）解釋不一樣

---

① 鄭玄注、賈公彥疏、彭林整理《儀禮注疏》，651—652頁。
② 胡培翬《儀禮正義》，《續修四庫全書》，92册，359頁。
③ 李如圭《儀禮集釋》，影印文淵閣《四庫全書》本，103册，302頁。
④ 鄭玄注、賈公彥疏、彭林整理《儀禮注疏》，644頁。

的,則注明'依某人説'。"本文所説的"注釋括注",就是指此而言。《古代漢語》第一册文選收入《左傳》《論語》《禮記》《孟子》四種經部文獻,據統計,其中共有注釋括注47例。而47例中,有失誤者凡15例,佔了將近三分之一。失誤的表現不一,"依某人説"的表述,或者告訴讀者的既不是第一手資料,也不是第二手資料,而是第三手資料;或者張冠李戴,子冠父戴;或者不忠實原文,隨意加減;或者依據之説尚有美中不足,有值得改進之處;或者依據之説,懷疑有誤,等等。下面分類説之。

(一)"依某人説",告訴讀者的既不是第一手資料,也不是第二手資料,而是第三手資料。凡5例,詳下。

(1)原文:制,巖邑也。

《古代漢語》注釋:邑,人所聚居的地方,大小不定(依孫詒讓説,見《周禮正義》"里宰"疏)。(9頁)

吕按:筆者核查了孫詒讓《周禮正義·地官·里宰》疏,發現並不是孫詒讓説,而是孫詒讓徵引金鶚説:"金鶚云:'邑者,民居之所聚也。邑爲民居所聚,民居有多少,故邑有大小。極其大而言之,則爲王都之邑;極其小而言之,則《論語》有'十室之邑'。其間大小不等,未可枚舉也。'"[①]因此,括注的表述,至少應是(依孫詒讓徵引金鶚説,見《周禮正義·地官·里宰》疏)這樣的表述,還不算失實,但提供給學生的究竟還是第二手資料。如果考慮到逐步培養大學生的科研能力,那就需要給學生提供第一手資料。金鶚是清代乾嘉學者,其著作尚存。經查,孫詒讓徵引之文,見金鶚《求古録禮説》卷九《邑考》,[②]可覆按也。金鶚《求古録禮説》,除了有《續修四庫全書》本以外,還有《清經解續編》本,此不贅。所以,括注表述的最佳選擇是"依金鶚説,見《求古録禮説》卷九《邑考》"。這個最佳選擇的要求,是培養學生科研素質的基本要求,可惜,《古代漢語》的編者自己就沒有做到。

現在讀者可以明白了,什麽是第一手資料,什麽是第二手資料,什麽是第三手資料。以本條爲例,括注"依金鶚説,見《求古録禮説》卷九《邑

---

[①] 孫詒讓撰、王文錦等點校《周禮正義》,中華書局,1987年,1159頁。
[②] 金鶚《求古録禮説》,《續修四庫全書》,110册,326頁。

考》",這是使用第一手資料,也叫原始資料;括注"依孫詒讓徵引金鶚説,見《周禮正義·地官·里宰》疏",這是使用第二手資料,也叫間接資料;括注"依孫詒讓説,見《周禮正義》'里宰'疏",這是使用第三手資料。第三手資料是倒了兩次手以後的資料。需要説明的是,當徵引的古人之書尚存時,應使用第一手資料。而當徵引的古人之書散佚時,也只能使用第二手資料。

(2)原文:無以縮酒。

《古代漢語》注釋:没有用來縮酒的東西。縮酒,滲酒,祭祀時的儀式之一:把酒倒在束茅上滲下去,就像神飲了一樣(依鄭玄説,見《周禮·甸師》注)。(14頁)

吕按:此所引非鄭玄説,乃鄭玄注徵引鄭大夫之説。《周禮·天官·甸師》:"祭祀,共蕭茅。"鄭玄注:"鄭大夫云:'蕭,字或爲"茜"。茜,讀爲縮。束茅立之祭前,沃酒其上,酒滲下去,若神飲之,故謂之縮。故齊桓公責楚"不貢苞茅,王祭不共,無以縮酒"。'"①

鄭大夫,即鄭興。《後漢書·鄭興傳》:"鄭興,字少贛,河南開封人也。建武六年,徵爲太中大夫。好古學,尤明《左氏》《周官》。"孫詒讓《周禮正義》云:"案:興作《周禮解詁》,見鄭玄《自敘》。注凡引鄭大夫義,皆其遺説也。"②據以上所説,括注應作"依鄭玄徵引鄭興説,見《周禮·甸師》注"。

(3)原文:將及華泉。

《古代漢語》注釋:華泉,泉名,在華不注山下,流入濟水(見《水經注》)。(33頁)

吕按:括注當作"見酈道元《水經注》卷八《濟水》徵引京相璠《春秋土地名》。"知者,陳橋驛《水經注校證》卷八《濟水》:"華不注山單椒秀澤,不連丘陵以自高,虎牙桀立,孤峯特拔以刺天。青崖翠發,望同點黛。山下有華泉,故京相璠《春秋土地名》曰:'華泉,華不注山下泉水也。'"③

---

① 鄭玄注、賈公彦疏、彭林整理《周禮注疏》,134頁。
② 孫詒讓撰、王文錦等點校《周禮正義》,174頁。
③ 酈道元著、陳橋驛校證《水經注校證》,中華書局,2007年,210頁。

《隋書·經籍志》經部《春秋》類:"京相璠《春秋土地名》三卷,晋裴秀客京相璠等撰。"①此書後佚。

(4)原文:謂孔子曰:來!予與爾言。曰:

《古代漢語》注釋:(4)這裏的"曰"和下文的兩個"曰不可",都是陽貨自問自答(依毛奇齡説,見《論語稽求篇》)。(201頁)

吕按:此非毛奇齡説,而是毛奇齡徵引明儒郝敬(號京山)之説。知者,毛奇齡《論語稽求篇》卷七:"'懷寶迷邦',兩問兩答,皆陽貨與夫子爲主客。則'日月逝矣,歲不我與'下何以重著'孔子曰'三字,豈前二答皆非夫子語,夫子之答,祇此句耶? 明儒郝京山有云:'前兩"曰"字,皆是貨口中語,自爲問答,以斷爲必然之理。此如《史記·留侯世家》張良阻立六國後八不可語,有云"今陛下能制項籍之死命乎"? 曰"未能也";"能得項籍頭乎"? 曰"未能也";"能封聖人墓、表賢者閭、式智者門乎"? 曰"未能也"。皆張良自爲問答,並非良問而漢高答者。至"漢王輟食吐哺"以下,纔是高語。此章至"孔子曰"以下,纔是孔子語。孔子答語,祇此耳,故記者特加"孔子曰"三字以别之。'"②按:郝敬,事迹見《明史·文苑傳》附《李維楨傳》,云:"敬,字仲輿,京山人,萬曆己丑進士。坐事謫知江陰縣,貪污不檢,物論皆不予,遂投劾歸,杜門著書,崇禎十二年卒。"③又按:黄虞稷《千頃堂書目》卷三著録"郝敬《論語詳解》二十卷"④。郝敬此書現存,見《續修四庫全書》153册。據查,毛奇齡徵引郝京山的文字,是在郝京山的啓發下,毛氏有所加工改造。郝敬《論語詳解》卷十七原文如下:"'懷其寶'二段,與子言'惟求則非邦'二段,語勢相似,彼皆夫子語,此皆陽貨語也。加'曰'字,與'管仲不死,曰未仁乎',皆自斷語法。兩'不可',甚模棱,非聖人應對之辭,豈其漫無可否,而以不仁不知以自任乎? 末句乃稱'孔子曰',甚分曉。"⑤據以上考證,括注以作"依郝敬説,見《論

---

① 魏徵等《隋書·經籍志》,中華書局,1973年,932頁。
② 毛奇齡《論語稽求篇》,影印文淵閣《四庫全書》本,210册,198—199頁。
③ 張廷玉等撰《明史》,中華書局,1974年,7386—7387頁。
④ 黄虞稷《千頃堂書目》,影印文淵閣《四庫全書》本,676册,73頁。
⑤ 郝敬《論語詳解》,《續修四庫全書》,153册,383頁。

語詳解》卷十九"爲宜。

（5）原文：願受一廛而爲氓。

《古代漢語》注釋：廛（chán），一般百姓的住宅（依孫詒讓說，見《周禮正義·地官·載師》）。（304頁）

吕按：括注《周禮正義·地官·載師》後脱"疏"字，當補。按此非孫詒讓説，乃孫詒讓徵引方苞、沈彤、金鶚之説。知者，《周禮正義·地官·載師》："'以廛里任國中之地。'鄭司農云：'廛，市中空地未有肆，城中空地未有宅者。'玄謂：'廛里者，若今云邑里居矣。廛，民居之區域也。里，居也。'（孫詒讓云）鄭意里爲民居，廛是其區域，有里則有廛，通而言之，是爲廛里也。方苞、沈彤並謂此里爲國宅，對廛爲民宅、市宅。金鶚亦云：'鄭以里廛皆指民居，非也。廛里二字，當分爲二：廛是民所居，里是百官所居也。《孟子》云："願受一廛而爲氓。"又云："廛無夫里之布，則天下之民皆悦而願爲之氓。"是廛爲民居之證。又云："臣去三年不反，然後收其田里。"是里爲百官所居之證。'按：方、沈、金説是也。此'廛里'，二鄭説並未析。蓋通言之，廛里皆居宅之稱；析言之，則庶人農工商等所居謂之廛，士大夫等所居謂之里。"①按：方苞説，見《周官集注》；沈彤説，見《果堂集》卷二《釋周官地征》；金鶚説，查了金鶚的唯一傳世著作《求古録禮説》，不獲。建議括注文字改作"依孫詒讓徵引方苞、沈彤、金鶚説，見《周禮正義·地官·載師》疏"。

（二）"依某人説"，這個"某人"實際上是他人，張冠李戴了。凡2例，詳下。

（1）原文：唯是風馬牛不相及也。

《古代漢語》注釋：馬牛牝牡相誘也不相及（依孔穎達説）。唯，句首語氣詞。風，放，指牝牡相誘。這是譬喻兩國相距甚遠，一向互不相干。（14頁）

吕按：實則既非孔穎達説，亦非服虔説，而是賈逵説。《左傳》僖公四

---

① 孫詒讓撰、王文錦等點校《周禮正義》，938、945、946頁。

年孔疏云:"服虔云:'風,放也。牝牡相誘謂之風。'《尚書》稱'馬牛其風',此言'風馬牛',謂馬牛風逸,牝牡相誘,蓋是末界之微事。言此事不相及,故以取喻不相干也。"①可知"風,放,指牝牡相誘"並非孔穎達説,而是孔穎達徵引的服虔説。按:服虔,東漢末年學者,《左傳》早期注家之一,事迹見《後漢書·儒林傳》。《隋書·經籍志》著録其《春秋左氏傳解誼》三十一卷,唐代以後散佚。我們再循著《尚書》稱"馬牛其風"這條線索往下追,會有新的發現。《尚書·費誓》:"馬牛其風,臣妾逋逃,勿敢越逐。"孔傳:"馬牛其有風佚,臣妾逋亡,勿敢棄越壘伍而求逐之。"孔疏:"僖四年《左傳》云:'惟是風馬牛不相及也。'賈逵云:'風,放也。牝牡相誘謂之風。'然則馬牛風佚,因牝牡相逐而遂至放佚遠去也。"②原來"風,放也。牝牡相誘謂之風"這條注釋的著作權是屬於賈逵的。賈逵,東漢初年學者,也曾經注釋《左傳》,其事迹見《後漢書》本傳。《隋書·經籍志》著録其《春秋左氏解詁》三十卷,唐代以後散佚。現在我們明白了,服虔使用了賈逵的注釋,孔穎達又使用了服虔的注釋。古書中這種前後遞相承受的情況屢見不鮮,切忌淺嘗輒止。陳垣先生有云:"考尋史源,有二句金言:'毋信人之言,人實誑汝。'"(《陳垣史源學雜文·前言》)友仁不才,奉之為座右銘。本條括注文字應改作"依賈逵説,見《尚書·費誓》孔穎達疏"。

(2)原文:是率天下而路也。

《古代漢語》注釋:路,疲勞,羸弱(依王念孫説,見《讀書雜志》)。(306頁)

吕按:此非王念孫説,乃其子王引之説也。知者,《讀書雜誌·晏子春秋第二》"路世之政單事之教"條:"此三者,路世之政,單事之教也。孫(星衍)云:'言市名于道路。一本道作單,非。'引之曰:作'單'者是也。單,讀為'癉'。爾雅:'癉,病也。'字或作'瘅'。《大雅·板》:'下民卒癉。'毛傳:'癉,病也。''路'與'單',義相近。《方言》:'露,敗也。'《逸周書·皇門篇》:'自露厥家。'《管子·四時》:'不知五穀之故,國家乃路。'

---

① 左丘明傳、杜預注、孔穎達正義、浦衛忠等整理《春秋左傳正義》,377頁。
② 孔安國傳、孔穎達正義、黃懷信整理《尚書正義》,上海古籍出版社,2007年,811頁。

路、露古字通。言此三者,以之爲政,則世必敗;以之爲教,則事必病也。孫以'路'爲道路,失之。"①學者普遍認爲《讀書雜志》是王念孫一個人的著作,實際上,據筆者調查,《讀書雜志》的條目總數近5 000 條,其中有501 條是引用王引之說。因此,我們在徵引《讀書雜志》時,要注意,避免父子不分。

(三)"依某人說"的文字,未能忠實原文,有隨意增減現象。凡6 例,詳下。

(1)原文:使婦人載以過朝。

《古代漢語》注釋:載,用車裝。過朝,經過朝廷。靈公是以殺人爲兒戲,並想借此讓衆人怕自己(依孔穎達說)。(25 頁)

吕按:經文原文:"宰夫胹熊蹯不熟,殺之,寘諸畚,使婦人載以過朝。"孔穎達僅有九字:"過朝以示人,令衆懼也。"②所謂"靈公是以殺人爲兒戲",是注家自己的意思,孔疏無此意也。這是隨意增加。

(2)原文:端章甫。

《古代漢語》注釋:端,古人用整幅布做的禮服,又叫玄端(依劉寶楠說)。(190 頁)

吕按:劉寶楠《論語正義》:"《說文》云:'褍,衣正幅。……'段氏玉裁注:'凡衣及裳,不邪殺之幅曰褍。'《左傳》:'端委。'杜注:'禮衣端正無殺,故曰端。'今案:'褍'是正幅之名,……今經傳皆作'端',自是同音叚借。"③可知"端,古人用整幅布做的禮服"中的"端"是假借字,其本字是"褍"。此條注釋應加上"端是'褍'的借字"的内容。這是隨意減少之例。再說,《古代漢語》在《通論》中有專題講字的本義、引申義、假借義,這裏有個現成的例子,不宜輕輕放過。

(3)原文:有子問於曾子曰:"問喪於夫子乎?"

《古代漢語》注釋:在夫子那裏聽說過丟官罷職的事情嗎?問,當作

---

① 王念孫《讀書雜誌》,《續修四庫全書》,1153 册,230 頁。
② 左丘明傳、杜預注、孔穎達正義、浦衛忠等整理《春秋左傳正義》,685 頁。
③ 劉寶楠撰、高流水點校《論語正義》,中華書局,1990 年,470 頁。

"聞"(依《經典釋文》)。(207頁)

吕按:"問,當作'聞'(依《經典釋文》)"的表述是不忠實原文的表述,因爲《經典釋文》的表述並非是只作"聞",而是:"問,或作'聞'。"就是説,《釋文》看到的《禮記》版本也是以作"問"者居多,只不過有的版本作"聞"而已。在這種情況下,竊以爲這樣處理較好:《經典釋文》:"問,或作'聞'。"今按:或本是,據改。

(4)原文:以賢勇知。

《古代漢語》注釋:當時盜賊並起,所以需要智勇的人(依孔穎達説)。(213頁)

吕按:這條注釋亦未能忠實原文。孔疏的原文是:"'以賢勇知'者,賢猶崇重也。既盜賊並作,故須勇也;更相欺妄,故須知也。"①可知社會上需要勇者與需要智者的原因是不同的,而這條注釋無端刪去了"更相欺妄"字樣。此亦隨意減少之例。

(5)原文:無以,則王乎?

《古代漢語》注釋:無以,即無已,不停止(依朱熹説)。(290頁)

吕按:這條注釋亦未能忠實原文。朱熹注的原文是:"以、已通用。無已,必欲言之而不止也。"②正是由於"以、已通用",才導致"無以,即無已"。所以"以、已通用"不能隨意刪去。

(6)原文:孟子曰:"許子必織布而後衣乎?"曰:"否。許子衣褐。"

《古代漢語》注釋:褐是用毛編織的,所以不算是織布(依趙岐説)。(305頁)

吕按:這條注釋亦未能忠實原文。趙岐注的原文是::"相曰:不自織布,許子衣褐,以毳織之,若今馬衣也。或曰:褐,枲衣也。一曰粗布衣也。"③是對於"褐"字,趙岐注凡有三解也。《古代漢語》只取趙岐注之第一解,只能説"依趙岐注之第一解",而不能説"依趙岐説"。此亦隨意加

---

① 鄭玄注、孔穎達正義、吕友仁整理《禮記正義》,880頁。
② 朱熹《四書章句集注》,中華書局,1983年,207頁。
③ 趙岐注、孫奭疏、廖明春等整理《孟子注疏》,北京大學出版社,2000年,171頁。

減例。

（四）依據之説尚有美中不足，有值得改進之處。僅1例，詳下。

原文：臣聞郊關之内

《古代漢語》注釋：郊關，國都之外百里爲郊，郊外有關（依朱熹説）。（298頁）

吕按：朱熹注的原文是："國外百里爲郊，郊外有關。"朱熹注尚有美中不足之處。第一，朱注"國外百里爲郊"，實際上是出自《司馬法》"王國百里爲郊"。《司馬法》已佚，"王國百里爲郊"句見於《周禮·地官·載師》鄭注引鄭司農云。① 第二，朱注"郊外有關"，義尚未愜，前人頗有爲之彌縫者。例如，宋趙順孫《孟子纂疏》卷二："愚謂百里爲遠郊，關者，蓋郊之門。"②清閻若璩《四書釋地續》："《集注》'郊外有關'，'外'字當作'上'。"③趙氏、閻氏的説法雖然不同，但落脚點一樣。編者如果能把朱熹注的美中不足予以彌補，豈不功德完滿！

（五）依據之説，懷疑有誤。僅1例，詳下。

原文：海内之地，方千里者九。

《古代漢語》注釋：[19]方千里者九，是説海内共有九倍方千里的地。舊説指九州，但不可拘泥，因爲不可能是平均每州方千里（朱熹注《禮記·王制》，已對每州方千里的説法加以辨正）。（295頁）

吕按：據查，朱熹未曾注釋過《禮記·王制》。朱熹的《儀禮經傳通解·王朝禮五》曾長篇累牘地徵引《禮記·王制》文，而其中的注文也是照搬鄭玄注，找不到任何"已對每州方千里的説法加以辨正"的文字。今按：《朱子語類》卷八十七："《王制》：'四海之内九州，州方千里。'及論建國之數，恐只是諸儒做箇如此算法，其實不然。建國必因其山川形勢，無截然可方之理。又冀州最闊，今河東、河北數路，都屬冀州。雍州亦闊，陜西、秦鳳皆是。至青、徐、兗、豫四州，皆相近做一處，其疆界又自窄小。其

---

① 鄭玄注、賈公彦疏、彭林整理《周禮注疏》，466頁。
② 趙順孫《孟子纂疏》，影印文淵閣《四庫全書》本，201册，520頁。
③ 閻若璩《四書釋地續》，影印文淵閣《四庫全書》本，210册，353頁。

間山川險夷,又自不同,難概以三分去一言之。"①編者依據的很可能是這一段話。果然如此的話,括注的文字就應改作"依朱熹説,見《朱子語類》卷五十八"。但是且慢,宋林之奇《尚書全解》卷八:"《王制》曰:'凡海内之地九州,州方千里。'孟子曰:'海内之地,方千里者九。'此亦據大數言之,未必九州之間,每一州之地方千里,無贏縮多寡於其間也。"②林之奇(1112—1176),字少穎,福建侯官人,紹興二十一年(1151)進士第,著有《尚書全解》,今存。事迹具《宋史·儒林傳》。朱熹《晦庵集》中多次提到的"林氏""林少穎",就是指的林之奇。朱熹是看過林之奇《尚書全解》的,并多有讚美之詞。例如,《晦庵集》卷五十八《答謝成之》的信中,談到《尚書》注解的編選時,朱熹就説:"三山林少穎説亦多可取,乃不見編入,何耶?"③有鑒於此,建議括注文字改作"依林之奇説,見《尚書全解》卷八"。

最後,筆者想對括注中所見書的表述參差不齊提出批評。上文所引的括注中,諸如"依鄭玄説,見《周禮·甸師》注""見《周禮正義·地官·載師》疏",中規中矩,合乎學術規範。而諸如"見《水經注》""依王念孫説,見《讀書雜志》",就很不規範,給讀者帶來極大不便。試想,《水經注》四十卷,你也不告訴讀者是哪一卷;《讀書雜志》八十二卷,你也不告訴讀者是哪一卷。讀者如果想去核對,將是多麽地費力!今天,哪個出版社的編輯,哪個編輯部的編輯,如果看到這樣的書稿或文稿,都會大呼頭痛。

---

① 黎靖德編、王星賢點校《朱子語類》,中華書局,1986年,2235頁。
② 林之奇《尚書全解》,影印文淵閣《四庫全書》本,59册,149頁。
③ 朱熹《晦庵集》,影印文淵閣《四庫全書》本,1145册,4頁。

# 試論中華書局校點本《二十四史》在經學方面的失誤

## 緒　　論

《二十四史》，上起《史記》，下訖《明史》。張衍田《概說"二十四史"》云："記事從傳說人物黃帝到明朝最後一位皇帝崇禎帝吊死煤山，上下四千多年，共計三千二百二十九卷，四千萬字左右。卷帙龐大，内容豐富。"①《二十四史》號稱"正史"，其地位非其他史書可比。《四庫全書總目·史部總序》云："蓋正史體尊，義與經配。"②換言之，《二十四史》，其地位可與經部的《十三經》相提並論。《二十四史》的版本，林林總總，中華書局校點本出，其他版本即黯然失色，悄然避席。中華書局校點本的問世，是建國以來第一個大型古籍整理工程，動員了全國的一流史學家以及許多學有建樹的古籍整理工作者，歷時二十餘年，方於 1978 年全部完成，造福學界，無量功德。

但是，毋庸諱言，校點本《二十四史》也有缺點。缺點的主要表現就是

---

① 張衍田《概說"二十四史"》，載北京大學《儒藏》編纂與研究中心《儒家典籍與思想研究》第四輯，北京大學出版社，2012 年，338 頁。
② 永瑢等《四庫全書總目》，中華書局，1965 年，397 頁。

在經學方面的失誤較多。而《二十四史》中的"志"(《禮志》《樂志》《輿服志》《儀衛志》等等)與經學的關係最爲密切,所以失誤也就主要集中在"志"的部分。

本文由下列三篇論文組成:

一、校點本《宋史·禮志》中的經學失誤四十七則;

二、校點本《宋史·樂志》中的經學失誤三十二則;

三、校點本《晉書》徵引《禮記》標點失誤帶來的負面影響舉例。

下邊依次說之。說錯之處,歡迎批評。

## 一 校點本《宋史·禮志》中的經學失誤四十七則

(1)古者祭祀用牲,有豚解,有體解,薦腥則解爲十一體。(2430頁7行)①

吕按:"薦腥則解爲十一體"句,《宋會要·禮》二六之一一、《長編》卷三〇五元豐三年六月甲辰條均作"薦腥則解爲七體,薦熟爲十一體"是也。蓋"薦腥"(謂將牲的血和肉進獻於尸)對上文"豚解"而言,"薦熟"(謂向尸進獻熟食)對上文"體解"而言。志文所謂"薦腥則解爲十一體",是古禮絕無之事(薦熟則有)。孫詒讓《周禮正義·小子》:"三曰豚解,解前後股肱四、脊一、脅二,爲七體也。"②《禮記·禮運》:"腥其俎,孰其殽。"鄭注:"腥其俎,謂豚解而腥之。孰其殽,謂體解而爛之。"孔穎達疏:"云'腥其俎,謂豚解而腥之'者,案《士喪禮》小斂之奠,載牲體兩髀、兩肩、兩胉、並脊,凡七體也。云'孰其殽謂體解而爛之'者,體解則《特牲》《少牢》所升於俎以進神者是也。案《特牲》九體:肩一、臂二、臑三、肫四、胳五、正脊六、横脊七、長脅八、短脅九。《少牢》則十一體,加以脡

---

① 本文括注頁碼,皆爲中華書局校點本《宋史》頁碼,下不一一。
② 孫詒讓撰、王文錦等點校《周禮正義》,中華書局,1987年,2328頁。

脊、代脅,爲十一體也。"①

結論:史志"薦腥則解爲"下脱"七體薦熟爲"五字,當補。

(2) 不分貴賤。(2430頁8行)

吕按:《宋會要·禮》二六之一二作"不分骨之貴賤",是,當據補。案:"骨之"二字當有,否則將不知所云。《禮記·祭統》:"凡爲俎者,以骨爲主。骨有貴賤,殷人貴髀,周人貴肩,凡前貴於後。俎者,所以明祭之必有惠也。是故貴者取貴骨,賤者取賤骨。"②又,本節下文2431頁之"又賜胙"以下一大段文字,就是"貴者取貴骨,賤者取賤骨"的一個實例。

(3) 至薦熟,沉肉于湯,止用右胖。髀不升俎,(2430頁10行)

吕按:標點不達意。"止用右胖"下當逗,"髀不升俎"下當句。知者,《儀禮·少牢饋食禮》:"司馬升羊右胖,髀不升。"鄭注曰:"升猶上也。上右胖,周所貴也。髀不升,近竅(案:即肛門),賤也。"③

(4) 前後肱骨離爲三,曰肩、臂、臑。(2430頁10行)

吕按:"前後",《宋會要·禮》二六之一二作"前體",是,當據改。知者,清凌廷堪《禮經釋例》卷五《儀禮釋牲上篇》:"凡牲,左體謂之左胖,右體謂之右胖。前體謂之肱骨,又謂之前脛骨。肱骨三,最上謂之肩,肩下謂之臂,臂下謂之臑。"④正與志文相合。按:肱骨,俗名前腿,只有牲的前體才有。

(5) 後髀股骨去體離爲二,曰肫、胳。(2430頁10行)

吕按:"後髀",《宋會要·禮》二六之一二作"後體",是,當據改。這個"後體",與上文的"前體"相呼應。股骨,即牲的後腿,恰在牲之後體。凌廷堪《禮經釋例》卷五《儀禮釋牲上篇》:"後體謂之股骨,又謂之後脛骨。股骨三,最上謂之肫,肫下謂之胳,胳下謂之觳。"⑤或問:股骨有三,

---

① 鄭玄注、孔穎達正義、吕友仁整理《禮記正義》,上海古籍出版社,2008年,889頁、900頁。
② 鄭玄注、孔穎達正義、吕友仁整理《禮記正義》,1885頁。
③ 鄭玄注、賈公彦疏、彭林整理《儀禮注疏》,北京大學出版社,2000年,1046頁。
④ 凌廷堪著、彭林點校《禮經釋例》,臺灣"中研院"中國文哲研究所,2002年,289頁。
⑤ 凌廷堪著、彭林點校《禮經釋例》,289頁。

那個"觳"(即脚背)哪兒去了？《宋會要·禮》二六之一二的小字注文説："其足跗謂之觳，神俎所不用。"所以這裏只有肫、胳。

（6）而骨體升俎，進神坐前如少牢禮，皆進下。（2430頁倒2行）

吕按：此處標點應該增加一個逗號、一個書名號和一個單引號，即標作"而骨體升俎，進神坐前，如《少牢禮》'皆進下'"。爲什麽？案：《少牢禮》，是《儀禮·少牢饋食禮》篇的簡稱。亦有簡稱《少牢》者。"皆進下"，就出自《少牢饋食禮》："其載於俎，皆進下。"鄭注："進下，變於食生也。所以交於神明，不敢以食道，敬之至也。"①所謂"進下"，就是骨的末端朝向神。如果是叫活人吃，那就要首端朝向人，即所謂"變於食生也"。

（7）並均給脾、肫、胳、觳及腸、胃、膚之類。（2431頁倒6）

吕按：檢上文，牲體的部位没有脾，但有髀。髀因爲離肛門近，是骨之最賤者，所以"髀不升俎"。到了祭祀結束要賜胙時，按照《禮記·祭統》"貴者取貴骨，賤者取賤骨"的原則，最賤的髀自然要賜予身份最賤的馭馬、馭車人等。因此，此處之"脾"當作"髀"，蓋因形近致誤。結論：脾，當作"髀"。

（8）每成高二十七尺，三成總二百七十有六，《乾》之策也。（2434頁9—10行）

吕按：秦蕙田《五禮通考》卷一四："蕙田案：《乾》策二百一十六，'七'爲誤字顯然。'每成高二十七尺'以下當有脱文。蓋每成二十七尺，三成則八十一尺，合九九之數。其合《乾》策者，乃陛級之數也。以是年所定方壇制度參考可見。"②案：秦説是也。《易·繫辭上》："《乾》之策二百一十有六，《坤》之策百四十有四，凡三百有六十，當期之日。"③秦氏所謂"是年所定方壇制度"，見《宋史·禮志三》2453—2454頁。清代所修《續通典》卷四十六將這幾句改作"每成高二十七尺，三成總八十一尺，九九之

---

① 鄭玄注、賈公彦疏、彭林整理《儀禮注疏》，1053頁。
② 秦蕙田《五禮通考》，影印文淵閣《四庫全書》本，135册，400頁。
③ 王弼注、孔穎達疏、盧光明等整理《周易正義》，北京大學出版社，2000年，331頁。

數也。陛級二百一十有六,《乾》之策也"①,疑是。

(9)禮畢,賀皇太后,比籍田;勞酒儀,略如元會。(2442頁4行)

呂按:破句。"比籍田"下之分號應刪。此數句意謂南郊禮畢,要賀皇太后,賀禮的禮數比照籍田之後舉行的勞酒儀,其規模和元會差不多。"勞酒"這個典故出自《禮記·月令》:"孟春之月,天子(中略)躬耕帝藉。天子三推,三公五推,卿諸侯九推。反,執爵於大寢,三公、九卿、諸侯、大夫皆御,命曰勞酒。"鄭玄注:"既耕而宴飲,以勞群臣也。"②按:唐代亦有勞酒禮。《新唐書·禮樂志第四》:"皇帝還宫,明日班勞酒於太極殿,如元會。"③結論:當標作:禮畢,賀皇太后,比籍田勞酒儀,略如元會。

(10)皇帝散齋七日於別殿,致齋七日於内殿,一日于齋宫(2455頁倒4—3行)

呂按:自古以來,大祀致齋都是三日,從無七日者。《禮記·祭統》:"散齊七日以定之,致齊三日以齊之。"④又《政和五禮新儀·卷首》:"臣等欲乞明詔有司,郊廟大祭祀,皆前期而誓戒,散齋七日以定之,致齋三日以齊之,以應典禮。取進止。大觀四年三月九日奉御筆:祭祀雖有不同,而其齋明致一,以交神明者,不可異也。宜依所奏。"⑤結論:"致齋七日"之"七",當作"三"。

(11)又詔:"明堂之制,朕取《考工》互見之文,得其制作之本。夏后氏曰世室,堂脩二七,廣四脩一,五室三四步四三尺,九階,四旁兩夾窗。考夏后氏之制,名曰世室,又曰堂者,則世室非廟堂。脩二七,廣四脩一,則度以六尺之步,其堂脩十四步,廣十七步之半。又曰五室三四步四三尺者,四步益四尺,中央土室也;三步益三尺,木、火、金、水四室也。每室四户,户兩夾窗,此夏制也。商人重屋,堂脩七尋,崇三尺,四阿重屋,而又曰堂者,非寢也。度以八尺之尋,其堂脩七尋。又曰四阿重屋,阿者屋之曲

---

① 嵇璜、劉墉等《續通典》,影印文淵閣《四庫全書》本,640册,34頁。
② 鄭玄注、孔穎達正義、吕友仁整理《禮記正義》,619頁。
③ 歐陽修、宋祁《新唐書》,中華書局,1975年,357頁。
④ 鄭玄注、孔穎達正義、吕友仁整理《禮記正義》,1871頁。
⑤ 鄭居中等《政和五禮新儀》,影印文淵閣《四庫全書》本,647册,15頁。

也,重者屋之複也,則商人有四隅之阿,四柱複屋,則知下方也。周人明堂,度以九尺之筵。三代之制不相襲,夏曰世室,商曰重屋,周曰明堂,則知皆室也。東西九筵,南北七筵,堂崇一筵,五室,凡室二筵者,九筵則東西長,七筵則南北狹,所以象天,則知上圜也。……"(2473頁3—14行)

呂按:先説標點問題。第一,詔文明確説:"明堂之制,朕取《考工》互見之文,得其制作之本。"就表明這段詔文是宋徽宗以皇帝之尊在爲《周禮·考工記·匠人》作注解。這段詔文,是注疏體,其寫法與孔穎達《五經正義》類似。往往是先引《考工記》原文,然後是宋徽宗的解釋。而原標點没有做到這一點,似乎都是宋徽宗自己的話。所謂"互見之文",是因爲《考工記·匠人》在講到明堂的構造時,既講了夏制,又講了殷制和周制,可以互相考見。第二,原標點也偶有破句和欠細膩之處,例如,"則世室非廟堂"句,"堂"字當屬下。

今試爲標點如下:

又詔:"明堂之制,朕取《考工》互見之文,得其制作之本。'夏后氏曰世室,堂脩二七,廣四脩一,五室,三四步,四三尺。九階,四旁兩夾窗'。考夏后氏之制,名曰世室,又曰堂者,則世室非廟。'堂脩二七,廣四脩一',則度以六尺之步,其堂脩十四步,廣十七步之半。又曰'五室,三四步,四三尺'者,四步益四尺,中央土室也;三步益三尺,木、火、金、水四室也。每室四户,户兩夾窗,此夏制也。'商人重屋,堂脩七尋,崇三尺,四阿,重屋',而又曰堂者,非寢也。度以八尺之尋,其堂脩七尋。又曰'四阿,重屋',阿者,屋之曲也;重者,屋之複也。則商人有四隅之阿,四柱複屋,則知下方也。'周人明堂,度以九尺之筵',三代之制不相襲,夏曰世室,商曰重屋,周曰明堂,則知皆室也。'東西九筵,南北七筵,堂崇一筵,五室,凡室二筵'者,九筵則東西長,七筵則南北狹,所以象天,則知上圜也。……"

(12) 又設季秋大享登歌,並用方士。(2476頁倒3—2行)

呂按:"登歌"二字當屬下爲句。"登歌"只是大享的一個環節。此大享,謂大享明堂。大享,亦作"大饗"。大饗一詞,首見于《周禮》。如《周禮·春官·大司樂》："大饗不入牲，其他皆如祭祀。"鄭玄注："大饗，饗賓客也。不入牲，牲不入，亦不奏《昭夏》也。"賈公彥疏云："凡大饗有三。案《禮器》云'郊血大饗腥'，鄭云'大饗，祫祭先王'一也；彼又云'大饗尚腶脩，謂饗諸侯來朝者'二也；《曲禮下》云'大饗不問卜'，謂總饗五帝於明堂，三也。"①登歌一詞，亦首見於《周禮》。如《周禮·春官·大師》："大祭祀，帥瞽登歌。大饗亦如之。"鄭玄注引鄭司農云："登歌，歌者在堂也。"②登歌，又叫"升歌"。《儀禮·燕禮》："升歌《鹿鳴》，下管《新宫》。"③登歌的歌者，例用樂工，樂工多爲盲人。宋徽宗獨出心裁，使用道家的方士。

(13)唐《月令注》："以先嗇爲天駟。"(2494頁4行)

吕按：應標作：《唐月令》注以先嗇爲天駟。爲什麽？第一，"以先嗇爲天駟"是間接引文，不是直接引文。《唐月令》的注文是"先嗇，天駟也"，這裏只是用其意。第二，書名號宜標作《唐月令》注。《唐月令》注是唐代學者對《御刊定禮記月令》的注解。《新唐書·藝文志》經部禮類著録《御刊定禮記月令》一卷，注云："集賢院學士李林甫陳希烈徐安貞、直學士劉光謙齊光乂陸善經、修撰官史玄晏、待制官梁令瓚等注解。自第五易爲第一。"④所謂"自第五易爲第一"，謂《月令》原是《禮記》的第五篇，經過唐玄宗御刊定，就置於《禮記》的第一篇。《唐月令》已佚，後人有輯本。

(14)《周官》："大祝掌六祝之辭，以事鬼神，示其福祥。"(2499頁末行)

吕按：先説標點問題。"示"，音qi，同"祇"，地神也，字當屬上。不是"表示"的"示"字。《周禮·春官·凡以神仕者》："以冬日至致天神、人鬼，以夏日至致地示。"⑤按：人神曰鬼，天神曰神，地神曰示（祇）。《史

---

① 鄭玄注、賈公彥疏、趙伯雄整理《周禮注疏》，北京大學出版社，2000年，695頁。
② 鄭玄注、賈公彥疏、趙伯雄整理《周禮注疏》，719頁。
③ 鄭玄注、賈公彥疏、彭林整理《儀禮注疏》，336頁。
④ 歐陽修、宋祁《新唐書》，1434頁。
⑤ 鄭玄注、賈公彥疏、趙伯雄整理《周禮注疏》，869頁。

記·晋世家》:"桑下有餓人,餓人示眯明也。"《索隱》:"凡《史記》作'示'者,示即《周禮》古本'地神曰祇',皆作'示'字。"①次說校勘問題。"其福祥",《周禮·春官·大祝》作"祈福祥"。然則,此"其"字,當作"祈"也。

（15）皆以五行成數焉。（2500頁10行）

吕按:《通考》卷七七《郊社考》一〇"成"上有"生"字,是,當據補。知者,案《周易·繫辭上》:"天一地二,天三地四,天五地六,天七地八,天九地十。"②郭雍《郭氏傳家易説》卷七:"《漢志》言天以一生水,地以二生火,天以三生木,地以四生金,天以五生土,故或謂天一至天五爲五行生數,地六至地十爲五行成數。雖有此五行之説,而于《易》無所見。故五行之説,出於曆數之學,非《易》之道也。"③郭氏所謂"曆數之學",即術數之學。此李邕祈雨法,正是術數之學。

（16）《周禮》小司徒之職:"凡小祭祀奉牛牲羞其肆。"（2518頁2行）

吕按:標點不達意。第一,"小司徒之職"作爲篇名,應加書名號;第二,引文應作三個小句:"凡小祭祀,奉牛牲,羞其肆"。肆,音tì,謂解剔牲體。《周禮·地官·大司徒》:"祀五帝,奉牛牲,羞其肆。"鄭玄注:"進所肆解骨體。"賈公彥疏:"羞,進也;肆,解也。謂於俎上進所解牲體於神坐前。"④

（17）孔穎達注《月令》曰:"藏冰則用牡黍,啓唯告而已。"祭禮大、告禮小故也。（2519頁4行）

吕按:這裏有三個問題。第一,引文的出處錯了;第二,引文少引了;第三,引文有錯字。找到引文的正確出處,這三個問題就迎刃而解。按:此段引文不是出自孔穎達注《禮記·月令》,而是出自孔穎達《左傳正義》昭公四年:"藏冰則祭用牲黍者,啓唯告而已。藏則設享祭之禮,祭禮大而告禮小故也。"⑤"牡黍",孔穎達《正義》作"牲黍",是。牲,謂牛羊猪三

---

① 司馬遷撰、裴駰集解、司馬貞索隱、張守節正義《史記》,中華書局,2013年,2007頁。
② 王弼注、孔穎達疏、盧光明等整理《周易正義》,北京大學出版社,2000年,336—337頁。
③ 郭雍《郭氏傳家易説》,影印文淵閣《四庫全書》本,13册,227頁。
④ 王弼注、孔穎達疏、盧光明等整理《周易正義》,319頁。
⑤ 左丘明傳、杜預注、孔穎達正義、浦衛忠等整理《春秋左傳正義》,北京大學出版社,2000年,1377頁。

牲;黍,謂黍稷。此處"牲"作"牡",蓋形近而誤。

(18)《周禮》:"司服掌王之吉服,祭群小祀則服玄冕。"注謂宮中七祀之屬。(2522頁2—3行)

吕按:此處徵引之經文、注文皆有誤。按:《周禮·春官·司服》:"掌王之吉凶衣服,祭群小祀則玄冕。"鄭玄注:"群小祀,林澤墳衍、四方百物之屬。"①鄭玄注文中並無"宮中七祀之屬"之文。又按《周禮·春官·小祝》:"凡外内小祭祀,掌事焉。"賈公彦疏:"其内小祀,謂宮中七祀之等。"②賈疏與史志之"注謂宮中七祀之屬"相吻合。然則,史志此數句蓋史臣誤記,正確的表述當是:《周禮》:"凡外内小祭祀,掌事焉。"疏謂宮中七祀之屬。

(19)請以清酒、制幣嘉薦,昭告于神,尚享。(2523頁倒4—3行)

吕按:"制幣"下當加頓號。當標作:請以清酒、制幣、嘉薦。爲什麽?因爲這是三樣祭品。一是清酒,即清潔之酒;二是制幣,即長寬一定的繒帛,也就是上文一丈八尺的白幣;三是嘉薦,即菹醢。知者,《儀禮·少牢饋食禮》:"孝孫某,敢用柔毛、剛鬣、嘉薦、普淖,用薦歲事于皇祖伯某。"鄭玄注:"嘉薦,菹醢也。"③

(20)國子司業蔣静言:"衮,公服也,達於上。鄭氏謂公衮無升龍,誤矣。"(2550頁3—4行)

吕按:檢《周禮·春官·司服》鄭玄注,無"公衮無升龍"之文。而孔穎達疏引舊説云:"上公亦九章,與天子同,無升龍,有降龍。"④然則此"鄭氏"當作"孔氏",蓋言者誤記而致誤。

(21)故子夏序《詩》,稱文、武之功起於后稷。(2572頁1行)

吕按:當標作:故子夏序《詩》,稱"文、武之功,起於后稷"。換言之,應加引號。爲什麽?因爲"文、武之功,起於后稷",出自《毛詩·大雅·

---

① 王弼注、孔穎達疏、盧光明等整理《周易正義》,646頁。
② 王弼注、孔穎達疏、盧光明等整理《周易正義》,798頁。
③ 鄭玄注、賈公彦疏、彭林整理《儀禮注疏》,1058頁。
④ 鄭玄注、賈公彦疏、趙伯雄整理《周禮注疏》,658頁。

生民》序①。

（22）禮，天子七廟，而太祖之遠近不可以必，但云三昭三穆與太祖之廟而七，未嘗言親廟之首，必爲始祖也。（2573頁3—4行）

吕按：這裏的標點不達意。這是張師顔等根據《禮記·王制》"天子七廟，三昭三穆與太祖之廟而七"來立論，夾敘夾議。此處之"禮"，不是泛言，而是實指，是《禮記》的簡稱。予嘗考之，《禮記》在西漢宣帝以前只稱爲《禮》，漢宣帝以後雖有他稱，但仍以稱《禮》爲常。詳見拙著《禮記研究四題》。此段應標作：《禮》，"天子七廟"，而太祖之遠近不可以必，但云"三昭三穆與太祖之廟而七"，未嘗言親廟之首，必爲始祖也。

（23）宗廟之禮。每歲以四孟月及季冬，凡五享，朔望則上食、薦新。三年一祫，以孟冬；五年一禘，以孟夏，唯親郊封祀【一】。又有朝享、告謝及新主祔謁，皆大祀也。（2579頁5—6行）

校勘記：唯親郊封祀　按文義，此處疑有脱誤（2590頁10行）。

吕按：秦蕙田《五禮通考》卷九二《宗廟時享》在徵引宋志此段文字後加按語曰：蕙田案："因郊告廟，無享祭之禮。宋仍唐故事，遂以郊前朝享爲盛祭，失之矣。厥後更有景靈宮朝享，尤謬。"②然則，此段文字非因有脱誤而讀不通也，唯《宋史》標點有誤。"以孟夏"下之逗號，當改作句號。"唯親郊封祀"下之句號，當改作逗號。原校勘記"疑有脱誤"，或與標點錯誤有關。

（24）又言："禮，不王不禘。虞夏商周四代所禘，皆以帝有天下，其世系所出者明，故追祭所及者遠也。"（2584頁1—2行）

吕按：這是引經據典的建言，並非都是言者之語。"禮，不王不禘"，出自《禮記·大傳》的第一句話，一字不差，應加引號。古人行文，爲加强説服力，往往引經據典。我們稍一忽略，即變作平鋪直敘，古人的良苦用心頓失。

---

① 鄭玄箋、孔穎達疏，朱傑人、李慧玲整理《毛詩注疏》，上海古籍出版社，2013年，1522頁。

② 秦蕙田《五禮通考》，影印文淵閣《四庫全書》本，137册，195頁。

(25) 按《禮》,祝延尸入奥,灌後乃出延牲,(2584頁6—7行)

吕按:"灌後乃出延牲",《長編》卷三一九元豐四年十一月辛卯條、《通考》卷一〇二《宗廟考》一二皆作"灌後王乃出迎牲",是。知者,《周禮·天官·内宰》:"大祭祀,后祼獻則贊。"鄭玄注:"謂祭宗廟,王既祼而出迎牲,后乃從後祼也。"①然則《宋史》脱一"王"字,"延牲"當作"迎牲"。

(26) 祭酒,三奠爵……(2596頁1行)

吕按:標點破句。當標作"祭酒三,奠爵"。此句的意思是,在祭祖先時,以酒酹地三次,然後將爵放下。奠,置放也。知者,《尚書·顧命》:"乃受同、瑁,王三宿、三祭、三咤。"孔傳:"王受瑁爲主,受同以祭。禮成于三,故酢者寔三爵于王,王三進爵,三祭酒,三奠爵,告已。"②

(27) 祭酒,三啐酒,(2596頁4行)

吕按:標點破句。當標作"祭酒三,啐酒"。理由見上。啐酒,小口品嘗酒。

(28) 南陳牛鉶居北,羊鉶在牛鉶之南,豕鉶在羊鉶之南。(2598頁11行)

吕按:標點不達意。"南陳"下當逗,或用冒號。意謂,由北向南,依次陳列。換言之,這個"南陳",是管著下面三句的。知者,《儀禮·聘禮》中常見"南陳""北陳""東陳""西陳"之文。"南陳"者,由北向南陳放也。餘可類推。

(29) 宗廟之祭用太牢而三鉶,實牛羊豕之羹(2600頁倒4—3行)

吕按:標點破句。"三鉶"當屬下爲句。知者,宗廟之祭,士用特牲(即一豕),大夫用少牢(羊豕),諸侯、天子用太牢(牛羊豕)。而三鉶乃實羹之器具。知者,《説文·金部》:"鉶,器也。"段玉裁注云:"此禮器也。《魯頌》:'毛炰胾羹'。傳曰:'羹,大羹、鉶羹也。'按大羹,煮肉汁不和,貴其質也。鉶羹,肉汁有菜和者也。大羹盛之於登,鉶羹盛之於鉶,其詳在

---

① 鄭玄注、賈公彦疏、趙伯雄整理《周禮注疏》,212頁。
② 孔安國傳、孔穎達正義、黄懷信整理《尚書正義》,上海古籍出版社,2007年,740頁。

《禮經》。"①又,《儀禮·公食大夫禮》:"宰夫設鉶四於豆西,東上。"鄭玄注:"鉶,菜和羹之器。"②

(30) 何天衢言:"祭不欲數,數則煩;祭不欲疏,疏則怠。先王建祭祀之禮必得疏數之中,未聞一日之間,遂行兩祭也。"(2604頁7—8行)

吕按:這也是在引經據典發議論,標點没有表現出來。"祭不欲數,數則煩;祭不欲疏,疏則怠",這十四字是《禮記·祭義》的原文,一字不差,③應當加引號。

(31) 御史中丞滕甫言:"臣聞君命召,不俟駕,此臣子所以恭其上也。"(2693頁9行)

吕按:"君命召,不俟駕",《論語·鄉黨》文。這裏是暗引,應加引號。

(32) 言者謂:"陛下崇儒重道,製爲贊辭,刻宸翰于琬琰,光昭往古。寰宇儒紳,孰不顧瞻《雲漢》之章?"(2711頁1—2行)

吕按:這個"雲漢",並不是作爲《詩經·大雅》篇名的《雲漢》,而是《詩經·大雅·棫樸》"倬彼雲漢,爲章於天"中的"雲漢",毛傳:"倬,大也。雲漢,天河也。"鄭箋云:"雲漢之在天,其爲文章,譬猶天子爲法度于天下。"本志此句的意思就是由此而來。意謂宋高宗這篇先聖及七十二子贊,寫得太好了,所以稱之爲"雲漢之章",也就是極有教育意義的文章的意思。

(33) 亦古者序賓,養老之意也(2721頁6—7行)

吕按:《政和五禮新儀·卷首》此句作"亦古者謀賓養老之意也",是。史志之"序賓",當作"謀賓",其下之逗號亦當刪去。知者,按《儀禮·鄉飲酒禮》:"鄉飲酒之禮,主人就先生而謀賓、介。"鄭玄注:"主人,謂諸侯之鄉大夫也。先生,鄉中致仕者。賓、介,處士賢者。(中略)古者年七十而致仕,老於鄉里,大夫名曰父師,士名曰少師,而教學焉,恒知鄉人之賢

---

① 許慎撰、段玉裁注《説文解字注》,上海古籍出版社,1981年,704頁。
② 鄭玄注、賈公彥疏、彭林整理《儀禮注疏》,562頁。
③ 鄭玄注、孔穎達正義、吕友仁整理《禮記正義》,1806頁。

者,是以大夫就而謀之。"①可知所謂"謀賓",乃商量推舉賢能之義。

（34）祝曰："爰即令辰,申加元服。崇學以讓,三善皆得。"（2727頁7行）

呂按：《政和五禮新儀》卷一八〇《皇太子冠儀上》祝詞亦有此十六字,唯"崇學以讓"作"崇學以齒",是。知者,《禮記·文王世子》："行一物而三善皆得者,唯世子而已,其齒於學之謂也。故世子齒於學,國人觀之,曰：'將君我而與我齒讓何也？'曰：'有父在,則禮然。'然而衆知父子之道矣。其二曰：'將君我而與我齒讓何也？'曰：'有君在,則禮然。'然而衆著於君臣之義也。其三曰：'將君我而與我齒讓何也？'曰：'長長也。'然而衆知長幼之節矣。"②然則當作"齒"明矣。

（35）次醴婦、盥饋、饗婦如儀。（2734頁末行）

呂按：這句話,別看字少,但應該另起,單獨一段。不應該置於"見舅姑"一段之末尾。何者？醴婦、盥饋、饗婦,都是帝姬降嫁中的獨立的一節禮儀,與上文的親迎、同牢、見舅姑是並列的關係。《政和五禮新儀》卷一百七十五《帝姬降嫁儀》中的醴婦、盥饋、饗婦三節禮儀,即各自獨立爲一段,可以視爲旁證。

（36）姑醴婦（2740頁2—3行）

呂按：《五禮新儀》卷一七八《品官昏儀》無"姑"字。非獨此也,檢視《五禮新儀》,上至諸王以下昏儀,下至庶人昏儀,皆只言'醴婦',均無'姑'字。據《儀禮·士昏禮》,此"醴婦"是"贊醴婦",即贊禮者代替舅姑醴婦。元敖繼公《儀禮集説》卷二："贊醴婦,贊爲舅姑醴婦也。舅姑必醴之者,答其行禮於己也。"③疑"姑"字衍。

（37）是以《小雅·鹿鳴》燕其臣下,皆以嘉賓稱之。（2743頁6—7行）

呂按：《小雅·鹿鳴》："我有嘉賓,鼓瑟吹笙。……我有嘉賓,德音孔

---

① 鄭玄注、賈公彥疏、彭林整理《儀禮注疏》,146頁。
② 鄭玄注、孔穎達正義、吕友仁整理《禮記正義》,844頁。
③ 敖繼公《儀禮集説》,影印文淵閣《四庫全書》本,105册,79頁。

昭。……我有旨酒,嘉賓式燕以敖。"①"嘉賓"是《小雅·鹿鳴》中的詞語,一唱三歎,應加引號。

（38）夫三年之喪,自天子達,不宜有異。（2854頁2—3行）

呂按：此處是引經據典,屬於暗引。應標作：夫"三年之喪,自天子達"不宜有異。"三年之喪,自天子達",見《禮記·王制》②。

（39）太祖建隆二年六月二日,皇太后杜氏崩于滋德殿。三日,百官入臨。明日大斂,欑于滋福宫,百官成服（一）。（2867頁6—7行）。

校勘記（一）百官成服　"官"原作"姓",據《宋會要·禮》三一之一改。（2893頁7行）

呂按：竊以爲這條校勘記不必出。何者？古語"百姓"即"百官"也。《尚書·堯典》："九族既睦,平章百姓。"孔傳："百姓,百官。"③清陳鱣《對策》："古所謂'百姓'即'百官',故《堯典》或與'黎民'對言,或與'四海'對言,非若今之以民爲百姓也。"

（40）祕閣校理何洵直言："按禮,既葬,日中還,虞于正寢。蓋古者之葬,近在國城之北,故可以平旦而往,至日中即虞於寢,所謂葬日虞弗忍一日離也。"（2872頁9—10行）

呂按：此處有暗引。"葬日虞,弗忍一日離也"二句,見《禮記·檀弓下》④,當加引號。

（41）伏以忌日不樂,嘗載《禮經》。（2889頁10行）

呂按："忌日不樂",見《禮記·檀弓上》⑤。此《禮經》,即指《禮記》。

（42）且周制,太史掌小喪賜諡,小史掌卿大夫之家賜諡請誄。（2914頁2行）

呂按："請",《宋會要·禮》五八之一載孫奭引《周禮》及《長編》卷一百六天聖六年二月辛未條載王皞言皆作"讀",是,當據改。知者,《周

---

① 鄭玄箋、孔穎達疏,朱傑人、李慧玲整理《毛詩注疏》,792—794頁。
② 鄭玄注、孔穎達正義、呂友仁整理《禮記正義》,512—513頁。
③ 孔安國傳、孔穎達正義、黃懷信整理《尚書正義》,36—37頁。
④ 鄭玄注、孔穎達正義、呂友仁整理《禮記正義》,363頁。
⑤ 鄭玄注、孔穎達正義、呂友仁整理《禮記正義》,234頁。

禮・春官・小史》："卿大夫之喪，賜諡讀誄。"①

（43）蓋聞鄰里之内，喪不相舂，苴麻之旁，食未嘗飽，此聖王教化之道，治世不刊之言。（2918頁7—8行）

吕按：此句的標點不達意。竊以爲，"喪不相舂"後，當用分號；"食未嘗飽"後，當用句號。"聞"的内容，到此爲止。"聞"的内容有二，皆出自《禮記》。一則是"鄰有喪，舂不相"，見《禮記・曲禮上》②；另一則是"食於有喪者之側，未嘗飽也"，見《禮記・檀弓上》③。

（44）太常禮院議："《禮記》：'父母之喪，無貴賤，一也。'又曰：'三年之喪，人道之至大也。'"（2923頁倒3—2行）

吕按："大"，《禮記・三年問》作"文"，是，當據改。孔疏云："'三年之喪，人道之至文'者也，言三年喪禮，於人道之中，至極文理之盛者。"④簡言之，三年之喪的講究最多，非其他喪服可比。

（45）若"兩相爲服，無所降殺"，舊皆言"服"者，具載所爲服之人。（2926頁4—5行）

吕按：下"服"字，《長編》卷一〇五天聖五年十月戊子條作"報"，是，當據改。知者，按《儀禮・喪服傳》的賈公彥疏文中，屢見"兩相爲服謂之報"的字樣。例如，"云報者，恩輕，欲見兩相爲服，故云報也"⑤；再如，"姑之子既爲舅之子服，舅之子復爲姑之子，兩相爲服，故云報之也"⑥；再如，"宗子尊重，恐本親爲宗子有不降服之嫌，故云報以明之。言報，是兩相爲服者也"⑦。

（46）按《儀禮》："父卒繼母嫁，爲之服期。"謂非生已者，故父卒改嫁，降不爲已母。（2927頁倒3—2行）

---

① 鄭玄注、賈公彥疏、趙伯雄整理《周禮注疏》，822頁。
② 鄭玄注、孔穎達正義、吕友仁整理《禮記正義》，101頁。
③ 鄭玄注、孔穎達正義、吕友仁整理《禮記正義》，304頁。
④ 鄭玄注、孔穎達正義、吕友仁整理《禮記正義》，2191頁。
⑤ 鄭玄注、賈公彥疏、彭林整理《儀禮注疏》，717頁。
⑥ 鄭玄注、賈公彥疏、彭林整理《儀禮注疏》，729頁。
⑦ 鄭玄注、賈公彥疏、彭林整理《儀禮注疏》，736頁。

吕按：標點可議者有二：第一，"父卒繼母嫁"是《儀禮·喪服傳》的原文，而"爲之服期"不是原文，是推論，是兩制等再議的話，不當引。第二，"降不爲已母"，當作"降，不爲已母"。降，謂降低服喪規格"；"不爲已母"，謂這一條不是針對生身之母來説的。建議標作：按《儀禮》"父卒繼母嫁"，爲之服期，謂非生已者，故父卒改嫁，降，不爲已母。

（47）《儀禮》《禮記》正義，古之正禮；《開寶通禮》《五服年月敕》，國朝見行典制，爲父後者，爲出母無服。（2928頁5行）

吕按：有三處標點錯了。第一，"正義"二字不應放在書名號內。此處是指《儀禮》《禮記》二經，不是指的唐人作的《正義》。《儀禮》據説是孔子作的，《禮記》是七十子後學作的，總而言之，是聖賢作的，所以才有資格被稱作"古之正禮"。唐人的《正義》，談不上"古之正禮"。第二，"國朝見行典制"下的逗號，應改作句號。第三，"爲出母無服"下的句號，應改作逗號，其句意是與下文接氣的。應標作：《儀禮》《禮記》正義，古之正禮；《開寶通禮》《五服年月敕》，國朝見行典制。爲父後者，爲出母無服，

## 二　校點本《宋史·樂志》中的經學失誤三十二則

（1）宋祁所上《大樂圖義》，經、禮但舉其凡而不著言其用後先……（2952頁倒2行）

吕按："經"字下的頓號當删。理由：第一，這個"經禮"，蓋指《周禮》。宋葉時《禮經會元》卷一上："夫禮儀三百，經禮也，説者謂《周禮》是也。"①第二，下文所説的"且鼗者，所謂導舞也；鐸者，所謂通鼓也；錞者，所謂和鼓也；鐃者，所謂止鼓也；相者，所謂輔樂也；雅者，所謂陔步也"，主要見於《周禮·地官·鼓人》。第三，參考宋祁《景文集》卷二六《論引武舞所執九器各有所用》，此句作"蓋舊史、禮經，但舉其凡，不言其細故"②。

---

① 葉時《禮經會元》，影印文淵閣《四庫全書》本，92冊，2頁。
② 宋祁《景文集》，影印文淵閣《四庫全書》本，1088冊，223頁。

據以上三點,應標作:經禮但舉其凡而不著言其用後先……

(2)《傳》稱祭天以禋爲歆神之始,以血爲陳饌之始;(2971頁倒3—2行)

呂按:此"傳"字不必加書名號,乃泛指古書,不是指稱某某《傳》。《禮記·郊特牲》孔疏:"凡大祭並有三始。祭天,以樂爲致神始,以煙爲歆神始,以血爲陳饌始。"①這大概就是史志所說的"傳稱"。

(3)竊惟天神皆降,地祇皆出,八音克諧,祖考來格,天子親執珪幣,"相維辟公","嚴恭寅畏",可謂極矣。(2972頁倒2—1行)

呂按:"相維辟公"出自《詩經》,"嚴恭寅畏"出自《尚書》,按照常規,加引號是對的。但"天神皆降""地祇皆出"二句出自《周禮·春官·大司樂》,"八音克諧"出自《尚書·舜典》,"祖考來格"出自《尚書·益稷》,又都沒有加引號。竊以爲,爲求一律,要加都加,要不加都不加。

(4)其三、定文舞、武舞各爲四表,表距四步爲鄭綴,各六十四。(2974頁倒4行)

呂按:原標點破句。應標作:其三、定文舞、武舞各爲四表,表距四步,爲鄭綴各六十四。

理由:《禮記·樂記》:"屈伸俯仰,綴兆舒疾,樂之文也。"鄭玄注:"綴,謂鄭,舞者之位也。兆,其外營域也。"②此所謂"四表",是爲舞者設立的行進、後退的標誌。所謂"爲鄭綴各六十四",是說無論文舞和武舞,在四表的兆域內,設立六十四個舞位。因爲天子八佾,一佾八人,八八六十四人。

(5)聶崇義圖,羽舞所執,類羽葆幢,析羽四重,以結綬繫於柄,此纛翳之謂也。請按圖以翟羽爲之。(2975頁2—3行)

呂按:第一,這段話中的兩個"圖"字,都應加書名號,因爲是聶崇義《三禮圖》的簡稱。此段文字所述羽舞所執,見《三禮圖集注》卷七。第二,"此纛翳之謂也",應標作"此'纛,翳'之謂也"。"纛翳"並不是一個

---

① 鄭玄注、孔穎達正義、呂友仁整理《禮記正義》,1099頁。
② 鄭玄注、孔穎達正義、呂友仁整理《禮記正義》,1476頁。

詞，而是解釋詞與被解釋詞的關係。《爾雅·釋言》："纛，翳也。"郭璞注："舞者所以自蔽翳。"①

（6）其五、古之鄉射禮，三笙一和而成聲，謂三人吹笙，一人吹和。（2976頁2行）

呂按："鄉射禮"是《儀禮》十七篇中的一篇，應加書名號。"三笙一和而成聲"，就是《儀禮·鄉射禮》的原句。故應標作：其五、古之《鄉射禮》，"三笙一和而成聲"，謂三人吹笙，一人吹和。

（7）其九、以天子禮求之，凡樂事播鼗，擊頌磬、笙磬，以鐘鼓奏《九夏》，是皆在庭之樂；（2976頁倒4行）

呂按：這段話還是在通過引經據典來說明問題，看《長編》卷二九九元豐二年七月戊寅條的詳細徵引就更清楚了。這段話應標作：其九、以天子禮求之，"凡樂事播鼗，擊頌磬、笙磬，以鐘鼓奏《九夏》"，是皆在庭之樂；

說明：引號中的文字，"凡樂事播鼗，擊頌磬、笙磬"，見《周禮·春官·視瞭》；"以鐘鼓奏《九夏》"，見《周禮·春官·鐘師》。因爲《周禮》講的是天子之禮，所以這裏說"以天子禮求之"。

（8）以春秋鄭人賂晉侯歌鐘二肆，（2976頁倒2行）

呂按："春秋"二字，不應加專名號，它不是指時代。這裏是指書，應加書名號。"鄭人賂晉侯歌鐘二肆"，是原文徵引，見《左傳》襄公十一年。應標作：以《春秋》"鄭人賂晉侯歌鐘二肆"，

（9）古者，歌工之數：大射工六人，四瑟，則是諸侯鼓瑟以四人，歌以二人；（2977頁4行）

呂按："大射"二字，應加書名號，指的是《儀禮·大射儀》。"工六人，四瑟"是《大射儀》的原文，應加引號。即標作：古者，歌工之數：《大射》"工六人，四瑟"，則是諸侯鼓瑟以四人，歌以二人；

（10）《禮》"登歌下管"，貴人聲也，故《儀禮》瑟與歌工皆席於西階

---

① 郭璞注、邢昺疏、李傳書整理《爾雅注疏》，北京大學出版社，2000年，100頁。

上。(2977頁6行)

呂按：引文少引了。"貴人聲也"四字也當引。"登歌下管，貴人聲也"二句，是《周禮·春官·大師》鄭玄注引鄭司農的話①。

（11）六曰祭祀、享無分樂之序。(2983頁5行)

呂按："祭祀"中間應加頓號，這裏是兩個不同的概念。《周禮·春官·大司樂》："乃分樂而序之，以祭，以享，以祀。"②《政和五禮新儀》卷一："凡祭祀之禮，天神曰祀，地祇曰祭，宗廟人鬼曰享。"③

（12）以磬氏之法摩其旁，(2985頁8—9行)

呂按："磬氏"是《周禮·考工記》篇名，應加書名號。應標作：以《磬氏》之法摩其旁。按：《周禮·考工記·磬氏》："已上則摩其旁，已下則摩其端。"④所謂已上，謂聲音太清；所謂已下，謂聲音太濁。這裏是説用《磬氏》所載之法。

（13）"下管、鼗鼓"，"合止柷、敔"，"笙、鏞以間"，則堂下之樂，以象萬物之治。(2986頁倒3—2行)

呂按：應標作"下管、鼗鼓，合止柷、敔，笙、鏞以間"，則堂下之樂，以象萬物之治。理由：按《尚書·益稷》，"下管鼗鼓，合止柷敔，笙鏞以間"三句話是緊連接的⑤，不需要使用三組引號。

（14）又云："舞，上下促，以橫爲修，從爲廣，舞廣四分。"今亦去徑之二分以爲之間，則舞間之方常居銑之四也。舞間方四，則鼓間六亦其方也。鼓六、鉦六、舞四。(2989頁倒3—2行)

呂按：引文少引了。這一段話中的"今亦去徑之二分以爲之間，則舞間之方常居銑之四也。舞間方四，則鼓間六亦其方也。鼓六、鉦六、舞四"，也是《周禮·考工記·鳧氏》鄭玄注文，當引而未引。應當與上文的引文合引。《全宋文》卷八七〇《論鐘》誤同《宋史》。

---

① 鄭玄注、賈公彦疏、趙伯雄整理《周禮注疏》，719頁。
② 鄭玄注、賈公彦疏、趙伯雄整理《周禮注疏》，682頁。
③ 鄭居中等《政和五禮新儀》，影印文淵閣《四庫全書》本，647冊，134頁。
④ 鄭玄注、賈公彦疏、趙伯雄整理《周禮注疏》，1321—1322頁。
⑤ 孔安國傳、孔穎達正義、黄懷信整理《尚書正義》，179頁。

（15）今臣所鑄編鐘十二，皆從其律之長，故鐘口十者，其長十六以爲鐘之身。（2990頁2行）

吕按：應標作：今臣所鑄編鐘十二，皆從其律之長，故"鐘口十者，其長十六"，以爲鐘之身。

理由："鐘口十者，其長十六"，是《周禮·考工記·鳧氏》鄭玄注文。這是暗引。故者，"故"鄭玄也。

（16）今巳升祔后廟，特磬遂爲無用之樂。（2991頁3行）

吕按：原標點破句。應標作：今巳升祔，后廟特磬，遂爲無用之樂。

理由：所謂升祔，謂把死者神位從后廟升到太廟中的相應帝室。如本書卷一百六《廟制》："元豐六年六月，孝惠、孝章、德、章懷四后升祔。"

（17）雖有鐘、磬、簨虡、搏拊、柷、敔之屬，（2996頁2行）

吕按："磬"下之頓號當删。應標作：雖有鐘、磬簨虡、搏拊、柷、敔之屬，

理由：簨虡不是樂器，只是懸掛鐘磬的架子。《禮記·明堂位》："夏后氏之龍簨虡。"鄭玄注："簨虡，所以縣鐘磬也。"①這裏是在陳述樂器。

（18）新樂肇興，法夏籥九成之數：（3008頁9行）

吕按："夏"是舞名，應加書名號。《禮記·仲尼燕居》："《夏》籥序興。"孔疏："《夏》籥，謂《大夏》文舞之樂。"②

（19）《周官》以晋鼓鼓金奏，陽爲陰倡也。……天子賜諸侯樂，以柷將之；賜伯、子、男樂，以鼗將之。柷先衆樂，鼗則先鼓而已。以靁鼓鼓天神，因天聲以祀天也；以靈鼓鼓社祭，以天爲神，則地爲靈也；以路鼓鼓鬼享，人道之大也。（3011頁11—15行）

吕按：這一段文字，引經據典者甚多，如果不加引號予以標出，令人不知所云。因爲是暗引，容易忽略。應標作：《周官》"以晋鼓鼓金奏"，陽爲陰倡也。……"天子賜諸侯樂，以柷將之；賜伯、子、男樂，以鼗將之"，柷先衆樂，鼗則先鼓而已。"以靁鼓鼓天神"，因天聲以祀天也；"以靈鼓鼓

---

① 鄭玄注、孔穎達正義、吕友仁整理《禮記正義》，1267頁。
② 鄭玄注、孔穎達正義、吕友仁整理《禮記正義》，1928頁。

社祭",以天爲神,則地爲靈也;"以路鼓鼓鬼享",人道之大也。

理由:"以晋鼓鼓金奏",《周禮·春官·鼓人》文。"天子賜諸侯樂,以柷將之;賜伯、子、男樂,以鼗將之",《禮記·王制》文。"以靁鼓鼓天神、以靈鼓鼓社祭、以路鼓鼓鬼享"三句,亦《周禮·春官·鼓人》文。

(20)王安石曰:"籥,三孔,律吕於是乎生,而其器不行於世久矣。近得古籥,嘗以頒行。"(3024頁5—6行)

吕按:引文多引了。"而其器不行於世久矣。近得古籥,嘗以頒行",不是"王安石曰"的内容,不當引。"籥,三孔,律吕於是乎生",見王安石《周官新義》卷十。

(21)又按《周禮》奏黃鐘、歌大吕以祀天神。(3030頁6行)

吕按:第一,"奏黃鐘,歌大吕,以祀天神",此《周禮·春官·大司樂》文,一字不差,當加引號。第二,"奏黃鐘"下之頓號當作逗號,因爲二者不是並列關係,而是先後有序的行爲。

(22)禮經蕃樂出於荒政,(3031頁7行)

吕按:宜標作:《禮經》蕃樂出於荒政。

理由:《周禮》,又叫《禮經》。蕃樂出於荒政之事,見《周禮·地官·大司徒》:"以荒政十有二聚萬民:一曰散利,二曰薄征,三曰緩刑,四曰弛力,五曰舍禁,六曰去幾,七曰眚禮,八曰殺哀,九曰蕃樂,十曰多昏,十有一曰索鬼神,十有二曰除盗賊。"鄭玄注云:"杜子春讀'蕃樂'爲'藩樂',謂閉藏樂器而不作。"①

(23)《郊特牲》"朱干玉戚,冕而舞大武"。(3032倒2行)

吕按:《禮記·郊特牲》的原文是:"朱干設錫,冕而舞《大武》。"鄭玄注:"錫,傅其背如龜也。"②錫是一種裝飾品。《禮記·明堂位》:"朱干玉戚,冕而舞《大武》。"③切合史志的引用,當是《禮記·明堂位》文。很可能是因爲《郊特牲》和《明堂位》的記文大同小異,造成言者張晟的一時誤

---

① 鄭玄注、賈公彦疏、趙伯雄整理《周禮注疏》,306頁。
② 鄭玄注、孔穎達正義、吕友仁整理《禮記正義》,1043頁。
③ 鄭玄注、孔穎達正義、吕友仁整理《禮記正義》,1264頁。

記。這裏首先需要增加一條校勘記,指出"郊特牲"當作"明堂位"。至於標點,"大武"是周代樂名,應加書名號。

(24)雖便於有司侍祠,免至跛倚,而其流將至於簡。宗廟用之郊饗,尤爲非宜。(3039頁倒6行)

吕按:原標點破句。第一,當删去"簡"下之句號;第二,"宗廟"下當置逗號。即標作:雖便於有司侍祠,免至跛倚,而其流將至於簡宗廟,用之郊饗,尤爲非宜。

理由:這幾句的大意是説,雖然祭祀的程式簡化可以減少時間,避免勞累,但其流弊是輕慢了宗廟,用之於郊天,那就更不對了。"簡宗廟"是個常用詞,例如:《尚書大傳》卷二:"簡宗廟,不禱祠,廢祭祀,逆天時,則水不潤下。"

(25)按禮,大雩,帝用盛樂。(3044頁1行)

吕按:原標點破句。當標作:按《禮》:"大雩帝,用盛樂。"

理由:這是《禮記·月令》仲夏之月的原文。鄭玄注:"雩帝,謂爲壇南郊之旁,雩五精之帝,配以先帝也。"①

(26)以十二律之宫長短不同,而其臣、民、事、物、尊卑、莫不有序而不相亂,良以是耳。(3059頁倒1行)

吕按:與"宫"並列的只有四事,即"臣、民、事、物"。"物"下的頓號,當改作逗號;"尊卑"下的頓號當删去。即標作:以十二律之宫長短不同,而其臣、民、事、物,尊卑莫不有序而不相亂,良以是耳。

理由:《禮記·樂記》:"宫爲君,商爲臣,角爲民,徵爲事,羽爲物,五者不亂,則無怗懘之音矣。"②這就是五音及其象徵的事物的尊卑次序。

(27)歌同我將。(3105頁1行)

吕按:"我將",《詩經·周頌》篇名。小序云:"《我將》,祀文王於明堂也。"孔疏:"《我將》詩者,祀文王於明堂之樂歌也。"③《玉海》卷九六《明

---

① 鄭玄注、孔穎達正義、吕友仁整理《禮記正義》,666頁。
② 鄭玄注、孔穎達正義、吕友仁整理《禮記正義》,1457頁。
③ 鄭玄箋、孔穎達疏,朱傑人、李慧玲整理《毛詩注疏》,1913頁。

堂》:"成王歌《我將》之頌以祀文王。皇祐、紹興合祭天地,並侑祖宗,蓋得聖經遺意。"①此曲正是紹興親享明堂樂章,故應加書名號。

(28) 雍歌既徹,(3176頁倒2行)

呂按:"雍"字應加書名號。按:《論語·八佾》:"三家者以《雍》徹。"何晏《集解》引馬融曰:"《雍》,《周頌·臣工》篇名。天子祭於宗廟,歌之以徹祭。"②

(29) 展詩舞筲。(3180頁9行)

呂按:《說文解字》:"筲……虞舜樂曰《筲韶》。"段玉裁《說文解字注》引《左傳》孔疏云:"筲即簫字。"③然則《筲韶》,即《簫韶》。筲,音xiāo。據此,應標作:展詩舞《筲》。

(30) 迺明《內則》,(3285頁倒5行)

呂按:此內則不是《禮記》四十九篇之一的《內則》,而是一個普通名詞。《禮記·內則》的內容,既涉及兒子和兒媳,也涉及未成年的子女,主要講的是對父母公婆的孝敬的問題。而這裏的"內則",是針對皇后一人來講的。《禮記·昏義》:"天子理陽道,后治陰德。天子聽外治,后聽內治。"④劉敞《公是七經小傳》卷上:"后妃但主內事,所職陰教。"⑤這裏的"內則",就是"陰德",就是"內治",就是"陰教"。總而言之,就是六宮之中一切有關婦女的規則。因此,書名號應刪去。

(31) 明《離》之象(3290頁倒3行)

呂按:這個"離"字,不是卦名。這裏的"明離"是一個固定詞語,是《易·離·大象傳》"明兩作,離"的縮略。皇帝是日,是明;太子也是日,也是明。這就叫做"明兩作"。《離》卦的卦體就是由兩個象徵"明"的離卦組成。《周易·離·大象傳》:"明兩作,離,大人以繼明照于四方。"孔穎達疏:"'明兩作,離'者,離為日,日為明。今有上下二體,故云'明兩

---

① 王應麟《玉海》卷九六,影印文淵閣《四庫全書》本,945冊,556頁。
② 何晏注、邢昺疏、朱漢民整理《論語注疏》,北京大學出版社,2000年,31頁。
③ 許慎撰、段玉裁注《說文解字注》,196頁。
④ 鄭玄注、孔穎達正義、呂友仁整理《禮記正義》,2282頁。
⑤ 劉敞撰《公是七經小傳》,影印文淵閣《四庫全書》本,183冊,9頁。

作,離'也。"①後因以"明離"指太子。南朝梁簡文帝《昭明太子集序》:"昭明太子縣明離之極照,履得一之休徵。"此樂章也正是爲册皇太子而作,所以,"離"字的書名號當删去。

（32）警場本古之馨鼓,所謂夜戒守鼓者也。（3303頁4行）

吕按:《周禮·地官·鼓人》:"以馨（音高）鼓鼓役事。……軍旅夜鼓鼛（音戚）。"注:"馨鼓,長丈二尺。鼛,夜戒守鼓也。"②可知馨與鼛是兩種用途不同的鼓。馨,用在力役勞作的場合。而鼛用以巡夜,警戒守備。這裏需要:第一,出一條校勘記,首先把"馨"改作"鼛",然後乙正爲"鼓鼛";第二,"夜戒守鼓"四字應該加上引號。

# 三　校點本《晋書》徵引《禮記》
　　標點失誤帶來的負面影響

這裏所說的"標點失誤",主要是指,第一,《晋書》徵引《禮記》時,往往使用一個"禮"字。而這個"禮"字,在很多情況下,是指稱《禮記》的。我之所以這樣說,是因爲我曾經做過十種古書（《孟子》《荀子》《新語》《新書》《春秋繁露》《鹽鐵論》《淮南子》、《石渠禮論》輯本、《史記》《漢書》）徵引《記》文考,得出一個結論:這十種古書徵引《記》文的方式,有明引,有暗引。而凡是明引,百分之九十五以上是以《禮》稱之。《晋書·禮志》在徵引《禮記》時,仍遵斯例。校點者不知斯例,加上對《禮記》不熟,於是就把引經據典之文,當作一般史文對待。第二,《晋書》的徵引《禮記》,以暗引爲主。這也符合古書徵引《禮記》的慣例。一部"二十四史",其所暗引之《禮記》,不知凡幾。而校點者不知,往往把這些暗引的《禮記》之文也當作史臣之文。這兩點,是標點不忠實于原文的表現。這兩種標點失誤,對於修《晋書》的古人來說,是埋没了他們修史時引經據典

---

① 王弼注、孔穎達疏、盧光明等整理《周易正義》,159頁。
② 鄭玄注、賈公彦疏、趙伯雄整理《周禮注疏》,373頁。

的良苦用心；對於今天的讀者來説，導致其誤解者也不乏其例。下面筆者就各舉三例説明之。

（一）由於"禮"字未加書名號帶來的負面影響

（1）《晋書·禮志上》："禮有事（今按：據上下文，"事"字疑衍。失校）告祖禰宜社之文，未有告郊之典也。"（586頁）①

今按：《禮記·王制》："天子將出，類乎上帝，宜乎社，造乎禰。"鄭玄注："類、宜、造，皆祭名，其禮亡。"孔疏云："'造乎禰'者，造，至也，謂至父祖之廟也。"②孔穎達認爲，"天子將出"，意思是天子將要外出巡守。《王制》又云："天子將出征，類乎上帝，宜乎社，造乎禰。"③這就是説，無論是天子巡守，或是天子出征，都要分別舉行類祭、宜祭、造祭。上帝就是天，社是地，禰指宗廟。實際上就是，天子有了大事，就需要祭告天、地和祖宗。在這裏，史臣是在引經據典，這個"禮"字，應加書名號，標作"《禮》有'告祖禰、宜社'之文"。

再看今人的譯文。許嘉璐《晋書全譯》"禮有事告祖禰宜社之文"的譯文："禮規中有如果有事要告訴祖先應該在社廟祭告的條文。"④譯文没有忠實傳達原文的意思。第一，那個"禮"字，是書名，指《禮記》，並非"禮規"之義。第二，《晋志》原文含兩種祭祀，一是"告祖禰"（即"造乎禰"），二是"宜社"。而譯文只剩下一種祭祀，即"在社廟祭告"。而"告祖禰"變成了此句的假設條件"如果有事要告訴祖先"。我想，如果《晋書》校點者給那個"禮"字加上書名號，如果翻譯者對那個加上書名號的"禮"字叫點真，思考一下，進一步去查查書，這種不達意的譯文庶幾可以避免。

（2）《晋書·禮志上》："禮，始立學必先釋奠於先聖先師，及行事必用幣。"（599頁）

今按：《禮記·文王世子》："凡始立學者，必釋奠于先聖先師，及行

---

① 本文括注的頁碼，均爲中華書局校點本《晋書》頁碼，下不一一。
② 鄭玄注、孔穎達正義、吕友仁整理《禮記正義》，498頁。
③ 鄭玄注、孔穎達正義、吕友仁整理《禮記正義》，499頁。
④ 許嘉璐主編《二十四史全譯·晋書》，漢語大詞典出版社，2004年，第一册，434頁。

事,必以幣。"①據此,《晉書》此節完全可以這樣標點:"《禮》:'始立學,必先釋奠於先聖先師。及行事,必用幣。'"這樣標點,就符合當年修《晉書》者的良苦用心了:這幾句話是引經據典,並非修《晉書》者自己的話。再看譯文。許嘉璐《晉書全譯》的譯文:"禮儀規定,開始建立學校一定要向先聖先師置酒饌祭奠,到行禮時一定要用幣作爲供品。"②把"禮"字譯作"禮儀規定",明顯是受《晉書》標點的誤導。

(3)《晉書·禮志中》:"皇太子至孝著于内,而衰服除于外,非禮所謂稱情者也。"(620頁)

今按:這裏講的是皇后死,皇太子如何服喪的問題。《禮記·三年問》:"三年之喪何也? 曰:稱情而立文,因以飾群,別親疏貴踐之節,而弗可損益也。故曰:'無易之道也。'創鉅者其日久,痛甚者其愈遲。三年者,稱情而立文,所以爲至痛極也。斬衰、苴杖、居倚廬、食粥、寢苫枕塊,所以爲至痛飾也。三年之喪,二十五月而畢,哀痛未盡,思慕未忘,然而服以是斷之者,豈不送死者有已,復生有節也哉?"鄭玄注:"稱情而立文,稱人之情輕重而制其禮也。"③據《晉書·禮志》記載,在皇太子應該如何服喪問題上,有兩種意見,其爭論焦點在於,行過葬禮之後,皇太子還要不要繼續穿孝服。以博士陳逵爲代表的一派主張要繼續穿,穿滿三年。其理論根據主要來自《禮記》。而以尚書杜預爲代表的一派則認爲可以脱去孝服,只要心喪三年就行了。這三句話,就是陳逵講的。陳逵也是在引經據典。根據修《晉書》者的本意,此三句應標作:"皇太子至孝著于内,而衰服除于外,非《禮》所謂'稱情'者也。"

許嘉璐《晉書全譯》此三句的譯文:"皇太子内心以極孝著稱,可是外表上却要除去喪服,這不是禮所説的與情相符的做法。"④這三句譯文均與原文相差甚遠,鄙意以爲當譯作:"皇太子的至孝表現于内心,而與至孝

---

① 鄭玄注、孔穎達正義、吕友仁整理《禮記正義》,837頁。
② 許嘉璐主編《二十四史全譯·晉書》,第一册,447頁。
③ 鄭玄注、孔穎達正義、吕友仁整理《禮記正義》,2185頁。
④ 許嘉璐主編《二十四史全譯·晉書》,第一册,465頁。

內心相般配的孝服却要從身上脱去,這不是《禮記》上所説的'要按照人的悲哀程度去制訂禮文啊'!"而《晋書全譯》譯文之所以不達意,與校點本《晋書》的標點不達意有密切關係。

(二) 由於不知暗引而帶來的負面影響

(1)《晋書·禮志中》:"臣欽、臣舒、臣預謹按(今按:此處應置冒號)靖、逵等議,各見所學之一端,未曉帝者居喪古今之通禮也。自上及下,尊卑貴賤,物有其宜。故禮有以多爲貴者,有以少爲貴者,有以高爲貴者,有以下爲貴者,唯其稱也。不然,則本末不經,行之不遠。"(620頁)

今按:讀者讀校點本此節《晋志》,大概十之八九想不到這段文字的主體是徵引《禮記》之文。按《禮記·禮器》:

> 禮有以多爲貴者。天子七廟,諸侯五,大夫三,士一。天子之豆二十有六,諸公十有六,諸侯十有二,上大夫八,下大夫六。諸侯七介七牢,大夫五介五牢。天子之席五重,諸侯之席三重,大夫再重。天子崩,七月而葬,五重八翣;諸侯五月而葬,三重六翣;大夫三月而葬,再重四翣。此以多爲貴也。

> 有以少爲貴者。天子無介,祭天特牲。天子適諸侯,諸侯膳以犢。諸侯相朝,灌用鬱鬯,無籩豆之薦。大夫聘禮以脯醢。天子一食,諸侯再,大夫、士三,食力無數。大路繁纓一就,次路繁纓七就。圭璋,特;琥璜,爵。鬼神之祭單席。諸侯視朝,大夫特,士旅之。此以少爲貴也。

> 有以大爲貴者。宫室之量,器皿之度,棺槨之厚,丘封之大,此以大爲貴也。有以小爲貴者。宗廟之祭,貴者獻以爵,賤者獻以散,尊者舉觶,卑者舉角。

> 五獻之尊,門外缶,門内壺,君尊瓦甒。此以小爲貴也。

> 有以高爲貴者。天子之堂九尺,諸侯七尺,大夫五尺,士三尺。天子、諸侯臺門。此以高爲貴也。

> 有以下爲貴者。至敬不壇,掃地而祭。天子諸侯之尊廢禁,大夫、士棜禁。此以下爲貴也。

古之聖人，内之爲尊，外之爲樂，少之爲貴，多之爲美。是故先王之制禮也，不可多也，不可寡也，唯其稱也。①

臣欽、臣舒、臣預等在徵引《禮器》這段文字時，做了如下的處理：第一，百分之百地暗引，《禮記》的書名或篇名，一字不提。第二，做了刪削，删去了每一項下面的具體例子。而所徵引的文字，與《禮記》本文一字不差，言簡意賅，毫不走樣。校點本《晋書》的標點，没有表現出這裏的引經據典，可以説是很不達意。達意的標點應是："臣欽、臣舒、臣預謹按（今按：此處應置冒號）靖、遼等議，各見所學之一端，未曉帝者居喪古今之通禮也。自上及下，尊卑貴賤，物有其宜。故'禮有以多爲貴者，有以少爲貴者，有以高爲貴者，有以下爲貴者，唯其稱也'。不然，則本末不經，行之不遠。"

再看譯文。校點本《晋書》忽略了暗引，許嘉璐《晋書全譯》没有發現，照樣忽略。"唯其稱也"句的譯文是："都只能根據本身所適宜。"在達意上還很有值得推敲之處。鄙意以爲，不如譯作"追求的只是禮數要與身份相稱。"那個"其"字，是複數，指的是兩樣東西。而《晋書全譯》之不達意，很難説與校點本《晋書》的不達意標點没有關係。

（2）《晋書・禮志中》："君子之於禮，有直而行，曲而殺，有經而等，有順而去之，存諸内而已。"（622頁）

今按：《晋書》此節六句，除末句外，前五句都是暗引《禮記》，不著一絲痕迹。按《禮記・禮器》："君子之於禮也，有直而行也，有曲而殺也，有經而等也，有順而討也。"鄭玄注："'直而行'，謂若始死，哭踊無節也。'曲而殺'，謂若父在爲母期也。'經而等'，謂若天子以下至士庶人，爲父母三年。'順而討'，討，猶去也。謂若天子以十二，公以九，侯伯以七，子男以五爲節也。"②

《晋書》此節六句，據上文，知是杜預有關喪服的奏議之文。引經據典，是奏議文字中的常見現象。只不過此處是暗引，但絲毫不走樣。所

---

① 鄭玄注、孔穎達正義、吕友仁整理《禮記正義》，963—979頁。
② 鄭玄注、孔穎達正義、吕友仁整理《禮記正義》，986頁。

以,如果校點者將"君子之於禮,有直而行,曲而殺,有經而等,有順而去之"五句引起來,不僅上會杜預之本心,而且惠及今日之讀者。今日讀者看到引號,就會警惕和深思,不至於一覽而過,豈非功德之舉。

《晋書》此節六句,許嘉璐《晋書全譯》的譯文是:"君子對於禮,有的是直接奉行,有的是變通減省;有的是按照常規照章實行,有的是采用權宜之計去掉,保存在内心而已。"①這樣的譯文,讓讀者不知所云。這也難怪,當你不知道這幾句話出自何處的時候,無論是誰都是很難把握其精神的。現在我們知道了這幾句話的來歷,不妨改譯作:"君子在行禮的時候,有時是放任感情毫不掩飾,有時是情感服從理智,有時是不分貴賤上下一樣,有時是按照所處地位依次遞減,做到心中有數罷了。"

(3)《晋書·輿服志》:"孔子曰:'君子其學也博,其服也鄉。'"(752頁)

今按:這裏的標點沒有問題,完全正確。問題出在譯文上。許嘉璐《晋書全譯》的譯文是:"孔子説:'君子學問要廣博,服飾要合于身份。'"②可以確定的是,譯者不知這兩句話出自《禮記·儒行》,所以譯文有失誤。按《儒行》:"魯哀公問於孔子曰:'夫子之服,其儒服與?'孔子對曰:'丘少居魯,衣逢掖之衣;長居宋,冠章甫之冠。丘聞之也:君子之學也博,其服也鄉。丘不知儒服。'"鄭玄注:"逢,猶大也。大掖之衣,大袂襌衣也。此君子有道藝者所衣也。孔子生魯,長而之宋而冠焉。宋,其祖所出也。衣少所居之服,冠長所居之冠,是之謂鄉。"孔疏:"'其服也鄉'者,其冠服須衣所居之鄉也。"③根據《儒行》的經文、注文和疏文,可知這兩句話這樣譯較好:"君子對待學問的態度是要廣博,對待穿著的態度是入鄉隨俗。"

以上三例説明,《晋書》的暗引《禮記》,對於譯者來説是個要時刻提防的陷阱。見微知著,一部《晋書》尚如此,整個《二十四史》呢?

---

① 許嘉璐主編《二十四史全譯·晋書》,第一册,468頁。
② 許嘉璐主編《二十四史全譯·晋書》,第一册,574頁。
③ 鄭玄注、孔穎達正義、吕友仁整理《禮記正義》,2215—2217頁。

# 《漢語大詞典》"三禮"詞目釋義獻疑三十例

《漢語大詞典》收錄詞語三十七萬五千餘條,是當今世界上收錄漢語詞語最多的一部詞典。就其總體質量而論,如果説它是中國文化建設史上的一座豐碑,達到了當代世界的最高水準,絶非溢美之辭。但是,任何一部詞典都不可能做到十全十美,尤其是像《漢語大詞典》這樣的大型文化建設工程,"由於詞目浩繁,時間緊迫,疏漏、錯誤在所難免"(《漢語大詞典·前言》)。筆者年來閲讀《三禮》,遇到難解之處,經常求助於《大詞典》。求助當中,時而得到疑竇頓開之樂,時而亦有困惑不解之疑。今拈出所疑者30條,試抒一孔之見,名曰獻疑,敬請方家賜教。

(1)【廬】③ 古代沿途迎候賓客的房舍。《周禮·地官·遺人》:"凡國野之道,十里有廬,廬有飲食。"鄭玄注:"廬,若今野候,徒有廡也。"(3册,1287頁)

按:釋義不確,容易讓人產生誤解。建議將釋義改作"廬,古代沿途迎候賓客的棚屋,僅供歇脚、打尖之用,不可住宿"。我想,釋義不確的原因,主要是忽略了鄭注"徒有廡也"四字。所謂"徒有廡也",就是只有頂棚的意思。這樣説的根據何在呢?案:《説文》:"廡,廦也。"而"廦"又是什麽呢?《釋名·釋宫室》云:"大屋曰廦。廦,幠也。幠,覆也。并、冀人謂之庌。庌,正也,屋之正大者也。"①可知"廡"就是大屋。而"屋"又是什麼呢? 段玉裁《説文解字注》云:"屋者,室之覆也。引申之,凡覆於上者皆曰屋。"②可知凡是覆蓋在上邊的東西都可叫做屋。具體到這裏,屋就是頂棚。有没有其他文獻證據呢? 有。例如,《穀梁傳》文十三年:"大室屋壞。"范寧注云:"屋者,主於覆蓋。"③又如,《漢書·陸賈傳》:"去黄屋稱制。"師古注云:"黄屋,謂車上之蓋也。"④又如,《禮記·喪大記》:"畢塗屋。"鄭玄注云:"屋,殯上覆如屋者也。"孔穎達疏云:"屋是殯上之覆,形似於屋,故云如屋。"⑤孫詒讓正是看到了廬的特點是"徒有庌也",所以在其《周禮正義·地官·遺人》中説:"廬制最疏略,惟爲長廣之周屋,以便晝息。徒有庌者,明其無房室,不可野宿也。"⑥所謂"惟爲長廣之周屋",就是只有既長又寬的四面透風的頂棚。實際上,這樣的"廬",在我們今天的公路兩旁也並没有完全絕迹:搭起一個布制的棚子,下面支個攤子,出售一些香煙、飲料、方便食品之類,與古代的"廬"幾乎没有什麽兩樣。

(2)【奠】① 謂置祭品祭祀鬼神或亡靈。《詩·召南·采蘋》:"於以奠之,宗室牖下。"毛傳:"奠,置也。"《禮記·檀弓下》:"奠以素器,以生者有哀素之心也。"孔穎達疏:"奠謂始死至葬之時祭名。以其時無尸,奠置於地,故謂之奠也。"(2册,1557頁)

按:釋義不確。如果采用孔穎達疏作爲釋義,倒是蠻確切的,惜乎編者識不及此。按:奠作爲一種祭名,是有嚴格時間限制的:必須是從始死到下葬這段時間的祭祀。否則,就不是奠。試看,鄭玄在注《周禮·地官·牛人》時説:"喪所薦饋(按:薦謂進獻主食,饋謂進獻副食)曰奠。"

---

① 王先謙《釋名疏證補》,上海古籍出版社,1984年,卷五之19頁。
② 許慎撰、段玉裁注《説文解字注》,上海古籍出版社,1981年,400頁。
③ 范寧集解、楊士勛疏、夏先培整理《春秋穀梁傳注疏》,北京大學出版社,2000年,205頁。
④ 班固撰《漢書》,中華書局,1962年,2116頁。
⑤ 鄭玄注、孔穎達正義、吕友仁整理《禮記正義》,上海古籍出版社,2008年,1767—1768頁。
⑥ 孫詒讓撰、王文錦等點校《周禮正義》,中華書局,1987年,991頁。

賈公彥進一步解釋鄭注說："喪中自未葬以前無尸，飲食直（按：僅僅之意）奠停於神前，故謂之奠。"①朱熹《晦庵集》卷六十一云："自葬以前，皆謂之奠。其禮甚簡，蓋哀不能文，而于新死者亦未忍遽以鬼神之禮事之也。"②胡培翬《儀禮正義·士虞禮》云："自始死至葬，皆奠而不祭。至虞，始立尸如祭禮。"綜上所述，可知奠是葬前之祭。這"葬前"二字斷不可少。正因爲奠是葬前之祭，所以今天的花圈上才寫一個"奠"字，這是古禮的遺存。

（3）【契】② 刻龜甲的鑿子。《周禮·春官·菙氏》："菙氏掌共燋契，以待卜事。"鄭玄注引杜子春云："契謂契龜之鑿也。"孫詒讓《正義》："契龜之鑿，亦所以鑽刻，故直謂之契也。"（2册，1532頁）

按：釋義誤。鄭玄注所引杜子春說，實際上是鄭玄否定之說，也是孫詒讓《正義》進一步否定之說，而編者讀書不通觀首尾，斷章取義，遂至誤釋。今按：鄭玄注有云："玄謂《士喪禮》曰：'楚焞置於燋，在龜東。'楚焞（按：謂用荆木棍點燃的明火），即契，所用灼龜也。"③這就是說，鄭玄認爲：契，就是《士喪禮》中的"楚焞"，用來灼龜，而不是用來刻龜。孫詒讓看到了杜、鄭二人解釋的不同，所以在其《周禮正義》中說："鄭則不取鑿龜之義，與杜異也。鄭以下文云'遂吹其焌契'，若非灼龜之木，則不得云吹，故知契與楚焞是一。依杜義，灼龜用燋（按：燋是引火的火炬），鑿龜用契，灼鑿不同物。鄭則謂鑽即用灼木。二義不同。竊意龜卜所用，有金契，有木契。金契用以鑽鑿，木契即楚焞，用以蓺灼。以二者皆刻削其端使尖鋭，故同謂之契，實則異物也。此經之契，則是木，非金，杜義固不若後鄭之允也。"④也就是說，孫詒讓認爲杜子春的說法不如鄭玄的說法正確。又按：胡培翬《儀禮正義·士喪禮》的結論與孫詒讓同。據胡氏說，在進行龜卜時，首先用陽燧（即凸透鏡）在日光下取火，然後點燃燋，以保

---

① 鄭玄注、賈公彥疏、趙伯雄整理《周禮注疏》，北京大學出版社，2000年，384—385頁。
② 朱熹《晦庵集》，影印文淵閣《四庫全書》本，1145册，138頁。
③ 孫詒讓撰、王文錦等點校《周禮正義》，1955頁。
④ 孫詒讓撰、王文錦等點校《周禮正義》，1956頁。

存火種。然後再吹燋之火以點燃契，然後再以契灼龜。然則釋義當如何措辭呢？可否這樣表述：契是一端尖銳的荆木棍，用以燒灼龜甲。《儀禮·士喪禮》中叫做"楚焞"。

(4)【鬯 1】1. 古代宗廟祭祀用的香酒。以鬱金香合黑黍釀成。《禮記·曲禮下》："凡摯：天子，鬯；諸侯，圭。"孔穎達疏："天子鬯者，釀黑黍爲酒，其氣芬芳調暢，故因謂爲'鬯'也。"(2 册，206 頁)

按：釋義誤。被釋詞是"鬯"，不是"鬱鬯"。孔疏已將"鬯"的含義正確表述。《漢語大詞典》的釋義是"鬱鬯"的釋義。知者，《大詞典》3 册 1141 頁【鬱鬯】釋義："香酒。用鬯酒調和鬱金之汁而成，古代用於祭祀或待賓。"可覆按也。

(5)【旁尊】指近親。《儀禮·喪服》："然則昆弟之子何以亦期也？旁尊也。"賈公彦疏："因上世、叔是旁尊，故以下廣明尊有正有旁之義也。"(6 册，1597 頁)

按：釋義誤。旁尊，蓋旁系親屬中之尊者，如伯父、叔父、從祖父等，係對"正尊"而言。正尊，謂直系親屬中之尊者，如父親、祖父等。賈公彦疏中的"世、叔"，即指伯父、叔父而言。世者，大也。

(6)【受服】④ 猶持服。謂穿喪服，守孝。清夏炘《學禮管釋·釋喪服》："大功、小功既葬以後，有受服，殤服無受。"(2 册，883 頁)

按：釋義誤。如其言，則是大功、小功親屬去世，等到埋葬以後親屬才爲之"穿喪服守孝"，這豈非咄咄怪事？據《儀禮·士喪禮》："三日，成服。"①即大殮之後，亦即人死後的第三天，死者的親屬就按照血緣關係的遠近穿好了喪服，絶不會拖到"既葬以後"，因爲那樣做將是駭人聽聞的。問題在於釋義錯了。我認爲，釋義或當如此：根據古代喪禮的規定，在服喪的不同階段，由於隨著時間的流逝，悲哀逐漸減輕，表現在喪服(俗稱孝服)上，服喪者則由穿較重較粗的喪服改穿較輕較細的喪服，謂之受服。試看聶崇義《三禮圖》卷十五是怎麽說的："凡喪，制服所以表哀。哀有盛

---

① 鄭玄注、賈公彦疏、彭林整理《儀禮注疏》，北京大學出版社，2000 年，820 頁。

時、殺(音曬,衰也)時,其服乃隨哀隆殺。故初服粗惡,至葬後、練(今俗稱一周年)後、大祥(今俗稱兩周年)後,漸細加飾,是以冠受。此是葬後、祥後皆更以輕服受之,故有受冠、受服之名。"①聶氏所說"漸細加飾,是以冠受"是什麼意思呢? 其意蓋謂,在整個服喪期中,每一階段新受之服,均較上一階段所穿喪服較輕較細,而逐漸變輕變細的標準,都是以上一階段喪冠(今俗稱孝帽)用布的粗細爲准。聶氏以斬衰爲例說:"斬衰裳,初(指葬前)三升,冠六升。既葬,以其冠受,受衰六升,冠七升。小祥,又以冠爲受,受衰七升,冠八升。"②按: 古人以升數的多少來分別布的精粗。八十縷爲一升。布的升數愈多,其布愈細愈密。反之則愈粗愈疏。今更以大功爲例: 爲大功親屬所穿喪服,葬前,衰用七升之布,冠用十升之布。既葬以後,"以其冠受",衰布改爲十升,冠布改爲十一升。小祥以後,又"以其冠受",衰布又改爲十一升,冠布改爲十二升。這就是爲大功親屬所穿的受服。各種喪服的受服,都可依此類推。《禮記·間傳》云:"斬衰三升,既虞、卒哭(二者都是葬後之祭),受以成布六升,冠七升。爲母,疏衰四升,受以成布七升,冠八升。"③這裏所說的"受",就是指受服。如果我們把受服理解錯了,這段話就無法讀懂。

(7)【總衰】古代小功五月之喪服。用細而疏的麻布治成。《儀禮·喪服》:"總衰者何? 以小功之總也。"鄭玄注:"凡布細而疏者謂之總。"(9册,1016頁)

按: 釋義誤。蓋編者未翻檢此節上下文也。小功五月之喪服,尚在《儀禮·喪服》此節的下文,此處尚未出現。因爲總衰是輕于大功九月而重於小功五月之喪服,所以在《喪服》篇中,被列在大功喪服之後、小功喪服之前。《喪服》具在,可覆按也。竊以爲,釋義當云: 總衰,諸侯之大夫爲天子服喪所穿之喪服,服喪七月,天子葬後即除。爲什麼這樣釋義呢?

---

① 聶崇義纂輯、丁鼎點校解說《新定三禮圖》,清華大學出版社,2006年,472頁。
② 聶崇義纂輯、丁鼎點校解說《新定三禮圖》,472頁。
③ 鄭玄注、孔穎達正義、呂友仁整理《禮記正義》,2173—2174頁。

因爲《喪服》經文明言:"緦衰裳,既葬除之者,諸侯之大夫爲天子。"①何以知道"服喪七月"呢?因爲賈疏云:"天子七月而葬。"此處釋義之所以錯誤,大概是誤會了"緦衰者何?以小功之縷也"這兩句話。這兩句話的含義是什麽呢?鄭玄注云:"治其縷如小功,而成布四升半。細其縷者,以恩輕也;升數少者,以服至尊也。凡布細而疏者謂之緦。"②鄭玄注又是什麽意思呢?意思是説,緦衰這種喪服所用的布,其縷要加工得像小功布那樣的細,而其密度則僅是四升半(八十縷爲一升。小功布的密度則有十升、十一升、十二升三種,見《喪服》及《禮記‧間傳》),比小功布稀疏得多。爲什麽縷要細的像小功呢?因爲諸侯之大夫從天子那裏得到的恩惠比較輕微。恩輕則關係疏遠,所以用小功之縷;升數爲什麽要大大少於小功布呢?因爲是給至尊的天子服喪。爲了照顧死者是天子至尊的面子,布又不能像小功布那樣的密(太密了意味著哀淺),所以就用四升半的稀疏之布。"凡布細而疏者謂之緦"是什麽意思呢?段玉裁《説文解字注》云:"按小功十升、十一升成布,而此用小功之縷四升半成布,是謂縷細而布疏。其名曰緦者,布本有一種細而疏者曰緦,但不若緦衰之太疏,而緦衰之名緦,實用其意,故鄭舉'凡布'以名之。"③

(8)【一獻】古代祭祀和宴飲時進酒一次爲一獻。《儀禮‧士昏禮》:"舅姑共饗婦,以一獻之禮。"賈公彦疏:"舅獻姑酬,共成一獻。"(1册,112頁)

按:此條釋義似是而非。"一獻",即"一獻之禮"的簡稱。一獻之禮,首先見於《儀禮‧士冠禮》,鄭玄注云:"一獻者,主人獻賓而已,無亞獻。獻、酢、酬,賓、主人各兩爵而禮成。"賈公彦疏云:"云'獻、酢、酬,賓、主人各兩爵而禮成'者,主人獻賓,賓酢主人,主人將酬賓,先自飲訖乃酬,賓奠而不舉,是賓、主人各兩爵而禮成也。"④獻、酢、酬各是什麽意思呢?凌廷

---

① 鄭玄注、賈公彦疏、彭林整理《儀禮注疏》,710頁。
② 鄭玄注、賈公彦疏、彭林整理《儀禮注疏》,709頁。
③ 許慎撰、段玉裁注《説文解字注》,661頁。
④ 鄭玄注、賈公彦疏、彭林整理《儀禮注疏》,44頁。

堪《禮經釋例》卷三云："凡主人進賓之酒謂之獻。凡賓報主人之酒謂之酢。凡主人先飲以勸賓之酒謂之酬。"①何謂"奠而不舉"，即接過酒杯（爵），放下不飲。由此可知，一獻之禮，是由主人一獻、客人一酢、主人一酬、客人奠而不舉四個連續動作組成的飲酒之禮。詳細點説，就是主人先敬賓一杯酒（獻），然後賓回敬主人一杯酒（酢），主人爲了勸酒而先自飲一杯，然後酌酒再敬賓（酬），賓接過酒杯，放下不飲（奠而不舉）。一獻之禮至此完成。這還只是説的一獻之禮的大體，仔細考究起來，冠禮、婚禮、祭禮中的一獻之禮還有某些細節的上的差異，王士讓對此論之極詳，見胡培翬《儀禮正義·士冠禮》所引，此不贅。就拿此條書證所引《士昏禮》來説，主人就不是一個，而是兩個，即舅與姑。其一獻之禮是由舅獻、婦酢、姑酬、婦奠而不舉組成的，所以賈公彦説："舅獻姑酬，共成一獻。"②明白了什麼是一獻，對於三獻、五獻、七獻、九獻是什麼意思也就思過其半了。拿九獻來説，賈公彦疏《周禮·秋官·大行人》云："九獻者，王酌獻賓，賓酢主人，主人酬賓，酬後更八獻，是爲九獻。"③

（9）【吉祭】① 古喪禮，既虞之後，卒哭而祭，謂之"吉祭"。虞，葬後拜祭。《禮記·檀弓下》："是月也，以虞易奠，卒哭曰成事。是日也，以吉祭易喪祭。"（3册，95頁）

按：釋義誤。《檀弓下》所謂"是日也，以吉祭易喪祭"，是説從卒哭之祭這天起，開始以吉祭易喪祭。並不是説只有卒哭之祭是吉祭。《禮記·雜記上》云："祭稱'孝子''孝孫'，喪稱'哀子''哀孫'。"孔穎達疏云："祭，吉祭也。謂自卒哭以後之祭也。吉則申孝子心，故祝辭云'孝'也。喪稱'哀子''哀孫'者，凶祭，謂自虞以前祭也。喪則痛慕未申，故稱哀也。"④可知吉祭是指自卒哭以後所有之祭。那麼，卒哭之後還有哪些祭呢？據《儀禮·士虞禮記》的記載，卒哭之後，還有祔祭（這是將死者按昭

---

① 凌廷堪著、彭林點校《禮經釋例》，臺灣"中研院"中國文哲研究所，2002年，167—171頁。
② 鄭玄注、賈公彦疏、彭林整理《儀禮注疏》，103頁。
③ 鄭玄注、賈公彦疏、彭林整理《儀禮注疏》，1170頁。
④ 鄭玄注、孔穎達正義、吕友仁整理《禮記正義》，1610頁。

穆輩分附于祖廟之祭,在卒哭的次日舉行),還有小祥之祭(又叫練祭,在死後一年舉行,今俗謂之"一周年"),還有大祥之祭(在死後兩年舉行,今俗謂之"兩周年"),還有禫祭(這是除服之祭,在大祥祭後隔一個月舉行)。三年之喪,至此結束。這就是説,卒哭、祔祭、小祥之祭、大祥之祭、禫祭,都是吉祭。但事情都是相對的。我們説卒哭以後之祭是吉祭,那是對比虞祭之前的喪祭而言,僅僅限於三年之喪以内。如果突破三年之喪的界線,則卒哭至禫之祭,仍是喪祭,不是吉祭。賈公彦就説:"但卒哭爲吉祭者,喪中自相對,若據二十八月後(按:三年之喪,實際上是二十八月而畢)吉祭而言,禫祭以前,總爲喪祭也。"(見《士虞禮》"三虞、卒哭"句疏)。清代學者萬斯大也説:"卒哭有祭,乃謂之吉祭。然考《喪大記》有云:'禫而從御,吉祭而復寢。'吉祭,指四時常祭。則卒哭、祔、練、祥、禫,雖稱吉祭,而猶未即同于吉,蓋視喪祭則已爲吉,視四時常祭則猶在喪中也。"①總而言之,吉祭有廣狹二義。狹義的吉祭,指三年之喪中的卒哭以後之祭,包括卒哭、祔、小祥之祭、大祥之祭和禫祭。廣義的吉祭,則指正常時期的四時常祭。

(10)【喪祭】古喪禮。葬後之祭稱喪祭。《禮記·檀弓下》:"是日也,以吉祭易喪祭。"(3册,410頁)

按:釋義誤。先從書證來講。《禮記·檀弓下》:"是日也,以虞易奠。卒哭曰成事。是日也,以吉祭易喪祭。"鄭玄注云:"虞,喪祭也。既虞之後,卒哭而祭。卒哭,吉祭。"②可知書證中的"喪祭",實指虞祭。所以孫希旦《禮記集解》説:"《士虞禮》主人即位于西階,烹於門西,牲升左胖,進柢,皆喪祭之禮也。至卒哭而改用吉祭之禮,故曰'以吉祭易喪祭'。"③萬斯大《儀禮商》也説:"葬之日,以虞易奠,謂之喪祭。"④所以,就書證來講,這個"喪祭"僅僅是指虞祭。再從釋義來講,説"葬後之祭稱喪祭",誤。

---

① 萬斯大《儀禮商》,影印文淵閣《四庫全書》本,108册,278頁。
② 鄭玄注、孔穎達正義、呂友仁整理《禮記正義》,363頁。
③ 孫希旦撰,沈嘯寰、王星賢點校《禮記集解》,中華書局,1989年,261頁。
④ 萬斯大《儀禮商》,影印文淵閣《四庫全書》本,108册,278頁,

因爲,葬後之祭,除了虞祭以外,其餘都是吉祭,而不是喪祭。詳上【吉祭】條,此不贅。實際上,喪祭的涵義也有廣狹之分。一是指虞祭,見上。二是指三年之喪中的所有祭祀,見【吉祭】條所引賈公彥與萬斯大語,此不贅。三是指葬前之奠。劉熙《釋名·釋喪制》云:"喪祭曰奠。"①這個話顛倒過來說就是"奠曰喪祭"。而所有的奠都在葬前。《禮記·檀弓下》:"奠以素器。"孔穎達疏云:"奠,謂始死至葬之時祭名。以其時無尸,奠置於地,故謂之奠也。"②朱熹《儀禮經傳通解》云:"自葬以前,皆謂之奠。"那麼,下葬之前都有哪些奠呢?根據《儀禮》的《士喪禮》與《既夕禮》兩篇的記載,喪奠有十:一是始死之奠(人剛死時向死者進獻酒食),二是小斂奠(死後第二天小斂時的進獻酒食),三是大殮奠(死後第三天大殮時的進獻酒食),四是朝夕奠(死後第五天朝夕哭時所設之奠),五是朔月奠(即每月初一所設的奠。因爲按照古禮規定,士三月而葬,大夫、諸侯、天子的停殯待葬時間更長,所以才會有朔月奠),六是月半奠(每月望日所設之奠),七是薦新奠(進獻當令五穀瓜果之奠),八是遷祖奠(爲遷柩朝祖所設之奠),九是祖奠(柩車啟行以後所設之奠。此"祖"是開始上路之意),十是大遣奠(又叫葬奠,是與靈柩作最後告別之奠)。上述十奠,都是喪祭。

(11)【淳制】古代丈量標準。《周禮·天官·内宰》:"出其度量淳制,祭之以陰禮。"鄭玄注:"故書淳爲敦,杜子春讀敦爲純,純謂幅廣也,制謂匹長。玄謂純制,《天子巡守禮》所云'制幣丈八尺,純四咫'。"又《地官·質人》:"同其度量,壹其淳制。"參閱清惠棟《九經古義·周禮上》。(5册,1408頁)

按:釋義誤。何謂淳制,杜子春與鄭玄並不得其解。到了清代學者手裏,這個問題才得到解決。所謂淳制,是指布帛長寬不同的兩種標準。淳是長寬符合標準尺寸的正常標準,制是長寬未達到標準尺寸的特殊標準。在古代,布帛的長度標準,正常情況下都是一端二丈,其寬度標準,布是二尺二寸,帛是二尺四寸。符合這個標準的就叫做淳。淳,又寫作

---

① 王先謙《釋名疏證補》,卷八之21頁B面。
② 鄭玄注、孔穎達正義、呂友仁整理《禮記正義》,362頁。

"純",皆讀作"准",實際上就是"准"的假借字,意思就是符合標準。如果長度或寬度未達到上述正常標準,例如喪禮中使用的"制幣",其長度只是一丈八尺,較正常標準短二尺,那就叫做制。《説文》:"制,裁也。"之所以叫做"制",正是因爲其長度或寬度都被裁減。嘉禮、賓禮所用布帛講究實用,以完整爲好,所以采用淳的標準;凶禮、祭禮所用布帛,用過之後,或者要燒掉,或者要埋掉,因爲是用於鬼神,只求能把事情應付過去就行,所以采用制的標準。指出"淳"與"純"都是"准"的通假字的,是徐養原,見其《周官故書考》;指出"古之幣帛,有純有制。全曰純,量曰制。吉凶禮用制,賓嘉禮用純"的是惠士奇(惠棟之父),見其《禮説》;在徐、惠之説基礎上,對"淳制"給以系統、完滿解釋的是孫詒讓,見其《周禮正義·内宰》。我的上述解釋,就是取之于孫詒讓《周禮正義》。惠棟《九經古義·周禮上》對"淳制"的解釋可以説毫無發明,用不著參閱它。要參閱的話,最好參閱孫詒讓《周禮正義·天官·内宰》。

(12)【制幣】古代祭祀所供之繒帛。帛的長寬皆有定制,因稱制幣。《儀禮·既夕禮》:"贈用制幣,玄纁束。"鄭玄注:"丈八尺曰制。"(2册,667頁)

按:釋義誤。竊以爲釋義當云:"制幣,古代用於吉禮、凶禮之布帛。制是裁減之義。因爲這種布帛的長度或寬度,比起正常標準有所裁減,故稱。"下面説一下這樣釋義的理由。《既夕禮》的"贈用制幣",是在下葬時,這是凶禮。《聘禮》使者在出訪前,在禰廟行釋幣禮,也要使用制幣,這是吉禮。"制"字的涵義,不是"有定制",而是有所裁減。孫詒讓《周禮正義·内宰》云:"竊謂《説文·刀部》云:'制,裁也。'是制者,裁布帛之名,因以爲端幅(按:即布帛之長與寬)尺度減少之稱。蓋古者布帛廣度不同,而一端之長,則咸以二丈爲正。或減其長不及二丈,或減其廣布不及二尺二寸、帛不及二尺四寸者,則皆謂之制,制亦不必專屬長度也。《聘禮》《既夕禮》所云'制幣',皆丈八尺,蓋於長二丈之常度減去二尺,是謂之制。"[1]參看上條

---

[1] 孫詒讓撰、王文錦等點校《周禮正義》,527—528頁。

【淳制】。

（13）【幣獻】貢獻禮物。《周禮·天官·內府》："凡四方之幣獻之金玉齒革兵器，凡良貨賄，入焉。"鄭玄注："諸侯朝聘所獻國珍。"（3册，758頁）

按：釋義誤。首先，"幣獻"是聯合短語，並不是動賓短語。其次，鄭玄此注乃解釋全句，並非解釋"幣獻"二字。"幣獻"是什麽意思？孫詒讓《周禮正義·內府》指出："《大宰》大朝覲會同，有玉幣、玉獻之等，是朝會之幣獻也。"①可知此所謂"幣"，即《大宰》之"玉幣"；此所謂"獻"，即《大宰》之"玉獻"。那麽，什麽是"玉幣"呢？鄭注云："玉幣，諸侯享幣也。"即諸侯朝見天子時所獻的見面禮。此禮以瑞玉爲主，輔之以皮帛等物。這就是玉幣，省稱"幣"。什麽是"玉獻"呢？鄭注云："玉獻，獻國珍異，亦執玉以致之。"即諸侯在獻過玉幣之後又向天子進獻本國珍異之物。因爲是用玉致獻，故稱玉獻。省稱"獻"。可參閱孫詒讓《周禮正義·大宰》"大朝覲會同，贊玉幣、玉獻"一節。②

（14）【饗餼】古代諸侯行聘禮時接待賓客的大禮，饋贈較多。《周禮·秋官·司儀》"致飧如致積之禮"漢鄭玄注："小禮曰飧，大禮曰饗餼。"（12册，587頁）

按：釋義沒有抓住根本問題，可以説是揀了芝麻、丟了西瓜。讀者首先想要知道的是：什麽是饗？什麽是餼？然後才是其他。今按：鄭玄注《儀禮·聘禮》云："牲，殺曰饗，生曰餼。"③胡培翬進一步解釋説："饗，兼飪與腥言，皆是已殺。餼是生物。"④意思是説，凡是已殺的牲畜，都叫做饗。而饗又包括飪與腥。飪是殺後煮熟的肉，腥是殺後的生肉。餼則是未殺的活牲畜。實際上，饗餼的內容還不止這些，據《聘禮》和《周禮·秋官·掌客》所載，還有很多其他美味食品以及牲畜的草料等。古代諸侯朝

---

① 孫詒讓撰、王文錦等點校《周禮正義》，468頁。
② 孫詒讓撰、王文錦等點校《周禮正義》，148—150頁。
③ 鄭玄注、賈公彦疏、彭林整理《儀禮注疏》，472頁。
④ 胡培翬《儀禮正義》，《續修四庫全書》，上海古籍出版社，2002年，92册，265頁。

聘時，賓客初到，主人爲之舉行的帶有接風性質的便宴謂之飧。既是便宴，所以鄭玄説是"小禮曰飧"。等到客人行過正式的朝聘禮以後，主人要派人把饔餼送到客人下榻的賓館，這叫饋饔餼。這是對客人朝聘期間最豐盛的款待，所以鄭玄説"大禮曰饔餼"。鄭注《周禮·天官·外饔》又云："飧，客始至之禮。饔，既享幣之禮。致禮于客，莫盛於饔。"①就是這個道理。還有，饋贈饔餼的數量，因客人的身份高低而異。拿諸侯來説，有公、侯、伯、子、男五等；拿群臣來説，有卿、大夫、士三級。級別越高，接待的規格也越高。鄭玄注《周禮·天官·宰夫》説："此禮陳數，存可見者，惟有《行人》《掌客》及《聘禮》《公食大夫》。"②意思是説，要想考查此禮的具體規格數量，也只有去翻看《周禮》和《儀禮》中的上述四篇了。最後，竊不自揣，試擬釋義如下：古代諸侯朝聘，在正式會見之後，主人把已經殺死的牲畜（這叫做饔）和尚未殺死的活牲畜（這叫做餼）和其他食品以及牲畜的草料等等送到客人下榻的賓館，這就叫饋饔餼。亦稱饔餼。這是客人朝聘期間受到的最豐盛的一次款待。

（15）【戒具】古代祭祀、朝覲、會同、應接賓客等事應備的陳設器具。《周禮·天官·小宰》："以法掌祭祀、朝覲、會同、賓客之戒具，軍旅、田役、喪荒亦如之。"鄭玄注："戒具，戒官有事者所當共。"（5册，208頁）

按：釋義誤。殆編者沒有真正看懂鄭玄注。孫詒讓《周禮正義·小宰》云："'戒具，戒官有事者所當共'者，即《大宰》之'誓戒''具修'是也。彼注云：'具，所當共。'謂以所當共之事，戒所掌之官，警其廢闕。"③由此可知：戒，是指對參與祭祀、朝覲等事的官員的誓戒；具者，所當共也。共，通"供"。此謂參與其事的官員應當提供的物品。戒具，在這裏是動賓結構，意爲誓戒有關官員，提醒他們恪盡職守，保證自己應當提供的物品一樣不缺。因爲祭祀、朝覲、會同等都是大事，爲了避免與事官員失職，故有戒具之事。

---

① 鄭玄注、賈公彦疏、趙伯雄整理《周禮注疏》，北京大學出版社，2000年，112頁。
② 鄭玄注、賈公彦疏、趙伯雄整理《周禮注疏》，81頁。
③ 孫詒讓撰、王文錦等點校《周禮正義》，179頁。

（16）【抗衾】喪禮儀節之一。將衾被蓋上尸體。《禮記·喪大記》："御者入浴，小臣四人抗衾。"鄭玄注："抗衾者，重形也。"陳澔《集説》："抗衾，舉以蔽尸也。"（6册，413頁）

按：釋義誤。不是"將衾被蓋上尸體"，而是由四個人各持衾被一角，將衾被高舉起來，以遮蔽赤條條的尸體。這樣才能既不失雅觀，又不妨礙給尸體擦浴。如果是"將衾被蓋上尸體"，就無法給尸體擦浴。《儀禮·既夕禮記》也載有此事："御者四人，抗衾而浴。"鄭玄注："抗衾，爲其裸裎，蔽之也。"①胡培翬《儀禮正義》云："抗，舉也。衾，斂衾也。謂舉斂衾於上，蔽其體，而浴於下也。"②附帶説一下，書證《喪大記》鄭玄注"重形也"之上，脱"蔽上"二字。

（17）【禮酒】天子所賜之酒。《周禮·天官·酒正》："共賓客之禮酒，共后之致飲於賓客之禮醫酏糟，皆使其士奉之。"鄭玄注："禮酒，王所致酒也。"（7册，962頁）

按：釋義不當，蓋未得鄭注之旨。所謂"王所致酒"，致是送達之義，其意蓋謂天子派人送去的酒。至於爲什麼送？送給誰？怎樣送？送到何處？鄭玄此注並沒有交代，但在《酒人》注中却有所交代，所以孫詒讓《周禮正義·酒正》解釋鄭玄此注云："注云'禮酒，王所致酒也'者。《酒人》注云：'禮酒，饗燕之酒。王不親饗燕，不親食，而使人各以其爵以酬幣、侑幣致之，則從而以酒往'是也。"③這段話是什麼意思呢？據《周禮·秋官·掌客》，如果客人是上公，天子就要爲他先後舉行三次饗禮，三次燕禮，三次食禮（這是三種規格不同的宴請之禮，其中饗禮規格最高，食禮次之，燕禮規格較低。這三種宴禮，牲酒皆有，只是食禮以吃飯爲主，雖然有酒，但設而不飲）。如果天子因爲生病或其他原因，不能親自爲客人設宴，那就要派人（派的人，其身份要與客人相等。客人是卿，派的人也要是卿；客人是大夫，派的人也要是大夫）帶著酬幣（即勸酒之禮品）或侑幣（勸食

---

① 鄭玄注、賈公彦疏、彭林整理《儀禮注疏》，889頁。
② 胡培翬《儀禮正義》，《續修四庫全書》，92册，557頁。
③ 孫詒讓撰、王文錦等點校《周禮正義》，360頁。

之禮品）代表自己前往賓館致辭，並將舉行饗禮、燕禮所需的酒也一併帶去，以示不廢其禮。綜上所述，竊不自揣，更爲試擬釋義如下：禮酒，對於前來朝聘的客人，天子按照禮數都要設宴招待（包括饗禮、燕禮、食禮三種規格）。如果天子由於特殊原因不能親自設宴招待客人，就要派遣與客人級別相等的人作使者，攜帶酒和勸酒的禮品，送往客人下榻的賓館，以示不廢其禮。這種酒叫做禮酒。

（18）【五齊】① 古代按酒的清濁，分爲五等，合稱"五齊"。《周禮·天官·酒正》："辨五齊之名：一曰泛齊，二曰醴齊，三曰盎齊，四曰緹齊，五曰沈齊。"鄭玄注："自醴以上，尤濁縮酌者，盎以下差清。"（1 册，386 頁）

按：釋義誤。首先，五齊是祭祀所用之酒，不是人們日常飲用之酒，這一點應該點明，以免産生誤會。所以鄭玄注云："每有祭祀，以度量節作之。"①孫詒讓《周禮正義》説："三酒味厚，人所飲者也；五齊味薄，所以祭者也。"其次，五齊都是濁酒，只是渾濁的程度不同而已。並非五齊之中，有的是濁酒，有的是清酒。此處的鄭玄注怎麽理解呢？首先，標點錯了，應改作："自醴以上尤濁，縮酌者。盎以下差清。"説的是什麽意思呢？是説五齊之中，泛齊、醴齊最混濁（即所謂"自醴以上尤濁"），使用的時候，要先用事酒將它們沖淡，然後加以過濾（即"縮"），使之可酌。而盎齊以下（包括緹齊、沈齊）相對較清。孫詒讓《周禮正義》引吕飛鵬云："五齊皆酒之濁者。後鄭謂盎以下差清，但較泛齊、醴齊爲稍清耳，其實皆濁酒也。"並加按語説："吕説是也。"② 按《禮記·郊特牲》："明水涗齊。"鄭玄注："涗，猶清也。五齊濁，沛之使清。"③ 是鄭謂五齊皆濁之直接證據。綜上所述，試擬釋義如下：五齊，古代用於祭祀的五種濁酒。其渾濁程度輕重不一。

（19）【膳羞】美味的食品。《周禮·天官·膳夫》："膳夫掌王食飲膳

---

① 孫詒讓撰、王文錦等點校《周禮正義》，342 頁。
② 孫詒讓撰、王文錦等點校《周禮正義》，345 頁。
③ 鄭玄注、孔穎達正義、吕友仁整理《禮記正義》，1097 頁。

羞。"鄭玄注:"膳,牲肉也。羞,有滋味者。"(6册,1382頁)

按:釋義太籠統。膳與羞應當分釋。這裏的"食飲膳羞",是指構成天子膳食的四個方面,所以鄭玄分別注釋爲:"食,飯也。飲,酒漿也。膳,牲肉也。羞,有滋味者。"可知"食飲膳羞"四字,各有所指。"膳,牲肉也"是什麽意思呢?孫詒讓《周禮正義》云:"謂正饌皆六牲之肉。"哪六牲呢?據下文鄭注:"六牲,謂馬、牛、羊、豕、犬、雞也。"而王引之《經義述聞》認爲鄭注不確,論證"此六牲,則牛、羊、豕、犬、雁(謂鵝)、魚也"。孫詒讓認爲"王説是也"。"羞,有滋味者"是什麽意思呢?孫詒讓解釋説:"庶羞百有二十品,皆肉及菜果之有滋味者。"孫詒讓這樣解釋,是因爲他看到下文有"羞用百有二十品"一句,而且鄭玄還加了注:"羞,出於牲及禽獸,以備滋味,謂之庶(按:庶,衆也)羞。"①綜上所述,可知,膳謂六牲(牛、羊、豕、犬、雁、魚)之肉;羞謂庶羞,即用肉及菜果加工製成的衆多美味。

(20)【稍食】古代指官府按月發給的官俸。《周禮·天官·宫正》:"幾其出入,均其稍食。"鄭玄注:"稍食,禄稟。"賈公彦疏:"云稍食禄稟者,稍則稍與之,則月俸是也。"又《天官·内宰》:"均其稍食。"鄭玄注:"稍食,吏禄稟也。"(8册,83頁)

按:釋義可商。蓋鄭注、賈疏把"稍食"等同於"禄稟"的解釋,已被清代學者所否定,詳見孫詒讓《周禮正義·天官·宫正》和《天官·小宰》。在《宫正》一節,孫氏首先引易祓云:"當是一命以上(按:即下士以上。下士的爵命最低,僅一命)謂之禄,庶人在官者(按:指在官府服務的平民,如《周禮》中的府、史、胥、徒),稍食而已。"②接著又引金榜云:"《校人》'等馭夫之禄,宫中之稍食',明稍食與禄殊也。"接著又引沈彤云:"稍食,食之小者。而疏以稍食爲命士以上禄之通稱,誤矣。"接著,孫詒讓總結説:"易、金、沈三説是也。以經考之,賦禄或以田,或以米粟;稍食則一以米粟,無以田者(按:這是支付方式的不同)。自卿以下至命士,皆有爵者也,故皆給禄不給食。不命之士及庶子、庶人在官者,皆無爵而有事者也,

---

① 孫詒讓撰、王文錦等點校《周禮正義》,236頁。
② 孫詒讓撰、王文錦等點校《周禮正義》,219頁。

故皆給食不給禄。禄之多寡有定,視命數(猶言爵位高低)以爲差。食之多寡無定,視其事之繁簡,功之上下,以歲時稽而均之(按:即按照工作的數量和質量付酬)。"①在《小宰》節孫詒讓又說:"此經凡言'食'者,皆與'禄'別。周制,命士以上,以爵制禄;不命之士,則以事制食。"②綜上所述,稍食的釋義或當如此表述:古代官府發給在官府服務的平民的養家口糧。

(21)【散齊】亦作"散齋"。① 古禮于祭祀父母前七日不御不樂不弔,謂之散齊。《禮記·祭義》:"致齊於内,散齊於外。"鄭玄注:"散齊,七日不御不樂不弔耳。"(5册,483頁)

按:釋義誤。建議將釋義改爲:"古人在舉行重大祭祀的前十天到前四天,不御,不樂,不弔,謂之散齊。相對于致齊,散齊是齋戒的第一階段。"爲什麽這樣改呢? 首先,因爲古人在祭天(見《禮記·郊特牲》)、祭地、祭五帝(見《周禮·大宰》)、祭祖禰(見《儀禮·少牢饋食禮》)時都要舉行散齊,所以不如將"祭祀父母"改爲概括性的文字。其次,舉行散齊的時間,並不是在祭祀的前七日,而是在祭祀前的第十天到第四天。鄭玄注所説的"七日",是指散齊所須的時間,不是指祭祀前的七日。古人的十日齋期,包括先後連接的兩次齋戒。第一次是散齊,這是初步的齋戒,所用時間,如上所述。第二次是致齊,這是進一步的齋戒,具體時間是散齊後的三天,也就是祭前的三天。所以《禮記·祭統》云:"散齊七日,致齊三日。"③《周禮·大宰》云:"前期十日,遂戒。"鄭玄注云:"十日,容散齊七日,致齊三日。"④第三,由散齊而致齊,由致齊而祭祀,這是一個逐漸收斂、整齊身心的過程,而散齊就是這個過程的第一階段。須要注意的是,散齊的時間,後世有所變化。據《通典》卷一〇八《齋戒》記載,唐代的散齊,大祀是四日,中祀三日,小祀二日。而宋代以後,官方的祭祀還遵循古

---

① 孫詒讓撰、王文錦等點校《周禮正義》,219—220頁。
② 孫詒讓撰、王文錦等點校《周禮正義》,160頁。
③ 鄭玄注、孔穎達正義、吕友仁整理《禮記正義》,1871頁。
④ 鄭玄注、賈公彦疏、趙伯雄整理《周禮注疏》,56頁。

禮,散齊七日,致齊三日,而士大夫之家的家祭,據司馬光《書儀》和朱熹《家禮》的記載,就只有致齊,而取消了散齊。可能是病于古禮煩瑣,作了精簡。

（22）【師道尊嚴】謂爲師者地位崇高。清蔣士銓《一片石·訪墓》："既居師道尊嚴,即是文壇老宿,不望陞遷卓異,但求署教諭之銜。"（3册,722頁）

按：首先,書證太晚。從成爲固定詞語來説,始于宋代。例如,《宋史》卷四一〇《舒璘傳》："璘樂於教人,嘗曰：'師道尊嚴,璘不如叔晦；若啓迪後進,則璘不敢多遜。'"①從溯本求源的意義上來説,"師道尊嚴"出自《禮記·學記》："凡學之道,嚴師爲難。師嚴然後道尊,道尊然後民知敬學。"②這個"嚴"字怎麼講呢？鄭玄注釋得很明白："嚴,尊敬也。"

其次,釋義不確。從《禮記·學記》可以看出,"師道尊嚴"講的是兩個東西,一個是"師",一個是"道",也就是"傳道授業"之道。這個成語還可以這樣表述："師尊道嚴"。也就是説,老師得到尊敬了,老師傳授的道也就得到尊敬了。而這恰恰是"師道尊嚴"的確切含義。

（23）【勞酒】古時天子設宴慰勞群臣謂勞酒。《禮記·月令》："〔孟春之月〕反,執爵於大寢。三公、九卿、諸侯、大夫皆御。命曰勞酒。"《新唐書·禮樂志五》："車駕還宫之明日,内外命婦設會於正殿,如元會之儀,命曰勞酒。"（2册,810頁）

按：釋義當改作"籍田禮畢,天子設宴慰勞預事群臣之酒"。知者,按《禮記·月令·孟春之月》："是月也,天子乃擇元辰,天子親載耒耜,措之于參保介之御間,帥三公、九卿、諸侯、大夫躬耕帝藉。天子三推,三公五推,卿、諸侯九推。反,執爵於大寢。三公、九卿、諸侯、大夫皆御。命曰勞酒。"鄭注云："既耕而宴飲,以勞群臣也。"③例如,《南齊書·武帝下》："永明四年春正月甲寅,以籍田禮畢,車駕幸閲武堂,勞酒小會,詔賜王公

---

① 脱脱等《宋史·舒璘傳》,中華書局,1977年,12340頁。
② 鄭玄注、孔穎達正義、吕友仁整理《禮記正義》,1443頁。
③ 鄭玄注、孔穎達正義、吕友仁整理《禮記正義》,619頁。

以下在位者帛有差。"①

(24)【九原】2. 春秋時晉國卿大夫的墓地。《禮記·檀弓下》:"趙文子與叔譽觀乎九原。"4. 九泉,黃泉。宋蘇軾《亡妻王氏墓誌銘》:"君得從先大人于九原,餘不能,嗚呼哀哉!"(1册,744頁)

按:《漢語大詞典》"九原"共有四個義項。這裏只説它的第二和第四兩個義項。第二個義項的釋義是"春秋時晉國卿大夫的墓地"。這個釋義没有問題,問題在於《大詞典》提供的書證錯了。爲什麽?因爲從書證中看不出"春秋時晉國卿大夫的墓地"這個意思。原因何在?書證用錯了。正確的書證也出自《禮記·檀弓下》,但是是另外的一段:"晉獻文子成室,晉大夫發焉。張老曰:'美哉輪焉!美哉奂焉!歌于斯,哭於斯,聚國族於斯。'文子曰:'武也得歌於斯,哭於斯,聚國族於斯,是全要領以從先大夫于九京也。'"鄭玄注:"全要領者,免於刑誅也。晉卿大夫之墓地在九原,'京'蓋字之誤,當爲'原'。"②但事情到此並没有結束。"春秋時晉國卿大夫的墓地"只是"九原"的本義,它還有個引申義"祖墳"。這個引申義是怎樣產生的呢?經文"從先大夫于九原"一句,已經埋下了引申義的伏筆。請看孔疏:"先大夫,謂文子父祖。以其世爲大夫,故稱父祖爲先大夫也。九原,文子家世舊葬地也。"③從孔疏來看,簡直可以這樣説,"春秋時晉國卿大夫的祖墳"就是"九原"的本義。作爲"祖墳"的引申義,不過是"九原"的概念由具體擴展爲一般罷了。

現在説第四個義項。"九泉,黃泉"的釋義,恐怕有點望文生義了。單從蘇軾《亡妻王氏墓誌銘》這個書證來看,釋義應該是"祖墳",即第二個義項的引申義。蘇軾的"君得從先大人于九原"這一句,不就是源出於《檀弓下》的"從先大夫于九原"嗎!

(25)【内羞】宫内女官所作供祭祀用的穀類食物。《周禮·天官·世婦》:"及祭之日,涖陳女宫之具,凡内羞之物。"賈公彦疏:"凡内羞之物

---

① 蕭子顯《南齊書》,中華書局,1972年,52頁。
② 鄭玄注、孔穎達正義、吕友仁整理《禮記正義》,431頁。
③ 鄭玄注、孔穎達正義、吕友仁整理《禮記正義》,432頁。

者,謂糗餌粉餈,案少牢皆從房中而來,故名爲内羞。"孫詒讓正義:"内羞,皆穀物,女宫所共。"(1册,1009頁)

按:這個釋義佔有的資料不全面,只是根據《周禮・天官・世婦》一條書證來釋義(儘管只有這一條書證,編者還没有真正看懂。詳下),所以很不準確。

先說"宫内女官"(女官,疑是"女宫"之誤)。《周禮・天官・寺人》鄭注云:"女宫,刑女之在宫中者。"賈公彦疏:"謂男女没入在宫爲奴者也。"①"宫内女官所作"六字似乎是解釋"内羞"的"内"字的,實際上錯了。賈公彦疏已經說得很明白了:"凡内羞之物者,謂糗餌、粉餈,案《少牢》("少牢"二字應加書名號,它是《儀禮》十七篇中的《少牢饋食禮》一篇篇名的簡稱)皆從房中而來,故名爲内羞。"②簡言之,因爲是"從房中而來,故名爲内羞"。内羞是不是女宫所作呢?《周禮・天官・世婦》只說"及祭之日,涖陳女宫之具,凡内羞之物",意謂到了祭祀那一天,世婦要親臨現場督察女奴陳設祭祀用具,以及種種内羞,並没說是女宫所作。或曰:孫詒讓《正義》不是說"女宫所共"嗎?答曰:那是編者没有看懂孫詒讓的話,引的是孫詒讓的半截話。完整地引用應是:孫詒讓《正義》:"内羞,皆穀物,女宫所共與庶羞(按:庶羞是肉食類美味)爲内外饔所共異,故謂之内羞,又謂之房中之羞,見《有司徹》(按:《有司徹》,即《儀禮・少牢饋食禮》的下篇)。"③孫詒讓的意思是說,女宫提供的内羞與《天官》内饔(官名,主要負責天子、王后即太子的膳食的烹調)、外饔(官名,主要負責外祭祀之割烹、招待賓客的割烹之事)所提供的庶羞來源不同(一則來自房中,一則非來自房中),所以才叫做内羞。如此而已。編者僅僅根據半截話來釋義,焉得不誤!那麽内羞是誰作的呢?筆者認爲是《天官》中的籩人、醢人所作。詳下。

再說"供祭祀用的"五字。這五個字放在《周禮・天官・世婦》書證

---

① 鄭玄注、賈公彦疏、趙伯雄整理《周禮注疏》,225頁。
② 鄭玄注、賈公彦疏、趙伯雄整理《周禮注疏》,230頁。
③ 孫詒讓撰、王文錦等點校《周禮正義》,558頁。

中倒也適合,問題是換個書證它就不適合了。換言之,它沒有做到王引之在《經傳釋詞自序》中所説的"揆之本文而協,驗之他卷而通"。《周禮·天官·籩人》和《周禮·天官·醢人》中都有這樣一句話:"爲王及后、世子共其内羞。"①這表明,除了祭祀時要用内羞外,王及王后、世子的日常膳食也要用内羞。此處的"共"字是"供給"之義,這也就表明,内羞是籩人、醢人所作。

最後討論一下"穀類食物"四字。我認爲,這四個字,並没有把"羞"字的意思表現出來。《周禮·天官·膳夫》:"掌王之食飲膳羞。"鄭玄注:"膳,牲肉也。羞,有滋味者。"《周禮·天官·庖人》:"共王之膳與其薦羞之物。"鄭玄注:"備品物曰薦,致滋味乃爲羞。"《玉篇·丑部》:"羞,滋味也。"可知"羞"有"美味"之義。原釋義没有將"美味"之義反映出來。

綜合上述,"内羞"的釋義當作"來自房中的、用糧食做的美味。又叫房中之羞"。至於誰作的? 幹什麽用? 可以省而不談。

(26)【庶羞】多種美味。《儀禮·公食大夫禮》:"上大夫庶羞二十,加於下大夫以雉、兔、鶉、鴽。"胡培翬正義引郝敬云:"肴美曰羞,品多曰庶。"(3册,1237頁)

按:釋義不確。需要增加兩個字,寫作"多種肉食美味"。知者,《周禮·天官·膳夫》:"凡王之饋,食用六穀,膳用六牲,羞用百二十品。"鄭玄注:"進物於尊者曰饋。六牲,馬、牛、羊、豕、犬、雞也。羞,出於牲及禽獸,以備滋味,謂之庶羞。"②實際上,《漢語大詞典》所用《儀禮·公食大夫禮》的書證,已經透露出這個消息。士大夫庶羞二十味,下大夫庶羞十六味,上大夫比下大夫多了四味。多了哪四味呢? 多了雉、兔、鶉、鴽。這四味就來自禽獸。之所以需要如此區分,還有一個原因,因爲禮書上還有一種内羞,也是美味,但那是用穀物製作的美味。參看"内羞"。

(27)【社屋】猶社廟。清錢謙益《跋王原吉〈梧溪集〉》:"君臣之義,雖國亡,社屋猶不忍廢。"參見"社廟"。(7册,833頁)

---

① 鄭玄注、賈公彦疏、趙伯雄整理《周禮注疏》,162、167頁。
② 鄭玄注、賈公彦疏、趙伯雄整理《周禮注疏》,94頁。

按：對於清錢謙益書證來説，這個釋義是錯誤的。竊以爲釋義應作："社屋，指戰勝之國爲被滅亡之國所立之社。屋是覆蓋之義。"知者，《說文解字》："屋，尻也。"段玉裁注："屋者，室之覆也。引申之，凡覆於上者皆曰屋。"①《禮記·郊特牲》："是故喪國之社屋之，不受天陽也。"鄭玄注："絕其陽，通其陰而已。"孔穎達疏："'故喪國之社屋之，不受天陽也'者，喪國社者，謂周立殷社也。立以爲戒，不生成。天是生法，其無生義，故屋隔之，令不受天之陽也。"②《周禮·地官·媒氏》："凡男女之陰訟，聽之於勝國之社。"鄭玄注："勝國，亡國也。亡國之社掩其上。"③"掩其上"也是覆蓋之義。

(28)【禮相】古代司贊禮之官。《禮記·內則》："觀於祭祀，納酒漿籩豆菹醢，禮相助奠。"(7冊，960頁)

按：釋義誤。此"禮相"不是"古代司贊禮之官"，而是上文"觀"的補語語。嚴格地説，尚未成詞。知者《毛詩·采蘋序》鄭箋："觀於祭祀，納酒漿籩豆菹醢，禮相助奠。"孔疏云："'禮相助奠'者，言非直觀薦獻，又觀祭祀之相佐助奠設器物也。觀之，皆爲婦當知之。此上謂所觀之事也。"④

(29)【禮書】① 古代記禮法之書。《周禮》《儀禮》等著述均屬之。《周禮·春官·大史》："戒及宿之日，與群執事讀禮書而協事。祭之日，執書以次位常。"賈公彥疏："言執書者，謂執行祭禮之書，若今儀注。"《左傳·哀公三年》："子服、景伯至，命宰人出禮書，以待命。"(7冊，962頁)

按：釋義非是。賈公彥疏已經明白無誤地指出此"禮書""若今儀注"。至於第二書證中的"禮書"，亦是"若今儀注"之義。知者，楊伯峻《春秋左傳注》注解第二書證曰："又《春官·太史》云：'戒及宿之日，與群執事讀禮書而協事。'即此之禮書也。"⑤竊以爲，此所謂"禮書"，大約是寫

---

① 許慎撰、段玉裁注《說文解字注》，400頁。
② 鄭玄注、孔穎達正義、吕友仁整理《禮記正義》，1054—1055頁。
③ 鄭玄注、賈公彥疏、趙伯雄整理《周禮注疏》，431頁。
④ 鄭玄箋、孔穎達疏、朱傑人、李慧玲整理《毛詩注疏》，上海古籍出版社，2013年，96頁。
⑤ 楊伯峻編著《春秋左傳注·哀公三年》，中華書局，1981年，1621頁。

有行禮程式、行禮位置以及應備禮品、祭品的單子。下文或簡稱"書"。拿賈公彥生活的唐代來説,據《舊唐書·經籍志》,其史部有"儀注類"一門,著録了八十四部有關儀注的書。儀注類的書,與《周禮》《儀禮》二書根本不能相提並論。從目録學來説,《周禮》《儀禮》是經部書,是聖人製作;而儀注類的書,屬於史部,其作者是一般學者。

(30)【禮飲】謂按照一定禮節宴飲群臣。《資治通鑑·晋孝武帝太元三年》:〔堅〕命整書之以爲酒戒,自是宴群臣,禮飲而已。"胡三省注:"禮,臣侍君宴,不過三爵。"(7册,963頁)

按:釋義誤。胡三省的注已經注得非常明白。釋義當作"臣侍君宴,按照禮數,不能超過三杯"。知者,《禮記·玉藻》:"君子之飲酒也,受一爵而色灑如也,二爵而言言斯,禮已三爵而油油以退。"鄭玄注:"禮,飲過三爵,則敬殺,可以去矣。"孔穎達疏:"'禮已三爵而油油'者,言侍君小燕之禮,唯己止三爵,顔色和說而油油説敬。故《春秋左氏傳》云:'臣侍君宴,過三爵,非禮也。'"①另外,書證略晚。《册府元龜》卷五二三:"李景伯景龍中爲諫議大夫。中宗嘗與宰臣、貴戚内宴,酒酣,遽唱迴波樂,甚喧雜失禮。次至景伯,歌曰:'迴波爾時酒巵,微臣職在箴規。禮飲只合三爵,君臣雜混非宜。'席爲之散,時人稱之。"②

---

① 鄭玄注、孔穎達正義、吕友仁整理《禮記正義》,1196頁。
② 王欽若等編《宋本册府元龜》,中華書局,1989年,1373頁。

## 讀經管見

# 學者不讀經恐怕不行
―― 兼論經學的幽靈遍及四部典籍

　　我這裏所說的學者,主要是指從事人文學科研究的學者。他們或供職于高校,或服務于研究機構。竊以爲,學者掌握的知識越多越好,沒有上限。但學者却有一個共同的下限(或曰底線)不能突破,這條底線就是不能誤人子弟。現在的問題是,我們已經突破了這條底線還不自覺,甚至還在沾沾自喜。這種情況,令人憂心。長此下去,不知伊於胡底。筆者自知人微言輕,但也顧不了許多,就拈出這個題目來作。不是危言聳聽,而是實話實說,希望引起大家注意,歡迎大家批評。

　　寫這篇文字,心裏醖釀已久。某日,我對一個朋友說:"我想寫一篇題爲《學者不讀經恐怕不行》的文章,你看行不行?"朋友說:"你要拿出證據。"我隨即回答:"是的,我將撰寫三篇文字,指出三種權威著作在經學上的失誤。"朋友問:"哪三種?"我說:"王力先生主編《古代漢語》,一也;《二十四史》校點本,二也;《漢語大詞典》,三也。"朋友頷首,曰:"諾,吾子勉之!"這三篇文字現在已經呈現在讀者諸君面前，衷心希望得到讀者諸君不客氣的批評。

需要指出的是，這三種權威著作的失誤，並非是在某些老大難問題上有所失誤，而基本上都是常識層面的失誤。究其原因，蓋忽略了經學。該看的經書，或者是看了而沒有看懂，或者是根本沒看，甚至壓根就沒有想到與經學有關聯。試想，權威著作尚且如此，區區吾輩，等而下之者，又當如何？

證據有了，轉念一想，光有證據恐怕還不行，還有一些認識上的問題需要澄清。譬如說，胡適寫過一篇《我們今日還不配讀經》，真相究竟如何？還有，一些口口聲聲反對讀經的學者，即令如願以償，實際上你真能擺脫經學嗎？等等。這需要講道理。筆者竊不自揆，謹略述管見，歡迎批評。

胡適在 1935 年 4 月 14 日《獨立評論》第 146 號上發表《我們今日還不配讀經》，影響很大。今摘其要如下：

　　王國維先生說："《詩》《書》爲人人誦習之書，然於六藝中最難讀。以弟之愚暗，於《書》所不能解者殆十之五；於《詩》，亦十之一二。此非獨弟所不能解也，漢魏以來諸大師未嘗不強爲之說，然其說終不可通，以是知先儒亦不能解也。"（《觀堂集林》卷一《與友人論〈詩〉〈書〉中成語書》）

這是新經學開宗明義的宣言，說話的人是近代一個學問最博而方法最縝密的大師，所以說的話最有分寸，最有斤兩。科學的起點在於求知，而求知的動機必須出於誠懇的承認自己知識的缺乏。古經學所以不曾走上科學的路，完全由於漢、魏以來諸大師都不肯承認古經的難懂，都要"強爲之說"。南宋以後，人人認朱子、蔡沈的《集注》爲集古今大成的定論，所以經學更荒蕪了。顧炎武以下，少數學者走上了聲音文字訓詁的道路，稍稍能補救宋明經學的臆解的空疏。然而他們也還不肯公然承認他們只能懂得古經的一部分，他們往往不肯拋棄注釋全經的野心。淺識的人，在一個過度迷信清代樸學的空氣裏，也就紛紛道聽塗說，以爲經過了三百年清儒的整理，五經應該可以沒有疑問了。誰料到這三百年的末了，王國維先生公開揭穿了這張黑幕，老實的承認，《詩經》他不懂的有十之一二，

《尚書》他不懂的有十之五。王國維尚且如此說，我們不可以請今日妄談讀經的諸公細細想想嗎？①

筆者算是胡適此文發表八十年後的"妄談讀經的諸公"之一，勢不得不辨。陳垣先生說過："讀書不統觀首尾，不可妄下批評。"②胡適上述這番話，正坐此病。何者？胡適只看了王國維這篇書信的開頭，後邊的全然沒看，就匆匆忙忙下結論。而王國維這篇書信，用的是"先抑後揚"的筆法。先坦白承認《詩》《書》成語的難讀，接著就提出了變難讀爲易懂的三種方法。

第一種方法，"其成語之數數見者，得比校之而求其相沿之意義，否則不能贊一辭。若合其中之單語解之，未有不齟齬者"。③ 王國維舉了兩個例子，此略。

第二種方法，"古之成語，有可由《詩》《書》之本文比校知之者，如高郵王氏之釋《書》'猷裕'、《詩》'靡鹽'，瑞安孫氏之釋《書》'棐忱''棐彝'、《詩》'不殄''不瑕'，皆是也"。④ 王國維舉了六個例子，此略。

第三種方法，"其餘《詩》《書》中語，不經見於本書，而旁見彝器者，亦得比校而定其意義"。⑤ 王國維舉了十一個例子，此略。

由此看來，王國維寫《與友人論〈詩〉〈書〉中成語書》的用意，重點在後邊，不在開頭，不是要叫人畏難不前，而是鼓勵人們知難而進。有困難，但也有解決困難的辦法，《孟子》所謂"大匠誨人，必以規矩"是也。⑥ 此其須辨者一。

胡適說："古經學所以不曾走上科學的路，完全由於漢、魏以來諸大師都不肯承認古經的難懂，都要'強爲之說'。"這話也不夠實事求是。姑以鄭玄爲例，張舜徽《鄭學叢著》中有《鄭氏經注釋例》一文，《釋例》的第十

---

① 歐陽哲生編《胡適文集》，北京大學出版社，1998年，第五冊，440—441頁。
② 陳智超《陳垣史源學雜文·前言》，人民出版社，1980年，5頁。
③ 王國維著、彭林整理《觀堂集林·與友人論〈詩〉〈書〉中成語書》，河北教育出版社，2003年，32頁。
④ 王國維著、彭林整理《觀堂集林·與友人論〈詩〉〈書〉中成語書》，33—34頁。
⑤ 王國維著、彭林整理《觀堂集林·與友人論〈詩〉〈書〉中成語書》，34—35頁。
⑥ 《十三經注疏》，中華書局影印本，1980年，2754頁。

五條就是"闕疑例"："多聞闕疑,昔賢所尚。鄭氏注書,於所不知,輒云未聞。"①再拿"五經無雙"的許慎來説,他的《説文解字序》的最後一句是："其于所不知,蓋闕如也。"②何嘗"都要強爲之説"？胡適可能一時忘了,儒家鼻祖孔子就是一個實事求是的人,他説："知之爲知之,不知爲不知也。"又説："君子於其所不知,蓋闕如也。"又説："吾猶及史之闕文也,今亡矣夫！"這幾句話,人所共知。就連朱熹這樣的大學者,在《別本韓文考異》的《河南少尹李公墓誌銘》一文中也老老實實承認："贓,或作臧,古通用。然不知此句當如何讀。若'贓'字屬上句,即下文減賦別爲一事；若屬下句,即是以所没入之臧代民賦錢也。但屬上句者,語意差澀耳。"③讀來令人油然起敬,何"都要強爲之説"之有？此其須辨者二。

在求知的道路上,我們每個人都會遇到難讀的、不懂的東西,這既是經常情況,也是正常情況。如果我們每遇到難讀的、不懂的東西,就繞道走,知難而退,我們的知識如何長進呢？豈不辜負了"學者"之名！甲骨文的難讀、難懂,不亞於經書。據朱鳳翰《近百年來的殷墟甲骨文研究》："經過近一個世紀的幾代甲骨學者的持續鑽研,迄今已發現的 5 000 餘個殷墟甲骨文字中,已有 1 000 多個字被識出,且獲公認。"（見《歷史研究》1997 年第 1 期）這就是説,獲得公認的僅 1 000 餘字,僅占已發現字數的大約五分之一,這比起"半懂半不懂"的六經來,更是等而下之。試問,我們是不是就因此也不配談甲骨文？讀書的目的本來就在於變不懂爲懂,變不知爲知,"不配"論似乎與此宗旨有悖。

再説,那些口口聲聲反對讀經的諸公,即令如你所願,你真能能擺脱經學嗎？恐怕是一廂情願而已。何者？按照傳統的目錄學分類,古書分爲經史子集四大部類。經學存在於經部書中,這是題中應有之義,不成問題,你不想讀就不讀好了。問題在於,史部、子部、集部書中有没有經學呢？答曰：有！不但有,而且很不少。舉例來説,史部書中,以《二十四

---

① 張舜徽《鄭學叢著》,華中師範大學出版社,2005 年,90 頁。
② 許慎撰、段玉裁注《説文解字注》,上海古籍出版社,1981 年,765 頁。
③ 朱熹《別本韓文考異》,影印文淵閣《四庫全書》本,1073 册,566 頁。

史》爲例,《史記》中的《五帝本紀》《夏本紀》《殷本紀》《周本紀》,都徵引了不少《尚書》的内容;其《孔子世家》又徵引了許多《論語》的内容。《漢書》,其《地理志》全文徵引了《尚書·禹貢》。《二十四史》中的《禮志》《樂志》《儀衛志》《輿服志》等,其中明引、暗引經書的情况極多。諸如此類,你能繞得過去嗎？子部書中,例如,宋代學者王應麟《困學紀聞》二十卷,其中講經學的有八卷;清代顧炎武《日知録》三十一卷,其中講經學的占七卷。集部書中,姑以若干清人文集的名稱爲例,從中不難覘知作者的志趣。盧文弨《抱經堂文集》三十四卷,段玉裁《經韻樓集》十二卷,徐元文《含經堂集》三十卷,謝啓昆《樹經堂文集》四卷,阮元《揅經室集》五十七卷,凌廷堪《校禮堂文集》三十六卷,鄭珍《巢經巢文集》六卷,蔣湘南《七經樓文鈔》,龍啓瑞《經德堂文集》六卷,戴鈞衡《味經山館文鈔》四卷。總而言之,史部書、子部書、集部書中也含有大量或明或暗的經學内容。無怪乎劉勰《文心雕龍·宗經》説:"經也者,恒久之至道,不刊之鴻教也。自夫子删述,而大寶咸耀。於是《易》張十翼,《書》標七觀,《詩》列四始,《禮》正五經,《春秋》五例。故論説辭序,則《易》統其首。詔策章奏,則《書》發其源。賦頌歌讚,則《詩》立其本。銘誄箴祝,則《禮》總其端。紀傳銘檄,則《春秋》爲根。"①意謂經學的幽靈遍及四部,幾乎無處不在。竊以爲劉勰的這段話是實話實説,並非大言唬人。對於我們這一代人來説,生活在整個學術界與經學已經隔膜了百年之後,是個警示:經學的幽靈在全部古代文獻中遊蕩,你看不到它,它却看到了你。許多作品,從字面上來看與經學似乎毫不搭界,實際上經學的幽靈就隱藏在文字背後。你想擺脱它,辦不到！無徵不信,請試舉五例(王力《古代漢語》二例,《二十四史》二例,《孔雀東南飛》長詩一例)以明之。

例(1)王力《古代漢語·古代文化常識三》:"古代帝王、諸侯、卿大夫、高官大臣等死後,朝廷根據他們的生平行爲給予一種稱號以褒貶善惡,稱爲謚或謚號。據説謚號是死者生前事迹和品德的概括,其實,這往

---

① 劉勰著、范文瀾注《文心雕龍注》,人民文學出版社,1958年,21—22頁。

往是虛僞的,不符合事實的。但是一個人有了謚,就等於在名字之外又多了一個别名了。"①

按:説古代諸侯、卿大夫、高官大臣死後的謚號是朝廷給的,没有錯。唯有帝王死後的謚號,不能這樣説。那麽是誰給的？答曰:是天給的。準確地説,是假借天的名義給的。知者,《禮記·曾子問》曰:"賤不誄貴,幼不誄長,禮也。"鄭玄注:"誄,累也,累列生時行迹,讀之以作謚。謚當由尊者成。"《曾子問》又曰:"唯天子稱天以誄之。"鄭玄注:"以其無尊焉。《春秋公羊》説以爲讀誄制謚於南郊,若云受之于天然。"孔穎達疏:"'唯天子稱天以誄之'者,諸侯及大夫,其上猶有尊者爲之作謚。其天子,則更無尊于天子者,故唯爲天子作謚之時,於南郊告天,示若有天命然,不敢自專也。"②這就是"唯天子稱天以誄之"的理論根據。《論語》上説"天何言哉"！天是不會説話的,不難看出,這實際上是一場君權神授的表演而已。

《白虎通義·謚》:"天子崩,臣下至南郊謚之者何？以爲人臣之義,莫不欲襃大其君,掩惡揚善者也,故之南郊,明不得欺天也。故《曾子問》:'孔子曰:天子崩,臣下之南郊告謚之。'"③按《後漢書·儒林傳序》:"建初中,大會諸儒于白虎觀,考詳同異,連月乃罷。肅宗親臨稱制,如石渠故事,顧命史臣,著爲《通義》。"李賢注:"即《白虎通義》是。"④白虎觀會議,是一次經學會議,會議由漢章帝親自主持並對所討論的經學問題作出最後的决斷。這就是説,《白虎通義》是皇帝欽定之書。具體地説,拿"天子崩,臣下至南郊謚之"這一條來説,已經從經書的條文,變成了皇帝認可的成規。

南朝梁劉勰《文心雕龍·誄碑》:"周世盛德,有銘誄之文。……誄者,累也,累其德行,旌之不朽也。夏商已前,其詳靡聞。周雖有誄,未被于士。又賤不誄貴,幼不誄長。在萬乘則稱天以誄之。"⑤這説明,天子誄

---

① 王力主編《古代漢語》(校訂重排本),中華書局,1999年,975頁。
② 鄭玄注、孔穎達正義、吕友仁整理《禮記正義》,796頁。
③ 陳立撰,吴則虞點校《白虎通疏證》,中華書局,1994年,72頁。
④ 范曄撰、李賢等注《後漢書》,中華書局,1973年,2546頁。
⑤ 劉勰著、范文瀾注《文心雕龍注》,212頁。

文（即謚議）如何寫，已經是一種獨立的文體。

下面，我們以宋代爲例，看看宋代皇帝死後的謚號是怎樣"稱天以誅之"的。

《宋史》卷一二二："嘉祐八年三月晦日，仁宗崩，英宗立。七月，宰臣以下宿尚書省，宗室團練使以上宿都亭驛，請謚於南郊。治平四年正月八日，英宗崩，神宗即位。四月三日，請謚（按：據上下文，此處疑脱"於南郊"三字）。元豐八年三月五日，神宗崩。七月五日，請謚於南郊。紹興五年四月甲子，徽宗崩于五國城。七年正月，問安使何蘚等還以聞。六月，張浚請謚於南郊。紹興三十一年五月，金國使至，以欽宗訃聞。七月，宰臣陳康伯等率百官詣南郊請謚，廟號欽宗。"①《宋史·理宗紀》："嘉定十七年閏月丁酉，寧宗崩于福寧殿。十二月辛酉，請大行皇帝謚號于南郊，謚曰'仁文哲武恭孝皇帝'，廟號曰寧宗。"②

附帶説一下，《漢語大詞典》"謚號"的釋義是："古人死後依其生前行迹而爲之所立的稱號。帝王的謚號一般由禮官議上；臣下的謚號由朝廷賜予。"（第 11 卷 387 頁）通過上文的論證，可知"帝王的謚號一般由禮官議上"的説法也是錯誤的。

例（2）王力《古代漢語》文選選了柳宗元《答韋中立論師道書》一文，其中有云："抑又聞之，古者重冠禮，將以責成人之道〔一〕，是聖人所尤用心者也〔二〕。"

注釋〔一〕責：要求。

〔二〕尤：最。③

吕按：注釋者可能壓根就没有想到，柳宗元"抑又聞之"下邊的話，都是來自《禮記·冠義》。"古者重冠禮"就是《冠義》的"是故古者重冠"；"將以責成人之道"就是《冠義》的"已冠而字之，成人之道也"；"是聖人所

---

① 以上宋代諸帝請謚南郊的記載，分別見於中華書局校點本《宋史》之 2853 頁、2854 頁、2854 頁、2857—2859 頁、2860 頁。
② 脱脱等《宋史》，中華書局，1977 年，784 頁。
③ 王力主編《古代漢語》（校訂重排本），1039 頁。

尤用心者也"就是《冠義》的"是故古者聖王重冠"。此處是引用其意，俞樾《古書疑義舉例・古人引書每有增減例》所謂"此皆略其文而用其意"是也。① 由於注釋者不知道柳文的出處，所以注釋也沒有注到點子上。鄙意注釋的重點有二：第一，爲什麽"古者重冠禮"？第二，何謂"成人之道"？尤其是後者。對這兩個問題，《冠義》都有答案。爲節省篇幅，這裏只談何謂"成人之道"？《冠義》云："成人之者，將責成人禮焉也。責成人禮焉者，將責爲人子、爲人弟、爲人臣、爲人少者之禮行焉。"②換言之，所謂成人之道，就是要求加冠者從此懂得什麽是家庭中的爲子之道、爲弟之道，社會上的爲臣之道、爲幼之道，并履行相應的義務。

例（3）《舊唐書・輿服志》："《武德令》，皇后服有褘衣、鞠衣、鈿釵禮衣三等。……鈿釵禮衣，十二鈿，服通用雜色，制與上同，唯無雉及珮綬，宴見賓客則服之。"③

按：皇后之服的第三種"鈿釵禮衣"，《唐六典》卷四、《大唐開元禮》卷三、《通典》卷六十二《后妃命婦首飾制度》《唐會要》卷三十一《裘冕》皆與之同，④唯校點本《新唐書》卷二四《車服志》作"鈿釵襢衣"⑤。"禮"與"襢"，一字之差，孰是？按：此皇后服制，源出《周禮・天官・内司服》："内司服掌王后之六服，褘衣、揄狄、闕狄、鞠衣、展衣、緣衣。"鄭玄注："褘衣畫翬者，揄翟畫摇者，闕翟刻而不畫，此三者皆祭服。從王祭先王則服褘衣，祭先公則服揄翟，祭群小祀則服闕翟。鞠衣，黄桑服也，色如鞠塵，象桑葉始生。展衣，以禮見王及賓客之服。字當爲'襢'，襢之言亶，亶，誠也。"⑥孫詒讓《周禮正義・内司服》亦云："《喪大記》之襢衣，即此展衣。"⑦據《内司服》經文及鄭玄注、孫詒讓《正義》，《新唐書》作"襢"是，而

---

① 俞樾《古書疑義舉例》，中華書局，1956年，46頁。
② 鄭玄注、孔穎達正義、吕友仁整理《禮記正義》，2270頁。
③ 劉昫等《舊唐書》，中華書局，1975年，1955頁。
④ 分別見《唐六典》，影印《文淵閣四庫全書》本，545册，44頁；《大唐開元禮》，影印《文淵閣四庫全書》本，646册，60頁；杜佑撰、王文錦等點校《通典》，中華書局，1988年，174頁；《唐會要》，影印《文淵閣四庫全書》本，606册，421頁。
⑤ 歐陽修、宋祁《新唐書》，中華書局，1975，516—517頁。
⑥ 鄭玄注、賈公彦疏、彭林整理《周禮注疏》，上海古籍出版社，2010年，277—278頁。
⑦ 孫詒讓撰、王文錦等點校《周禮正義》，中華書局，1987年，578頁。

《唐六典》《大唐開元禮》《通典》《舊唐書》及《唐會要》作"禮"者，蓋形近致誤。不寧唯是，宋代的兩種史籍亦因之而誤。例如，《太常因革禮》卷二五《輿服》五："《國朝會要》：皇后之服，唐制有三等：一曰褘衣，朝會服之；二曰鞠衣，親蠶服之；三曰禮衣，宴見服之。皇朝存其名，常服龍鳳珠翠冠霞帔。"①《宋史·輿服三》："后妃之服，一曰褘衣，二曰朱衣，三曰禮衣，四月鞠衣。"②兩書中之"禮衣"，皆當作"襢衣"。

例(4)《文史》2016年第3輯發表馮茜《〈宋史·禮志·宗廟之制〉補正九則》一文，其第九則云：元豐六年六月，孝惠、孝章、淑德、章懷四后升祔，準章獻明肅、章懿二后，升祔禮畢，遍享太廟，止行升祔享禮及祭七祀，權罷孟冬薦享，仍以配繼先後爲序。（第2575頁第8—9行）③

作者馮茜按：四后升祔之日，《輯稿》禮一〇之九載在元豐六年七月十二日，"升祔孝惠、孝章、淑德、章懷皇后于太廟。"《輯稿》禮一七之三三又記："六年六月一日，太常寺言：'孝惠、孝章、淑德、章懷四后升祔，欲準慶曆五年孟冬章獻肅明皇后，升祔禮畢，遍嚮太廟。故事，其孟秋薦饗，伏乞權罷，從之。'"《辨證》言《輯稿》又有尚書禮部、太常寺於元豐六年六月二十五日上奏，並於七月十二日行升祔之禮，時間與《長編》等不同，附此待考。按：四后升祔時間在七月十二日，諸書記載均同，並無矛盾，唯《宋志》裁剪不妥，易致疑惑。又《辨證》將元豐六年"三月二十五日"誤爲"六月二十五日"，此爲詳定禮文所首議升祔四后的時間，而非尚書禮部、太常寺上奏之日。今據相關史料，條理四后升祔禮議日程如下。

元豐六年三月二十五日　三省奏上詳定禮文所言，建議升祔四后於太廟，於是命有司詳議典禮。見《輯稿》禮一五之五一，又《長編》元豐六年（1083）三月庚子（二十五日）條同。

六月一日　太常寺進奏四后升祔之禮，準章獻肅明皇后，升祔禮畢，遍饗太廟，權停孟秋薦饗。見《輯稿》禮一七之三三、《長編》元豐六年六

---

① 歐陽修等《太常因革禮》，《續修四庫全書》本，821冊，444頁。
② 脫脫等《宋史》，3534頁。
③ 此括注頁碼爲中華書局校點本《宋史》頁碼。

月乙巳朔條。

閏六月三日　太常寺言："四后升祔，三室内當增四祔室，與后室同制。"《長編》元豐六年閏六月丁丑條。

閏六月十一日　太常寺奏四后升祔，遣重臣行事，並比親祠太廟用竹册。《長編》元豐六年閏六月乙酉條。

七月十二日　四后升祔。《輯稿》禮一〇之九、一五之五一，《長編》元豐六年七月乙卯條，《文昌雜録》卷四同。

據《輯稿》《長編》記六月一日太常寺奏，權停孟秋薦饗，且四后升祔在七月孟秋之月，故《宋志》"孟冬"當爲"孟秋"之誤。

吕按：竊以爲馮先生没有完全看懂此節《宋志》，反怪罪"《宋志》裁剪不妥，易致疑惑"，并得出錯誤結論：《宋志》"孟冬"當爲"孟秋"之誤。馮先生用了六七百字來論證升祔的時間，把解開此節之謎的鑰匙完全放在升祔的時間上，以爲既然是"七月十二日行升祔之禮"，七月又是孟秋之月，依此推理，自然應是"權停孟秋薦饗"。但是，馮先生忽略了《宋志》中的"遍享太廟"四字，而此四字才是解開志文究竟是"孟冬"還是"孟秋"的鑰匙。七月升祔，這没有錯。問題是，雖然七月"升祔禮畢"，但還没有舉行"遍享太廟"之禮。而饗太廟之禮在什麽時候舉行呢？綜觀《宋史》本紀，神宗以前，都是在十一月，即孟冬薦饗之後。例如，真宗咸平二年十一月乙酉饗太廟，真宗天禧三年十一月庚午饗太廟，仁宗天聖二年十一月丙申饗太廟，仁宗皇祐五年十一月戊辰饗太廟，英宗治平二年十一月辛未饗太廟，神宗熙寧元年十一月丙戌朝饗太廟。既然饗太廟是在十一月，由於孟冬薦饗與饗太廟都是薦饗祖宗的祭祀，但二者在時間上銜接太緊。《禮記·祭義》："祭不欲數（音 shuò），數則煩，煩則不敬。"①意思是説，祭祀神靈雖然是件好事，但也要講究適度，不能過於頻繁。如果過於頻繁，神也討厭，實際上就成了對神的不敬。宋人明白這個道理，於是就省去了緊挨著的孟冬薦饗（孟冬薦饗没有饗太廟重要）。究竟是不是這樣呢？讓我

---

① 鄭玄注、孔穎達正義、吕友仁整理《禮記正義》，1806 頁。

們看看文獻上的例子。《尚書·說命中》:"黷于祭祀,時謂弗欽。"孔傳:"祭不欲數,數則黷,黷則不敬。高宗之祀特豐數近廟,故説因以戒之。"孔穎達疏:"'祭不欲數,數則黷,黷則不敬',《禮記·祭義》文也。"①《金史·禮志四》:"大定三年,有司言:'每歲太廟五享,若復薦新,似涉繁數。擬遇時享之月,以所薦物附于籩豆薦之,以合古者"祭不欲數"之義。'制可。"②説到這裏,我們該明白了,《宋志》不誤,校點本《長編》也不誤(馮先生把校點本《長編》當作與《宋志》不同的例子來徵引,非是。可覆按也),誤的是《宋會要輯稿》。馮先生以不誤爲誤的主要原因,就是只在幾條史料上比來比去,没有抓住問題的關鍵,不知道《宋志》這段文字的背後隱藏著經學的幽靈。

例(5)《孔雀東南飛》一詩,感動了不知多少古今國人。詩中女主人公劉蘭芝的藝術形象是那樣的可愛,這個藝術形象是根據什麽來塑造的?劉蘭芝與男主角焦仲卿相親相愛,爲什麽必須分手,造成這種悲劇的原因何在? 討論這兩個問題的文章,連篇累牘,不下千篇。遺憾的是,上千篇的研究文章,可以聯繫到外國,而聯繫到經學的文章則微乎其微。職此之故,始終不得其解。竊以爲,劉蘭芝這個藝術形象塑造的依據,劉、焦必須分手的原因,都可以在《禮記》中找到答案。真可謂"成也《禮記》,敗也《禮記》"!

先説劉蘭芝這個藝術形象的塑造。我們不是覺得蘭芝勤勞、善良、美麗嗎,所謂"勤勞、善良、美麗"是我們現代人使用的辭藻和衡量標準,古人並不使用。古人使用的辭藻和衡量標準是"三從四德"的四德。《禮記·昏義》:"是以古者婦人先嫁三月,教以婦德、婦言、婦容、婦功。"③這裏所説的"先嫁三月",就是出嫁之前的三個月,由女師集中時間給未來的新娘施以"婦德、婦言、婦容、婦功"的教育。這個"婦德、婦言、婦容、婦功"就是四德,也就是衡量婦女是否達標的標準。鄭玄注釋"四德"説:"婦德,

---

① 孔安國傳、孔穎達疏、廖名春等整理《尚書正義》,北京大學出版社,2000年,299頁。
② 脱脱等《金史》,中華書局,1975年,761頁。
③ 鄭玄注、孔穎達正義、吕友仁整理《禮記正義》,2280頁。

貞順也。婦言,辭令也。婦容,婉娩也。婦功,絲麻也。"①我的理解,所謂"貞順",主要是温馴聽話;所謂"婦言",不是説巧言花語,天花亂墜,而是當説則説,不當説則不説,不文不火,分寸適度;所謂"婦容",主要是指服飾鮮潔,容貌端莊,不一定非得是美麗漂亮不可;所謂"婦工",主要是指會紡綫織布。對照《孔雀東南飛》的描寫,我們認爲,蘭芝完全符合"四德"的標準。

先説"婦德"。請看,"奉事循公姥,進止敢自專?"這不就是"婦德"嗎。還有"十五彈箜篌,十六誦《詩》《書》""十五彈箜篌,十六知禮儀",請注意,"十五彈箜篌",字面意思是會彈箜篌,實際上是説蘭芝十五歲時已經接受了《樂》的教育。同理,"十六知禮儀",是表示蘭芝十六歲時已經接受了《禮》的教育。總而言之,蘭芝是十七歲時出嫁的,蘭芝在出嫁前已經完成了《禮》《樂》《詩》《書》的教育。《禮記·王制》:"樂正崇四術,立四教,順先王《詩》《書》《禮》《樂》以造士。春秋教以《禮》《樂》,冬夏教以《詩》《書》。"②樂正是主抓教育的官員,四術就是指《詩》《書》《禮》《樂》這四門必修課程。蘭芝是個女性,她所受的婚前教育已經接近達到了男性的標準。這很不簡單。接受《詩》《書》《禮》《樂》的教育對受教育者的品行會帶來什麽樣的影響呢?《禮記·經解》説:"孔子曰:'入其國,其教可知也。'其爲人也:温柔敦厚,《詩》教也;疏通知遠,《書》教也;廣博易良,《樂》教也;恭儉莊敬,《禮》教也。"③可以説,蘭芝在婦德方面已經達到了無可挑剔的地步。

次説"婦言"。我們知道,"十六誦《詩》《書》",蘭芝是接受過《詩經》教育的。《論語·季氏》:"子曰:不學《詩》,無以言。"④意思是説,不學《詩經》,就不會講話。《漢書·藝文志·諸子略》:"從橫家者流,蓋出於行人之官。孔子曰:'誦《詩》三百,使于四方,不能專對,雖多亦奚以爲!'"⑤這

---

① 鄭玄注、孔穎達正義、吕友仁整理《禮記正義》,2280頁。
② 鄭玄注、孔穎達正義、吕友仁整理《禮記正義》,546頁。
③ 鄭玄注、孔穎達正義、吕友仁整理《禮記正義》,1903頁。
④ 《十三經注疏》,中華書局,2522頁。
⑤ 班固《漢書》,中華書局,1962年,1740頁。

説明學習過《詩經》的人，其講話像外交官似的，總是很得體的。再看蘭芝拜別婆母的一段話："上堂拜阿母，阿母怒不止。'昔作女兒時，生小出野里，本自無教訓，兼愧貴家子。受母錢帛多，不堪母驅使。今日還家去，念母勞家裏。'"儘管蘭芝明知她的無端被休是婆母使然，滿腹委屈，但她在離開焦家之前還是恪盡婦道，上堂拜別。而且在拜別之時，在焦母絲毫不假顏色的情況下，蘭芝仍然是嚴於自責，沒有説一句怨天尤人的話。試想，在情斷義絶之時尚能吐言得體如此，則平時可知。《禮記‧坊記》："子云：'善則稱人，過則稱己。'"①蘭芝是不折不扣地做到了。

次説"婦容"。詩中有一段關於蘭芝裝束姿態的描寫："雞鳴外欲曙，新婦起嚴妝。著我繡夾裙，事事四五通。足下躡絲履，頭上玳瑁光。腰若（按《玉臺新詠考異》云："疑'若'字當作'著'字。"有道理）流紈素，耳著明月璫。指如削葱根，口如含珠丹。纖纖作細步，精妙世無雙。"據此，應該説蘭芝在婦容方面也是無可挑剔的。

最後説"婦工"。詩的開頭説："十三能織素，十四學裁衣。……雞鳴入機織，夜夜不得息。"下文通過蘭芝母親的口又説："十三教汝織，十四能裁衣。"據此，應該説蘭芝在婦工方面也是無可挑剔的。

至此，我們可以説，蘭芝在"婦德、婦言、婦容、婦工"四德方面，都是無可挑剔的，是一個完美的女性。

那麽，一個如此完美的女性爲什麽又被驅遣回娘家了呢？據潘朝禄、車光斌《也談焦仲卿與劉蘭芝悲劇的原因》②一文所説，有下列五種説法：

（1）無子説。謂劉蘭芝不會生育。

（2）越禮説。劉蘭芝没有禮節。

（3）情愛説。劉、焦彼此相愛，爲婆母所不容。

（4）守舊説。落後的封建守舊心理。

（5）門第説。兩家的婚姻是門不當户不對。

筆者認爲，這五點都没有説到點子上。答案還要從《禮記》中去尋找。

---

① 鄭玄注、孔穎達正義、吕友仁整理《禮記正義》，1964 頁。
② 載《文史知識》1990 年第 6 期，123—127 頁。

首先,人爲什麽要結婚?古今觀念截然不同。《禮記·昏義》:"昏禮者,將合二姓之好,上以事宗廟,而下以繼後世也。"①上古同姓不婚,所以這裏説"將合二姓之好"。後代姓氏混亂,不再講究,一般來説,只要兩家不是近親就行。可見結婚的動機和目的並不是什麼講究男女之間的愛情,而是兩個不同的家族的結親,目的是接續香火,傳宗接代。而接續香火、傳宗接代是一種新陳代謝行爲,它意味着新的誕生,老的死去。所以《禮記·郊特牲》説:"昏禮不用樂,幽陰之義也。昏禮不賀,人之序也。"鄭玄注:"序猶代也。"②代者,兒子將接替父親也。《禮記·曾子問》説:"取婦之家,三日不舉樂,思嗣親也。"③昏禮預示著兒子要接父親的班,其事雖有可喜,也不無可悲。想到這一層,就"不用樂""不賀",這和後代的吹吹打打、鞭炮大作、賓客盈門,大異其趣。

其次,"三從四德"中的三從,是束縛婦女的三道緊箍咒。《禮記·郊特牲》説:"婦人,從人者也:幼從父兄,嫁從夫,夫死從子。"④這就是"三從"。蘭芝在被驅遣回娘家以後,並沒有可能取得任何自由,她的未來,她的一切,仍然是掌握在父兄手裏。蘭芝很清楚這一點,所以她在分手之際對焦仲卿所説的:"我有親父兄,性行暴如雷,恐不任我意,逆以煎我懷。"就是一種完全正確的預感。她不可能挣脱"從父兄"的繩索。果不其然,請看詩中的記述:"阿兄得聞之,悵然心中煩,舉言謂阿妹:'作計何不量!先嫁得府吏,後嫁得郎君,否泰如天地,足以榮汝身。不嫁義郎體,其往欲何云?'蘭芝仰頭答:'理實如兄言。謝家事夫婿,中道還兄門。處分適兄意,那得自任專!'"

最後,媳婦的好壞去留,誰説了算?焦仲卿對蘭芝顯然是很滿意的:"府吏長跪告:'伏惟啓阿母,今若遣此婦,終老不復取!'"但換來的却是焦母的一頓痛斥:"阿母得聞之,槌床便大怒:小子無所畏,何敢助婦語!

---

① 鄭玄注、孔穎達正義、吕友仁整理《禮記正義》,2274 頁。
② 鄭玄注、孔穎達正義、吕友仁整理《禮記正義》,1093 頁。
③ 鄭玄注、孔穎達正義、吕友仁整理《禮記正義》,771 頁。
④ 鄭玄注、孔穎達正義、吕友仁整理《禮記正義》,1092 頁。

吾已失恩義,會不相從許!"焦母根本不把兒子的哀求放在眼裏。爲什麽?因爲《禮記·內則》上説得明明白白:"子甚宜其妻,父母不説(悦),出;子不宜其妻,父母曰:'是善事我。'子行夫婦之禮焉,没身不衰。"①(大意是:兒子認爲和妻子很合得來,但是父母不喜歡這個兒媳婦,就應該休掉。兒子認爲和妻子很合不來,但是父母説:"這個媳婦很會伺候我們。"兒子就得和她保持夫妻關係,白頭到老)可知媳婦的好壞和去留,全憑父母的旨意,兒子是没有半點發言權的。

至此,我們可以説,造成這場愛情悲劇的,前臺的人物有焦母,有蘭芝的父兄。而焦母和蘭芝父兄只不過是在前臺表演罷了,他們表演所依據的的劇本就是《禮記》。

以上論證,證明了本文開頭所説的"劉蘭芝這個藝術形象塑造的依據,劉、焦必須分手的原因,都可以在《禮記》中找到答案。真可謂'成也《禮記》,敗也《禮記》'",並非虚語。而經學的幽靈遍及四部典籍,吾於此又得一證也。

以上五例提醒我們,從事文學、歷史學研究與教學,如果無視經學幽靈的普遍存在,就要付出代價。小而言之,作繭自縛;大而言之,誤人子弟。

---

① 鄭玄注、孔穎達正義、吕友仁整理《禮記正義》,1127頁。

# 後　　記

　　光陰荏苒，倏忽已届八旬之年。一日心血來潮，欲將三十多年來所寫文字輯爲兩書，一曰《訓詁識小録》，一曰《讀經識小録》，亦敝帚自珍之義也。一介書生，談何容易！某日，乃訴衷曲於我校副校長陳廣文教授。孰料陳廣文副校長一口應允，表示全力支持。余復將此奢望訴之文學院院長李永賢教授，訴之社科處的幾位領導，均獲滿意答覆。按照慣例，申報學術專著出版資助，每年限一人一本，而友仁一年兩本，是破例也。

　　有了學校的支持，心裏有了底，於是給上海古籍出版社總編輯吕健先生寫信聯繫，説知就裏。吕健先生回信極快，一則對拙書之學術價值表示嘉許，二則處處爲作者着想，爲出好書着想，多方給予提醒、關照，恰如老友一般。簽訂出版合同以後，由於我對今日的財務手續之繁一無所知，經歷頗多波折，鬱鬱不樂。具體負責拙作出版的歷史編輯室主任吕瑞鋒先生知之，再三勸慰，讓我不要介意，也是恰如老友一般。七月初，兩部書稿的清樣先後寄來了。伏案讀之，拾遺補闕，惠我多矣，非有高度敬業精神之責編不能爲也。

　　凡此種種，令人心暖，令人感動。友仁何幸！藉此機會，由衷地對諸位説一聲"謝謝"！

　　　　河南師範大學文學院吕友仁，2017年7月22日，星期六，時值大暑

**圖書在版編目（CIP）數據**

讀經識小録／吕友仁著．—上海：上海古籍出版社，2017.9
　ISBN 978-7-5325-8547-2

Ⅰ.①讀… Ⅱ.①吕… Ⅲ.①經學—文集 Ⅳ.①Z126-53

中國版本圖書館 CIP 數據核字（2017）第 184808 號

# 讀經識小録
（全二册）

吕友仁　著

上海古籍出版社　出版

（上海瑞金二路 272 號　郵政編碼 200020）

　（1）網址：www.guji.com.cn
　（2）E-mail：gujil@guji.com.cn
　（3）易文網網址：www.ewen.co

上海世紀出版股份有限公司發行中心發行經銷
上海商務聯西印刷有限公司印刷

開本 635×965　1/16　印張 44.5　插頁 4　字數 618,000
2017 年 9 月第 1 版　2017 年 9 月第 1 次印刷
ISBN 978-7-5325-8547-2
B·1020　定價：168.00 元

如有質量問題，請與承印公司聯繫